“十二五”国家重点
出版物出版规划项目

中 国 志 书 精 品 工 程
High Quality Project of China's Local Records

汶川特大地震抗震救灾志

WENCHUAN TEDA DIZHEN KANGZHEN JIUZAI ZHI

《汶川特大地震抗震救灾志》编纂委员会 编

卷一

总 述

方志出版社
Publishing House of Local Records

图书在版编目（CIP）数据

汶川特大地震抗震救灾志. 卷一，总述 /《汶川特大地震抗震救灾志》编纂委员会编. -- 北京：方志出版社，2015.8

ISBN 978-7-5144-1574-2

Ⅰ.①汶… Ⅱ. ①汶… Ⅲ.①抗震—救灾—概况—汶川县 Ⅳ.①D632.5

中国版本图书馆CIP数据核字（2015）第049140号

汶川特大地震抗震救灾志

2008·5·12

汶

WENCHUAN

TEDA DIZHEN

KANGZHEN JIUZAI ZHI

WENCHUAN
TEDA DIZHEN
KANGZHEN JIUZAI ZHI

《汶川特大地震抗震救灾志》编纂委员会

《汶川特大地震抗震救灾志》编纂人员

总　纂

田　嘉　　邱新立

指导专家（按姓氏笔画排序）

王卫明　王复兴　齐家璐　苏炎灶　李　云　张东升　陈泽泓　武铁良
罗保平　周　慧　赵庚奇　段亯达　姜昆阳　梅　森　谭烈飞　颜小忠
颜越虎

校　核（按姓氏笔画排序）

牛润珍　毛东武　仇玉英　任根珠　刘仕仲　刘柏修　杨大明　李继隆
李维怡　张世民　陈　华　陈　野　林顺道　欧阳发　卓　林　郑汝成
郑洪英　孟庆斌　陶利辉　梁建楼　梁滨久　曾祥林　缴世忠

编　务

段志贤　刘永强　程方勇　和卫国　王会世　曾　荣　谷春侠　李一龙
汪秀红

《汶川特大地震抗震救灾志》终审人员

朱佳木　吴恒权　项兆伦　穆　虹　姜　力　杨士秋　徐　科　王国庆
赵和平　孙原生　刘永富　江泽林　陈祖武　李孝聪

《汶川特大地震抗震救灾志·总述》编纂委员会

《汶川特大地震抗震救灾志·总述》编纂人员

主　编

匡　嘉

副主编

李富强　刘玉宏

总　纂

邱新立

副总纂

和卫国

编写人员（按姓氏笔画排序）

王丹林　王　超　刘翔宇　宋志广　和卫国　徐贺成

编　务（按姓氏笔画排序）

于伟平　才立华　马至柔　王广生　王丹林　王会世　王　超　王　黎
石　磊　曲　巍　朱文清　刘　丹　刘永强　刘翔宇　安　山　杨军仕
杨卓轩　杨海峰　李一龙　李俊池　李晓红　汪秀红　张英聘　陈广通
陈　旭　陈昱良　武　斌　和卫国　周　全　周勇进　赵文胜　柳学谦
段志贤　夏经林　黄占亚　黄　姗　梅家龙　程方勇　曾　荣　詹利萍

提供资料人员（按姓氏笔画排序）

万质桂　马文乔　王凤娟　王玉秀　王雨亭　王国庆　王晓丹　吕书红
刘　通　刘雁飞　刘　睿　李全茂　邱小兵　张文祥　张先禄　张国君
张　昕　陈俊生　陈洪玲　胡明伟　柳长森　姚振怀　陶利辉

《汶川特大地震抗震救灾志·总述》审稿人员

初　审

陈泽泓　贾　群　齐家璐　梅　森　赵庚奇　周　慧　姜昆阳　安清福

复　审

齐家璐　赵会强　番绍立　张　赫　张星星　马小彬　郑海荣　张正泉
梅　森

前　言

2008年5月12日14时28分发生在四川汶川的8.0级特大地震，是中华人民共和国成立以来破坏性最强、波及范围最广、救灾难度最大的一次地震灾害。灾区范围包括四川、甘肃、陕西、重庆等6个省（自治区、直辖市）237个县（市、区），灾区总面积约50万平方公里，受灾群众4600多万人；造成69227人遇难，17923人失踪，直接经济损失8523.09亿元；基础设施大面积损毁，工农业生产遭受重大损失，生态环境遭到严重破坏，次生灾害世所罕见。

面对这场特大地震灾害，全党全军全国各族人民在中共中央、国务院和中央军委的坚强领导下，在国务院抗震救灾总指挥部的直接指挥下，众志成城，迎难而上，开展了中国历史上救援速度最快、动员范围最广、投入力量最大的抗震救灾斗争。中央各部门和各省（自治区、直辖市）紧急动员、迅速行动，解放军指战员、武警部队官兵、民兵预备役人员和公安民警冲锋在前、勇挑重担，广大医务工作者救死扶伤、严防疫情，广大新闻工作者深入一线、及时报道，广大科技工作者和工程建设者争分夺秒、全力以赴，广大文艺工作者不辞辛苦、赈灾义演，灾区广大干部群众临危不乱、奋勇自救，各民主党派、人民团体及社会各界慷慨解囊、大力支援，各地志愿者也纷纷前往、默默奉献。同时，港澳台同胞及海外侨胞踊跃捐助，国际社会积极施援。所有这一切，汇聚成抗击地震灾害的强大力量，最大限度地挽救了受灾群众的生命，最大限度地减低了灾害造成的损失，夺取了抗震救灾斗争的重大胜利，大力培育和弘扬了“万众一心、众志成城，不畏艰险、百折不挠，以人为本、尊重科学”的伟大抗震救灾精神。

在随后进行的恢复重建中，全国人民发扬“一方有难、八方支援，自强不息、感恩奋进，以人为本、崇尚科学”的恢复重建精神，全面落实党和国家关于灾后恢复重建的方针政策和工作部署，努力实现家家有房住、户户有就业、人人有保障、设施有提高、经济有发展、生态有改善的目标。特别是承担对口支援的19个省（市）的党委和政府，积极落实中央部署，为灾区恢复重建做出了突出贡献。在全国支援和灾区人民的共同努力下，仅用3年时间便完成了恢复重建的各项任务，取得了灾后恢复重建的全面胜利，实现从灾难到进步、从悲壮到豪迈的历史性跨越，充分显示了社会主义制度的优越性和中华民族自强不息、团结奋斗的品格。

为把这场特大地震灾害和抗震救灾、灾后恢复重建工作全面、客观、系统地记录下来，国务院决定编纂《汶川特大地震抗震救灾志》，并于2008年11月6日召开汶川特大地震抗震救灾志编纂委员会成立大会暨第一次全体会议，正式启动了编纂工作。全志共设11个分卷，其中包括《总述》《大事记》《图志》《地震灾害志》《抢险救灾志》《灾区生活志》《灾区医疗防疫志》《社会赈灾志》《灾后重建志》《英雄模范志》及《附录》。《总述》《大事记》

《附录》由中国地方志指导小组牵头编纂，《图志》由国务院新闻办公室牵头编纂，《地震灾害志》由中国地震局牵头编纂，《抢险救灾志》由解放军总参谋部牵头编纂，《灾区生活志》《社会赈灾志》由民政部牵头编纂，《灾区医疗防疫志》由卫生部牵头编纂，《灾后重建志》由国家发展和改革委员会牵头编纂，《英雄模范志》由人力资源和社会保障部牵头编纂。中国地方志指导小组负责全志的组织协调工作。至2009年年初，由各承编牵头单位牵头，陆续组建了少则二三十家、多则百余家单位参与的11个分卷编委会。编纂工作在经历了组织发动、篇目设计、资料收集、志稿编写、总纂、评审验收等环节后，于2013年2月全部完成。

《汶川特大地震抗震救灾志》是中华人民共和国第一部由国家层面上组织编纂的志书。该志全景式地展现了中共中央、国务院带领全国各族人民应对特大地震灾害、夺取抗震救灾和灾后恢复重建胜利的历史过程，系统记述了在抗震救灾斗争中积累的成功经验，特别是清晰地记述了抗震救灾斗争中实行并丰富完善的应急指挥机制、应急响应机制、抢险救灾联动协调机制、应急救助社会动员、灾害损失评估机制、灾害信息发布机制，以及灾后恢复重建对口支援机制等一整套重大自然灾害应急救助机制。同时，还记载了在抗震救灾斗争中涌现出来的许多不畏艰险、舍己救人、慷慨捐赠、无私奉献的英雄集体和模范人物的先进事迹。以志书这种中国传统的载体形式，将上述内容记录下来，留传下去，以示后人，具有十分重要的现实意义和深远的历史意义。

《汶川特大地震抗震救灾志》
编纂委员会
二〇一三年二月

凡　例

一、编纂《汶川特大地震抗震救灾志》（以下简称全志），坚持以邓小平理论、“三个代表”重要思想、科学发展观为指导，贯彻落实习近平总书记系列重要讲话精神，坚持辩证唯物主义和历史唯物主义的立场、观点和方法，存真求实，全面、客观、系统地记述汶川特大地震灾害、抗震救灾和灾后恢复重建的全过程，以存史资鉴。

二、全志设11卷，《总述》总括汶川特大地震灾害及抗震救灾、灾后恢复重建活动全貌，概述特点；《大事记》记述抗震救灾和灾后恢复重建中有全局性影响的大事、要事；《图志》直观再现汶川特大地震灾害、抗震救灾和灾后恢复重建的真实场景；《地震灾害志》记述地震灾区地质地貌、地震灾害成因等，反映地震破坏、次生地质灾害等对自然生态环境、经济社会发展的严重破坏和灾难性影响，以及人民生命财产的巨大损失；《抢险救灾志》记述在中共中央、国务院、中央军委的领导下，全党全军全国各族人民全力抢救人民生命财产、抢修基础设施和防治次生灾害等的全过程；《灾区生活志》记述党和政府全力实施生活救助、恢复生产、保障受灾群众生活等工作；《灾区医疗防疫志》记述各方支援，全力开展医疗救治、卫生防疫、卫生监督及恢复灾区医疗卫生服务等工作；《社会赈灾志》记述全国各地、社会各界、港澳台同胞、海外侨胞以及国际社会的捐助活动；《灾后重建志》记述灾区人民自力更生恢复生产、重建家园，以及各地对口支援和社会援建等工作；《英雄模范志》重点记述抗震救灾英雄集体和模范人物事迹；《附录》收录与抗震救灾和灾后恢复重建有关的法律法规、重要文献、部分媒体评论及文艺作品。

三、全志综合运用述、记、志、传、图、表、录等体裁，以志体为主。对影响面大、事关全局的典型、特色内容，采用专记记述；与各卷记述内容密切相关的重要文献、档案资料等，采用文献辑存方式收录于各卷正文之后。

《英雄模范志》以传记形式记述在抗震救灾中牺牲的烈士、因公殉职并受到省部级表彰的人物；以简介形式记述2008年10月8日中共中央、国务院、中央军委联合表彰的全国抗震救灾英雄集体和模范，国务院、中央军委记功的集体和个人，以及中央军委表彰或记功的集体和个人。

四、各卷记述时限，《总述》《大事记》《图志》《灾后重建志》和《附录》为2008年5月12日至2011年10月；《地震灾害志》《抢险救灾志》《灾区生活志》《灾区医疗防疫志》《社会赈灾志》和《英雄模范志》为2008年5月12日至10月14日。为保持记述内容的相对完整，在必要的背景内容、捐赠款物统计、与抗震救灾工作密切相关的原始文件、重大事件后续发展等方面，记述时限适当上溯、下延。

《灾后重建志》中恢复重建工作“三年”和“两年”的时间概念，从国务院制定的《汶川地震灾后恢复重建总体规划》印发之日算起。其中，“三年”指从2008年10月1日起，至2011年9月30日止；“两年”指从2008年10月1日起，至2010年9月30日止。

五、全志记述范围，涉及地震灾害的，以2008年7月22日民政部、发展改革委、财政部、国土资源部、地震局联合发布的《汶川地震灾害范围评估结果》所界定的灾区范围为准，重点记述极重灾区10个县（市）、重灾区41个县（市、区）的地震灾害及抗震救灾；涉及救灾、赈灾的，以有关主管部门公告为准；涉及灾后恢复重建的，重点为《汶川地震灾后恢复重建总体规划》所确定的规划范围，即上述位于极重灾区和重灾区的51个县（市、区），一般用“重灾地区”代指。支援抗震救灾与灾后恢复重建对口支援，以事件（事项）涉及地区为准，包括非灾区及相关国家和地区。

六、全志横分门类，纵述史实。除《总述》《大事记》《图志》《英雄模范志》《附录》外，其余各卷按篇、章、节编次，节下设目。卷首设概述，篇下设无题述，章、节下视需要设无题述。

七、全志记述顺序，灾区一般按《汶川地震灾害范围评估结果》界定的极重灾区、重灾区和一般灾区的顺序排列，非灾区按民政部《中华人民共和国行政区划手册·2009》（中国社会出版社，2009年3月版）所列行政区划顺序排列；记述国家、地区，按其英文名称首字母顺序排列。

《大事记》依时叙事，有具体时、分的事条居前，无具体时、分的排后；时间相同的，按中央国家机关、解放军和武警部队、社会团体、灾区和非灾区省（区、市），以及国家、地区和国际组织顺序排列；为体现事物的完整性，个别时间跨度较大的，或将其结果记于开始之日，或将其起始情况记于结束之时。

《英雄模范志》记述英烈人物，按教育、公安、其他行业、解放军、武警部队顺序排序，各系统内按烈士被批准的时间先后为序，时间相同者以相关文件中的排名顺序为序；其他因公殉职人物排列于烈士之后，以表彰时间为序。记述英雄集体和模范，以中共中央、国务院、中央军委表彰文件所列名单为序。由国务院、中央军委记功的集体和个人，分别排列于公安系统抗震救灾英雄集体和模范之后；由中央军委表彰或记功的集体和个人，分别排列于解放军抗震救灾英雄集体和模范之后。

《附录》按类收录文献，同类文献按公布、刊发时间顺序排列。碑文据其所在地区，按极重灾区、重灾区、一般灾区顺序排列。

八、全志记述内容涉及国家法律法规的，以其时现行者为准。

九、全志行文规范，按照全志编委会制定的《〈汶川特大地震抗震救灾志〉行文规范》执行，个别条款有所调整。

县级以上行政区划名称及其隶属关系，以民政部《中华人民共和国行政区划手册·2009》

（中国社会出版社，2009 年 3 月版）为准。乡镇名称及其隶属关系，以民政部《中华人民共和国乡镇行政区划简册·2010》（中国统计出版社，2010 年 9 月版）为准。国家、地区名称的规范简称，以《世界地图》（中国地图出版社，2009 年版）为准。

出现频率较高的党政机关、企事业单位、行政区划等名称，大体按照全志编委会办公室制定的《〈汶川特大地震抗震救灾志〉专有名称全称、简称使用规范》（见《索引》）使用简称；出现频率不高的部门、单位名称等，或用全称，或用约定俗成的简称。《英雄模范志》中英雄集体的名称使用表彰文件中的名称。

在上下文不产生歧义的前提下，记述汶川特大地震发生当年的事情，除《总述》"恢复重建"部分及《灾后重建志》外，其余各卷均直书月、日，不标注"2008 年"；其他年份，标明年、月、日。同一段落中连续记述同月发生的多条事项，首次出现时标注月份，后直书日期。记述灾后恢复重建工作，同一目下记述同一年度内容的，首次出现年份时注明年份，后承前省略；记述跨年度内容的，逐年注明年份。

出现频率、知名度较高的人物，首次出现时交代职务（职称），其后一般直书其名。《英雄模范志》中人物职务以表彰文件中所列职务为准。

《英雄模范志》人物传、简介所记人物，凡未注明性别、民族及学历者，分别为"男""汉族"及"高中（含）以下"。

《附录》收入的原始文献，只校正其中的错字、漏字、衍字以及明显有误的标点符号，标题、目题版式根据全志统一要求予以调整。

记述货币，除特别注明的币种外，均为人民币。其他币种与人民币的汇率，均以当时市场汇率为准，一般不作换算。物资价值按照当年市场价格折算。

计量单位一般保持原貌，不特作统一处理，以避免换算后出现误差和约数；对"亿""万"数据的表述，也不强求一致。

十、全志资料，主要由中央国家机关、各民主党派和人民团体、各省（区、市）、解放军、武警部队提供，个别摘引自媒体报道、官方网站、公开出版物等，一般不注明资料出处，情况特殊者随文交代。《附录》收录公布或刊发的文献，一般注明出处。

全志记述的主要灾情数据，以 2008 年 7 月 22 日民政部、发展改革委、财政部、国土资源部、地震局联合发布的《汶川地震灾害范围评估结果》为准；其他数据，以中央国家机关、各民主党派和人民团体、各省（区、市）、解放军、武警部队等提供者为准。其中，《地震灾害志》所用数据，反映灾区总体情况和川甘陕三省灾区的数据，采用《汶川地震灾害范围评估结果》中的评估数，以及民政部、发展改革委、财政部、地震局发布的《汶川地震灾害损失校核结果的报告》中的校核数；所记经济损失主要为直接经济损失，记述间接经济损失的随文说明。其他各卷数据，反映同一事物的数据，凡有校核数的用校核数，无校核数的用评估数；地方数据用各级地方政府提供的数据，专业数据用行业主管部门、专业部门提供的数据，另有少量调查数据。因统计时间、统计口径不同等因素，统计范围与统计分组可能与评估报告不完全一致，致使个别统计结果会有出入；数据亦可能因四舍五入计数保留法而出现分项之和与总数不完全一致的情况。

《灾后重建志》中涉及总体规划和专项规划实施情况的数据，由国务院汶川地震灾后恢复重建工作协调小组办公室提供，灾损数据以规划公布数据为准；其他行业（专项）情况和数据，由中央和国家机关有关部委提供；项目重建、软件支援情况和数据，由各灾区、对口支援省市和有关社会组织提供。由于灾后恢复重建项目资金来源多样，对口援建和社会支持部分项目资金只是对口支援单位的投资部分；部分项目投资规模大于援建资金规模的，包含了中央重建基金、灾区地方自筹资金，或两者兼有；两者个别数据不一致而又不便取舍时，分别交代其资料来源。

《社会赈灾志》中的统计数据，以政府职能部门统计者为准；凡未说明截止日期的，截止日期为2008年10月14日。

总目录

卷一 · 总述

卷二·大事记

卷三·图志

卷四・地震灾害志

卷五·抢险救灾志

卷六·灾区生活志

卷七·灾区医疗防疫志

卷八·社会赈灾志

卷九·灾后重建志

卷十·英雄模范志

卷十一·附录 索引

震中
东经103.4°
北纬31°
乌兰巴托
乌鲁木齐
新疆维吾尔自治区
呼和浩特
北京
天津
石家庄
太原
银川
西宁
兰州
西安
郑州
济南
沈阳
长春
哈尔滨
平壤
首尔
拉萨
成都
重庆
贵阳
昆明
长沙
武汉
合肥
南京
上海
杭州
南昌
福州
台北
广州
香港
澳门
南宁
海口
海南岛
台湾岛
钓鱼岛
赤尾屿
舟山群岛
长山群岛
东沙群岛
澎湖列岛
新德里
加德满都
廷布
达卡
内比都
河内
万象
渤海
黄海
东海
日本海
太平洋
北回归线
贝加尔湖
巴尔喀什湖
斋桑泊
菲律宾
南海诸岛
1:96 000 000
1:48 000 000

中国政区图

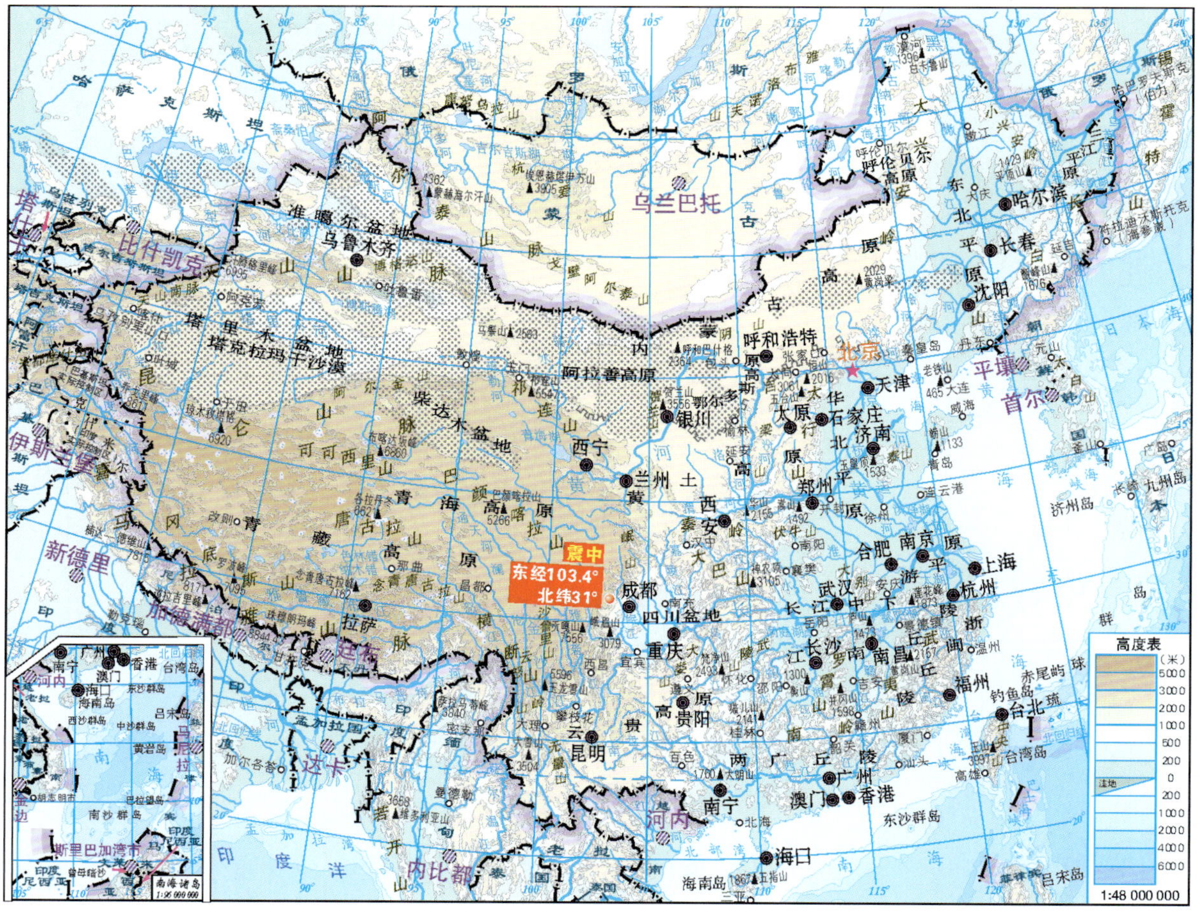

震中
东经103.4°
北纬31°
成都
北京
天津
上海
重庆
乌鲁木齐
呼和浩特
银川
西宁
兰州
太原
石家庄
济南
郑州
西安
合肥
南京
杭州
武汉
长沙
南昌
福州
台北
贵阳
昆明
南宁
广州
澳门
香港
海口
拉萨
哈尔滨
长春
沈阳
乌兰巴托
平壤
首尔
准噶尔盆地
塔里木盆地
塔克拉玛干沙漠
柴达木盆地
青藏高原
四川盆地
阿拉善高原
海南岛
东沙群岛
钓鱼岛
赤尾屿
台湾岛
济州岛
九州岛
高度表
（米）
5000
3000
2000
1000
500
200
0
200
1000
2000
4000
6000
1:48 000 000
南海诸岛
1:96 000 000

中国地势图

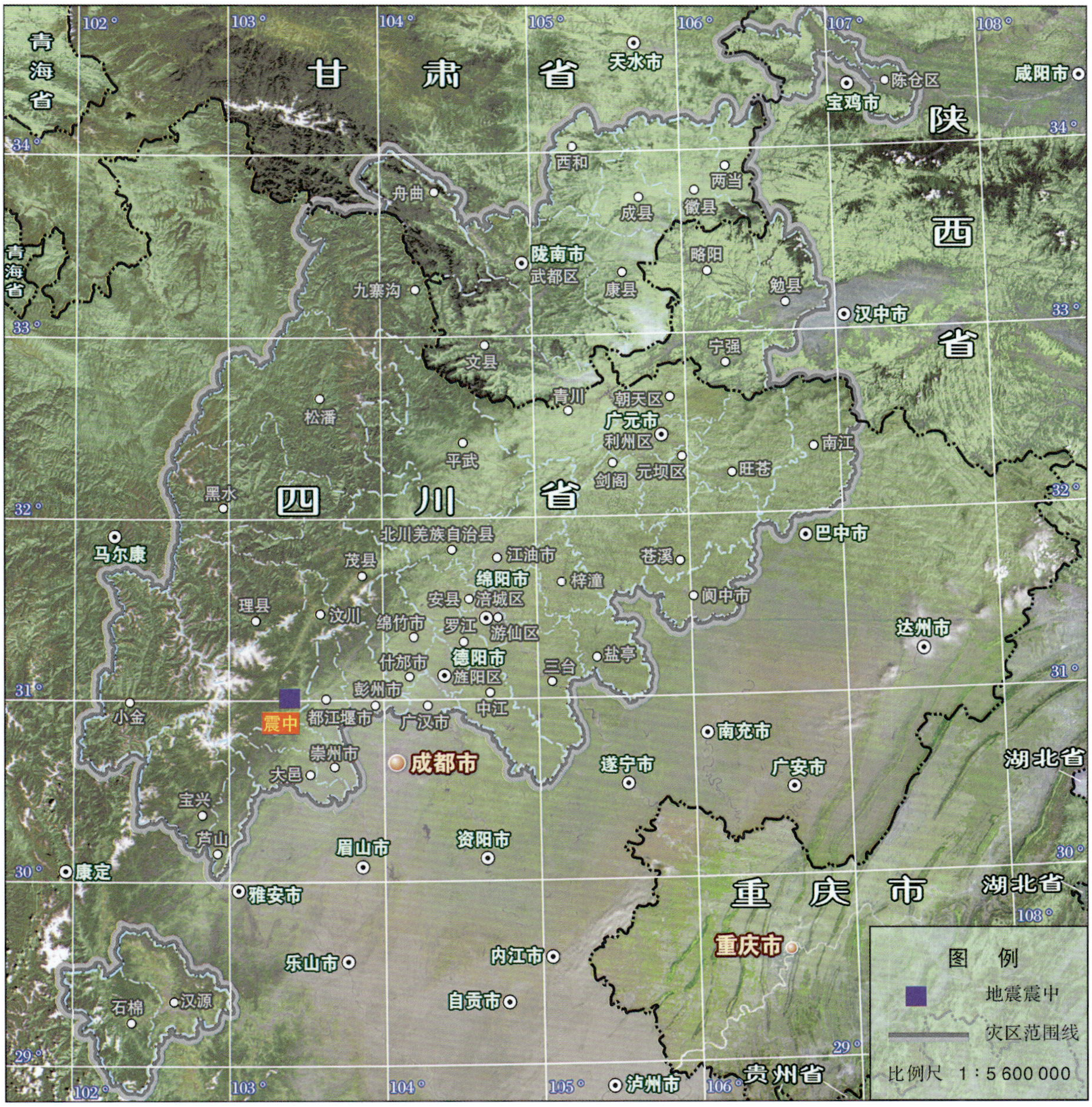

四川省汶川地震灾区影像图

2008年5月12日14时28分，中国四川省汶川县（北纬31.0°、东经103.4°）发生8.0级特大地震。强震突袭，顷刻间，大地痉挛，山崩地裂，满目疮痍，生离死别。地震造成约50万平方公里中国大地受灾，69227人遇难，17923人失踪，上千万群众无家可归，生产生活设施遭到重创，生态环境受到严重破坏，大面积山体崩塌、滑坡、泥石流以及堰塞湖等次生灾害时刻威胁着灾区群众的生命财产安全。

面对特大地震灾害，中共中央、国务院高度重视，第一时间把抗震救灾确定为全党全国最重要、最紧迫的任务，坚持以人为本，把挽救人的生命作为当务之急、重中之重，号召举全国之力抗震救灾。在中共中央、国务院和中央军委的坚强领导下，全党全军全国各族人民众志成城、迎难而上，展开了中国历史上救援速度最快、动员范围最广、投入力量最大的抗震救灾斗争，并及早科学谋划布局，适时启动实施大规模灾后恢复重建。经过三年的艰苦努力，中国人民取得了抗震救灾、灾后恢复重建的重大胜利，创造了从悲壮走向豪迈的伟大壮举，在人类同自然灾害的斗争史上树立起一座不朽的丰碑！

震情灾情

——突如其来的特大地震灾害

震　情

灾　情

古之蜀地，大美四川。位于四川盆地西北边缘的龙门山，是四川盆地与川西高原的天然分界线。据民国《汶川县志》记载，龙门山一带“山有九峰，四时积雪，经暑不消，每晨光射之，灿若红玉”。龙门山地区历史文化悠久、自然景观独特、民族风情浓郁、风物传说神奇。据传，中华民族最早的治水英雄大禹就诞生在这里，“龙门山”山名即来自于大禹“凿龙门，铸九鼎，治水患”的历史故事。

龙门山地区特殊、复杂的地质和地理环境，孕育了丰富而又独具特色的自然生态景观。这一地区的自然环境以地貌多样、森林茂密、生物资源和矿产资源蕴藏丰厚、品类多样为特征，拥有森林、灌丛、草原、稀树草原、草甸、湿地、高山冻原以及各种农田生态系统。该地区的生物多样性，在中国乃至世界上都名列前茅，珍稀动植物如大熊猫、牛羚、金丝猴、珙桐等均有分布。龙门山地区为四川盆地与青藏高原块体之间的过渡带，也是地球板块之间最危险的断裂带之一，地质环境极为脆弱，属于地震等自然灾害的多发地区。自唐贞观十二年（638年）至2007年，龙门山地区发生过6级以上地震15次。2008年5月12日14时28分，位于龙门山中段的汶川县，发生8.0级强烈地震。此次地震，因震中位于汶川且震级特大，故被称为“汶川特大地震”。对这场地震灾害，国务委员兼国务院秘书长马凯在诗中写道：“大地抖，腥风虐；川改道，山崩裂。泥流石瀑从天泻，广厦顿失烟灰灭。千镇万村呼无应，断桥残路飞难越。疮痍满目家何处？唯听废墟声声咽。父老乡亲你在哪？十三亿人心滴血”。突如其来的特大地震，给受灾地区人民生命财产和经济社会发展造成重大损失。这一刻，天低云垂，草木含悲，山峦无语，江河呜咽，举国同哀！

震 情

汶川地震为构造地震，发生在中国南北地震带中段、青藏高原东缘的龙门山构造带上。震中位于都江堰以西的龙门山断裂带中段，震源破裂及地表破裂从该断裂带中段（汶川映秀—北川）扩展到北段（北川—青川）。在地质构造上，北东向龙门山断裂带属于中生代造山作用形成的断裂褶皱带，新生代以及晚第四纪以来仍有不同程度的活动，是一条大型的活动断裂带。龙门山构造带南起四川省泸定、天全一带，经宝兴、都江堰（灌县）、江油、广元进入陕西境内，全长约500公里，宽30～70公里。该构造带主要由走向北45° 东、倾向北西、倾角50°～75° 的3条逆断层组合而成，自北西到南东分别为龙门山后山断裂带（沿汶川—茂县一线分布）、中央断裂带（沿映秀—北川一线分布）和前山断裂带（沿灌县—安县—江油一线分布）。中央断裂带是龙门山活动构造带的主干，其西南端起自天全西，向北东经五龙、映秀、北川、清平、茶坝、青川，通过陕西宁强阳平关后，北东段可延伸至汉中盆地。地质、地貌资料显示，中央断裂带在第四纪期间（距今约180万年）的活动特征是逆冲兼右旋走滑。几何结构上，中央断裂带自南向北可进一步分为若干段，其中中段汶川映秀—北川断层和南段盐井—五龙断层晚更新世以来仍在活动，而汶川映秀—北川断层活动最为强烈。地震和地表破裂资料表明，汶川地震就发生在中央断裂带中间的汶川映秀—北川断层中段。

汶川地震是一次兼具右旋走滑的逆断层型地壳岩层破裂事件。地震形成3条同震地表破裂带，即沿龙门山构造带中央断裂和前山断裂形成的走向北东、长约240公里的北川—映秀破裂带和长约72公里的汉旺—白鹿破裂带，以及一条长约7～8公里、连接两条北东向地表破裂带的北西向小鱼洞地表破裂带。北川—映秀破裂带是汶川地震的主体地表破裂带，西起汶川县映秀镇以西，东止于青川县红光乡东河口，又可划分出映秀—虹口、白水河—高川和北川—南坝等次级地表破裂带。地震时映秀和北川地区产生的地表破裂位移较大，断裂带上最大垂直位移出现在北川曲山镇沙坝村一带，约9米；最大水平位移出现在平武县平通镇一带，达4.9米。地表破裂所经之处，山脊水系和建筑物被错断损坏，并形成大量的山崩、滑坡、堰塞湖和泥石流等次生地质灾害，与之对应的区域均是震灾最严重的地区。

汶川地震发震的宏观原因是印度板块向欧亚板块的碰撞挤压，导致青藏高原强烈变形并向东传递，在高原东缘沿龙门山遇到四川盆地下刚性地块的阻挡，造成构造应力能量的长期积累，最终在龙门山映秀—北川地区突然释放，从而引发强烈地震。发震构造是龙门山构造带中央断裂带，震中位于北纬31.0°、东经103.4°的汶川县映秀镇，地震破裂持续时间120秒左右，主要能量在20～80秒内释放，断层破裂尺度介于216～450公里之间，破裂自初始破裂点沿断层向北东方向单侧扩展。多数结果显示，地震地表破裂带在空间上呈现分段特征，其中西南段（都江堰—汶川）和北东段（北川—青川）两段的破裂强度远大于中间段（绵竹—安县），形成两个滑动量较大的区域，而中段滑动量相对较小；破裂滑动方向在南西段以逆冲错动为主，兼有走滑分量。中间汶川—茂县段类似于转换带，倾滑分量显著减弱；破裂继续向北扩展后，在北东向北川—青川段错动方向以右旋走滑为主。从以逆冲为主到以走滑为主的转折点在震中东北大约190公里处。

汶川地震震源深度14公里，属浅源地震。地震烈度Ⅵ度（6度）区以上面积合计440442平方公里，其中震中烈度为Ⅺ度（11度）。Ⅺ度区以汶川县映秀镇和北川县城为两个中心呈长条状分布，面积约2419平方公里。映秀Ⅺ度区沿汶川—都江堰—彭州方向分布，长轴约66公里，短轴约20公里；北川Ⅺ度区沿安县—北川—平武方向分布，长轴约82公里，短轴约15公里。由于地震发生在地壳脆—韧性转换带，加之震源较浅、震区土质松软，地震波向东传播距离较远，因此破坏性巨大。

汶川地震灾区地跨青藏高原、横断山脉、云贵高原、秦巴山地、四川盆地等几大地貌单元，其中灾区的主体部分（极重灾区和重灾区）位于四川盆地北缘的龙门山区，以及甘肃陇南山地和陕南西秦岭南缘，行政区划上分别归属于四川省的成都、德阳、绵阳、广元、阿坝、雅安等市

（州），以及甘肃省的陇南、甘南等市（州）和陕西省的汉中、宝鸡等市。包含一般灾区在内的整个灾区形态为不规则椭圆形，其长轴大致呈北东—南西方向延伸。

汶川地震的影响范围，中国除黑龙江、吉林、新疆外，甘肃、陕西、重庆、云南、宁夏、天津、青海、北京、山西、山东、河北、河南、安徽、湖北、湖南、贵州、内蒙古、广西、广东、海南、西藏、江苏、上海、浙江、辽宁、福建等多个省（区、市）和香港、澳门特别行政区，以及台湾地区均有不同程度的震感。甚至泰国首都曼谷、越南首都河内及菲律宾、日本等地也有震感。

地震发生后，中国地震台网中心利用国家地震台网的实时观测数据，速报地震震级为7.8级。5月18日，根据国际惯例，地震部门在利用包括全球地震台网在内的更多台站资料，对地震参数进行详细测定并计算震源破裂过程后，将震级修订为8.0级。汶川地震系典型的主震—余震型地震序列，8.0级主震释放的能量为整个序列总释放能量的98.35%。此外，挤压型逆冲断层地震在主震之后，应力传播和释放过程比较缓慢，导致余震强度较大、持续时间较长。据中国地震台网中心测定，5月12日至11月27日，汶川地震序列共记录到余震38290次，在分级中呈现为4.0～4.9级240次、5.0～5.9级31次、6.0～6.9级8次，其中最大余震为5月25日16时21分发生在青川的6.4级地震。

为满足国家制订汶川地震灾后重建工作规划等的需要，根据《汶川地震灾后恢复重建条例》和《国务院办公厅关于印发国家汶川地震灾后重建规划工作方案的通知》的要求，民政部、发展改革委、财政部、国土资源部、地震局、统计局、国家汶川地震专家委员会会同四川、甘肃、陕西三省人民政府在地震发生后不久即开展了汶川地震灾害范围评估工作。评估工作以县级行政区域为单元，重点对三省灾害损失进行评估，同时兼顾其他受灾省（区、市）的受灾情况，综合考虑受灾省（区、节）和行业主管部门统计上报的灾害损失数据，科学分析和参考有关单位的灾害损失估算结果，全面考虑灾情程度、地震致灾强度和地质灾害的影响。在完成《汶川地震灾害范围评估报告》（送审稿）后，提交6月26日召开的国务院抗震救灾总指挥部第22次会议审议。会议之后，国务院相关部门、灾区省份和国家汶川地震专家委员会三方人员对汶川地震灾害范围评估再次进行研究。28日，召开川甘陕三省和民政部、发展改革委、财政部、国土资源部、统计局、地震局等相关部门具体工作人员、国家汶川地震专家委员会代表会议。7月2日、3日，又分别召开上述部门负责人和川甘陕三省政府领导会议，重点围绕灾害范围评估原则和依据、指标和权重，以及灾害范围分类、灾害范围分类划分两大问题进行专题研究；6日，民政部再次对各方形成的《汶川地震灾害范围评估报告》通报并征求川甘陕三省和国务院相关部门主要负责人意见；11日，民政部、发展改革委、财政部、国土资源部、地震局、国家汶川地震专家委员会将各方达成一致的《汶川地震灾害范围评估报告》和《汶川地震灾害范围评估工作说明》上报国务院抗震救灾总指挥部审定。《汶川地震灾害范围评估结果》经国务院抗震救灾总指挥部第23次会议讨论通过，并由民政部、发展改革委、财政部、国土资源部、地震局于22日联合发布。

根据评估结果，汶川地震灾害范围分为极重灾区、重灾区、一般灾区3个等级。极重灾区10个县（市），分别是四川省的汶川县、北川羌族自治县、绵竹市、什邡市、青川县、茂县、安县、都江堰市、平武县、彭州市；重灾区41个县（市、区），其中四川省29个、甘肃省8个、陕西省4个；一般灾区186个县（市、区），其中四川省100个、甘肃省32个、陕西省36个、重庆市10个、云南省3个、宁夏回族自治区5个。灾区范围包括四川、甘肃、陕西、重庆、云南、宁夏6个省（区、市）237个县（市、区）的4667个乡（镇）、48810个村庄。灾区总面积约为50万平方公里。其中，极重灾区全部在四川境内，面积约为2.6万平方公里；重灾区面积约为9万平方公里；一般灾区面积约为38.4万平方公里。加上影响区4个省的180个县（市、区），合计汶川地震波及四川、甘肃、陕西、重庆等10个省（区、市）的417个县（市、区）。汶川特大地震是中华人民共和国成立以来破坏性最强、波及范围最大的一次地震。

灾　情

汶川特大地震灾害，给灾区人民生命财产、生产生活及生态环境等造成重大破坏和损失。国新办根据国务院抗震救灾总指挥部授权发布，至9月25日，地震造成69227人遇难、17923人失踪、4625.6万人受灾、1510.6万余人需要紧急转移安置；致使房屋大量倒塌损坏，基础设施大面积损毁，工农业生产遭受重创；触发的崩塌、滑坡、泥石流、堰塞湖等地质灾害种类之多、破坏之大，举世罕见，使山川易色、环境改貌。地震灾害造成直接经济损失共计8523.09亿元，仅四川、甘肃、陕西三省即达8451.36亿元。

人员伤亡与房屋损毁

汶川特大地震发生后，重灾地区到处残垣断壁、瓦砾成堆，北川县城、汶川县映秀镇等部分城镇和大量村庄几乎被夷为平地，许多场镇、村庄被崩塌山体、滑坡、泥石流等掩埋，大量群众被废墟或泥土压埋，伤亡惨重。与其他单项如生命线工程、企业、林业、农田等损失相比，房屋损毁是震害损失中的大项。据统计，四川、甘肃、陕西三省城乡住房倒塌、损坏造成的直接经济损失达2316.91亿元，其中四川省2025.8亿元、甘肃省233.36亿元、陕西省57.75亿元，约占直接经济损失的27.4%，而包括学校、医院和其他非住宅用房的损失约占直接经济损失的20.4%。建筑物大量倒塌又是此次地震造成人员大量伤亡的主要原因，因此罹难的人数约占全部死亡人数的半数以上。人员伤亡最惨重的省份为四川省，而四川省人员伤亡最惨重的县份为汶川县和北川羌族自治县。

汶川地震活动断裂尤其是发震断裂的毁灭性破坏特征极其明显，使位于发震断裂——龙门山断裂上的汶川县映秀镇、北川县城等城镇遭到毁灭性破坏。

映秀镇地处汶川县东南部边缘山区，岷江支流寿溪河畔，与震中直线距离不足10公里。古镇依山而建，是一个由羌族、藏族、回族等多民族汇聚而成的少数民族乡镇，是成都通往九寨沟、卧龙、四姑娘山等旅游胜地的必经之路，素有“金羌门户”之称。映秀居民的住房基本是用石头砌成，地震瞬间，房屋成片倒塌。映秀小学的2/3人员顷刻间被压埋；漩口中学教学楼有半截斜埋地下，旁边的学生宿舍楼呈S形倾斜。全镇7个行政村和1个居委会有常住人口6600多人，加上流动人口共有1.2万余人，地震造成6566人遇难，除失踪者外仅有2300余人生还，其中重伤1000余人。

位于四川盆地北缘山区的北川羌族自治县，在此次地震中由于背靠震中汶川而首当其冲，成为极重灾区。北川县城遭到毁灭性破坏，老城区80％、新城区60%以上的建筑物垮塌或毁坏，因王家岩大面积山崩，老城区民房和各类建筑50%被深埋，造成重大人员伤亡。有学生2793名、教职员工197名的北川中学，老校区一座5层教学办公综合楼垮塌，一座3层旧教学楼楼顶坍塌，另一座5层新教学楼的一、二层因地陷垮塌只剩上面3层；602名学生、25名教职工不幸遇难。新校区由于景家山崩塌，除操场上的一个篮球架和旗杆外，完全被垮塌的山体压埋；部分班级因外出参加活动而幸免于难；在学校上课的师生除在操场上体育课的20多名学生外，其余131名学生、23名教职工全部遇难。北川中学新、老校区共有733名学生、48名教职工在地震中遇难。

地震夺去了一个个鲜活的生命，生离死别的惨剧在灾区到处上演。至9月25日，汶川地震共造成69227人遇难、17923人失踪、374643人不同程度受伤，受灾人口达4625.6万人，紧急转移安置1510.6万余人。其中，因灾死亡的数据为四川省68708人、甘肃省370人（后核定为365人）、陕西省125人。10个极重灾县（市）全部在四川境内，共死亡67038人，占地震总死亡人数的96.8%；失踪17645人，占地震失踪总人数的98.4%。重灾区41个县（市、区）中：四川省29个，共死亡1149人、失踪132人；甘肃省8个，死亡316人；陕西省4个，死亡33人。

基础设施损坏

汶川特大地震使川甘陕三省灾区市政、交通、通信、电力、水利、邮政等基础设施受损严重，直接经济损失1852.93亿元，其中四川省1663.14亿元、甘肃省114.84亿元、陕西省74.95亿元。

地震导致灾区市政公用设施严重损毁。由于地震能量巨大、城镇建设选址不当等原因，导致输水管道、配水管网、水塔、水泵、化验设备、净水设备、水表等设施毁坏；供气管网开裂泄露，废气污染处理设备、调压表、计量表等设施损坏失效；市政道路开裂、变形以及路灯等附属设施遭到破坏，垃圾处理厂以及城市绿化带等设施损毁严重。市政公用设施直接经济损失共计439.48亿元，其中四川省424.8亿元、甘肃省11.98亿元、陕西省2.7亿元，人们正常的生产生活因此受到严重冲击。

地震导致灾区交通大面积瘫痪。公路方面，护坡体毁坏、压埋公路，滚石砸毁路面、堵塞交通，挡墙开裂或垮塌，路基开裂、下沉、位错、挤压、隆起，以及重灾地区桥梁涵洞毁坏，种种灾害，致使四川、甘肃、陕西等省24条高速公路、163条国道和省道干线、8618条农村公路受损，损毁公路里程53295公里、大型桥梁6140座、隧道156条。水运方面，地震引起的山体滑坡、塌方等，造成航道堵塞、设施损毁。三省公路、水运、站房等交通设施直接经济损失666.88亿元，其中四川省为583.3亿元。国道213线都江堰至汶川段、省道303线映秀至耿达段、省道302线禹里至北川县城段遭到毁灭性破坏，通往汶川、茂县、北川、青川、平武等重灾地区的公路交通一度完全中断，大量旅游客车和部分客运班线停运，一些城镇与外界完全断绝联系。国道213线是受损最为严重的干线公路，其中都江堰至汶川段95公里的道路严重受损，87座桥梁不同程度损坏，沿途大型岩崩、滑坡、泥石流、堰塞湖等次生地质灾害比比皆是，几乎所有类型的地质灾害一起将都汶公路撕裂，达到“公路工程词汇都不能准确描述公路受损状况”的严重程度。铁路方面，路基塌方，防护设施变形，隧道开裂，桥梁位错开裂、桥墩下沉，使宝成、成渝、成昆、陇海、襄渝、阳安、达成等7条干线铁路和成汶、德天、广岳3条铁路支线运输中断。地震发生时，31列客车约2万多名旅客和149列货物列车受阻途中，236列客车被迫停运。地震造成宝成线109隧道南口山体坍塌，行驶至此的一列货车与落石相撞，列车脱轨，满载520吨航空燃油的12节油罐车在隧道内燃烧起火，随时都有爆炸的危险，西南地区运输大动脉——宝成铁路被迫中断。地震造成铁路基础设施直接经济损失达207.04亿元，其中四川省164.61亿元、甘肃省1.62亿元、陕西省40.81亿元。民航方面，汶川地震是使国内民航基础设施首次遭受严重破坏的地震。四川省的成都双流、达州、九寨黄龙、南充、绵阳以及重庆市的万州等21个机场遭到损坏，机场空管运行指挥、供油、加油等设施大量受损，民航系统直接、间接经济损失约12.5亿元，运输救灾物资和人员的空中通道受到影响。

地震导致灾区通信设施大量损毁。基站房屋或中转塔毁坏，架线杆折断、倒塌，通信设备倾斜、移位或毁坏，川甘陕三省通信基础设施直接经济损失达69.76亿元，其中四川省60.23亿元。由于基础设施破坏严重、光缆大面积中断，四川省大批移动通信基站受损，汶川、北川、青川等受灾严重地区与外部的通信全部中断。

地震导致四川、甘肃、陕西、重庆的电力系统运行和电力设施破坏严重。损失主要集中在发电站（厂）、变电站与输电线路等的损坏上。一批水电、火电机组跳闸、停运，或与系统解列，部分电厂和机组遭到严重损毁，发电负荷大幅度下降，处于重灾地区的四川电网，仅成都、德阳、绵阳、广元、阿坝、巴中六市（州）在地震瞬间即损失负荷400万千瓦，占地震前电力负荷的75%以上。各级电压等级电网输变电设施严重损坏，输电线塔倒毁，变压器、断路开关等高压设备毁坏，线杆折断，进村变压器倒毁，灾区大面积停电，国民经济和人民生活受到严重影响，也给抗震救灾带来巨大困难。

地震导致灾区水利工程与设施遭到严重破坏。大量水库、堤防、水闸、农田水利设施和水文监测设施等严重损毁，防洪、灌溉、供水系统等大面积瘫痪，严重威胁着人民群众饮水和生命财产安全。以水库为例，个别水库坝体毁坏，多数水库坝体开裂变形，输水闸门竖井开裂渗水，放水闸变形，输水洞局部坍塌；引水渠道、溢洪道、取水坝体垮塌开裂，渠身拉裂，滑坡垮塌损毁渠基；坝后管涌、泄水建筑物和启闭设施损坏，部分水库遭到较严重的结构性破坏。四川、甘肃、陕西、重庆、云南、贵州六省（市）共有2566座水库出险，包括大型（库容量超过1亿立方米）5座、中型（库容量0.1亿～1亿立方米）76座、小型（库容量少于0.1亿立方米）2485座。仅四川省即有1997座水库遭到不同程度损坏，占全省水库总数的27%，其中有溃坝险情的69座、高危险情的310座。特别是岷江上游的紫坪铺水库，地震后电站机组全部停运，岷江下游断流。地震造成川甘陕三省水利、水电等设施直接经济损失469.77亿元，其中四川省430.2亿元。

产业经济损失

汶川特大地震导致灾区农业遭受重大损失，川甘陕三省农业直接经济损失384.12亿元（不含房屋类损失），其中四川省364.86亿元、甘肃省6.6亿元、陕西省12.66亿元。在种植业方面，灾区大量农机具、农机排灌站、机库棚遭到破坏，农田损毁严重，耕地表土被冲毁或被泥石、沙砾覆盖，地面开裂、沉降，田地埂、田间基础设施严重垮塌，耕层土壤结构被破坏，肥力衰减，耕地质量及生产能力严重下降。据统计，地震使川甘两省约18.17万公顷的粮食作物受灾，其中水稻1.4万公顷、小麦3.57万公顷、玉米7.73万公顷、马铃薯5.47万公顷；大面积经济作物受损，至5月22日16时，四川省受灾6.93万公顷，成灾4.73万公顷，绝收1.47万公顷（不含油料作物），经济损失33.69亿元。地震还使12.8万公顷农田、2800余公里田间沟渠、6300多公里田间作业道、3229万平方米温室大棚不同程度受损，1865个农技推广服务体系遭到不同程度破坏，蚕业基础设施、农业生产生活设施、农贸市场等也不同程度受损。灾害还使农民生产生活受到严重影响，灾后返贫人口大量增加，贫困程度进一步加深；农村公共服务能力与农业综合生产能力下降，给农业生产恢复带来重大影响。在林业方面，除灾区森工企业、国有林场、国有苗圃、自然保护区、林业工作站等林业单位的基础设施和设备损失惨重外，地震及其触发的大范围山体崩塌、滑坡、泥石流、堰塞湖等地质灾害，还造成大量林地、林木被摧毁、掩埋或淹没，森林资源及其生态系统受到严重破坏，森林生态功能衰退。川甘陕三省损毁林地面积48.6万公顷，林木蓄积损失2461.56万立方米，林业直接经济损失166.34亿元。在畜牧业方面，地震导致灾区商品畜禽生产、良种畜禽供种、饲料、兽药等投入品供应、畜产品加工流通、畜牧兽医技术服务、动物疫病防控乃至草原生态保护等能力明显削弱，畜牧业产业链受损。四川、甘肃、陕西、重庆、云南五省（市）死亡畜禽3495.61万头（只）、倒塌圈舍3191.67万平方米，川甘陕三省畜牧业因灾直接经济损失226.65亿元，其中四川省221.62亿元。在渔业方面，地震除致使灾区渔业职工宿舍、办公和生产用房被毁或严重受损外，还使大量鱼池池埂断裂、垮塌、移位，池底开裂渗漏，水面网箱损毁；鱼池进排水渠断裂、垮塌或被崩塌的泥石淹埋堵塞；苗种繁育设施、进场公路、输电线路被毁或受损；大量成鱼、苗种、亲鱼集中死亡、逃逸或震后陆续死亡。地震共造成渔业受灾面积3.4万公顷，损失成鱼2.75万吨、苗种2937吨，特别是沿龙门山一带的一批水产养殖场和苗种繁育基地被全部损毁。

地震导致灾区工业企业损失惨重。四川、甘肃、陕西、重庆、云南五省（市）共计3.8万余家工业企业受灾，特别是位于山区和盆地边缘的原材料工业、装备制造工业、轻工业、电子信息业、国防工业等，因离发震断层近、受到地面破坏强烈影响而受损严重，被迫停产或减产。川甘陕三省工业直接经济损失647.92亿元（不含房屋类损失），其中四川省627亿元、甘肃省12.92亿元、陕西省8亿元。灾区支柱产业和重点企业损失较大，中国东方电气集团公司、中国第二重型机械集团公司等一批骨干企业受损严重。其中，中国东方电气集团公司所属位于绵竹市汉旺镇的东方汽轮机有限公司，是中国研究、设计、制造大型电站设备的高新技术国有骨干企业和全国三大汽轮机制造基地之一，也是四川省重大技术装备制造基地的龙头企业。地震使东汽受到毁灭性破坏，大量建筑物和构筑物倒塌，80%的生产设施和机器设备严重受损，生产经营全面瘫痪，经济损失高达51亿元。此外，灾区的钢铁、有色金属、石油、化工、建材、采矿等原材料工业的厂房、机器设备、生产基地等大面积被毁，许多大型企业的生产陷于停顿状态，川甘陕三省原材料工业直接经济损失达256.96亿元。化工工业因灾直接经济损失110.21亿元，其中占四川省磷矿石产量60%的矿山基地损毁瘫痪，全省150家磷化工生产企业中有67家受损。作为中国重要的磷化工基地，德阳市的100多家磷矿和磷化工企业全部停产，宏达集团、龙蟒集团、蓥峰实业有限公司3家骨干企业经济损失高达57亿元。灾区工业受损，使工业发展的带动作用下降，反哺农业作用降低，吸纳就业的能力减弱，而工业基础相对薄弱的广元、阿坝、雅安、陇南、甘南、汉中等市（州）恢复重建难度则更大，同时对灾区承接产业转移产生了较大影响。

地震导致灾区的商业、服务业、房地产业和建筑业等遭受重大损失。受灾地区房倒屋倾，经营场所、基础设施大部损毁，商品、物资、设施、设备及现金等财产损毁严重，川甘陕三省商业、服务业直接经济损失达411.34亿元（不含房屋类损失）。在商业方面，大量商品交易市场、商品批发企业、物流企业、商品零售企业、餐饮住宿企业、外贸企业和其他商贸服务企业损毁，许多企业的营业用房倒塌、设备损坏，基础设施、生活设施和商品产品遭到破坏，直接经济损失达343.51亿元，其中四川省为331.09亿元。在金融服务业方面，灾区的众多金融企业分支机构和金融监管机构遭到不同程度破坏，直接经济损失43.61亿元。其中，银行业营业网点受损2550个，办公用房坍塌123处，经济损失40亿元；保险公司35家分支机构，经济损失超过100万元的有11家，直接经济损失1.81亿元；证券期货行业办公、营业场所及设备损毁造成直接经济损失4129.22万元；金融监管机构有20家地市级中心支行、85个县级中心支行、6个银监局、50个银监分局、2个证监局、1个保监局遭受不同程度的破坏，经济损失1.3亿元，金融服务受到严重影响。在旅游业方面，地震给灾区景区景点、旅游宾馆等旅游接待设施、公共服务设施以及旅游道路、通信、供水、供电等基础设施造成严重破坏，四川、甘肃、陕西、云南等省旅游业直接经济损失296.74亿元，其中四川省290.94亿元。作为四川省优势产业和支柱产业之一的旅游业，有497个旅游景区设施受损，因灾损失170.18亿元。四川省“农家乐”特色旅游遭到重创，尤其是龙门山东坡山前地带的乡村旅游几乎全部受损，作为国家级农业旅游示范点的绵竹市沿山乡村旅游带，大批“农家乐”遭到毁灭性破坏。旅游市场消费需求因灾大幅下降，全省旅行社遭遇大规模退团，绝大多数旅行社关门歇业；旅游景区处于关停状态；灾后酒店平均入住率不到20%，特别是重灾地区酒店基本关门，从业人员全部或部分失业，四川旅游目的地的安全形象受到严重影响。地震还给四川、陕西等灾区的建筑业和房地产业造成49.01亿元的巨大经济损失，其中建筑业损失33.72亿元、房地产业损失15.29亿元。建筑业的勘察、设计、监理、施工企业和房地产开发、物业管理、中介服务企业的办公用房和生活用房倒塌，设备设施损毁，大批在建工程项目受到破坏。

国家机关和社会事业设施受损

在汶川特大地震造成的财产损失中，国家机关与社会事业设施受损比例较大，主要是建筑物倒塌、损坏和设施设备损坏以及资料毁坏。其中，川甘陕三省灾区国家机关直接经济损失53.57亿元（不含房屋类损失），社会事业直接经济损失268.15亿元（不含房屋类损失），国家机关行使其职责的能力和社会事业的发展受到严重影响。

学校、医院损失惨重。51个极重灾和重灾县（市、区）的教师、学生等有重大伤亡，7444所学校遭受严重破坏，约占其学校总数12546所的59%，涉及在校学生314万人，川甘陕三省教育系统直接经济损失46.76亿元（不含房屋类损失）。除房屋损失外，教育损失主要集中在教学仪器和办公设备的损毁上，灾区各类学校的教育教学秩序被突如其来的灾难打乱。川甘陕三省各级医疗机构的医护人员伤亡惨重，18663个卫生机构遭受损失，房屋等基础设施大面积倒塌损坏，医疗设备、药品大量损毁，三省卫生系统直接经济损失17.34亿元（不含房屋类损失），灾区医疗卫生服务体系遭到重创，正常的医疗救治工作无法开展。

文化体育设施严重受损。损失主要包括文化、新闻出版、广播电视、体育等部门，以及提供社会服务的各类场馆、文化传媒设施设备和文化体育业务用房的损毁等，其中川甘陕三省灾区文化系统直接经济损失27.24亿元、广播通信设施直接经济损失28.43亿元、体育系统直接经济损失26.58亿元。地震使四川省3990个文化机构受损，受损面积55.77万平方米，文化服务体系遭到破坏，严重影响文化产品的生产、服务、消费和投资。四川、甘肃、陕西、重庆、云南五省（市）灾区广播电视设备设施严重损坏，业务用房倒塌或严重毁损成为危房，大部分广播电视台临时停播，广播电视信号传输中断，工作无法正常开展。四川省新闻出版行政部门，部分图书、报刊、音像电子出版单位，部分印刷复制、出版物批发零售企业的各类办公、生产、营业用房和设施设备，以及农家书屋等不同程度受损，其中成都、德阳、绵阳、广元、阿坝、雅安六市（州）共计毁损房屋86.21万平方米、设备器材74621件（套）、出版物84.05万册。地震造成灾区公共体育设施严重损毁193万平方米，其中四川省损毁面积130万平方米，北川、绵竹、什邡、青川、茂县、都江堰、广元等地的体育比赛场馆设施完全损毁。此外，当灾区各地所有田径场和部分未成危房的体育馆成为受灾群众的避难场所、灾后居民安置点、救灾前线指挥所、医疗救治点、救灾物资中转站以及空中交通平台后，由于其普遍缺乏应急避难场所功能，使得场馆设施除遭受地震直接损毁外，损耗由此加剧。

科学技术系统和文化遗产损失巨大。科技、科研、气象、地震、水文及环保等部门受灾严重，主要包括科技业务用房与设施设备受损、观测环境与科研基地受损、科技计划项目受损。川甘陕三省灾区科技、环保、地震、气象系统直接经济损失分别为5.91亿元、26.18亿元、0.87亿元、4.88亿元。地震对灾区各地文化遗产的破坏，主要表现在对各级文物保护单位的文物建筑、馆藏文物以及非物质文化遗产的破坏。受损的各级文物保护单位近1300处，其中世界文化遗产2处、全国重点文物保护单位120处、省级文物保护单位278处、县（市）级文物保护单位近900处；受损馆藏文物4204件（套），其中三级以上珍贵文物481件；受损的非物质文化遗产名录项目709项，其中国家级47项、省级93项、市州级569项。文化遗产受损情况最重的是汶川、茂县、都江堰、彭州、绵竹、什邡、北川、平武、安县、青川等极重灾县（市），其中北川、汶川、茂县、理县等县的藏族、羌族非物质文化遗产实物和资料大量被埋损坏，造成了难以挽回的损失。川甘陕三省灾区文化遗产直接经济损失合计89.66亿元。

此外，地震对灾区的劳动与社会保障、军事、环境保护、宗教等设施设备均造成不同程度破坏，致使各项工作无法正常运转。

次生灾害举世罕见

汶川特大地震发震断层产生的地表破裂，错断了房屋和桥梁等工程结构，并触发大面积的滑坡、崩塌、泥石流、地裂缝、地震陷坑和砂土液化，致使汶川映秀、北川县城等城镇遭到毁灭性破坏，使房屋倒塌、村庄掩埋、道路堵塞，造成大量人员伤亡及林地、农田、畜牧业的损毁。其地质灾害虽以滑坡、崩塌、泥石流及堰塞湖为主，但所有类型的地震地质灾害现象都有所表现，其中堰塞湖成为严重威胁人民生命财产安全的主要次生灾害。至2008年6月21日，由于地震中心处于高山深谷，滑坡阻塞河流形成有一定规模（危险级）的堰塞湖105处，其中四川灾区104处。四川省35处中危级以上的堰塞湖中，有极高危险级1处、高危险级6处，致使200多万人口受到威胁。位于北川羌族自治县曲山镇、涪江支流通口河上游湔江河段上、距北川县城上游5.5公里①处的唐家山堰塞湖，是威胁最为严重、排险最为艰难、国内外最为关注的一处堰塞湖。唐家山堰塞坝横河方向长612米，顺河方向长803米，坝高82～124米，体积2037万立方米，上游集雨面积3550平方公里，最大可蓄水量3.15亿立方米，对下游上百万人的生命安全以及宝成铁路、兰成渝成品油输油管道等重大基础设施造成严重威胁。

地震地质灾害还引起了一系列连锁的生态环境破坏，森林、草地、河流与湿地受损，植被被大量破坏，地貌分割，生态环境的多样性严重受损。大范围植被的破坏，又加剧了水土流失，对地表覆盖、自然生态系统、自然保护区基础设施及保护区管护能力、大熊猫及其他珍稀动物栖息地都造成严重的破坏，使人居环境、生存条件受到严重威胁。岷山与邛崃山系是中国生物多样性保护的重要区域，是中国大熊猫、四川金丝猴等珍稀濒危物种的主要栖息地。同时，区内自然景观独特、风景名胜集中、历史文化遗产丰富，是中国乃至国际旅游的重要目的地，是水源涵养和生物多样性保护的国家重要生态功能区，也是重要的工业区、农业区、居住区。地震使这一区域的自然保护区不同程度受损，很多自然景观因地震的巨大破坏或次生地质灾害而不复存在，野生动物栖息地毁损严重，区域生态系统景观的连通性显著降低，景观破碎程度显著增加，形成大量“岛屿式”斑块。地震及其次生灾害等引起森林资源的水土保持、涵养水源、生物多样性保护和固碳等功能的效益损失难以估计，野生动物栖息地环境的破坏使得生物多样性的保护面临严峻挑战。

地震发生后，国土资源部、水利部、中科院、长江水利委员会、国家防总办公室、武警水电部队、地震局，灾区各级政府及相关部门、院、所，组织大批专业人员，对地震灾区进行系统调查和现场勘查，包括航空和遥感调查，共查明地质灾害及隐患点2.16万处（包括震前已经存在和地震中新产生的），约有七成为汶川地震触发的地质灾害。在地质灾害及隐患点中，滑坡10412处、崩塌6602处、泥石流1334处、不稳定斜坡2692处，其他（含地面塌陷、地裂缝、碎屑流等）

① 关于唐家山堰塞湖距原北川县城的距离，由于计算的起止点不尽一致，故数据亦有出入，乃有3.2公里、4.6公里等说法。根据北川羌族自治县地方志办公室提供的资料，在灾后恢复重建中，当地为治理次生灾害而在原县城湔江河段上新修拦沙坝一座，以此为起始点计算，县城距堰塞湖大坝的距离为5.5公里。

560处。其中，四川省133个县（市、区）共查明地质灾害及隐患点18997处，甘肃省23个县（区）共查明地质灾害点2214处，陕西省19个县（区）共查明地质灾害点389处。这些地质灾害除在汶川地震时成灾外，还作为隐患在其后的余震和降雨等诱发条件下续发成灾，或将进一步提高危险等级，威胁群众生命财产安全。

特大地震灾害给人民的生命财产造成了巨大损失。为准确评估灾害造成的损失，同时为国家制订灾后重建规划提供依据，民政部与国家汶川地震专家委员会在震后不久即就灾害损失评估工作进行研究。在征求四川、甘肃、陕西三省人民政府和国家发展改革委等20个部门意见的基础上，民政部6月7日下发《关于开展汶川地震灾害损失评估工作有关事项的紧急通知》，印发《汶川地震灾害损失统计表》共计13类、25张报表、229个统计指标，对灾害损失评估工作进行部署。在四川、甘肃、陕西三省人民政府以及国家统计局等部门支持下，民政部协同发展改革委、财政部、地震局、国家汶川地震专家委员会对三省和地震局提供的灾害损失评估报告及统计数据进行汇总，在完成汶川地震灾害范围评估的基础上，进一步对汶川地震灾害损失进行综合评估，并于25日形成《汶川地震灾害损失汇总与评估报告》。此后，又进行了3次统计校核工作。8月25日，民政部、发展改革委、财政部、地震局、国家汶川地震专家委员会对三省人民政府22日上报的截至7月中旬的灾害损失核定数据进行最后校核，征求三省人民政府意见后，于9月4日将校核结果的报告上报国务院抗震救灾总指挥部。

根据民政部、发展改革委、财政部、地震局、国家汶川地震专家委员会《关于报送汶川地震灾害损失校核结果的报告》，四川、甘肃、陕西三省直接经济损失为8451.36亿元，其中四川省7717.7亿元、甘肃省505.35亿元、陕西省228.31亿元；川甘陕三省重灾地区的51个县（市、区）直接经济损失为6503.4亿元，其中四川省6080.69亿元、甘肃省314.62亿元、陕西省108.08亿元。此外，根据重庆市、云南省、宁夏回族自治区政府上报数据，重庆市损失54.07亿元，云南省损失16.83亿元，宁夏回族自治区损失0.83亿元。合计此次汶川特大地震灾害，直接经济损失为8523.09亿元。

人民日报

RENMIN RIBAO

2008年5月

13

四川省汶川县发生7.8级地震

胡锦涛作出重要指示，要求尽快抢救伤员，确保灾区人民群众生命安全

温家宝赴灾区现场指挥抗震救灾工作

中共中央政治局常务委员会召开会议

全面部署当前抗震救灾工作

中共中央总书记胡锦涛主持会议

会议强调，灾区各级党委、政府和中央各有关部门一定要紧急行动起来，把抗震救灾作为当前的首要任务，尽最大努力把地震灾害造成的损失减少到最低程度。全国各地区各部门一定要大力发扬"一方有难、八方支援"的精神，万众一心、众志成城，迎难而上、百折不挠，共同夺取抗震救灾斗争的胜利

部署指挥

——务必把抗震救灾工作作为当前最重要最紧迫的任务

组织指挥抗震救灾

全面部署恢复重建

汶川特大地震抗震救灾的艰巨性、复杂性、紧迫性和自然条件的恶劣性，在人类应对自然灾害史上极为罕见。因此，组织的快捷性、科学性和指挥的有效性，决定着抗震救灾斗争的成败。面对特大地震灾害，中共中央总揽全局、科学决策，于震后第一时间把抗震救灾确定为全党全国最重要最紧迫的任务，并在此后不到一个月的时间里，先后召开4次政治局常委会议和1次政治局会议，深入研究、部署抗震救灾各项工作；国务院及国务院抗震救灾总指挥部坚强领导，实施了全程集中、统一迅速、决策明确的指挥行动；中央军委迅速应对、高效运转，指挥解放军、武警部队和民兵预备役人员全力赶赴一线救援。胡锦涛、吴邦国、温家宝、贾庆林、李长春、习近平、李克强、贺国强等党和国家领导人心系灾区、情系灾区，一次次深入灾区考察灾情，慰问受灾群众和救援人员，组织指挥抗震救灾工作。中共中央、国务院对抢险救人、安置群众、抢通保通、次生灾害防治、卫生防疫、救灾保障、灾区维稳、救灾监督等做出一系列重大决策部署，迅速推动从中央到灾区各地各级党政和职能部门，构建起一套组织健全、职能明确、高效统一、运作灵活的指挥体系，形成中枢决策系统较为强大、组织结构较为健全、社会力量广泛参与、具有中国特色的应急组织指挥网络，确保了抗震救灾工作有力有序有效推进。

组织指挥抗震救灾

汶川特大地震强度之大、波及之广，为几十年来所罕见，人民群众生命财产安全受到严重威胁。灾害牵动着中共中央、国务院的心，地震发生后，中共中央总书记、国家主席、中央军委主席胡锦涛立即做出重要指示，要求尽快抢救伤员，保证灾区人民生命安全。中共中央政治局常委、国务院总理温家宝当即赶赴四川，现场指挥抗震救灾工作。地震发生当晚，中共中央政治局常委会召开会议，全面部署抗震救灾工作。会议把抗震救灾确定为全党全国最重要最紧迫的任务，决定成立国务院抗震救灾总指挥部，建立起上下贯通、军地协调、全民动员、区域协作的工作机制，组织各方救援力量赶赴灾区，紧急调集大批救灾物资运往灾区，精心部署受灾群众安置工作，及时推动灾后恢复重建，举全国之力抗震救灾。在中共中央、国务院和中央军委的坚强领导下，在国务院抗震救灾总指挥部直接指挥下，全党全军全国各族人民展开了一场气壮山河的抗震救灾斗争。

人民高于一切，生命高于一切。5月12日晚，胡锦涛主持召开中共中央政治局常委会议，全面部署当前抗震救灾工作。会议强调，灾情就是命令，时间就是生命。灾区各级党委、政府和中央各有关部门一定要紧急行动起来，把抗震救灾作为当前的首要任务，不怕困难，顽强奋战，全力抢救伤员，切实保障灾区人民群众生命安全，尽最大努力把地震灾害造成的损失减少到最低程度。会议要求，要立即组织解放军、武警部队、民兵预备役和医疗卫生人员，尽快赶赴灾区，全力抢救受伤人员。要千方百计向灾区运送食品、饮用水、药品和帐篷、防寒衣被等救灾物资，确保灾区群众有饭吃、有衣穿、有干净水喝、有临时住处。要迅速组织力量，抓紧抢修受损的设施和设备，尽快恢复灾区的通路、通电、通信和供水。要严密监测地震灾情，采取有效措施，防止次生灾害发生，同时要科学组织救灾工作，防止造成新的伤亡。要切实做好稳定人心的工作，加强正面舆论引导，对那些散布谣言、干扰破坏抗震救灾的行为，要坚决依法处理，确保社会大局稳定。为加强对抗震救灾工作的领导，中央决定成立抗震救灾总指挥部，全面负责当前的抗震救灾工作。中央号召，灾区各级党组织和全体共产党员一定要坚持人民利益高于一切，奋不顾身地投入到抗震救灾第一线，急人民群众之所急，解人民群众之所难，把党和政府的关怀送到每一个受灾群众中去。全国各地区各部门一定要大力发扬“一方有难、八方支援”的精神，万众一心、众志成城，迎难而上、百折不挠，共同夺取抗震救灾斗争的胜利。

灾情紧急，人命关天。5月12日16时44分，中共中央政治局常委、国务院总理温家宝乘专机赶赴四川灾区。在飞机上，温家宝主持召开紧急会议部署工作，要求各级党委、政府要把保护人民生命财产安全放在第一位，全力做好被困群众和受伤群众的救治工作，安排好受灾群众生活，全力组织恢复受损的基础设施，特别要抓紧通水、通电、通路，保证通信畅通，保证重要基础设施和水库大坝、铁路公路涵洞安全，保证正常的社会秩序。他强调，在灾害面前，最重要的是镇定、信心、勇气和强有力的指挥。在中共中央和国务院的坚强领导下，广大军民团结一致，众志成城，一定能够战胜这场特别重大的地震灾害。

根据中共中央的决定，国务院迅速成立抗震救灾总指挥部，由温家宝任总指挥，国务院副总理李克强、回良玉任副总指挥，下设由有关职能部门、军队、武警部队和地方党委、政府主要负责人参加的抢险救灾组、群众生活组、地震监测组、卫生防疫组、宣传组、生产恢复组、基础设施保障组（后改为“基础设施保障和灾后重建组”）、社会治安组8个抗震救灾工作组（后增设水利组），分别负责具体指挥相关领域的救援与处置工作；同时还在都江堰设置总指挥部四川前方指挥部，靠前指挥。

国务院抗震救灾总指挥部先后召开26次会议，就抗震救灾及灾后恢复重建的前期准备工作进行全方位的指挥部署。5月12日23时40分，在都江堰临时搭起的帐篷内，总指挥部召开第一次会议，温家宝提出4项要求：第一，现在第一位的工作是抓紧时间救人，多争取一分一秒的时间就可能多抢救出一个被困者；必须把抗震救灾工作组织好，尽最大力量救人；要调动更多的解放军和武警部队官兵紧急投入到抗震救灾中。第二，要不惜一切代价连夜打通道路。这是目前抗震救灾工作的关键，同时要采取措施，尽快恢复通水、通电、通信，不能有丝毫耽误。第三，卫生部要统筹协调，从各地调医疗人员赶赴灾区。要准备好足够的救护车、药品等。第四，要全力妥善安置好受灾群众，要紧急从各地调运大批帐篷，满足群众避震、避雨需要。温家宝强调，人命关天，救人要紧，抗震救援要科学、有序、统一进行。干部和党员要站在第一线，组织好抗震救灾工作。

5月13日7时，国务院抗震救灾总指挥部召开会议，提出务必要在当日24时以前打通通往震中灾区的道路，全面开展抗震、抢险、救人工作；要组织进行空投，尽快将食品、药品和急需的抢险物资空投到重灾区。有的重灾区抢险人员还未进入，情况不是太清楚，要力争在当日24时前派人进入所有受灾的市、县甚至乡镇，进一步摸清灾情，组织开展抢救工作。温家宝同时要求，随着救灾工作的深入，要进一步做好群众的思想工作；要尽最大努力组织人力物力支援灾区；从现在起要明确责任制，做到责任到人，任务落实到人，按时、按要求完成任务。当日中午，总指挥部在德阳召开会议，提出了当前需要尽快解决的4个突出问题：一是要迅速调集食品尤其是饼干、奶粉、面包、牛奶和矿泉水，供应给受灾的群众和孩子们；二是灾区仍在下雨，要迅速调集帐篷，有序搭建，供群众避雨和休息；三是从各地调集的医疗队和药品，要加快速度，克服一切困难到达灾区，有些交通不便的灾区可以采用空投医疗队和药品的方式解决；四是各级党委、政府要迅速组织力量，调集作业机械，全力以赴抓紧时间救人。20时30分，总指挥部召开会议，强调当前抗震救灾的核心任务仍然是救人。温家宝指出，在中共中央、国务院领导下，救援工作开展得有力、有序、有效；以人为本是救灾的核心，要抓住时机、抓紧时间抢救人员，这是整个抗震救灾工作的重中之重，目前阶段的全部工作都要紧紧围绕救人展开，把人员伤亡降低到最低限度。温家宝强调，为使整个救灾工作顺利进行，必须力争尽快通路、通电、通水，保障电信畅通，其中通路是关键；要把受灾群众安置工作放在重要位置，在满足受灾群众物质生活需要的同时，加强基层思想政治工作，干部要走到群众中间去，走到受灾群众当中去，真正地关心他们；要加强统一指挥，部队、武警、公安、消防、地震救援等多种救援力量要协调行动，提高救人的效率；卫生部门要迅速从全国抽调3000名医护人员，以最快速度到达四川地震灾区，开展医疗救治工作。温家宝强调，尽管抢险工作困难很大，也要想尽一切办法，连夜抢修，尽快打通通往震中地区的公路；参与抢险救灾的解放军和武警官兵、公安民警要通过各种不同途径，采取空运、水路、步行、翻山等多种方式尽早进入汶川等重灾地区。温家宝要求各个工作组立刻落实，连夜部署，连夜行动。

灾情就是命令，灾区就是战场。地震发生后，中央军委主席胡锦涛做出重要指示，要求驻灾区部队要加强与地方的联系，了解受灾情况，迅速出动，协助抗震救灾；驻灾区部队要认真清查自身受灾情况，同时做好自救和防护工作；要密切关注余震，防止发生次生灾害。中央军委落实胡锦涛指示精神，召开紧急会议，全面部署抗震救灾行动，迅速启动应急机制，全力投入抗震救灾工作。5月12日15时10分，正在驻昆明部队调研的中央军委领导根据胡锦涛指示，迅速组织指挥部队抗震救灾行动，要求打破常规，特事特办，以灾情为命令，以救人为第一要务，以及时救援为原则开展抢救。15时40分，总参谋长陈炳德签发第一份派兵命令。当日深夜，经胡锦涛批准，总参谋部向济南军区、成都军区、空军、总后勤部下达中央军委《关于参加抗震救灾的命令》，调动3.4万名官兵以铁路输送和摩托化行军相结合的方式赶赴四川灾区第一线。

根据中共中央政治局常委会议精神，中央军委成立军队抗震救灾指挥组。从5月13日至7月15日，指挥组共召开6次会议，全面落实中共中央、中央军委的决策部署。5月13日16时30分，指挥组第一次会议召开。会议要求，解放军和武警部队要坚决贯彻胡锦涛和中央军委的决策部署，把抗震救灾工作作为当前首要和重大政治任务来完成；要组织抢险救灾部队快速到位，全力做好各项保障工作，加强与国家有关部门和地方政府的沟通协调。会议明确，部队到达灾区后的组织输送和用兵安排由成都军区负责。14日下午，中央军委向成都军区、济南军区、海军、空军下达增派部队的命令，3.2万名官兵以摩托化开进、铁路输送、空运等方式向灾区挺进。

在抗震救灾的危急时刻，5月14日，胡锦涛再次主持召开中共中央政治局常委会议，进一步研究部署抗震救灾工作。会议认为，目前抗震救灾各项工作正在有力有序有效进行，灾区社会秩序总体稳定。中央要求，各地各有关方面务必把抗震救灾工作作为当前最重要最紧迫的任务，不畏艰难，连续作战，团结协作，全力以赴，坚决打胜抗震救灾这场硬仗。要把抢救被困群众放在第一位，只要有一线希望，就要尽一切努力施救。中央决定，增派解放军、武警部队、公安消防特警，并配备必要的器械和工具，迅即赶赴灾区第一线，全力投入抢险救援。要继续从各地和部队调集医护人员，组成医疗队和专家组，到灾区对受伤群众实施救治，并加强卫生防疫工作，防止灾区疫病流行。要千方百计安排好灾区群众生活，继续筹措和调运灾区急需的食品、饮用水、衣被、帐篷等物资，切实解决好受灾群众的吃饭、饮水、穿衣、住宿等问题；同时，要深入细致地做好灾区群众思想工作，确保灾区社会稳定。要抓紧抢修道路、电力、通信等基础设施，首先要想方设法尽快恢复通往灾区的公路交通，以保证整个抗震救灾工作的顺利进行。还要切实防止次生灾害发生，避免造成新的损失。要进一步加强对抗震救灾工作的领导，统一指挥，科学调度，加强协调，分工负责，严明纪律，确保将中央抗震救灾决策部署落到实处。中央号召，全党和全国军民要更加紧密地团结起来，一切为了灾区，全力支援灾区，以实际行动为抗震救灾贡献力量。中央坚信，有灾区干部群众不屈不挠、顽强奋战的大无畏英雄气概，有全国人民万众一心、共克时艰的社会主义协作精神，就一定能够战胜这场特大地震灾害。

5月14日晚，国务院抗震救灾总指挥部召开会议。会议要求空军于15日以空投的方式将部队官兵送达救援人员尚未到达的重灾乡镇，以便尽快摸清灾情，抢救受伤群众，为进一步抢险救灾创造条件。温家宝强调，抢救人员仍是当前灾区抗震救灾工作的当务之急和重中之重，要尽一切力量，不惜任何代价抢救人员。人的生命是最宝贵的，对人民负责，对历史负责，就必须在这个关键时刻把救人的工作组织好、安排好、落实好。地震发生已有50多个小时，下一段时间仍然极其宝贵。救人是第一位的工作，抗震救灾决策和部署要坚持以人为本、对人民负责、经得起历史的检验。温家宝说，随着救援队伍的增加，必须紧急调配抢救工作所需的各种工具，包括吊车、推土机、起重机等大型工具以及抢救人员随身携带的切割机、千斤顶、老虎钳等轻型工具。温家宝强调，要加强领导，切实做好组织工作；直升机前往灾区时要带足物资设备、医疗人员和抢救人员，返回时要运送重伤员，特别是妇女儿童和老人；要将解放军指战员、武警部队、公安民警、预备役民兵和专业救援队伍紧密结合起来，更有效地开展救援工作。

5月15日下午，中央军委领导在成都主持召开解放军和武警部队抗震救灾任务部署会，明确成立成都军区联指，统一指挥解放军、武警部队和民兵预备役人员在四川的抗震救灾行动。成都军区司令员李世明任总指挥，成都军区政委张海阳任政委。要求各部队发扬不畏艰险、英勇善战、敢打硬仗的优良作风，全力开展救灾工作。并强调，严守群众纪律，做到秋毫无犯；关键时刻各级领导要带好头，作表率。

在抗震救灾的关键时刻，5月16日，胡锦涛乘飞机赶赴四川灾区。途中，胡锦涛做出重要指示：现在虽然已经过了震后72小时的“黄金救援”时间，但仍然要把挽救人的生命作为当务之急，作为重中之重。中午抵达绵阳南郊机场后，胡锦涛立即在机场主持召开会议，与温家宝共同研究部署抗震救灾工作。17日晚，胡锦涛又在成都连夜召开会议。两次会议上，胡锦涛强调，要继续争分夺秒地搜救被困群众。抗震救灾工作必须坚持以人为本，抢救人民群众生命是首要任务，必须继续作为当前抗震救灾工作的重中之重。只要有一线希望，只要有一点生还可能，就要做出百倍努力。要在救援队伍进入所有乡镇的基础上，尽快进入所有村庄，排查每一处倒塌房屋，竭尽全力搜救被困群众。要充分发挥专业救援队伍的优势，实行科学救援，尽最大努力抢救被困群众的生命。成都会议上，胡锦涛进一步指出，要加强对本地和从各地及部队调集来的医疗救护队伍的组织协调，尽最大努力抢救伤员生命、医治群众病痛。要切实保障灾区医疗急救物资供应，切实满足救治工作需要。现在，灾区医疗机构的负荷很重，为了保证伤员救治，要统筹安排，及时将部分能够安全转移的伤员送往外省市条件较好的医疗机构救治。要抓紧抢修因灾毁坏的基础设施，尽快实现灾区通路、通电、通水、通信息，这直接关系到整个抗震救灾工作的进展。当务之急是要组织精兵强将，克服各种困难，在最短时间内恢复通往重灾区的道路交通，确保抢险救援人员、设备和受灾群众急需的生活物资能够及时运进去，确保受伤群众能够及时得到救治。要采取应急措施，尽快解决灾区用电，解决灾区和救援人员的通信联络问题；抓紧修复供水设施，努力保证居民正常供水。要严密关注震情，深入开展防震知识的宣传普及，加强对余震的防范，避免造成新的损失。此外，还要加强对已通道路和现有基础设施的管理和维护，加强对塌方、泥石流等地质灾害的监测和预防，确保水库大坝等重点设施的安全运行，防止发生次生灾害。

随着抢险救援工作的不断深入推进，5月17日，国务院抗震救灾总指挥部召开会议，要求抗震救灾要始终坚持以人为本，把保护人民生命安全放在第一位，只要有一线希望，就要尽最大努力。在巩固县、乡搜救工作的基础上，继续向村庄展开，确保搜救不留死角和盲点；在搞好抢救工作的同时，切实做好伤员救治和卫生防疫、妥善处理遇难者的善后工作，安排好受灾群众的生活，严密防范余震破坏和次生灾害，维护社会正常秩序。19日，总指挥部会议进一步提出，要扩大搜救范围，部队要克服一切困难，确保在24小时内进入到所有村庄；在做好医疗防疫工作的同时，要做好善后处理工作，做好遇难者遗体处理及家属的抚慰工作，做好“三孤”（孤儿、孤老、孤残）人员的救助安置工作，确保他们的基本生活；民政部要抓紧核实确定“三孤”人员身份，采取就地安置和对口支援等多种形式进行安置，3个月内，为每人每月提供600元基本生活费。总指挥部20日会议还就受灾群众生活安排、防范次生灾害等工作进行了研究部署，议定从5月30日起，每天运抵灾区3万顶帐篷，一个月内新增90万顶；同时，另有80万顶简易棚支援灾区；两天内首批6000套安置房起运灾区，6月30日前运达25万套，3个月内运达100万套。

针对灾区地质环境复杂、救援范围广、救援力量多元化的情况，为实施有效的统一指挥，根据中央军委的命令，5月15日成立成都军区抗震救灾联合指挥部。根据灾情和部队部署情况，成都军区联指将在四川境内的部队抗震救灾区域划分为5个责任区，并依托所在区域军级救灾部队机关建立责任区指挥所。第一责任区为都江堰、映秀镇、汶川、理县、茂县地域，指挥所依托71521部队机关在都江堰开设；第二责任区为彭州、崇州地域，指挥所依托71320部队机关在彭州开设；第三责任区为广汉、德阳、罗江、什邡地域，指挥所依托95829部队机关在什邡开设；第四责任区为绵阳、江油、北川、绵竹地域，指挥所依托77200部队机关在北川开设；第五责任区为青川县、平武县、平通镇地域，指挥所依托71521部队机关一部在青川开设。各责任区指挥所负责统一指挥协调责任区内的解放军、武警部队和民兵预备役人员的救援行动，并派员参加当地政府组织的抗震救灾领导机构。每个责任区设立指挥所，从而形成中央军委领导下的军队抗震救灾指挥组—成都军区联指—抗震救灾责任区指挥所三级指挥体系，统一协调指挥军队抢险救灾。5月16日晚，中央军委领导在成都军区主持召开抗震救灾工作会议，传达胡锦涛主席指示，研究贯彻落实措施。确定部队在3天内，于19日14时28分前抵达指定受灾村寨。15日、17日、18日，军队抗震救灾指挥组会议决定，按照中共中央和中央军委的要求，坚持把挽救人民的生命作为抗震救灾的当务之急、重中之重，搞好军队政治动员，组织部队迅速到达受灾严重的乡镇、乡村，及时掌握准确情况、组织部队行动，同时对搞好各项保障等工作进行部署。抢险救灾期间，中央军委成功组织实施了中华人民共和国成立以来规模最大、兵力最多、速度最快、机动范围最广的一场非战争军事行动，充分体现了人民子弟兵为了人民利益不惜一切代价的神圣使命感和责任感，充分体现了中央军委出色的组织指挥能力和快速反应能力。

5月22日，胡锦涛主持召开中共中央政治局常委会议，研究部署继续全力做好抗震救灾的工作。会议强调，特大地震灾害发生后，在中共中央、国务院和中央军委坚强领导下，四川等受灾省份各级党委、政府和中央各有关部门紧急行动，解放军指战员、武警部队官兵、民兵预备役人员和公安民警顽强奋战，广大医疗卫生人员、新闻工作者、科技工作者齐心协力，灾区广大干部群众奋勇自救，全国各地区各部门和社会各界全力支持，海外华侨华人踊跃捐助，国际社会积极施援，抗震救灾各项工作取得重要进展，为打胜这场抗震救灾的硬仗奠定了坚实基础。全党全军全国各族人民以万众一心、同舟共济的伟大精神谱写了一曲中华民族自强不息、团结奋斗的英雄凯歌。会议指出，当前，抗震救灾形势依然严峻，任务十分艰巨，要继续把抗震救灾作为当前最重要最紧迫的任务，扎扎实实做好各项工作。要继续搜救被困群众，切实把搜救工作落实到每一个乡村，特别是要抓紧彻底排查边远乡村，努力做到无一疏漏。要继续抓紧救治伤病群众，尽快将重伤员转送到条件较好的医疗机构救治，保证灾区医疗急救物资供应，尽最大努力保障受伤群众生命安全。要继续做好卫生防疫工作，尽快充实专业防疫力量，强化灾区防疫，加强疫情监测，确保大灾之后无大疫。要下大气力做好受灾群众安置工作，抓紧调运粮食、食品、饮用水、衣被等物资，加快帐篷、活动板房等急需物资的生产和调运，切实保障受灾群众基本生活，确保他们有饭吃、有衣穿、有干净水喝、有安全住处，特别要精心安置好孤儿、孤老、孤残人员。要继续抢修因灾损毁的基础设施，特别是要抢护发生险情的水库、水电站和堰塞湖，严防次生灾害造成新的损失。要继续做好思想工作，注重做好心理安抚和思想疏导，加强社会管理，维护好社会秩序，确保灾区社会安定、人心稳定。要在确保安全的条件下，组织灾区干部群众尽快恢复生产，积极帮助广大农民抢收抢种、恢复农业生产，积极创造条件帮助灾区学生恢复上课，努力把这场地震灾害造成的损失减少到最低程度。会议强调，在全力做好抗震救灾工作的同时，各地区各部门要按照中央的决策部署，一手抓抗震救灾工作，一手抓经济社会发展，全力以赴支援灾区，努力保持经济平稳较快发展，努力保持社会和谐稳定。中央有关部门要指导受灾地区在深入调查、综合评估、科学规划的基础上，及早规划和适时开展灾后重建工作。会议号召，各级党组织、各级领导干部和广大党员要牢记全心全意为人民服务的根本宗旨，真正做到想群众之所想、急群众之所急、办群众之所需、解群众之所难，团结带领广大群众继续信心百倍地同地震灾害作斗争，克服一切困难，排除一切险阻，坚决夺取这场抗震救灾斗争的全面胜利。会议一结束，胡锦涛立即赶赴浙江省湖州市实地考察救灾帐篷生产情况；25日，又专程到河北省廊坊市考察活动板房生产情况。

5月22日下午，中央军委领导主持召开军委常务会议，研究贯彻落实中央政治局常委会议和胡锦涛指示，部署部队下一步抗震救灾八个方面的工作。会议明确，增设热食供应点，开设野战供水点，帮助解决灾区群众吃饭、饮水问题；在责任区搭建活动板房简易居住点，腾出部分部队营区，安置受灾群众；修建5所临时中小学，下一步按照国家和四川的统一安排部署，再建5所永久性学校，并在什邡建200户的新村；帮助地方开展清理废墟工作；组织医疗防疫队、防化洗消队，开展防疫工作；安排汽车帮助地方运送救灾物资；安排已进入灾区的工程部队和其他部队帮助地方修路；“进村入户”的部队，帮助群众拆除危房，搭建临时住房，修道路，收庄稼，清理被掩埋的粮食、衣物和其他财物。会议强调，要坚决贯彻胡锦涛主席“进村入户”的重要指示，把工作做细做实，千万不可以流于形式、声势大效果差、雷声大雨点小；要特别重视防范余震和水库、堰塞湖出问题，以及其他的地震次生灾害，确保部队不发生群死群伤问题，同时要积极做好转移群众的相关工作；要切实做好防疫工作和后勤保障工作；要大力加强救灾部队的政治思想工作，确保部队始终坚持以完成任务为第一要求，在完成任务的过程中注意安全；要保持高昂旺盛的斗志，发扬不怕疲劳、不畏艰险、连续作战的作风；要严格遵守群众纪律，坚决防止发生贪占民财、奸淫妇女、收受礼金等问题；要支持和维护成都军区抗震救灾联合指挥部，特别是李世明、张海阳对救灾部队的集中统一指挥。

根据中共中央、国务院、中央军委的决策部署，第一时间，地震局、国家减灾委、民政部、卫生部、交通运输部、科技部、国资委等中央各部门纷纷启动应急预案，采取各项紧急措施，调动系统、部门资源，全力以赴抗震救灾。四川省委、省政府迅速启动应急预案，成立四川省“5·12”抗震救灾指挥部，建立应急指挥体系，紧急部署抗震救灾工作，主要领导分赴各地现场指挥，有序、有力、有效地组织开展抗震救灾工作。甘肃、陕西等受灾省份也立即启动应急预案，紧急开展抗震救灾工作。受灾地区各级党委、政府和广大党员干部挺身而出，成立抗震救灾应急指挥部，组织干部群众开展自救互救，形成了分工负责、自上而下、紧密联系、职能配合、协调联动的指挥体系。在紧急抢险救援中，解放军、武警部队、消防队员、公安特警、各类专业救援队员、民兵预备役人员、医疗卫生人员37万多人，以及20多万名志愿者和其他救援力量战斗在灾区第一线。各方力量齐聚灾区，尊重生命、救人第一，与时间赛跑、向极限挑战，坚持只要有一线希望就尽百倍努力，奋力开展生命大营救，最大限度地挽救了受灾群众的生命，最大限度地减低了灾害造成的损失，抗震救灾工作取得阶段性胜利。

随着紧急生命救援工作的基本结束，5月26日，胡锦涛主持召开中共中央政治局会议，研究部署抗震救灾和灾后重建工作。会议指出，当前抗震救灾仍处在刻不容缓的紧要关头，要求坚持以人为本，在继续做好被困群众搜救工作的同时，把安置受灾群众、恢复生产、灾后重建摆在更加突出的位置，扎扎实实做好抗震救灾各项工作。会议强调，要增派有经验的专家，保证医疗急救物资供应，做好部分伤员转移治疗工作，全力抢救受伤群众，尽最大努力保障伤员生命安全；要着力安排好受灾群众生活，调动各方面资源，抓紧生产和调运帐篷、篷布房材料、活动板房等物资，抓紧调运生活物资，确保灾区群众的临时居住和基本生活；要全力开展卫生防疫工作，迅速把卫生防疫力量覆盖到所有乡镇、村庄，加强疫情监测报告，确保大灾之后无大疫；要严密防范次生灾害，加强地震监测预报，做好余震防范工作，重点做好堰塞湖险情处置；要抓紧抢修基础设施，尽快全面恢复灾区交通、通信、供电、供水；在确保安全的前提下，灾区企业要自力更生、奋起自救，农村要组织抢收、抢种，尽快恢复工农业生产；要创造条件帮助灾区学生恢复上课，妥善安排孤儿、孤老、孤残人员生活，深入做好受灾群众心理安抚和思想疏导工作，加强社会管理，维护好灾区的社会秩序。要认真做好灾后重建的前期工作，统筹规划、科学评估、分步实施，抓紧制订灾后重建规划和具体实施方案，建立对口支援机制，举全国之力，加快恢复重建。要进一步加强组织领导，加强地方、部队及各方面救援力量的协调配合，建立健全强有力的市县乡村抗震救灾领导体制，充分发挥基层党组织的战斗堡垒作用、各级干部的模范带头作用、广大党员的先锋模范作用，确保抗震救灾各项工作和措施的落实。各级干部要坚持把群众利益放在第一位，深入灾区，深入基层，靠前指挥，把受灾群众的安危冷暖放在心上，满腔热情地帮助受灾群众排忧解难，尽心尽力地帮助他们渡过难关。要引导灾区群众发扬自力更生、艰苦奋斗精神，互帮互助，苦干实干，在全国人民支持下满怀信心地重建家园、创造美好生活。要加强宣传舆论工作，及时准确公布震情灾情和抗震救灾情况，深入宣传抗震救灾中涌现出来的先进集体和模范人物，激励广大干部群众振奋精神，团结一心搞好抗震救灾工作。各地区各部门要按照中央的决策部署，坚持一手抓抗震救灾工作、一手抓经济社会发展，全力以赴支援灾区，全力以赴保持经济平稳较快发展、社会和谐稳定，以实际行动支持抗震救灾，坚决夺取抗震救灾斗争的全面胜利。

5月27日下午，国务院抗震救灾总指挥部召开会议，传达贯彻中共中央政治局会议对抗震救灾工作的部署要求，强调要在继续做好被困群众搜救工作的同时，把安置受灾群众、恢复生产和灾后重建工作摆在更加突出的位置。总的要求是，坚持以人为本，切实做好伤员救治和卫生防疫，安排好受灾群众生活，严密防范余震破坏和次生灾害，维护社会正常秩序，同时部署恢复生产，规划灾后重建。会议提出下一阶段要重点抓好8项工作，即抓紧救治伤病人员，着力安排好受灾群众生活，全面加强卫生防疫工作，妥善做好遇难者善后处理工作，严防次生灾害，组织恢复生产，保持灾区社会稳定，做好灾后重建前期工作。

为进一步解决重灾地区部分群众的生活困难，7月12日，国务院抗震救灾总指挥部对后续救助政策等问题进行专题研究。会议决定，在3个月临时生活救助政策到期后，政府对生活仍不稳定的受灾群众继续给予救助。救助对象主要包括“三孤”人员，生活困难的遇难（含失踪）者、重伤残者家庭人员，异地安置人员，因灾住房倒塌或严重损坏且生活困难的受灾群众。后续救助政策以现金补助为主，不再发放口粮，人均每月补助200元。在此基础上适当提高“三孤”等人员的补助标准，补助期限为9—11月。后续救助政策到期后，对于生活困难需救助的灾区群众，可分别纳入城乡低保、农村“五保”（保吃、保穿、保烧、保教、保葬）供养和冬春受灾群众临时生活困难救助制度，保障其基本生活。为进一步研究解决受灾群众安置工作中的突出矛盾和问题，8月31日晚和9月1日晚总指挥部召开会议，明确要求下一步要着重抓好6个方面的工作：要突出抓好受灾群众安全过冬问题；稳定灾区建材和居民生活必需品价格；对住房损毁导致无房可住和受损需要除险加固的城镇家庭，由中央财政给予适当补助，地方要抓紧制定具体办法；保证灾区学校正常开学复课；结合灾后恢复重建，采取多种措施对灾区实施重点就业援助，努力实现“零就业家庭”至少有一人就业；做好困难群众和孤残人员的救助安置工作。

在抢险救援过程中，国务院抗震救灾总指挥部对卫生防疫、防范次生灾害等做出专题部署。由于卫生防疫形势日益严峻，国务院抗震救灾总指挥部要求，要保证有充足的防疫技术人员和督导员，覆盖到每个村。在此基础上，要重点做好4个方面的工作：一是继续做好伤员救治工作。集中力量救治危重伤员，最大限度降低重症伤员死亡率和致残率。二是切实做好卫生防疫工作。尽快恢复地方疾病预防控制和卫生监督工作体系；强化地方政府职责，组织当地卫生防疫队伍，合理调配防疫支援力量，加强卫生防疫监督工作；加强灾区环境卫生综合整治；加强传染病疫情监测报告；按期完成对重点人群的甲肝、乙脑等疫苗接种工作；加强饮用水卫生监督监测和集体供餐的卫生监督管理，防止重大食物中毒和食源性疾病发生；做好堰塞湖泄水后的防疫工作。三是尽快恢复灾区正常医疗卫生服务秩序。统筹灾区医疗卫生资源，合理调配各方面支援力量，保障群众基本医疗卫生需求；合理规划灾区医疗卫生系统恢复重建工作。四是坚持“地方为主、对口支援”的原则。制定对口支援灾区医疗防疫工作方案和灾区群众基本医疗、残疾伤员安置康复等政策措施。按照中央统一部署和要求，实行“一省帮一县”的办法，落实卫生防疫工作责任制，确保大灾之后无大疫。

面对举世罕见的堰塞湖灾害和大量水库出险，国务院抗震救灾总指挥部提出，要加强地震监测预报。对高危水库要逐一排查，落实保安行政责任人和管护责任人，制定和完善应急预案和下游人员转移方案，加强预报和巡防。水利部调集专家和抢险队员，实行分片负责，对险情严重的要立即实施应急除险加固；对堰塞湖情况进行全面核查。对高危风险的堰塞湖要加强监测预警，制定转移预案，及时转移受威胁区的群众和抢险人员。组织专家进行全面评估，制定除险方案，实行工程除险。部队、国土资源部、科技部在人力、技术和设施上予以支持。

为应对唐家山堰塞湖形成的巨大威胁，国务院抗震救灾总指挥部决定成立唐家山堰塞湖应急处置指挥部，负责统筹抢险工程的组织实施。5月22日召开的总指挥部会议提出，唐家山堰塞湖处置必须坚持主动处理，避免被动；及早处理，防止处理难度加大；既采取工程措施除险，又及时转移人员避险等原则；坚决避免造成人员伤亡、群众恐慌，同时尽量减少人员转移数量和土地淹没面积。6月5日召开的总指挥部会议再次进行专题研究后指出，各有关方面必须继续坚持安全、科学和快速的原则，始终把安全放在第一位，在整个除险过程中不能造成群众伤亡，除险工程和避险措施要严格按照科学规律办事，并抓住时机，及早处理，避免因时间拖得太久蓄水量增大给除险带来更大压力，避免一旦溃坝给下游造成更大的损失，避免给淹没区带来大的污染，确保灾区群众的安置和恢复重建顺利开展，促进整个抗震救灾工作有力有序有效进行。会议要求，各有关方面要各尽其职，敢于承担责任，在保证安全的基础上科学果断决策，对可能遇到的险情研究制订多种应对方案，并在实践中积累经验，不断进行调整和完善，使各项措施更接近实际，达到更好的效果。要立即行动起来，密切配合，团结一致，抓住一切有利时机，采取果断措施排除险情。要把困难估计得更严重一些，把准备工作做得更充分一些，确保万无一失。会议议定，要尽早实现导流渠泄洪，继续做好移民避险工作，健全监测预警机制，并且要继续完善相关政策措施，做好通往唐家山的道路和空中运输服务保障工作，并抓紧制订方案，采取有效措施，及时处理堰塞湖的大量漂浮物。

关于防范次生灾害，国务院抗震救灾总指挥部经专题研究后要求，要抓好灾区安全度汛，加快震损水利工程除险加固，尽快完成高危险情水库、水电站应急除险加固工作。要落实堰塞湖安全度汛措施，加强雨情、水情、险情的监测和预警预报，确保安全度汛。要高度重视地质灾害的防范工作，尽快完成灾区次生地质灾害隐患的应急排查，开展灾区地质灾害危险性评估，恢复健全地质灾害群测群防体系，按期完成地震灾区地质灾害防治规划、土地利用规划和地质灾害危险性评估工作。要做好余震活动的跟踪监视和趋势研判，防止余震造成新的灾害；开展不间断滚动会商，密切跟踪震情发展，做好强余震的应对处置工作。

此外，国务院抗震救灾总指挥部还对规范和加强抗震救灾捐赠款物的管理，做好救灾物资和资金分配使用，以及抓好农业生产、恢复工业生产、加快基础设施恢复、做好灾区商贸流通和服务业恢复等工作进行了专门研究部署。

在中共中央、国务院的领导下，全国动员，各方支援，四川等地灾区实现了受灾群众有饭吃、有衣穿、有干净水喝、有住处、有病能及时得到医治，没有发生饥荒，没有出现流民，没有爆发疫情，没有引起社会动荡，灾区社会稳定、民心稳定，抗震救灾工作取得巨大胜利，并为灾后恢复重建的全面展开打下了坚实的基础。

全面部署恢复重建

汶川特大地震给人民群众的生命财产造成巨大损失，灾后恢复重建面广、量大、难度高，必须未雨绸缪、及早安排部署。在全力领导开展抢险救援工作之初，中共中央即多次提出，要充分发挥社会主义制度能够集中力量办大事的政治优势，举全国之力恢复重建；国务院和国务院抗震救灾总指挥部多次召开会议，研究制定灾后恢复重建规划和政策措施，提出要全面贯彻落实科学发展观，“以人为本、尊重自然、统筹兼顾、科学重建”，力争用3年左右时间完成灾后恢复重建的主要任务。

5月26日，胡锦涛主持召开中共中央政治局会议，做出“建立对口支援机制，举全国之力，加快恢复重建”的重大决定。6月5日，胡锦涛主持召开中共中央政治局常委会议，研究部署灾后恢复重建对口支援工作。会议指出，为加快灾后恢复重建，必须充分发挥社会主义制度能够集中力量办大事的政治优势，举全国之力。要坚持一方有难、八方支援，自力更生、艰苦奋斗的方针，按照“一省帮一重灾县”的原则，合理配置力量，建立对口支援机制，组织有关省市对口支援灾区，加快灾后恢复重建。会议要求，对口支援机制建立后，承担对口支援任务的有关省市要按照中央的统一部署，积极为灾区提供人力、物力、财力、智力等各种形式的支援，优先解决受灾群众基本生活条件，帮助恢复建设城乡基础设施、公共服务设施和居民住房，开展人才培训、科技支持服务等；中央将统一研究制定对口支援的优惠政策。会议强调，承担对口支援任务的地区和受援地区都要加强领导、精心组织，加强协调配合，严格遵循灾后重建规划布局、选址要求和建设标准，制订科学合理的建设计划，依据规划抓紧实施。受援地区要坚持自力更生、艰苦奋斗，充分发挥广大干部群众的积极性，互帮互助，苦干实干，全力开展生产自救，在全国人民大力支持下，用自己的双手和辛勤劳动加快重建美好家园。会议还决定近期召开有关会议，对灾后恢复重建对口支援工作做出具体安排。

为做好灾后恢复重建的前期准备工作，国务院抗震救灾总指挥部根据中共中央关于灾后恢复重建的部署要求，多次召开会议予以推动落实；国务院多次召开常务会议，对恢复重建方案、规划、实施等相关问题进行专题研究部署。国务院抗震救灾总指挥部会议提出，灾后恢复重建工作要深入贯彻落实科学发展观，坚持以人为本、尊重自然、统筹兼顾、科学重建。优先恢复灾区群众的基本生活条件和公共服务设施，尽快恢复生产条件，合理调整城镇乡村、基础设施和生产力的布局，逐步恢复生态环境。坚持自力更生、艰苦奋斗，以灾区各级政府为主导、广大干部群众为主体，在国家、各地区和社会各界的大力支持下，精心规划、精心组织、精心实施，又好又快地重建家园。国务院决定，主要从财政、金融、税收、土地、就业和粮食收购等方面采取措施，大力支持灾后恢复重建。同时强调，要注重发挥政策的引导作用，鼓励灾区人民自力更生、艰苦奋斗。

恢复重建，必须科学实施。5月23日，国务院抗震救灾总指挥部决定成立国家汶川地震灾后重建规划组，负责组织编制《汶川地震灾后恢复重建总体规划》和相关政策的研究。重建规划组成立以后，数十次深入灾区实地调研，倾听群众心声，了解地方政府想法，听取各界专家建议，并结合灾区实际，反复研究讨论和征求意见，制定出台《国家汶川地震灾后恢复重建总体规划》，于9月19日正式发布实施。温家宝、李克强、回良玉等多次深入灾区，对抗震救灾和灾后恢复重建工作进行及时、果断、有力的组织指挥，使灾后恢复重建得以周密部署、有序实施。

为保证依法重建、科学重建，5—6月，国务院及中央有关部门先后制定出台《汶川地震灾后恢复重建条例》《汶川地震灾后恢复重建对口支援方案》《关于地震灾区恢复生产的指导意见》《国务院关于支持汶川地震灾后恢复重建政策措施的意见》《国务院关于做好汶川地震灾后恢复重建工作的指导意见》等一系列法规和政策性文件，为恢复重建提供了有力的法律、政策依据。其中，《汶川地震灾后恢复重建条例》确立了灾后恢复重建的指导方针和基本原则：灾后恢复重建应当坚持以人为本、科学规划、统筹兼顾、分步实施、自力更生、国家支援、社会帮扶的方针；应当遵循受灾地区自力更生、生产自救与国家支持、对口支援相结合，政府主导与社会参与相结合，就地恢复重建与异地新建相结合，确保质量与注重效率相结合，立足当前与兼顾长远相结合，经济社会发展与生态环境资源保护相结合的“六个结合”原则。此外，对各级政府和各部门在重建中的职责和任务，对恢复重建资金和物资的筹集、使用和管理，对恢复重建项目的监督检查，对违反条例应承担的法律责任等，条例也做出详细规定。条例的出台是灾后恢复重建被纳入法制化轨道的重要标志。一系列科学、及时、有效的重大政策措施陆续出台，为抗震救灾斗争的不断深入并取得伟大胜利指明前进方向，为灾后三年恢复重建取得圆满成功提供了强力支撑与重要保障。

为全面部署灾后恢复重建工作，6月13日，中共中央、国务院在北京召开省、区、市和中央部门主要负责同志会议。胡锦涛在会上发表重要讲话。会议指出，当前抗震救灾形势依然严峻、任务十分繁重。要坚持以人为本，继续全力以赴做好救治伤员、安置受灾群众、加强卫生防疫、防范次生灾害、抢修基础设施等方面的工作，并在这个基础上，尽快开展灾后恢复重建工作。灾后恢复重建是一项十分艰巨的任务，必须全面贯彻落实科学发展观，充分发挥社会主义制度能够集中力量办大事的政治优势，举全国之力，精心规划、精心组织、精心实施，扎扎实实做好工作。一是要坚持一方有难、八方支援。灾区群众是祖国大家庭的一员，帮助灾区群众及早重建家园、恢复正常生活生产，是大家的共同心愿和义不容辞的职责。中央决定，按照"一省帮一重灾县"的原则，建立对口支援机制。要按照加强领导、抓紧实施，依据规划、有序开展，统一政策、有力保障，善始善终、搞好衔接的要求，在规划编制、建筑设计、专家咨询、工程建设和监理、城乡居民住房和基础设施、公共服务设施建设、恢复生产等方面认真做好对口支援工作。中央将采取一系列政策措施，拨出专项资金，大力支持地震灾后恢复重建。中央各部门也要按照中央要求做好支持地震灾后恢复重建工作。二是要坚持自力更生、艰苦奋斗。要动员和激励灾区广大干部群众发扬在抗震抢险斗争中表现出来的英勇气概，注重把政府推动和运用社会各方面力量结合起来，把建设物质家园和建设精神家园结合起来，坚定大灾面前压不垮、大难面前不低头的决心和信心，互帮互助、苦干实干，在中央和全国各地大力支持下，用自己的双手和辛勤劳动重建美好家园。三是要坚持科学规划、分步推进。地震灾后恢复重建是百年大计，要从长计议、经得起实践和历史的检验。要尊重规律，深入调查、缜密研究，发扬民主、集思广益，总体安排、分步推进，坚持科学民主决策，充分听取包括灾区干部群众在内的各方面意见和建议，在科学规划、科学设计、科学施工的前提下，有重点、分步骤、高质量地推进恢复重建工作。四是要坚持因地制宜、分类指导。灾后恢复重建要从当地实际出发，与经济社会发展水平相适应，全面统筹、分类指导，立足当前、着眼长远，保证重点、兼顾一般，加强资源综合利用，努力争取最大效益和最好效果，让灾区人民满意，让全国人民满意。会议指出，为加快地震灾后恢复重建，中央制定《汶川地震灾后恢复重建对口支援方案》，组织广东、江苏、上海、山东、浙江、北京、辽宁、河南、河北、山西、福建、湖南、湖北、安徽、天津、黑龙江、重庆、江西、吉林等省（市），对口支援四川省18个县（市）和甘肃省、陕西省受灾严重地区。承担对口支援任务的地方，要按照中央的统一部署，积极为灾区提供人力、物力、财力、智力等各种形式的支持，优先解决受灾群众基本生活条件，夯实灾区自我发展的基础和能力。在中共中央的决策部署下，体现中国特色社会主义优越性的对口援建机制逐步建立起来，形成了"举全国之力恢复重建"的格局，为灾后恢复重建的全面顺利推进提供了根本保证和强大动力。

根据中共中央、国务院召开的省、区、市和中央部门主要负责人会议精神，国务院多次召开会议，研究制定灾后恢复重建规划和政策措施；全国人大及时审议批准调整中央财政年度预算支出结构，支持建立中央财政汶川地震灾后恢复重建基金；全国政协多次组织调研协商，集智聚力助推灾后恢复重建。党和国家领导人胡锦涛、吴邦国、温家宝、贾庆林、李长春、习近平、李克强、贺国强等一次次深入灾区指导恢复重建工作。中央的深切关怀、科学部署和有力指导，极大地鼓舞了灾区人民重建家园的信心，为灾后恢复重建注入了强大动力。

为总结汶川地震抗震救灾工作，研究部署灾后重建任务，10月14日上午，国务院抗震救灾总指挥部召开第26次会议。会议指出，在中共中央、国务院、中央军委的领导下，国务院抗震救灾总指挥部有力有序有效地组织开展了抗震救灾工作。深入贯彻落实科学发展观，坚持以人为本，贯穿于整个抗震救灾工作的全过程；坚持统一指挥协调，确保抗震救灾工作高效运转；坚持依靠各方面力量，形成强大攻坚合力；坚持按客观规律办事，充分发挥科学技术在抗震救灾和灾后重建工作中的作用。在灾区党委、政府直接领导下，经过灾区干部群众和解放军、武警官兵、公安民警以及社会各界的共同努力，抗震救灾工作取得重大胜利。会议强调，当前抗震救灾已进入灾后恢复重建的阶段。要力争用3年左右时间完成恢复重建的主要任务，使灾区基本生活条件和经济发展水平达到或超过灾前水平。一要加快恢复重建工作，根据灾后恢复重建总体规划，抓紧启动一批重要建设项目，包括学校、医院等公共设施，交通、通信、电力、水利等基础设施，以及需要恢复重建的生产企业等。二要确保中央制定的各项政策措施落实到位。各有关地区和部门要进一步明确具体任务、责任主体和完成时限，抓好落实工作。三要明确恢复重建的领导工作机制。在国务院领导下，灾区省级人民政府对本地区恢复重建负总责。国务院成立恢复重建工作协调小组，负责协调重大政策问题，指导重建规划落实，组织好规划实施的中期评估和规划实施结束时的全面总结工作，不再保留国务院抗震救灾总指挥部。支援省份要与受援地区建立健全密切协调、相互配合的对口支援工作机制，全面落实中央提出的支援任务。

面对全面进入恢复重建阶段的形势，为保证恢复重建如期、顺利完成，11月27日，国务院适时组建了由33个中央与国家部委参加的国务院汶川地震灾后恢复重建工作协调小组，与四川、甘肃、陕西省委、省政府一起，加强指导、研究政策，不断解决重建中出现的问题，确保恢复重建工作按照中央的决策部署稳步推进。根据国务院的要求，灾区各省分别成立恢复重建领导机构。灾区省级人民政府统一领导、组织协调、督促检查灾后恢复重建规划的实施，市、县级人民政府具体承担和落实恢复重建各项任务。在任务艰巨的灾后恢复重建中，国务院和各受灾省份建立健全领导机构，全面统筹指导，中央、地方各部门通力协调、支持配合，灾区各级政府负总责，建立起上下贯通、左右协调，全民动员、区域协作、权责分明、运转灵便的组织领导体系，为中央重大决策的顺利实施提供了坚强有力的组织保证，确保了灾后恢复重建工作有序高效推进。

承担对口支援任务的19个省（市）以高度的政治责任感和使命感，克服国际金融危机的影响，倾力支援灾区恢复重建。中央没有安排援建任务的海南省、内蒙古自治区主动援建。援建省份注重发挥两地优势，将援建转化为合作，坚持“硬件”与“软件”相结合、“输血”与“造血”相结合、当前与长远相结合，搞好城乡重建、产业重组、社会再造，把援建省市先进的管理方式和理念引入灾区，从灾区经济社会发展全局出发，通过人力、物力、财力、智力等多种形式实施综合援建，帮助灾区获得发展的强劲动力。解放军、武警部队、社会各界、港澳台同胞、海外侨胞、广大志愿者和国际社会也以各种方式积极支持灾后恢复重建。

为积极回应上千万受灾群众对安居乐业的急切期盼，根据重建实际情况，在地震发生一周年之际，胡锦涛提出恢复重建要“加大力度、加快速度、攻坚克难”的要求。2009年3月5日，温家宝在第十一届全国人大第二次会议所作的《政府工作报告》中也明确提出：“灾后重建要加大力度，加快进度，力争在两年内基本完成原定三年的目标任务，让灾区人民早日过上更加幸福美好的生活”。将原定的重建时限提前一年，灾后恢复重建自此全速发力。

为真正做到科学重建，2009年下半年，国务院部署重建规划项目中期调整工作；9月22日，发展改革委、财政部向川甘陕三省和国务院直属有关单位发出通知，对规划调整做出全面部署。3个灾区省政府作为责任主体，从各自实际出发，采取相应的举措和步骤进行规划调整工作。2010年1月11日，协调小组就规划项目调整与国务院直属有关单位进行沟通；2月1日，协调小组会议审议三省规划项目调整方案。根据会议精神和规划调整建议，三省对规划调整方案进行梳理和修改完善，先后于3月14日、7月15日向协调小组和国务院相关部门上报了最后的规划调整方案。规划中期调整后，重建项目从原定的46048项减少到40620项，投资从9827亿元减少到9455亿元，灾后恢复重建更加科学、合理、有效。

经过三年艰苦奋战，灾后恢复重建取得决定性胜利，灾区城乡面貌发生脱胎换骨的巨大变化：城乡居民住房条件显著改善，公共服务设施水平大幅度提升，基础设施保障能力明显提高，产业发展实现再生性跨越，精神家园得到同步重建。三年恢复重建，灾区基本生产生活条件和经济社会发展水平得到全面恢复并超过灾前水平，实现了“家家有房住、户户有就业、人人有保障、设施有提高、经济有发展、生态有改善”的重建目标，特大自然灾害后恢复重建的“世界性难题”被英雄的中国人民成功破解！

救援抢险

——把挽救人的生命作为当务之急、作为重中之重

灾区自救互救

救援力量驰援

抢救生命财产

抢修基础设施

严防次生灾害

汶川特大地震造成了重大人员伤亡，大批群众被困废墟之下，“生命第一”，当务之急、重中之重是救人。灾情就是命令，时间就是生命。中央提出要全力抢救群众生命财产，迅速抢修基础设施，严密防范次生灾害。各受灾省（市）迅速开展自救互救。中央各部门、各援助省（区、市）、解放军和武警部队等各方面救援力量，立即行动起来，奔赴灾区第一线展开生命救援。至9月2日，救援力量在异常严峻的救援环境中，从废墟下抢救出生还者84017人，解救被困群众149万人。与此同时，中央有关部门和灾区党政部门迅速组织力量，争分夺秒抢修基础设施，尽快恢复灾区通路、通信、通电、通水，最大限度降低灾害损失。中央有关部门、灾区各级党政部门还组织力量，严密防范各种次生灾害，加强地震监测预报，开展环境安全隐患排查整改，排除堰塞湖险情。

灾区自救互救

地震突发，积极自救互救和安全转移是减轻人员伤亡最及时、最有效的办法。灾区各级党委、政府紧急行动，组织带领群众奋起自救互救。灾区党政军民不抛弃、不放弃，克服难以想象的困难，从废墟中抢救出一个又一个生命，同时将群众及游客、旅客转移到安全地带。

党政军机关自救互救

四川、甘肃、陕西等灾区各省立即启动应急机制，紧急部署抗震救灾，主要领导分赴各地现场指挥；灾区市（州）、县（市、区）、乡（镇）党委和政府在交通、通信阻断，一时无法与外界取得联系的情况下，以最快速度、最便捷的形式成立抗震救灾组织，研究制订抢险救灾方案，统一指挥抗震救灾，按照抢救机构的分工，分片分区领导群众开展自救互救，尽最大努力搜救被困人员，同时向外部紧急求援。

在最险峻的考验面前，一名党员就是一面鲜艳的旗帜，一个支部就是一座坚强的堡垒。灾区各级基层党组织在第一时间成立抗震救灾指挥小组和临时党支部、临时党小组，组织开展自救互救，排查倒塌受损房屋，搜救被困群众，撤离疏散群众，搭建临时生活设施，用实际行动诠释了共产党员和人民公仆的责任意识。地震发生后，什邡市市委书记何明俊从公安局调用40部对讲机，向每个镇（街道）安排一名市领导，带一部对讲机立即到一线指挥救人，同时紧急集结民兵应急分队前往蓥华、红白、洛水等重灾镇实施救援。队伍集合好后，没有救援工具，车辆没有燃料，何明俊下令：“只要见到对救灾有用的物品，可以砸开店门强行征用，但必须写上借条，署我何明俊的名”。地震当晚，什邡市16个镇（街道）的救灾现场都有市领导在指挥抢险。全市机关干部和党员整晚都在废墟里救人，从死神手中抢回3600多条生命，找到1200多具遗体。

“让学生先走，党员干部留下！”当北川羌族自治县庆祝五四青年节暨青年创业大赛颁奖表彰大会正在县委礼堂准备开幕时，灾难突然降临，县长经大忠的一声高喊，把生的希望留给了在场的孩子们。掩护学生安全撤离后，经大忠带着干部们跑出快要倒塌的礼堂，立即到县城各处查看灾情，组织幸存群众自救互救和转移。县委副书记蒲方方被礼堂不停掉落的砖头砸中头部，刚从礼堂跑出来，就忍着伤痛喊道：“共产党员站出来！干部站出来！身强力壮的都站出来！”立即组织群众自救互救和撤离。

广大党员干部不顾亲人伤亡、家园被毁，坚持奋战在救灾第一线。美国有线电视新闻网（CNN）记者在北川向美国观众介绍了一名中国共产党的基层书记：我问他共有多少人丧生。眼泪从他脸上滑落，他也不去擦拭。他说，有500人死亡，其中包括他的父母、妻子和两个孩子。正当他悲痛之时，他的对讲机响了，他马上跑回去继续工作，还连声向我们致歉。报道很快被CNN放到网站首页，众多的跟帖表达着美国读者的感动。

灾区地方武装机构在通信中断、道路阻断的危急时刻，迅速组织官兵和干部职工实施自救，同时派人到有关部门接受救灾任务。剧烈的震动刚过，北川羌族自治县人武部军事科参谋黄安华迅速组织参加集训的幸存民兵展开营救，陆续救出30多名民兵和干部职工。政委钟良军左腿膝盖粉碎性骨折，头部血流不止，仍趴在废墟上指挥抢救伤员。从废墟中艰难爬出的副部长谭潇带领幸存的干部职工和民兵，一边借着微弱的手电光实施搜救，一边同暂时无法救出的被困者交流，鼓励他们等待救援。后勤科科长王龙国身负重伤，仍坚持抢救被困人员，直到自己因伤重晕倒。正在前往成都参加学习途中的部长罗登华立即返回北川，连夜带领民兵应急分队在残垣断壁中搜救幸存者。地震当晚，仅人武部幸存的干部职工和民兵就从废墟中救出42条生命并转移运送大批伤员。

驻灾区解放军、武警部队在地震发生后及时启动预案，在开展自救互救的同时组织抢救被困群众。震后5分钟，驻什邡的78606部队立即启动抢险救灾应急预案，成立抗震救灾领导小组，启用备用电台，对抢险救灾进行紧急部署。按照预案职责分工，官兵们组成4支抢险救灾应急分队，兵分两路，一路由政委周东宁带队开展自救，及时组织人员疏散、派出警戒哨兵、安排食宿，部队秩序迅速得到恢复；部队长胡晓银带领另一路150名官兵快速前往什邡市民主中心小学抢救被埋师生。

驻灾区武警部队在坚守自身岗位的同时，迅速参加到救援抢险中，尽力做到自救、互救、救群众、看守在押人员四不误。地震时，武警汶川县中队中队长王代勇立即吹响紧急集合哨，官兵刚撤离到操场，营房就被飞落的巨石砸出一个直径近2米的大洞，墙体严重移位。44名官兵成功避险后，立即对看守所实施外围封控，及时控制局面，协助公安民警将71名在押人员安全转移。

5月13日上午，绵竹市汉旺镇武都小学救援现场。就在最关键时刻，余震再次发生，几成废墟的教学楼突然晃动，随时可能坍塌，上级命令救援人员暂时撤出，待情况稍微稳定后再进入。这时，刚从废墟里出来的绵竹市消防大队的战士们又发现了孩子，几个战士掉头就要往废墟里钻。坍塌又发生了，其他战士死死拖住了他们。19岁的消防战士荆利杰跪在地上哭喊着："求求你们让我进去吧，马上就可以把她救出来了，我还可以再救一个。"在场的人都哭了。

企事业单位自救互救

灾区各企事业单位充分发挥自身组织优势，迅速成立抗震救灾指挥机构，奋力抢救职工生命，及时疏散、安置群众，加强对重点目标的保卫保护，抢救物资、资料，尽最大可能降低损失。一些国有大中型企业在开展自救的同时，主动承担社会责任，奋力抢救周边的学生和群众。

成都铁路局成都客运段北京车队5组值乘的T7次列车（北京西—成都）共有旅客1104名、乘务员52名。地震发生时，列车正行驶在宝成铁路罗妙真站至斑竹园站之间，司机紧急停车，乘务组迅速启动列车应急预案。乘务员拉紧制动阀，安好铁鞋，防止列车溜逸；列车广播立即通报情况，宣传安全注意事项，安抚旅客情绪；列车员双班作业，加强巡视，逐个车厢稳定旅客情绪。为保证旅客的生命财产安全，车长在每节车厢建立由军人、民警和党员干部等组成的治安联防小组，全力配合乘务员做好旅客的安全稳定工作。当时，车上仅有24罐八宝粥、72包方便面和7袋牛奶。车长命令车上东西一律免费，优先发给孩子和老人。后经联系救援，至14日7时30分，列车在晚点38小时之后到达成都，全车旅客安全转移。

位于绵竹市清平乡的中国化工德阳昊华清平磷矿有904名矿工被困井下。5月12日14 时33分，清平磷矿成立抗灾自救指挥部，要求下属各组按分工立即行动。总经理向平指挥全矿救灾工作，并和职工们一起参加矿部抢险救人。20 分钟内，100 多名员工和家属脱离危险。15时，组织6 名抢险人员抢救出2名机械行业专家。16 时，指挥部抢险人员和机修车间人员一起救援河坝片区被困职工，在没有设备和外援的情况下，靠双手和简易工具打通生命通道，先后救出182人。15 日22 时，三根杉工区传来消息：经过抢救，被困井下的104 名职工从天池乡花石沟避灾安全应急通道出井。至此，被困矿工除一人因矿井垮塌遇难外，其余均安全脱险。

东方汽轮机厂是地震中遭受破坏程度最大、遇难人数最多的中央直属大型企业。地震发生后，东汽迅速成立抗震救灾指挥部，成立了由4000多名职工组成的38支自救队，分赴灾情严重的单位组织抢救。各个分厂也迅速展开抢救。灾情严重的主机一分厂成立了以党员、干部为主的两组抢险突击队。厂长喻刚带领20余名党员、干部冒着余震不断、厂房残墙仍在继续摇晃、砖块仍在不断散落的危险，一次次冲进废墟中救人。在东汽，无论是汽车司机、生产工人、技术干部，还是管理人员，尽管他们也有父母、儿女、爱人和兄弟姐妹遭受劫难，但没有人在悲痛中退缩，特别是党员、干部，忍住失去亲人的巨大悲痛或亲人下落不明的焦虑、担忧，强忍泪水，始终战斗在抗震救灾第一线。东汽干部职工从废墟中救出近500名幸存者，同时搜寻、挖掘出并确认了522具遇难者遗体。

群众自救互救

灾区广大群众在没有专业救援工具的情况下，采取手刨、肩扛、镐挖等办法积极进行自救互救。没受灾的帮助受灾的，受灾轻的帮助受灾重的，亲人之间、朋友之间、邻里之间、学生之间、陌生人之间，不离不弃、患难与共的感人场景，遍布救灾现场的各个角落。

地震发生时，正值学校上课时间。教师们义无反顾地担当起重任，有的放弃最佳的逃生位置和机会迅速组织学生撤离，有的为抢救被吓得不知所措的学生一次次冲进岌岌可危的教室，有的为抢救孩子献出了宝贵的生命。5月12日，是通江县洪口镇永安坝村小学教师苟晓超新婚后上班的第一天。地震发生后，苟晓超立即冲进教室抢救学生。他把10余名孩子安全转移到楼下，马上返身冲到3楼，抱起两名学生向楼下冲。当他第三次双臂各夹着一个孩子冲到一层最后一级楼梯时，教学楼正面一块巨大的钢筋混凝土板砸向了他。苟晓超本能地将两个孩子保护在自己怀中，用身躯挡住倒塌的坠落物。两个孩子安然无恙，但苟晓超双腿被砸断，胸部、头部受到重创。当其他教师和赶来的村民搬开他身上的砖块和混凝土板时，苟晓超艰难地抬起手指向顶楼，断断续续地说："先救楼上的孩子"。在被转往县医院抢救的途中，苟晓超因伤势过重献出了年轻的生命。像苟晓超这样的教师还有很多，他们舍生忘死，用血肉之躯拼死保护自己的学生，用行动展示了人民教师的伟大师魂，用生命阐释了"人民教师"的深刻内涵。

面对灾害，中小学校的学生们表现出平日少有的镇定和坚强。他们勇敢地冲进教室、宿舍抢救同学，把本班的同学、本校的同学从死亡的边缘拉了回来。绵竹市土门镇邓林小学五年级值周学生干部宋雪正在检查午睡，突然大地剧烈震动起来，她大声呼叫正在午休的同学们快跑，听到喊声的同学快速冲出教室。此时，教室左右摇晃，到处弥漫着灰尘。宋雪透过窗户发现坐在前排的两名同学还趴在桌子上，于是她再次冲进教室使劲将他们摇醒。两名同学迅速冲出了教室，而宋雪却永远地倒在了距教室后门仅两步之遥的地方。

地震发生后，邻近学校的单位、职工、村民或路过的群众都不约而同地跑向学校，抢救被压埋的学生。青川县木鱼中学的两幢学生宿舍楼全部倒塌，教学楼、办公楼变成废墟，大量学生被压埋。学校周边群众和幸存的师生钻进宿舍楼废墟里拼命挖掘，埋在浅表层的学生很快得救了，但大部分学生被埋在废墟深处，仅凭人力已难以救出。此时，木鱼砖厂、上马砂石厂增援的5台装载机及时到达现场，被埋的孩子陆续被救出，镇医院10多名医护人员及时进行救治，为后续深入治疗赢得了宝贵时间。

都（都江堰）汶（汶川）公路管理公司隧道办干部何成，地震发生时正在前往都江堰市办事的路上。灾难降临，沿路村民及公路上的司机、乘客惊恐万分，乱作一团，何成立即组织大家转移到公路外侧一块相对平坦的宽阔地带。看到前方公路转弯处有一辆旅游客车侧翻，滚落的泥土封住了车门，乘客无法撤离，他迅速与司机等人用石头砸碎后窗玻璃组织旅客逃离。由于车窗离地面较高，老年人和妇女不敢往下跳，何成等人就用自己的肩膀当梯子，让乘客踩着再下到地面。随后，何成又配合赶来的交警把公路沿线村民以及公路上的司机和乘客召集起来，紧急撤离到安全地带。

至5月13日24时，在四川、甘肃、陕西、重庆、云南、宁夏的237个受灾县（市、区），搜救被压埋人员19759人，挖掘出遇难者遗体3012具，解救被困人员5.4万人，转移、疏散群众57万人，救治、运送受伤群众3.9万人。

转移灾区群众及旅客、游客

地震造成大面积房屋倒塌、损坏，余震不断，塌方、泥石流、山体滑坡频发，大批灾区群众必须迅速转移。北川羌族自治县领导班子幸存的成员在县委大院成立了抗震救灾临时指挥部，组织群众向相对安全的任家坪北川中学大操场转移。转移时，让学生、老弱病残、妇女儿童先走，党员、干部、青壮年留下继续搜救幸存者。5月12日17时30分，赴党校学习的县委书记宋明紧急赶回北川，在北川中学操场上正式成立了北川羌族自治县抗震救灾指挥部，一边组织医务人员救治伤员，一边派出5批人员赴绵阳求援。12日夜，任家坪一带余震不断、风雨交加，四周不断传来哭泣和呻吟声，伴着山体的垮塌声，群众感到极度恐慌和无助。党员、干部安慰群众，并收集食品、饮用水及能遮风避雨的物品让群众充饥、避雨。13日8时30分，在县抗震救灾指挥部组织下，聚集在北川中学操场的数万名群众开始有序地向绵阳市九洲体育馆和南河体育中心转移。

北川羌族自治县漩坪乡政府为解决受灾群众吃住问题，5月12日15时，迅速把青壮年组织起来，在没有垮塌的房子里寻找篷布、食品、锅碗茶壶和生活用品，天黑前，石龙村1组、2组搭好棚子供1500余人临时避难。每4名学生发一床被子，大人没有被子，靠坐在几堆火堆旁勉强过夜。后半夜大雨，大家用抢运出来的锅碗瓢盆接雨水。一夜大雨后，唐家山堰塞湖湖水上涨了七八米，电话还是打不通。乡党委书记张康奇组织群众向地势较高的十里村转移。14日，堰塞湖水还在上涨，大家再次向十里村更高处转移。张康奇带人到县城求救，随后带着53名救援部队官兵回到漩坪乡；派往禹里乡的求救人员也带回30名武警部队官兵。同时，漩坪乡通过“北斗一号”联系到救援直升机，直升机迅速飞抵漩坪乡，共执行飞行53架次，向绵阳转移学生、老人、伤员400余人。随后，其他受灾群众也被陆续转移安置到绵阳市九洲体育馆和南河体育中心等处。自12日至17日，漩坪乡共安全转移受灾群众7000余人。

地震发生后，灾区“三孤”人员及零散的“五保户”等特殊群体是转移工作的重点和难点。由于他们居住分散，疏散转移难度较大，各级民政部门组织乡镇、村组党员干部、民兵和乡亲邻里配合，进行排查。灾区各社会福利机构组织人员采取背、抱、扶等方式，迅速将“三孤”人员转移到安全地带。

针对大量旅客、游客滞留灾区的紧急情况，交通、旅游等部门立即调集运力实施转移。铁道部采取所有列车停止运行、接触网停电、施工停工、加强车辆防溜等应急措施，要求成都、西安铁路局与滞留旅客列车建立联系制度，通过停运、迂回等方式，组织旅客安全转移。至5月14日7时，因地震造成滞留的31列列车上的2万余名旅客全部安全转移。民航局30架民航直升机频繁起降，运出伤员及受灾群众1500余人。中国民航系统共开行7000多架次航班，疏散受阻旅客7万余人。四川省公路交通部门开展地面联运，协同滞留途中的列车、进港航班转移旅客，同时调集客运车辆，加开班线，抢通交通线路，转运大批滞留游客和旅客。成都、阿坝、甘孜、雅安四地联手，开展一场名为"爱心接力"的专项运输行动。与此同时，陕西、浙江、山西等省交通厅组织运送1万余名四川籍旅客及务工人员安全返乡。

转移服刑人员

地震发生后，四川灾区监狱系统的一些监管设施遭到严重破坏，已不具备安全监管条件。为确保监管安全和服刑人员生命安全，经公安部批准，四川省公安厅、武警四川省总队、省司法厅、省监狱管理局组织服刑人员向安全地区转移。四川监狱管理部门和全省各监狱动员 1.9万名民警、2800名狱警、7000多名职工紧急行动，于5月12日下午开始组织服刑人员采取乘车、徒步等方式，实施避险转移和跨监转移。至6月4日，7.7万余名服刑人员被全部转移到安全地点，未发生一起事故。

在司法部的支持下，四川省决定对阿坝监狱服刑人员实行应急避险转移。6月5日，阿坝监狱制定行动方案，16日转运专项行动正式开始。应急避险行动历时10天，先后6次更改押解路线，途经重灾地区腹地和高原山区，累计行程1.35万公里，途经7个市（州）、16个县（市）；参战民警、武警官兵、公安交警、驾驶人员和公路抢通保通人员等共11893人次，出动各种车辆1583台次。通过精心组织、周密部署，全体参战人员不畏艰险、连续奋战，省级各部门和地方党委政府紧密配合、特事特办、全力护航，形成"统一指挥、部门联动、地方配合、安全高效"的联动机制，2197名服刑人员，除按预定方案有297名青壮服刑人员留守监狱外，其余1900名服刑人员安全转移到雅安监狱、崇州监狱和甘孜监狱。应急避险行动做到了无一起服刑人员脱逃、无一起服刑人员人身安全事故、无一起交通安全事故、无一起枪支弹药管理事故、无一起重大失密泄密事件发生，确保了服刑人员生命安全和监狱的安全稳定。这场"千里大转移"行动是中华人民共和国成立以来，四川省监狱系统涉及面最广、转移数量最大、转移时间最紧、动用警力最多的一次集中统一行动，是一起应急处置的成功范例。

救援力量驰援

遵照中共中央、国务院、中央军委的决策部署，解放军和武警部队实施了中华人民共和国成立以来规模最大、兵力最多、速度最快、机动范围最广的非战争军事行动。各级指挥员全力组织多军兵种联合救援，采取空中投送、铁路运输、摩托化开进并举的方式疾进灾区。空军动用各型运输飞机，进行最大负荷的空中投送；陆军航空兵各部队直升机火速转场到成都周边机场，对整个救灾过程中的组织指挥、运送救灾人员、转运伤员、空投空降救灾物资发挥了重要作用。各专业救援机构、社会各界、海外侨胞，组成各种形式的救援队伍，通过空中、公路、铁路、水路，以最快速度向灾区立体开进。为了抢救生命，各支救援力量不惜一切代价突入灾区的城镇和乡村。自然灾害面前，国际社会也纷纷派出援助力量，支援中国抗震救灾。

救援力量集结

根据中央军委主席胡锦涛和中央军委的命令，地震发生后13分钟，全军应急机制全面启动，解放军、武警部队、民兵预备役等救援力量开始迅速向灾区大规模集结。

5月12日15时40分，总参谋部发出第一道命令，要求以66150部队为主组建的国家地震灾害紧急救援队，开赴灾区投入救援。22时34分，胡锦涛指示总参谋长陈炳德：当务之急是救人，兵力出动越多越好、越早越好、越快越好；现在的关键是速度，要抓紧救人。当日深夜，经胡锦涛批准，总参谋部向济南军区、成都军区、空军、总后勤部下达参加抗震救灾的命令，首批调动3.4万名官兵参加抗震救灾。与此同时，总参谋部要求成都军区、空军和武警部队迅速组织灾区驻军全力投入抗震救灾，并在全军范围内紧急调集兵力支援灾区；总政治部及时发出做好部队抗震救灾政治工作的指示，要求各部队在抗震救灾中发挥突击队作用，并派出工作组赴一线指导工作；总后勤部火速调集大批救灾物资，组织医疗队奔赴灾区；总装备部为救灾部队调配各种专业救灾器材，源源不断地运往灾区。各军区、各军兵种、总部直属单位先后紧急调集兵力共12.3万人，出动运输机、直升机190余架，汽车、机械1.7万多辆（台），携带装备器材和保障救援物资赶赴灾区。武警部队先后调集官兵2.3万人，组成120支紧急救援队和通信保障队，动用汽车1283辆以及大批船艇、工程机械等参加抗震救灾。此外，全国15个省（区、市）的7.5万余名民兵预备役人员投入抢险救灾，成为抗震救灾的一支重要力量。

灾难就是考验，救援就是责任。地震局、国家减灾委、民政部、卫生部、交通运输部、国资委、科技部等中央各部门纷纷启动应急预案，全力以赴组织抗震救灾。中央各部门和各地区党委、政府派出各种类型的抢险救灾队伍赶往灾区一线。公安部先后从全国调集公安特警、消防部队2.8万人，以空中投送、摩托化开进等方式赶到灾区，实施抢险救援，维护灾区秩序。安全监管总局从各地调集98支1057人的矿山、危化应急救援队伍。5月16日至6月6日，环境保护部先后调集3批共22个省（区、市）的环境监测力量支援四川灾区。交通运输部组织全国交通系统和武警交通部队人员对口支援广元、绵阳、德阳、阿坝三市一州，先后投入6545名救灾人员、1391台抢通保通机械设备、1153辆保障车辆抢修四川震损公路。地震、电力、通信、气象、广电、水利、供水、供气等系统也紧急组织专业救援队赶赴灾区，在救援抢险中发挥了特殊作用。各省（区、市）党委、政府发扬“一方有难、八方支援”的优良传统，根据抢险救灾的紧迫需求，及时派出救援队伍开赴灾区救援。

在社会救援力量中，既有来自全国各地、各行各业的群众团体，也有不同职业、不同年龄的志愿者队伍。成千上万的各地志愿者紧急行动起来，奔赴四川灾区。地震当晚，自发前往都江堰抢运伤员的1000余辆成都出租车汇成了一条长龙。啃着大饼前往救灾的12名山东沂蒙山人，带去10万元保障现金的河北省枣强县芍药村村民“爱心救援队”，唐山农民“十三义士”等纷纷赶到灾区……中华人民共和国成立以来最大规模的社会志愿服务行动全面展开。全国各地红十字组织及其他各类社会团体纷纷行动，迅速组织各种形式的救援队伍参加救援。四川、甘肃两省共青团发动广大青年，组织900余支各类突击队、救援队参加抢险。

香港、澳门特别行政区政府和台湾红十字组织紧急组织人员、物资器材前往四川灾区救援。5月13日，香港第一批赈灾专家抵达北川救援；14日，3支搜救队、医疗队赶赴灾区；17日，香港飞行服务队到达灾区的第一天，即出动直升机26架次实施救援。与此同时，香港红十字会陆续派出多批紧急救援队参与抢险。澳门医务界派遣2批共41人的医疗队，参与医疗救治工作。台湾民众积极组织民间搜救和医疗力量参与救灾。台湾红十字会组织两批救援队赶到灾区，展开生命搜救和医疗救治。

国际社会高度关注地震灾情，纷纷伸出援助之手。自5月20日至6月18日，共有10支国际医疗队在四川、甘肃灾区参与医疗救援。无国界医生组织的救援力量，分别在四川、甘肃灾区开展心理救助。

在抢救生命的关键时刻，共有14.6万名解放军、武警部队官兵，2.8万名消防队员、公安民警和各类专业救援队员，7.5万余名民兵预备役人员，14万余名医疗卫生人员，20多万名志愿者以及其他救援力量奋战在抢险救灾第一线。其中，仅来自解放军各大军区、各军兵种和武警部队就包括地震救援、侦察、通信、工程、防化、测绘、气象、医疗防疫、修理等20余个专业兵种。在国务院抗震救灾总指挥部的统一部署指挥下，军地协作、部门联动、分工负责、密切配合，中国历史上救援速度最快、动员范围最广、投入力量最大的救援抢险行动全面展开。

空中投送

民航系统、解放军空军和陆航部队展开非战争状态下大强度的空运行动，紧急调集374架各型客货运输机、直升机，将5.6万余名解放军、武警部队、公安特警、公安消防队员和军地医疗队、防疫队等救援力量和重要救灾物资投送灾区。仅5月13日一天，解放军即出动军用运输机22架，征集民航客机12架，不间断飞行79架次，将集结在洛阳、武汉、开封等地的1万多名官兵及救灾装备空运到成都附近的4个机场，创造了解放军军史和中国航空史上单日出动飞机最多、飞行架次最多、投送兵力最多的纪录。

为使抢险救灾部队尽快到达灾区，空军调集各型飞机90余架，实施最大负荷救灾飞行，并牵头建立抗震救灾飞行联合指挥和空中监管机制，保障空中运输的安全顺畅。陆军航空兵先后调集101架直升机，成为重要的空中运输力量。从5月12日18时13分95006部队派出两架运输机抵达北京南苑机场执行飞行任务开始，该部队在抗震救灾期间共出动飞机38架，跨越25个省（市），起降军地机场49个，飞行901架次，总航程达116.5万公里。任务机组多数是在飞行中即接受新的任务，每个空运架次均以最大体积、最大载重投送，共计空运救灾兵力10235人、车辆59台、冲锋舟100艘。

5月15日，根据胡锦涛在国务院抗震救灾总指挥部关于紧急增派直升机的请示上的批示，总参谋部下达命令，再次调集61架直升机参加救灾。各部队立即从各自驻地实施转场飞行，于当日14时16分至22时10分，陆续飞抵四川灾区执行抗震救灾任务。成都军区派出31架直升机运送救灾人员和物资；兰州军区69008部队的7架直升机从13日开始先后转场天水和榆中机场，在甘肃灾区执行抗震救灾任务。

民航局所属各民用航空公司和直属航空大队，在保持国内、国际正常航班飞行外，最大限度地抽调150余架客、货运输机和31架直升机投入抗震救灾。参与救灾运输任务的航空公司有国航、东航、南航、海航、山东航、上航、厦航、深航、川航、邮政航、中联航、西部航、东星航、奥凯航、吉祥航，以及国货航、中国货运、上海货运、扬子江货运、翡翠航、金鹿航等，还有一些航空公司利用航班和航班腹舱运送救灾人员和物资。5月13日，民航局调集10架飞机飞行27班次，从洛阳运送5000名解放军官兵至成都；14日，调集飞机从28个省（区、市）的30个机场运送公安消防、特警和医疗人员7450名，当晚调集19架飞机从郑州、武汉等地运送解放军官兵4590名赶赴灾区；15日，从全国12个城市运送公安消防官兵2100名至绵阳。至26日，民航局所属共运送各类救援人员3.5万人、各种救灾物资1万多吨。抢险救灾期间，成都、绵阳机场上空始终有飞机在等候降落，油料补给和空中管制保障系统时刻不停地在运转。

据空军航空管制中心统计，5月12日至6月2日，国家民航系统和解放军空军系统共计飞行5932架次，其中民航飞行1528架次、空军飞行1621架次（含专机、重要飞行88架次）、陆航飞行2783架次，确保救援力量以最快的速度到达灾区。

铁路输送

铁道部迅速配合总参谋部、总后勤部、武警总部调集车辆组配军用专列，向灾区紧急输送救灾部队。铁路军运计划以解放军和武警抗震救灾指挥部的用兵计划和命令为准，随到随批，快审快批，部队物资随到随装随卸。抢险救灾部队及物资专列采取最高等级车次开行、压减停站次数、沿途各地军代处和军供站送饭送水上车供给部队等超常措施，确保了专列快速到达灾区。

济南军区的抢险救灾部队及物资主要通过铁路输送方式到达灾区。5月12日17时，济南军区军交运输部得到有关灾情报告后立即协调总后勤部驻郑州、武汉铁路局军代处展开铁路车辆筹备。当天，郑州铁路局筹措客车36辆、平车84辆，保证第一列车梯队发出。至25日，通过济南、郑州铁路局共发送军用专列53列，抢险救灾部队分别在驻地附近火车站装载，到达成都东站和德阳站后卸载。针对铁路局管内适合军事运输的铁路车辆少的实际情况，济南军区军交运输部协调各铁路局采取管内停装商运、抢卸重车、车辆改造等特殊措施，展开铁路车辆和捆绑加固器材准备，同时通过总后军交运输部协调铁道部从北京、哈尔滨、上海铁路局开行“抢”字头车次，紧急调集铁路平车500余辆，满足了后续部队的输送需要。12日18时，总后军交运输部连夜协调铁道部，向昆明、洛阳、许昌、信阳等地紧急调集平车800辆，保障首列救灾部队专列于13日2时12分发出，驶往四川灾区。

5月13日2时12分，昆明铁路局运送1463名官兵的91502次军用专列从昆明站开出，20时56分到达成都站，成为到达四川灾区的第一列军用专列。13—18日，昆明铁路局及军代处共调集铁路车辆35批773辆，开行军用专列30列，输送救灾官兵16188人以及大批物资和车辆设备；紧急铁路输送期间，停止局管内货物装车240车，抢卸到达救灾物资车辆200辆。

摩托化开进

在实施空中、铁路运输的同时，解放军和武警部队出动各种运输车辆，实施大规模远距离摩托化开进。

从5月12日15时至16日8时，军队动用各种汽车4900余辆，运送抢险救灾部队官兵4.47万人和救灾物资1.6万吨进入四川、甘肃等灾区。开进途中，驾驶员冒艰险、抗疲劳，反复运送救援人员和救灾物资进入灾区。13日3时52分，济南军区抗震救灾摩托化机动部队奉命出发，部队共编为14个行军梯队，动用车辆装备1585辆（件），输送兵力11620人，携运物资1500余吨。4时30分，济南军区抗震救灾先遣队编为2个梯队，昼夜兼程，横越秦岭，向灾区紧急进发。第一梯队于13日22时到达彭州，第二梯队于14日5时10分到达彭州，比原计划提前了10多个小时。行军途中，先遣部队每车配备两名驾驶员，确保人歇车不歇；油罐车伴随车队行进，除车辆加油加水外，不作任何停留；面对路况差、弯道多、隧道多的实际，车队拉大间隔，危险路段由干部下车指挥引导，确保不损一车、不伤一人。14日，海军92501部队2515人，分3个梯队由湛江出发，向四川灾区摩托化开进，途经广东、广西、贵州、重庆、四川五省（区、市），历时43小时，行程1980公里，于16日13时分别到达绵竹市汉旺镇和什邡市师古镇。14日10时，第二炮兵部队500名官兵装载大批物资、设备，以摩托化机动方式向灾区开进。从13日22时起，武警8690部队4600名官兵动用各类车辆365辆，分为10个梯队向四川摩托化开进，途经七省（市），行程约2800公里。

陆路突入任务区

“蜀道难，难于上青天。”来自全国各地的救援大军抵达成都、绵阳等灾区中心城市后，大部分要通过陆路突进至极重灾区、重灾区的城市和乡村。山高谷深，道路狭窄，余震不断，前进道路上险象环生。各路救援部队艰难跋涉，不惜一切代价突入任务区域，给挣扎在生死线上的群众带去了生的希望。

5月12日17时15分，在崇州驻训的77126部队紧急奔赴北川羌族自治县。车过绵阳，已是漆黑一片，经过擂鼓镇，余震不时袭来，有路人拦住车队告知前方道路阻塞，山体不断塌方，最好天亮后再走。部队长王凯指挥车队拉开距离继续前进。13日零时30分，先遣部队抵达北川中学，随后徒步进入北川县城展开救援。12日19时53分，77136部队接到驰援北川命令后，213名官兵组成先遣队急速向北川挺进。公路两侧山坡上的巨石和沙土不断滚落、滑下，车辆根本无法通行，部队长唐保东带领官兵弃车徒步前进，跋涉300多公里，于13日零时30分赶到北川县城。

5月12日22时20分，77126部队、77146部队22名官兵组成突击队，携带配备的卫星电话，徒步向汶川映秀方向疾进。到达都汶路友谊隧道后，突击队冒着余震危险，瞅准滑坡空隙，迅速冲进隧道。隧道顶部石块不停坠落，队员们用手护住头部，身体紧贴隧道洞壁，快速冲出隧道，于13日2时30分到达汶川县漩口镇道班。此时，雨越下越大，多处发生泥石流，有3人被碎石砸伤。待滑坡稍息，突击队利用飞石滚落间隙迅速穿越乱石堆。6时许，到达距映秀镇仅3公里已成危桥的转体大桥。300余名群众聚集在桥头不敢前行，桥对面有300多米道路被垮塌山体压埋，过桥后也无路可行。突击队观察地形后决定从桥面索降到河床，从河床上绕过塌方地段辟路前行。当队员全部下到河床后，强余震再次发生。官兵们不顾乱石淤泥奋力跑步通过，刚到安全区域，只听身后一声巨响，半座山体垮塌下来，刚才的落脚点已被乱石掩埋。经过14个小时的强行军，突击队终于在13日12时30分赶到映秀镇。

5月13日20时15分，成都军区77100部队部队长许勇率领的救援小分队突进映秀镇；23时15分，武警8740部队参谋长王毅率领的200人突击队，经过31小时强行军突入汶川县城，并首先用海事卫星电话传回汶川的情况；14日凌晨，四川省军区一位副司令员带领的300人救援分队到达汶川县城。

济南军区部队通过各种输送方式抵达四川灾区后，在余震不断、交通阻塞、车辆无法通行的情况下徒步突入任务区。汶川、理县、茂县方向，组织71282部队、71811部队正面突入，东西两线迂回穿插，向震中全速开进。正面以71282部队为主力的3000余人徒步突入震中汶川县映秀镇；西线以71117部队为主力的1000余人采取摩托化开进方式，翻越夹金山，迂回780公里穿插至理县、汶川、茂县，打通了地面输送物资“生命线”；东线以71998部队为主力的1300余人，徒步翻越4座高山，沿北川挺进茂县。三路兵力突进灾区，成为汶川、理县、茂县灾区抢险救灾的中坚力量。彭州方向，济南军区前指组织71622、71897、71872部队徒步赶赴龙门山、小鱼洞地区救援。青川、平武方向，组织71352、71811、71426部队徒步向两县纵深地区突进，解救了大量被困深山的受灾群众。

5月22日12时10分，71998部队接到命令后组织616名官兵赶赴茂县增援第一梯队。19时15分，行至一危险路段时突遇强余震，前方山体塌方、巨石滚落。5分钟后，塌方停止，路面堆满巨石，官兵们采取两人帮扶的方法绕石通过。23日8时35分，突进至海拔3000米的黑虎山时突遇暴雨，山路泥泞，伴有山石滚落，官兵们拽着树枝和杂草，采用以背包绳拉拽等方法向上攀爬，手掌磨出了血，脚板、膝盖被擦伤，但仍继续前行。12时10分，挺进至北川羌族自治县禹里乡，堰塞湖挡道，官兵们翻越两座大山绕道继续前行。经过昼夜行军210余公里，部队终于到达茂县灾区随即展开救援。

为保障应急运输的快捷、顺畅，确保及时将救援力量送达抢救生命最需要的地方，四川省交通厅成立抗震救灾道路运输保障指挥部，集结客车30多辆，连夜将几百名武警官兵送往极重灾区都江堰市；至5月13日13时，该指挥部紧急调用客车700辆、货车近百辆，运送救援人员和救灾物资前往灾区。四川省高速公路公司统一协调指挥，全力以赴确保高速公路畅通。成都市公共交通集团公司从下属运营公司抽调集结公交车400多辆、出租车300多辆以及驾驶员和修车人员几百人，参与成都至都江堰、彭州、绵竹、什邡等地之间救灾人员和物资运送及车辆维修。据四川省交通厅统计，抗震救灾期间，四川省累计调集客车2万余辆，运送人员约110万人次。在交通运输部统一安排下，邻近四川灾区的重庆、云南、贵州、陕西等省（市）交通运输部门与四川省密切配合，调集近千辆车况良好的客货车、1000名技术好的驾驶员支援四川。成都军区和四川、云南、贵州、重庆等省（市）以及灾区各市（州）交通战备办公室启动民用运力动员预案，根据按需征用原则，保障抗震救灾的人员和物资运输需要。

水路突入任务区

当通往灾区的公路由于严重受损而无法于短期内抢通时，水路成为推动抢险救援行动顺利开展的另一种重要交通方式，紫坪铺水库、白龙湖库区、唐家山堰塞湖等一批重要水上航线被迅速开辟出来。

由于进入汶川县映秀镇的公路交通完全中断，只有开辟紫坪铺水库通道才能及时进入震中地区。5月13日6时，武警成都指挥学院学员第一大队政委马毅带领先遣队120名官兵开赴紫坪铺水库大坝，由22名即将毕业的学员组成“敢死队”，立下军令状，在没有现成道路、无任何辅助设备的情况下，用铁锹、镐头在水库大坝一侧开辟出一条800米的人工便道，肩扛手抬地将沉重的玻璃钢橡皮艇、冲锋舟运送下水。前进途中天还在下雨，水流异常湍急，库面水雾弥漫，能见度低，峡谷两边山上的泥石不断倾泻而下激起几米高的水柱，官兵们毫不畏惧，继续前行。15时，成功开辟出都江堰至漩口的水上通道。学员第一大队22名官兵分乘6艘橡皮艇沿紫坪铺水库向北开进，在位于漩口场镇上游的阿坝铝厂上岸后再徒步行进，于14日4时10分到达映秀镇。

陆路交通阻断，青川县境内的白龙湖成为进入青川县部分乡镇的重要水上通道。广元市海事局、青川县海事处、沙州镇海事所的干部职工以白龙湖盐井溪码头为基地，奋力开辟出一条水上运输线。白龙湖海事所共调集客船13艘671客位、货船2艘载重60吨、快船3艘24客位、冲锋舟10艘120客位开展抢险运输。5月13—15日，通过白龙湖水上运输线，先后运送广元市电力、通信等多支抢险突击队，及大批食品、矿泉水等救灾物资。

据四川省交通部门统计，抗震救灾期间，四川省航务海事系统累计投入救援船舶132艘，出航1.24万航次，累计转运抢险人员和受灾群众20.2万人次、抢险物资1100余吨。

抢救生命财产

抗震救灾，生命救援是急中之急、重中之重。从重点抢救到全面搜救，解放军、武警部队和公安消防、特警救援队伍发挥了突击队作用。在抢险救灾第一线，从高级将领到普通一兵，从各救援队到广大医护人员，从抢险救灾志愿者到境外救援人员，只要有一线希望，只要有一点生还可能，就不惜一切代价实施救援。此外，救援队伍还积极抢救国家、集体和群众财产，抢救保护国家珍稀动物，最大限度地减少灾害造成的各种损失。

重点抢救

地震发生时，正值学校上课时间，许多来不及逃生的中小学生被埋在废墟之下。救援队伍都将学校和学生作为救援的重中之重，探测仪、搜救犬、千斤顶、张力器、起重机，手刨、肩扛、破拆、深挖，救援人员动用一切能利用的工具，采取一切能想到的办法，千方百计实施救援。在各路救援队伍的共同努力下，从废墟中成功营救出5200多名中小学生。

5月13日13时，77146部队先遣队刚到汶川县映秀镇，一位老奶奶迎上来请求救救她的孙子。部队副参谋长杨卫东指挥22名战士向映秀小学冲去。官兵们用铁锤敲、钢钎撬、双手刨，经过7小时的抢救，3名学生成功脱险。随后，官兵们又在倒塌教室的一角发现一名被压埋的小女孩。官兵们一边鼓励、安慰孩子，一边不停地用简易工具掏挖四周的砖石，数小时后孩子成功得救。14日上午，解放军、武警、公安、消防以及各省（区、市）的救援队、志愿队源源不断地开进映秀。武警成都指挥学院、武警雅安市支队、77146部队、71781部队以及上海市、安徽省、山东省公安消防总队抗震抢险救援队也先后到达映秀镇，在映秀小学、映秀幼儿园等救援点，在大型营救机械严重缺乏的情况下，分工协作，利用生命探测仪、液压切割机、起重气垫以及原始的手工作业实施救援。14日18时30分，公安部消防局救援突击队和武警雅安市支队队员在搜索时，听见废墟缝隙里传出微弱的声音，官兵们立即搬开可以移动的砖头和水泥块，发现了一名被压埋在楼梯间一块垮塌的横梁下面的学生。消防官兵和两台大型吊车立即赶来支援，官兵们用身体和双手挡住切割机切割时落下的碎石，冒着建筑物随时可能倒塌的危险，不断与小女孩对话，通过缝隙给她喂水。此刻天时已晚，现场无照明设备，为防止盲目施救导致二次坍塌，救援人员用手将小女孩周围清理出一个狭小空间，联系医生为她输液，等待天亮后再实施救援。15日10时40分，救援人员配合吊车拉起横梁，被埋在废墟中68小时的学生成功获救。

77283部队直属队、77208部队、武警绵阳市支队、武警自贡市支队、海南省公安消防总队抗震救灾救援队、77136部队及江苏地震灾害救援队等单位的救援官兵接到命令后，以最快速度赶赴北川羌族自治县曲山小学展开救援。5月14日20时，官兵发现四年级学生刘玉晶双腿被沉重的房梁卡在狭小的空间内。没有良好照明设施冒然施救，很有可能再次发生垮塌，经过察看，救援队决定待天亮后再展开救援。天刚亮，观察分析危楼结构并反复探测后确定倒塌的楼板下压埋了多名学生，而且楼房几根主梁已出现断裂痕迹，水泥板、桌椅板凳等交叉堆压。官兵们冒险快速撑起组合液压杆，顶住残缺横梁。士官于明华、李虎等随即进入沉坑内，认真分析水泥板间的支撑关系，理清营救顺序。官兵们使用液压钳、扩张器等将压在刘玉晶腿上的水泥板一点点敲碎、顶开。很快，刘玉晶和她身边的一名女生被救出，但救援工作越来越艰难。于明华移开第一层水泥块，发现学生李月在第二层的一个通道上，左腿被水泥板死死卡住，下方还有几名幸存学生。由于找不到安全的支撑点，又担心危及下面的学生，加之李月的左腿已开始坏死，救援队和昆明总医院的医生反复商议后，由医护人员进入坑内实施截肢。经过艰难施救，处于严重失血性休克状态的李月被成功救出，紧接着另外几名学生也被救出。

北川中学大量师生被埋在废墟之下，武警四川省总队调集全省受灾较轻地区的消防支队急赴现场救援，同时上报公安部请求火速增援。官兵们克服饥饿和连续奋战的疲惫，冒着大雨和余震的危险搜救被埋师生。5月13日下午，救援现场又增加了四川、重庆、辽宁、海南、陕西、江苏等省（市）公安消防总队及国家地震灾害紧急救援队、武警成都指挥学院、武警绵阳市支队、武警宜宾市支队、武警广元市支队、自贡军分区、泸州应急民兵营、南充市消防支队等救援力量，人数达到2500余人。14日4时，宜宾市消防支队官兵发现一名女生被压埋在数吨重的立柱之下，没有大型起重设备，14名官兵凭人力将柱子抬起，成功将其救出。9时10分，海南省消防总队官兵搜救时发现3名学生被坍塌的楼板挤压在废墟中一片狭小的空间里无法动弹，官兵们利用铁挺、液压剪扩器和手动破拆工具，在废墟里挖出一条人工通道。19—20时，3名学生被陆续救出。

大量群众在地震中被压埋废墟之下，各种救援力量展开紧急搜救。国家地震灾害紧急救援队、四川省地震灾害紧急救援队、77200部队、77298部队、贵州省公安消防总队抗震抢险救援队、浙江省公安消防总队抗震救援队、武警德阳市支队等救援队伍到达绵竹市汉旺镇后，根据知情人报告的信息和营救人员的判断，采取爬进废墟内部以专用工具破拆、用吊车吊起预制板、用工具打洞等方式，先后在东汽家属区、叶片分厂办公楼等处成功营救出30余名被埋人员。5月14日7时，77298部队第一梯队官兵冒雨赶到汉旺镇，迅速分兵赶赴东汽和汉旺镇等地抢救被困群众，部分人员冒着山洪、泥石流、水库决堤的危险在绵远河畔公路上努力搜救幸存者。8—13时，共清理出遇难者遗体39具，挖救出12名被埋群众。9时50分，贵州省公安消防总队抗震抢险救援队在东汽家属区进行搜救时，发现一名妇女被压埋在靠外墙的废墟中，神志清醒，但身体上方重重叠叠压着3米多厚的残垣断壁。由于废墟结构复杂，不能动用大型机械，救援队员从其身体两侧用千斤顶和木板支撑墙体，以减小压力，同时迅速清理倒塌物，用液压剪切钳将连接较大废墟构件的钢筋剪断。经过5个多小时的全力救援，被困50小时的妇女获救。14日中午，有志愿者报告，在东汽电厂办公楼内有幸存者的微弱呼救声音，国家地震灾害紧急救援队、四川省地震灾害紧急救援队派人迅速赶往救援，但废墟几乎将通往电厂办公楼的道路全部堵死，大型救援设备无法进入。电厂办公楼为5层结构，震后呈叠层状倒塌废墟。经过几次喊话确定幸存者位置后，救援队利用废墟顶层楼板原有的开裂处剪断钢筋，将一块长约4米的楼层盖掀到废墟外侧，艰难移出一、二层楼板，露出一个三角形窄缝和几根铁管，看到了被困者的手、手臂和整个头部。在其他人员的后续增援下，经过切割、破拆预制板，至20时30分，被困者获救。

5月16日14时，71282部队97分队官兵奔赴都江堰灾区，在政委刘法峰等人带领下，对都江堰市区进行拉网式搜救。当行进至石油街居民区时，生命探测仪显示出一幢楼内有微弱生命信号，但断裂的楼板仅靠几根钢筋连着，随时都有坠落的危险。考虑到上楼搜救随时可能有生命危险，刘法峰大声问道："是独生子女的请举手？"285名官兵没有一人举手。"不是独生子女的请举手。"官兵们纷纷举起了手。"入伍两年以上的共产党员请举手。"官兵们又一次齐刷刷地举起了手。在场采访的香港凤凰卫视记者陈鲁豫见此场景，感动得哭了。事后，陈鲁豫采访刘法峰："285名官兵中有一半是独生子女，但他们为什么都不举手呢？"刘法峰回答："因为他们是铁军士兵。不管是战争年代，还是和平时期，铁军始终有一种不怕艰难困苦、不怕流血牺牲的精神。"

在重点抢救阶段，经过各类救援力量的全力搜救，共从废墟中抢救被埋者1.2万余人，救治伤员31万余人，转移受困群众66万余人。

全面搜救

随着时间的推移，被困人员抢救成活率越来越低，急需救援队伍在进入所有乡镇的基础上，尽快进入所有村庄实施排查搜救。在关键时刻，胡锦涛于5月16日飞抵绵阳市南郊机场，随即在机场主持召开会议，发出了救援工作要向广大农村拓展的号令。17日晚，在成都召开的抗震救灾工作会议上，他再次指示救援部队“要尽快进入所有村庄，排查每一处倒塌的房屋，竭尽全力搜救被困群众”。救援工作从自救互救、重点抢救，转向“进村入户”全面搜救阶段。

根据胡锦涛“进村入户”的重要指示，按照军队抗震救灾指挥组和成都军区联指的紧急部署，各救援部队在进行空中搜救的同时，从5月16日深夜开始，全面从地面突入边远偏僻的农村。他们采取旅团包乡镇、营连包村庄、排班包组户的方式，全面排查每一个村落、每一所学校和每一处房屋，不断扩大搜救面，不漏一屋一人。救援部队克服困难，战胜险阻，连续掀起4轮“进村入户”的全面搜救高潮。5月16—26日，近80名军职以上领导干部带领6万余名官兵和民兵预备役人员，冒着余震、泥石流、滚石等危险，翻山越岭，日夜兼程，迅速突入灾情严重的174个乡（镇）、1480个行政村，逐村逐户搜救被困群众；从5月27日至6月12日，部队依据中央军委总体要求和成都军区联指细化的救援任务，实施以“安居、解困、排险、通路、防疫、保安”为重点的联合救援行动，兵力增至10万余人，救援范围扩大至274个乡（镇）、2480个行政村；从6月13日至7月16日，围绕安置受灾群众、全面推进救援范围、帮助群众尽快恢复生产生活，掀起了第三轮全面搜救高潮，不断扩大抗震救灾成果；从7月17日至8月20日，按照巩固成果、突出重点、积极拓展、再作贡献的思路，把工作重心放在少数民族地区和极重灾区的边远山区，尽最大努力为灾区群众排忧解难。至8月20日，部队官兵和民兵预备役人员共搜救被压埋群众1.7万余人，解救被困群众140万余人，安置受灾群众102万余人，诊治灾区伤病群众133万余人次，圆满地完成了全面搜救任务。

5月17日17时，一名侥幸逃生的德阳市农林公司职工报告，绵竹市清平乡小木岭方向还有大批矿工被困山上。正在搜救的95942部队得知消息，立即派出150人的救援队急速前往小木岭大梁子山实施营救。救援队编成4个组，分为临时调整点、医疗救护点、临时补给点、临时安置点进行分段接力救援，并连夜用砍来的木棍和震断的电缆编制了一条100多米长的软梯。到达山脚后，官兵们发现通往洞口的方向根本没有道路，对面接近70度坡度的山坡全是松软的沙土。他们艰难攀爬400米后，横亘在面前的是一道近乎90度、100米高的水泥岩壁，洞口则在岩壁上方。官兵们组成敢死队向岩壁上方攀爬，利用裸露的钢筋头一点点向上挪动，历经艰险到达洞口后，又迅速固定捆绑带，将救援用的软梯悬挂在洞口，再利用木棍和软梯背负矿工脱离险境。经过三天两夜的救援，756名受困矿工全部获救。

5月19日7时20分，71702部队1营1连在汶川县银杏乡梭波店村搜救时，在毛家湾盘山公路滑坡带上发现了一名已被困六天六夜、腰部严重受伤的游客。在认真勘察后，营救组兵分两路展开行动。一组赶到游客受困地点，对其进行伤情处理，并固定在担架上做好外送准备；另一组在20米高的公路断面临时挖开一条一脚宽的小道和4个较大平台。营救组采取上面吊系、下面接应的办法，将游客安全转移到公路上。为防止受伤游客遭受二次伤害，他们采取前抬后扛、左撑右扶、跪爬手攀的方式艰难通过险段。在通过岷江钢索桥时，由于桥面一侧木板脱落，行进十分困难，连长钟超用背包带将担架绑在6名官兵身上，官兵采取跪姿爬行方式，一手扶桥面，一手抓钢索，经过40分钟的艰难爬行，成功通过钢索桥。12时30分，受伤游客被安全转移至银杏乡兴文坪村救治点。

5月19日8时，71282部队官兵在汶川县水磨镇姚家山地域搜救时，发现山脚下有3名行动困难的老人，经询问得知他们是成都老年骑游队成员，已被困于此3天；另有骑游队22人、群众10人被困于姚家山一带，急需救援。救援部队分成两组，克服山体变形、滑坡、塌方、泥石流等恶劣地形条件，沿陡峭山路展开搜索。9时50分，一组人员在姚家山南侧山脊岔路口发现32名被困人员。10时30分，另一组人员也到达群众被困地点。两组官兵采取抬、背结合的方式，合力护送，成功将被困人员转移至水磨指挥所。

5月19日14时许，正在绵竹市金花镇金山村执行搜救任务的95969部队接到命令，要求派出小分队和医护人员立即前往响水沟磷矿营救3名受伤矿工。磷矿位于金花镇深山中，与队员所处位置直线距离为16公里，而严重的山体滑坡已将前方道路完全压埋。经过5小时急行军，救援人员于20时40分赶到龙宝坪，发现一名55岁老矿工左侧肘关节骨折，医务人员立即用夹板为其固定，再用三角巾进行悬吊。由于夜色已深，救援队只好宿营龙宝坪。20日5时30分，小分队继续前行，到达响水沟磷矿后，找到另外两名受伤矿工。返回路上，又在响水沟旁的一个山洞里发现一名已奄奄一息的矿工，医疗队员立即对其进行抢救。半小时后，这名被困多日的矿工睁开了双眼，队员们用简易担架迅速将他后送到龙宝坪接受进一步治疗。

在开展地面搜救的同时，空中搜救也迅速展开。地震发生后不到2小时，空军三级联合飞行机制进入运行状态。地震发生2小时7分钟，成都军区两架察看灾情的直升机冒雨起飞。空军各机场、各部队、所有运输机全部按照随时出动的要求，完成起飞准备，成都地区的军用机场24小时开放，24小时滚动保障；航管部门实行空中管制，执行救灾任务的飞机一律优先放行，抗震救灾的空中“绿色通道”贯通。随着214架参加抗震救灾的大中型运输机、各型直升机向地震灾区军用机场紧急集结，空中搜救行动立即展开。至8月20日，空军共出动各型飞机4800余架次，运送伤员1万余人，救援被困群众2万余人，空运空投物资6900余吨，运送救灾物资152万余吨。

地震发生后，有800余人被困绵竹市小木岭堰塞湖和将军关一带，其中有100余名外籍人员和重伤员。5月18日13时，75752部队李波机组和常建鹏机组在完成向绵竹市清平乡投送救灾物资任务的返航途中，临时调整航线，就近在绵竹市玉泉营基地着陆装载物资，立即向小木岭电站实施空中投送。两架直升机多次在高空盘旋搜索和试探性着陆，均未成功。机组人员克服小木岭目标点小难以发现、目标附近山势陡峭难以接近、海拔高难以利用地面效应空中悬停等困难，冒险在海拔2910米的山尖上高度7米悬停，将3吨食品、饮用水和衣物等救灾物资空投给受困群众。随后，张秦机组和赵志军机组从玉泉营基地携带3吨食品、饮用水和衣物等救援物资赶往增援。4架直升机经过不断搜索，终于在后山找到一小块空地，依次落地运回78名重伤员。19—20日，小木岭堰塞湖水位不断上升，险情加重，受困群众的生命受到严重威胁。李波机组和赵志军机组六进六出小木岭，投送救生衣、橡皮舟、救援绳、食品、药品和矿泉水等救援物资共13吨，解救转移大批群众。至22日，75752部队共飞行18架次，投送各类救灾物资22吨，救助已被困10天的800余名群众。

5月19日，已被困七天七夜的汶川县银杏乡银杏小学217名学生和14名老师请求支援。77100部队立即派出小分队，携带食品、饮用水等物资，搭乘77116部队的直升机实施救援。直升机飞抵目标上空时，岷江两侧山体突然发生大规模持续滑坡，将突击队开辟的临时机降点摧毁。直升机5次试降均未成功，只好空投下物资，改变航向飞往银杏乡桃关村运送伤员。但突击队对银杏小学被困师生不抛弃、不放弃，连夜开辟新的机降点，20日上午，直升机再次紧急起飞，终于在一个高悬于江畔的机降点着陆。至12时57分，直升机飞行8个架次，将231名师生全部运出。

5月31日14时，77116部队邱光华机组驾驶的直升机执行任务后返回途中，在汶川县映秀镇以北地区，因高山峡谷局部气候瞬时变化、突遇低云大雾和强气流，不幸失事。为抗震救灾做出特殊贡献的雄鹰们，长眠在他们深爱的这片土地上。他们用生命和热血，诠释了人民军队听党指挥、人民军队服务人民的优良传统。

抢救财产与抢救、保护珍稀动物

各种救援力量在把抢救人的生命摆在工作首位的同时，还组织救援人员积极抢救国家、集体和群众个人财产，抢救珍贵资料、档案和文物，抢救大熊猫等珍稀动物，努力把各种损失降到最低程度。

解放军、武警消防官兵、公安民警出动大批人员帮助金融系统抢救现金等国家资产。5月14日下午，武警成都指挥学院学员十二队的220名学员赶赴汶川县映秀镇，执行中国农业银行映秀支行金库挖掘抢救任务。经过48小时的全力搜寻，共挖出现金168.23万元，并清理出存折、银行卡、税务票据和金银首饰等物品。经在场银行工作人员清点核实后，救援部队按照规定办理了相关转交手续。

5月18日9时20分，湖北省公安消防总队抗震抢险救援队接到公安部抗震救灾前线指挥部紧急命令，150名官兵迅速前往东汽汉旺基地，抢救科技档案馆中存放的重要档案资料。救援部队到达现场后，发现档案馆办公楼三、四层已被震塌，存放重要档案的二层的楼板严重移位，墙体开裂，稍有震动即可能引发一、二层坍塌。根据地震专家建议，官兵们用水浸湿报纸，贴在墙体裂缝处，由3名战士负责观察，一旦报纸出现裂纹马上通知救援人员撤离。救援人员分成3个组，采取“外围警戒、接力传送、轮流作业”的方法抢救搬运资料。经过5个多小时的紧张抢运，3万多卷重要档案资料被全部安全转移。

5月19日，天津市公安消防总队抗震抢险救援队出动52名官兵分成5个组，深入安县桑枣镇大山深处的骑牛、大竹、铜钱、三清、柳坝5个村，执行搜救失踪群众和抢运群众急需物资任务。8时，获悉三清村有人员被困，塘沽支队十八中队中队长马凤刚带领12名官兵组成突击队，携带救生、救护器材前往救援。突击队队员翻越3座高山，历时9个半小时赶到目的地，将1名急需治疗的重伤老人抬出山外，并疏散8名被困山中无家可归的群众。当天，救援队救出被困群众13名，抢运出粮食74吨、价值6万元的药品、棉被207床、衣物2996件、电视机46台、家具67件、冰箱20台、DVD播放机20台等。

被列入联合国教科文组织“世界文化遗产名录”的都江堰二王庙建筑群受损严重。5月20日，71566部队驻紫坪铺部队81名官兵前往二王庙抢救大殿文物。道观的文物存放在主殿二层的阁房内，由于大殿木质楼梯已坍塌损坏无法向外转移文物。经与道观负责人商议，决定采用绳梯接力的办法，首先转移经书、字画等软质文物，然后转移青铜器、瓷器等器皿文物。20日14时35分，官兵们分三组展开抢救，第一组官兵艰难爬到二层阁房口，发现里面的书柜东倒西歪，经书四处散落。为防止搬运过程中经书再遭损坏，官兵们又爬到另一个阁房内，从废墟中扒出一个皮包，然后小心翼翼地将经书整理好装进皮包内，用事先准备好的背包绳捆好，通过狭小的天井口往下传送，第二组、第三组再按程序接力将经书转运到殿外安全位置。至17时30分，1200余件经书、字画、资料等被全部转移到安全地带。21日，按计划组织转移道观大殿二层的瓷器和青铜器，救援官兵准备了4个木箱和背包绳、碎布块，先用背包绳将瓷器和青铜器包裹好，中间用碎布块垫实隔开，再逐件装进木箱，然后由两人抬着箱子沿楼梯慢慢往下挪动。11时30分，救援部队将道观内所有文物全部转移至安全地带，其中有国家二级以上文物30余件。

5月23日，平武县南坝镇珠宝店店主张明珍向71811部队防化连求助，30名官兵迅速赶赴珠宝店救援。珠宝店底层已完全陷入地下，二层坍塌，三层楼板断裂、摇摇欲坠。确定珠宝被压埋位置后，5名战士分两组进入危楼内挖掘搜寻，其他人员在楼外观察警戒。进店作业人员将随身携带的个人物品清空，出店时主动自我清理检查。作业中，官兵们多次爬上3层危楼，剪断防盗窗的钢筋，搜寻出大量金银首饰等物。应店主请求，救援部队再次进入危楼中，用手刨挖、搜寻近3小时，又清理出大量现金及30余件古董、金银饰品、珍藏品等，总价值400余万元。在对清理出的物品逐一核对登记后，部队按规定交给当地政府，再由当地政府转交店主张明珍。

6月11日，95964部队“红三连”和通信连160名官兵经过10天奋战，协助东汽产品试验室转运国家973项目、全国唯一的全尺寸实物滑动轴承实验台以及核心技术油系统、风洞、环形叶片等尖端试验设备，清理搬运各类机械零部件40吨，协助主机一分厂搬运所有完好机床，挖掘转运所有仓库中的机器设备，清理一座办公大楼内的文件资料和贵重物品，转运焊接车间设备，清理搬运各类加工设备30余车。据专家估算，官兵们挖掘抢运的设备和物资价值数十亿元。

位于汶川县西南部的卧龙中国保护大熊猫研究中心，是圈养大熊猫数量最多的基地。地震发生后，副总工程师黄炎带领男职工首先将12名外国游客和所有女员工转移到安全地带，随即组织17名男员工展开对大熊猫的抢救行动。突如其来的地震，使熊猫受到严重惊吓，抢险队员们立即把大熊猫赶进临近河边的圈舍里避险。同时，另一批工作人员开始抢救位于熊猫幼儿园内的未成年熊猫。大熊猫受到惊吓后爬到螺旋梯上，死活不肯下来。原本温顺可爱的熊猫幼仔牢牢抓住梯子，两个小伙子费很大力气才能拉开；有的熊猫幼仔由于惊吓过度，开始攻击工作人员。工作人员情急之中连提带抱，将它们向安全地方转移。抢救工作持续了一个多小时，除6只成年熊猫在惊恐中失踪外（随后1只被救回，4只先后返回，1只遇难），绝大多数成年大熊猫被及时安置入圈舍，14只熊猫幼仔被全部抢救出来。

抢修基础设施

通为运之基，运为通之的，运则全盘皆活。根据中共中央和国务院的部署，交通、通信、水利、电力、广电、邮政、解放军、武警部队等各方面救援力量，抓紧抢修因灾毁坏的基础设施，不惜一切代价打通通往灾区的“生命通道”，尽快实现灾区通路、通电、通水、通信息，同时严防次生灾害，努力保护人民群众生命财产安全，保证社会秩序的稳定。

打通公路“生命通道”

交通不通，一个个受灾乡镇成为“孤岛”，救援人员和物资设备无法进入。交通运输部门把“抢通、保通和保运”作为抢险救灾的首要任务，迅速启动应急预案并组织实施。在四川灾区，交通运输系统汇集4万余名抢修大军，共抢通、保通公路4万余公里，其中高速公路、国道、省道干线公路5000余公里。

国道213线都江堰至汶川段被完全阻断，打通这条“生命通道”成为公路抢修的重中之重。但正如一名线路专家所说的，震后路网“其实就是泥石流、滑坡、崩塌这三个工程词汇，但这些都不能形容当时的无奈”，“修复，常用的工程措施都派不上用场，第一次觉得无能为力”。甚至有专家估计，修复都汶公路至少需要3年时间。时不我待，交通运输部迅速制定了“多头推进、中间开花、两头夹击、协同作战”的工作方针，集中大批人力、设备，从东、西、南、北4个方向——东线从北川经茂县至汶川，西线从马尔康、理县至汶川，南线从都江堰北上至汶川，北线从松潘南下茂县至汶川，不间断地对从都江堰市经映秀镇到汶川县城的公路实施抢通。

四川路桥集团、四川高速公路建设开发总公司、成都华川公路建设集团有限公司、77105部队、77146部队、武警交通第一总队、资阳预备役工兵团等各路抢通队伍迅速聚集都汶公路都江堰至映秀段实施抢通，而抢通灰窑沟至寿江大桥路段中的K953扁柏沟大面积塌方路段是首要任务。抢通队伍艰难地爬上悬崖打眼装药，对摇摇欲坠的巨石实施爆破，在紫坪铺至映秀20公里路段上爆破50余次，清除了多处重达几百吨的巨石；投入1300多人和挖掘机、推土机等机械设备65台（套），全力清理K953大滑坡塌方和巨石。至5月16日9时，抢通工程按计划推进至寿江大桥岔路口；17日17时30分，第一辆机动车通过都江堰至映秀段最后一处塌方区，国道213线都江堰至映秀段公路实现抢通。

抢通都江堰至映秀公路后，有关部门及时对遭受毁灭性破坏的国道213线映秀至汶川县城公路抢通工作做出专项部署。7月3日，四川省成立都汶路抢通保通指挥部，集中交通、水利、国土、部队等各方面力量，按照“全线统筹、重点突破、分步提高、确保安全”的工作思路，展开抢通攻坚战。

打通映秀至汶川县城公路，首先必须征服老虎嘴壅塞体，而前提是必须将水位降到原路基以下。一周内多次爆破后水位仅下降2米多，据计算，壅塞体内水深22米，水位需降低17.6米才能露出路基。挖湖露出路面已不现实，紧急会商后，专家们提出“右岸疏浚、左岸封堵、龙口爆破”的方案，决定对老虎嘴部分山体实施爆破，整体形成路基。7月20日12时57分，一声巨响，老虎嘴山体碎石被推到中央的孤岛上，岷江左侧水流被封堵，迫使岷江主河道移到河床中央，坍塌山体在岷江江边一次成型路基。此次爆破山体石方约10万立方米，消耗炸药30吨，爆破规模在中国公路建设史上史无前例，堪称“公路建设史上第一爆”。27日，老虎嘴壅塞体与上游道路之间的一段悬崖被炸开，至此，老虎嘴施工便道打通，都汶路映秀至彻底关的施工便道全线贯通。在抢通都汶路过程中，交通、国土等部门和成都军区工兵团合力攻坚，解决了众多技术难题：科学攻关，用众多大力千斤顶多位同步均匀用力，成功复位草坡3号大桥等多座桥梁；跨越岷江，架设国内最大跨径的60米彻底关战备钢桥等。经过交通系统专业队伍、解放军和武警部队组成的抢修大军3个多月的艰苦奋战，至9月28日，一条预计3年才能抢通的重灾路实现全线贯通。与此同时，5月15日21时30分，随着最后一次爆破的成功，由马尔康经理县至汶川的国道317线的西线通道抢通；5月18日16时55分，国道213线松潘经茂县至汶川段的北线公路贯通。由于受到堰塞湖以及特大暴雨的影响，至11月3日，北川经茂县至汶川的东线公路经部队官兵及公路职工的奋战再次全线抢通。

通往其他重灾地区的道路也在紧张抢通之中。地震造成山体大面积滑坡并伴有泥石流，造成通往北川县城的唯一通道被巨石完全堵死。5月15日，第二炮兵及北京路桥、四川路桥和华西集团的挖掘机、推土机等重型施工机械长途开进，突入北川，开始彻夜不停地施工。经过集思广益，决定采取挖土埋石的办法进行抢修。施工队伍冒着余震，掘开一个个大土坑，一块块巨石被埋到地下，“生命通道”一米一米地向前延伸。至15日17时许，施工难度最大的堵点被疏通，北川“生命通道”——安（安县）北（北川）路全线贯通，重型机械可由此驶入灾区，深度搜救随之陆续展开。至17日19时，除茂县外，通往重灾地区县城的公路基本抢通，救援队伍和大型机械迅速进入汶川、北川、理县等重灾地区展开救援。甘肃、陕西等省的道路抢通工作也在快速推进，至13日4时，陕西灾区所有高速公路、国省干线公路全部抢通；至16日10时，甘肃受灾地区8条国道、25条省道全部抢通。

随着干线公路陆续打通，使开展大范围、多点位、围绕各县城周边和各干线公路实施乡镇公路的抢通成为可能，加之余震不断，已修复的公路随时可能再次中断。5月18日，交通运输部要求下一阶段工作要从全力抢通转向抢通、保通并重，从抢通干线公路向农村公路延伸。20日下午，交通运输部发出紧急通知，在甘肃、湖南、重庆、浙江、云南等省（市）交通队伍已在灾区开展工作基础上，要求陕西、山东、湖北、山西、河南等省交通部门迅速集结力量，自带行李和施工装备，自备干粮和后勤补给，用最短时间、最快速度赶赴灾区指定地区，全力推进以抢通灾区乡镇公路为重点的总攻。根据“全力保通干线、努力抢通支线、力保运输畅通、启动灾后重建”的指导原则，总攻首先要全力推进乡镇公路的抢通，重点是依托已经通车的汶川、茂县、北川、平武、青川等县县城，由点到面，迅速抢通由县城和已打通的干线公路通往其周边乡镇的农村公路。由此，公路抢险救援工作重点从抢险抢通转向抢险抢通与保通保运并重，由抢通干线公路转向抢通干线公路与抢通通乡、通村公路并重。至6月3日，12个对口支援单位总计派出专业技术人员3200多人、大型机械680台（套），抢通国省道公路10条、县乡公路35条，保通国省道公路10条、县乡公路19条，打通47个乡（镇）和51个建制村。至12月29日，汶川县龙溪乡直台村通往外界的公路被打通，标志着灾区受损农村公路全部抢通。

抢通只是抢险的第一步，关键还要保通，让已经抢通的道路保持顺畅，让救援人员、物资和设备能顺利抵达灾区。为此，交通运输部门继续按照“重点保通干线、全面打通支线、形成迂回通道、适应运输需求”的工作思路，按照“属地管理、分级负责”原则，责任不变、人员不撤、设备不走，建立严密的责任体系，组织实施日常保通、专项保通、应急保通和交通管理工程，立足于在抢通中保通、在保通中抢通。在灾区各省交通系统干部职工以及全国各省市交通对口支援队伍、解放军、武警部队的共同努力下，完成了中华人民共和国历史上范围最广、时间最长、规模最大、难度最高的交通运输应急救援保障任务。对此，温家宝给予高度评价：“交通部门的干部职工以顽强拼搏的精神创造了修复、修建公路史上的奇迹，他们的业绩是史无前例的，他们的精神也是史无前例的”。

铁路排险抢通

地震造成宝成、成昆等7条干线和成汶、德天、广岳3条支线铁路运输中断。铁道部运输局要求灾区铁路局立即启动地震应急预案，迅速对线路、桥梁、隧道等设施设备进行检查，并将结果随时上报。成都、西安、兰州铁路局立即启动预案，采取开行轨道车、单机和徒步检查等方式，连夜对所有线路、桥梁、隧道、接触网、通信信号等设备以及途中列车、生产办公房屋、生活设施等进行全面排查与抢修，紧急疏运受阻旅客。其他各铁路局亦向成都、西安铁路局支援大量内燃机车、发电设备，积极组织救灾人员和物资运输。至5月24日，10条干支线铁路全部抢通。

宝成铁路109隧道重大险情发生后，中共中央、国务院、中央军委高度重视。5月15日，受中共中央总书记胡锦涛委托，中央政法委主要负责人赶赴109隧道塌方现场查看险情，看望慰问抢险人员，指导抢险工作。铁道部迅即成立抢险指挥部，调集工务、电务、供电、运输等救援人员和抢险机具赶赴现场，同时协调解放军、武警和消防部队、地方政府合力抢险。现场先后聚集了17个单位5000多人的抢险队伍，投入各种设备500多台。

抢险指挥部按照灭火（堵洞）—降温（注水）—起复—恢复的抢险方案，严密、快速指挥抢险。5月13日14时30分，中铁电气化局、68310部队防化营受领封堵北口及中部棚洞通风口、断绝洞内空气流通、熄灭大火等任务。从洞口向内行进，进洞越深温度越高，浓烟呛得人喘不过气、熏得人睁不开眼，隧道壁上裂缝不断塌落渣土碎石。在进洞人员确定了垒筑封堵墙的具体位置后，第一批100名突击队员扛起沙袋冲进洞内，300名抢险队员轮番上阵，6小时后在北口内约130米处垒筑起了一道严实的封堵墙。同日，抢险队员还爬上100余米高的乱石堆，与部队官兵一起封堵隧道棚洞通风口。至21时许，隧道北口封堵工作完成。在防化部队和电气化局抢险队堵洞灭火的同时，消防官兵经过24小时的艰苦奋战，清理出一条可供消防车通行的道路。14日13时，天水支队特勤中队负责向隧道内注水；15日，加大对隧道的注水降温力度。68070部队输油管线大队官兵沿江岸隔2米依次开设10个泵站，从棚洞顶部裂缝处向隧道内注水。

由于沿途是沟壑峭壁，脚下是嘉陵江，大型运输车和输水装备无法靠近，官兵们便先将水龙带绑在身上，再游到对岸进行对接。官兵们高喊着“抢险用我、我上必胜”的口号，用钢丝牵引、人推肩拉等方式将每台重达3吨的10台泵车挪到接口处与管线对接。随后几天里，抢险现场的几十台高压水泵、消防车24小时不间断向隧道里注水，南口火势终被压下，并逐步降温。此时，因南口垮塌下来的巨石阻挡，抢险人员和设备无法进入洞内开展作业，现场指导专家提出“逢中切断巨石、辅助抛掷爆破，使巨石翻入江中”的抢险方案。5月15日4时，炮响之后巨石翻入江中，挖掘机立刻展开作业，隧道南口迅速被清理出来，使抢险作业获得了施展空间。16日，指挥部决定主攻南口，炸掉棚洞，使洞内车辆暴露。中铁一局在拆除南口80米棚洞时，决定采用在外墙切口爆破使棚洞倾倒的爆破方案。司钻工人踩在洞壁上，冒着隧道燃爆的危险，快速钻出200多个炮眼并实施两次爆破。两次爆破拆除均一次成功，中铁一局接轨队迅速将轨道与隧道中轨道成功对接。

经过12天的紧张抢险，5月24日9时53分，满载着救灾物资的“抢”977次列车顺利通过109隧道，宝成铁路实现全线恢复通车。胡锦涛对宝成线通车做出重要批示：“宝成线提前实现全线通车，打通了西北、西南铁路大动脉，有力地保障了抗震救灾的需要。谨向全体抢险人员表示亲切慰问和崇高敬意。”

疏通航空、水路运输

地震使民航基础设施遭到严重破坏，空中管制运行指挥设施和机场设施损失较大。距离震中最近的大型民用机场——成都双流机场，因部分空管设施设备严重受损，机场塔台、区调无法正常工作，被迫关闭。民航局从全国各地空中管制部门陆续抽调30余名空中交通管制员，支援双流机场。民航空管部门采取应急措施，在机场跑道起飞端搭建起室外应急平台，利用3部电台建立临时塔台、区调，改用程序管制指挥飞机起降，同时从外地紧急调配电源车、移动雷达车等设备支援成都；5月12日21时45分，灾后第一班飞机顺利起飞，对出港飞机放行，双流机场在关闭7个小时后恢复运行。与此同时，维修人员连夜抢修受损设施设备，13日零时23分，机场恢复进出港双向开放；14日14时6分，塔台恢复使用，机场运行保障能力基本恢复正常，救灾人员和救灾物资昼夜不停地运抵成都。

由于通往地震灾区的陆路交通受阻，疏通水路成为必然选择之一。紫坪铺水库是一个以灌溉、供水为主的大型综合水利枢纽工程，水库大坝附近由于安全运行需要未设码头或其他靠泊设施，四川省地方海事局与抢险部队官兵使用简易手工设备在白沙滩上抢建了两个临时小码头。5月13日，在成功开辟都江堰至漩口的水上通道后，按照交通运输部前线工作组“打通水库路、开辟大码头”的思路，经多方协调，调运设备，搭建设施，当天下午，大码头正式投入使用，救灾运输能力得到全面提高。14日晚，77105部队调集40艘冲锋舟及漕渡门桥，克服重重困难开设两个漕渡场；16日，运量较大的水上运输线打通。此外，四川灾区水路运输比较集中的广元、绵阳等地的白龙湖库区、南坝镇渡口等地的水路也陆续打通。

抢修电力设施

一度电可能救一条命，早一分钟供电就能挽救更多的生命。电监会、国资委发出紧急通知，要求有关派出机构和中央电力企业立即进入一级应急状态，启动相应应急预案，全力展开抗灾保电和电力安全生产工作。电网、电力企业职工千方百计抢修受损设备和线路，密切监测设施运行状况，确保受灾严重地区的电网安全和有序供电。

按照统一部署，国家电网公司充分发挥企业集团优势，组织完成13座受损电厂、229座35千伏及以上变电站、3160条10千伏及以上输送线路的修复任务，开展多种方式的对口支援，推动了地方电力企业供电设施的修复进度；从河南、湖南、湖北、重庆、江西、陕西、青海、宁夏、新疆等省（区、市）抽调抢修骨干力量4314人和大批救援设备，支援四川、甘肃重点受灾企业，重点支援成都、德阳、绵阳、广元、阿坝及陇南、汉中等供电企业的输变电设施抢修与恢复运营工作。此外，国家电网还会同所属四川、甘肃公司开展电网抢修，尽快恢复输变电设施供电能力；在华中地区电力供应十分紧张的情况下，从华中电网向四川输送电力，为抢险救援提供电力供应；采取临时供电、应急发电机、车供电等方式，在正常电网供电方式恢复之前，最大限度地满足灾区抢险、安置等方面的电力需求。

与此同时，中国华能、中国大唐、中国华电、中国国电、中电投集团、中国水电集团等企业所属发电站（厂）也抓紧抢修设施设备。中国华电宝珠寺电厂成为重灾区因地震停机后最早并网发电的中央水电企业。四川地方电力企业先后完成127座水电站和多座火电厂的修复发电任务。武警水电部队冒着余震不断、滑坡不止的极大危险，抢修损毁严重的国家电网映电总厂。中电工程集团完成巴蜀江油发电厂及500千伏茂县变电站、220千伏二台山变电站等多座发（供）电设施的抢修工程设计。水电顾问集团和大坝中心在水电厂设施抢修、水电大坝排险中提供技术资料，编制可行方案。解放军、武警部队、民兵预备役人员及大批志愿者队伍积极支援抢修受损电力设施，有力地推进了电力设施抢修恢复的进程。

至5月18日，重庆、甘肃、陕西电网受损电力设施基本恢复，主网运行正常，三省的用电负荷接近或达到灾前水平；甘肃陇南地区9个县（区）全部恢复供电；宝成铁路四川段电铁牵引站全部恢复供电；受灾最严重的四川电网最大用电负荷恢复至灾前最大用电负荷的80%，恢复受损电力设施85%以上；四川电网主网运行正常，国家电网管理的供电营业区能够恢复供电的基本均恢复供电。至6月10日，四川、甘肃、陕西、重庆等省（市）国家电网系统229座可恢复35千伏及以上变电站全部恢复，3160条可恢复10千伏及以上输配电线路全部恢复，抢修恢复工作取得全面胜利。8月8日，河南电力公司完成北川地方电网抢修恢复任务，标志着国家电网电力公司对口支援四川省6个受灾县地方电网抢修恢复工作胜利完成。

抢修通信设施

灾区通信设施损毁严重，不少灾区与外界的通信联系完全中断。中国电信、中国移动、中国联通、中国网通、中国铁通、中国卫通六大电信集团公司立即组织抢险突击队对通信线路进行抢修；通信战线职工冒着余震、泥石流、山体坍塌的危险，迅速抢修通信设施，铺设新光缆，开设卫星地面站及移动站，采取以卫星通信为主、多种手段并用的方法，统一整合通信资源，全力恢复通信线路。

中国电信迅速通知陕西、湖北、贵州、云南、湖南、福建、江苏等省公司派出400余人，组成23支抢修队，携带300台（套）应急通信设备，深入四川灾区通信受阻的乡镇抢修通信线路。中国电信四川公司共组织53支抢险突击队赴一线抢险，其中绵阳至平武方向16支、广元至青川方向4支、德阳到绵竹再至什邡方向6支、成都到都江堰再至汶川方向10支、马尔康至理县方向4支、汶川至理县方向2支，黑水、松潘至茂县方向和汶川、茂县方向11支。中国电信还为中国移动、中国联通、中国网通、中国卫通提供光缆传输、开通电路、调测设备，协助恢复通信线路。中国移动从全国25个省（区、市）范围内组织668名技术专家和抢修人员开展技术支援、专业抢修和施工。中国移动四川公司抽调5000余人组成200余支抢险突击队，携带3349台发电油机，调动28辆应急通信车，及时抢通通信线路。中国联通及其所属14个省公司于5月19日前共派出3000余人、150支救援队，携带发电油机2100台、VSAT卫星系统150套，抢修光缆2450公里，于17日恢复了全部县城和部分乡镇通信线路。至6月9日，在四川联通网络覆盖的3626个受灾乡（镇）中，有3608条线路恢复通信。中国网通立即建立灾害应急机制，组织北京、天津、河北、山东、辽宁、山西等分公司抢险队49人，以最快的速度奔赴灾区第一线抢险，重点监控传输网、交换网、数据网。中国网通四川公司紧急启动高话务应急预案，对无线网络进行话务紧急疏通，组织30余支抢险队，携带近百台发电油机，赶赴各地昼夜抢险，于5月18日恢复成都、德阳、绵阳、广元的通信线路。中国铁通立即组织对宝成线、德天支线、成汶支线和江油、德阳、绵阳、成都的光缆线路实施抢通。中国铁通突击队两渡嘉陵江，冒着余震的危险，在陡峭的山崖上连续奋战，接通了宝成铁路光缆，保障了铁路的通信安全。

灾区大量通信建筑物、通信基站受到不同程度的破坏，中央通信企业遵循“抗震指挥部优先、极重灾区优先、军队驻地优先、抢险交通要道优先、灾民聚集区优先”的原则，以抢通原有基站为通信恢复主要手段，对于原有基站房屋、设备损坏严重的地区，采用应急通信车和新建一体化基站相结合的方式快速抢通基站；对于道路不通的重点乡镇，组建青年突击队，安排直升机空降到通信基站受损地域，用卫星电话和卫星基站恢复通信。

由于四川灾区移动通信基站受损严重，在抢险救灾初期，地面移动通信只能采用以卫星通信为中继的方式实现基站覆盖。工业和信息化部从全国首批紧急调动1279部卫星电话、80套IDR卫星通信设备、100余套VSAT等设备；中国卫通利用“中卫一号”紧急开通卫星通信传输链路，共开通卫星基站14个，投入卫星电话293部，为抢险救灾提供了通信联络支持。中国电信发挥网络、技术与业务优势，汇聚各方救灾资源，及时抢修基站，实施全网联动，先后派出抢险突击队共700余支、1.6万余人，累计投入抢修车辆1990台、应急通信车104台、海事卫星电话177部、卫星电话218部、发电油机218部、其他应急装备500台（套）。中国移动紧急制订卫星基站抢通方案，协调落实转发器及地面电路资源，组织相关单位技术专家，成立24小时运转的设备清点、调测队伍，快速调集工程施工人员130多人、卫星基站设备80多套，采用军用直升机空降的方式运抵四川重灾地区。中国移动四川公司调集省内骨干力量2300余人，组成上百支抢险突击队奔赴各受灾地区，全面抢修基站和交换机。

大规模空投移动通信设备是恢复通信的重要措施。由于灾区地形复杂，许多地区短时间内无法开通光缆，在解放军的大力协助下，中央通信企业采取空投或空降的形式，将IDR、VSAT等卫星通信设备投放到各个乡镇。至5月20日10时，向未通路的乡镇空降12套IDR卫星设备、53套VSAT设备和技术人员，大大提高了通信恢复的速度和进度。以人为本，为灾区群众服务，是通信部门抗震救灾的又一特点。固网电信企业在全国范围内紧急开通114号码百事通“报平安、寻亲人”的服务热线；在营业厅开通免费的“平安电话”，向设置在成都、绵阳、德阳、广元、阿坝等地的219个受灾群众安置点和救伤医院提供1000余部“赈灾报平安免费电话”。移动通信企业将客户服务热线开通为救灾“生命爱心热线”，同时增设“寻亲及灾情信息查询专线”。危急时刻，通信网成为了灾区内外信息沟通的桥梁。

国防科技工业发挥自身优势，为保证抗震救灾通信畅通发挥了重要作用。航天科技集团公司研制的北斗一号导航卫星，为救灾现场与后方指挥部之间架起了救急通信线；鑫诺一号、鑫诺三号等通信卫星为中国联通、武警部队等用户紧急提供卫星资源和扩容宽带资源，以保障通信信息与广播电视信号的畅通。国家“863”计划最新成果宽带无限交互多媒体系统，成功应用于抗震救灾应急通信与现场指挥，并将唐家山堰塞湖视频图像实时传送给国务院抗震救灾总指挥部。解放军和武警部队官兵紧急调用军队和地方背负站、手持机、数据终端等，以及便于在山区和野外使用的卫星通信装备1000余部，保障了灾区通信和受灾乡镇应急和公众通信。成都军区和四川省联合采取措施，全面保障解放军和武警部队抢险小分队进村入户后的通信联络，以保证灾区及时恢复通信；积极协助通信部门抢修通信线路和各类通信台（站）。

通信抢险一线捷报频传。5月13日21时6分，中国卫通两名员工通过卫星电话向四川省抗震救灾指挥部汇报灾情，这是震后从震中汶川映秀打出的第一个电话。14日10时，中国联通抢险人员开通绵竹市汉旺镇第一个基站，为汉旺镇打通通信“生命线”。至14日8时，全国通信骨干网、互联网、专网运行正常，陕西省通信基本恢复正常，甘肃省抢通县以上通信。15日6时，中国移动两名工程人员经过7小时急行军，携带海事卫星电话徒步抵达汶川县城，海事卫星电话成为当地抗震救灾指挥部与外界联系的唯一通道。15日13时55分，通信光缆抢通，中国电信拨通与震中汶川的长途固定电话，汶川县城恢复通信联系。15日13时，中国卫通员工携带卫星宽带视频语音系统设备成功空降映秀镇，并于16时完成两个视频语音系统的安装调测，建立起映秀镇灾后第一个实时视频传送平台。16日8时22分，在中国卫通支持下，开通汶川地震后的第一个中国移动基站。至19日8时，中央各通信企业通过卫星通信、固定通信、移动通信等多种手段，使四川地震灾区所有县城实现对外通信。其中，汶川、理县、茂县、青川、平武、黑水、北川、绵竹对外通信线路全部抢通，公众通信加快恢复，并组织抢修队伍向重点、盲点乡镇全面挺进。至22日，上述8个极重灾和重灾县（市）所辖109个中断通信的乡（镇）应急通信开通，并初步恢复公众通信。随后，工业和信息化部及时调整工作重点，提出“三保五为”的工作思路。“三保”即“保县、保乡、保救灾”。“保县”即扩大县城公众通信能力，紧急扩容，多路由组网；“保乡”即加快推进对乡镇的交叉覆盖，提高综合抗毁能力；“保救灾”即围绕当前救灾重点工作做好通信保障。“五为”即为军队进村入户开展救援行动提供通信保障；为防范次生灾害，对水利部门堰塞湖、水坝等高危地区防控工作提供通信保障；为防止疫情发生与蔓延，对卫生、农业等部门疫情监测防控提供通信保障；为保证受灾群众救护、转移和安置，根据民政等部门受灾群众安置计划提供多种便民服务；为维护灾区社会和谐稳定提供通信支撑和服务。在坚决保住并不断巩固、提高前期抢通成果的基础上，围绕受灾群众安置、卫生防疫、防范次生灾害等救灾中心工作，组织全行业开展通信保障。至6月底，灾区通信线路全部恢复。

抢修广播电视设施

面对灾情，广电总局和灾区各省广电局迅速启动应急救灾方案，调配救灾资金和物资，组织指挥各级广播电视部门全力抢修广电发射设备，抢救播出设备，恢复广播电视台（站）的运行，恢复无线发射台（站）和有线电视网络，统筹广电系统抗震救灾工作。同时，在灾区广播电视台、无线发射台、有线电视网及乡镇广播站设施设备严重损毁的情况下，广电系统在安置点架设部分“帐篷电台”，用喇叭、喊话器、无线话筒、移动宣传车、车载广播等形式进行抗震救灾工作的宣传报道，并向灾区安置点群众赠送收音机、电视机等接收设备，使群众能及时收听、收看各类抗震救灾信息。

为确保灾区广播电视应急恢复播出，广电总局和四川省广电局通过企业捐赠或紧急采购等方式，为汶川、北川、青川等重灾地区广播电视播出机构及四川广电集团所属各台紧急运送调频发射机，为青川、安县、绵竹、北川、崇州等县（市）广播电视播出机构及各台紧急运送电视发射机等应急恢复播出设备，加强广播电视信号的覆盖工作。四川省唯一大功率中短波发射台520台供电系统在地震中瘫痪，严重影响了无线广播信号的传送，四川省广电局立即组织抢修，该发射台的3部广播发射机于5月14日全部恢复正常播出。为扩大广播信号覆盖，又临时启动四川省人民广播电台4套调频频率。至18日，14个因地震播出发射中断的广播电视台全部恢复应急播出。6月4日，成都等6个重灾市（州）及所有重灾县恢复对中央广播电台第1套节目的播出；5日，全部恢复对中央电视台第1套节目的播出。甘肃、陕西、重庆等地灾区广电局也及时有效地统筹各地广电系统救灾工作，迅速恢复广播电视台（站），充分发挥广播电视终端和前沿阵地的功能，为指挥抗震救灾和稳定人心发挥了重要作用。

为解决集中安置点群众收听收看广播电视问题，广电总局派出指导小组深入调查，与四川省广电局共同提出解决方案：通过应急采购，以集中安置点50户为单位，配置1个广播室和2个电视集中收看点。方案经广电总局批准，四川省广电局分3批采购，为全省6个重灾市（州）734个过渡安置点设置广播室和电视集中收看点。另外，还为阿坝藏族羌族自治州配置500套卫星接收系统和电视机。这些措施丰富了安置点群众的文化生活，帮助受灾群众适时了解中共中央、国务院和各级党委、政府抗震救灾的信息和政策，发挥了鼓舞斗志、凝聚人心的积极作用。

抢修生产生活服务设施

灾区供水、供电、供气、沼气等生活配套基础设施被不同程度损毁。中央企业及地方企业组成数百支专业抢修队伍，积极检修恢复临时生活配套基础设施设备，保障灾区群众基本生产生活需求。

为修复遭到严重破坏的供水设施，发展改革委从2008年中央预算内水利建设投资中，安排1.6亿元，用于重灾地区乡村应急供水设施建设和设备购置。水利部选派技术力量赴重灾地区，协助开展灾情调查以及应急供水抢修、重建规划和水质监测工作。四川省水利厅组织多支供水抢修队与援川抢修队、灾区水利部门一起，紧急修复供水设施1590余处和新建应急集中供水工程2129处。解放军、武警部队官兵及人武部组织民兵等开展城镇供水设施抢修，保障群众生活用水。甘肃省采取恢复水源、从邻近水源地用塑料管临时引水，清理修复窖场、采用临时蓄水设施，对水塔倒塌、裂缝的供水工程进行修复等多种措施解决群众应急饮水。陕西省水利厅组织人力对城区所有管道进行拉网式排查，按照“小补大换”的原则修复损坏管网。

地震使四川灾区的煤矿损毁、停工停产，影响到电煤供应。铁路部门加大电煤调运，陕西省和西安铁路局提出“优先配空、优先装车、优先挂运”与“快装、快取、快卸”的“三优先”“三快”调度计划。四川省全力做好煤矿恢复生产工作，并组织专家赴广安、达州进行煤炭资源整合方案调整核查及生产能力核定工作。至5月31日，四川省生产煤矿数量由地震发生初期停产到近450处煤矿恢复生产，煤炭日产量上升到11.3万吨，电煤供应量上升到5.1万吨，实现了四川省煤矿阶段性复产目标。甘肃省各煤矿积极开展生产自救，至6月19日，在因地震灾害停产的企业中，有29家恢复生产或基本恢复生产，只有一家企业短期内不能恢复生产。地震使灾区石油企业设施设备受损，承担四川省70％成品油运输的兰成渝石油管线暂停输油22小时，灾区燃油出现供应紧张的局面。国家物资储备局和各石油集团公司在做好应急保障的同时，加强落实成品油后续资源保障。中国石油、中国石化紧急组织成品油的供应，国资委组织企业通过管道、公路、铁路和水路运输方式向灾区调运成品油，缓解了燃油供应紧张的局面。

灾区大部分气井按照安全生产应急预案关闭停产，仅有少数维持生产以保证民用。四川境内的中国石油、中国石化及成都市燃气公司加强受损管线设施修复和安全排查，保障抗震救灾和民用等各方面所需。至6月13日，中国石油西南油气田公司天然气生产能力全部恢复。至7月31日，川西气田公司产气量恢复到震前水平。甘肃、陕西、云南燃气管理部门通过筹集资金、安全检查和紧急抢修，很快消除了地震对居民用气造成的影响。

严防次生灾害

汶川特大地震破坏力巨大，灾区人民饱尝其苦。加强震后余震及次生灾害的监测和预防，可以极大地缓解灾区人民的紧张情绪，将损失减少到最低程度。为此，解放军、武警部队、公安民警等抢险救援力量，与四川、甘肃、陕西等受灾省各级党委、政府及有关部门密切配合，科学施工、连续奋战，迅速排除巨石、塌方险情，清理塌方、滑坡和泥石流，及时排除水库险情，治理变形河道，彻底排除105座危险级堰塞湖险情。军民各路突击队冒着频繁余震和爆炸、中毒等危险，舍生忘死，奋勇排险，清理转运农药，防止化学品泄漏，转移和销毁易燃易爆物品，拆除各类高危建筑，消除各种次生灾害隐患，保护了灾区群众的生命财产安全，维护了灾区生产、生活秩序。

预报预警监测及险情排查

应对次生灾害必须排查和治理同时进行，须主动、及早、安全地加以防范和治理。地震发生后，国务院抗震救灾总指挥部设立地震监测组，负责地震监测和次生灾害防范。5月21日，总指挥部成立汶川地震专家委员会，开展地震的科学调查、总结和专题研究。经过中国地震局和四川省地震局的紧密监测和分析研判，在较短时间里确定汶川地震为“主震余震型”，其总体呈衰减趋势，但持续时间较长，可能有较大余震发生，但余震不会超过主震。这一基本判定稳定了群众情绪和社会秩序。此后，地震部门坚持24小时不间断跟踪监测地震序列活动，增设流动观测站，密切监视震情发展，加强趋势会商研判，实时跟踪震情的动态变化。

在监测、防范次生灾害过程中，不同部门多措并举，将震损水库、堰塞湖、地震灾害点等次生灾害隐患纳入监控之中，科技的独特作用尤其得到凸显。地震发生后，科技部所属国家遥感中心组成遥感专家组，并迅速为国务院抗震救灾总指挥部和国家减灾委提供卫星存档影像，协调中国卫星定时实拍，收集国外卫星影像，掌握灾区最新灾情信息。5月13日，国家遥感中心派出工作组赶赴灾区，获取高精度航空遥感数据，同时组织专家研究分析遥感影像，及时解译灾情。地震发生当日15时，国防科工局立即启动利用卫星资源开展减灾的应急工作机制：通知中国资源卫星应用中心、北京21世纪空间技术应用股份有限公司立即安排中巴地球资源卫星（CBERS）02星、02B星和北京一号小卫星对灾区的成像计划；作为“在重大自然或技术灾害中协调利用空间设施的合作宪章”成员单位协调启动该宪章，利用11个国家的20颗卫星为四川汶川地震救灾和灾情评估提供图像及分析数据；抢险救灾中，国防科工局组织力量全力保障自主研制的14颗卫星在轨道稳定运行，在抗震救灾队伍的导航定位和通信联络、灾区天气情况预报和预测、灾区通讯和广播电视传输以及灾区灾情监测与评估等方面发挥了重要作用。地震发生当日，中科院紧急启动遥感监测与灾情评估工作，组织科研人员连续进行雷达和光学航空遥感作业，通过与灾前遥感影像资料的比对、解读和判研，及时提供遥感影像和分析报告，准确显示重点区域和部位的具体灾情，标示大量潜在滑坡、泥石流、水库溃坝等次生灾害，预评估主要受灾体的数量和直接损失，为抗震救灾指挥工作提供了咨询服务和决策依据。此后，中科院继续发挥科技优势，加强对遥感影像的解译判读，分析可能发生的次生灾害对人员和道路、水利等基础设施及重点工程的威胁，进一步提供有科学依据的咨询意见和技术支持。测绘局紧急赶制和调集了四川等受灾地区的遥感影像图、地形图、政区图、地震前后比对图等各类地图产品和基础地理信息数据，以满足抗震救灾急需。

地质灾害点的紧急排查等工作迅速展开。国土资源部加强监测预警，开展灾区地质隐患排查、地质灾害防治工作；动用航空遥感等手段进行监测分析，通过高分辨率的图像发现和查清地震诱发地质灾害情况。水利部抽调专家工作组，对出险水库进行逐一排查，制订应急抢险方案，同时利用空降、徒步等方式进入崇山峻岭，掌握堰塞湖基本情况，开展风险评估并提出处置方案，查勘工作形成了"陆空并进、水陆并进、分批发送"的格局。科技部与国家减灾委协商，联合组成"国家减灾委—科技部抗震救灾专家组"，并设置"地震地质灾害影响评价组"，进行地震和地质构造的现场调查和评估，协助地震部门做好地震预报和次生灾害防治工作。总参谋部和成都军区多次派直升机搭载水利专家前往堰塞湖现场进行航查航拍，或空降实地踏勘。抢险部队抽调力量协助地方水利职工和水利部、国土资源部专家对堰塞湖徒步查勘。环境保护部出台文件，加强对水库坝下环境隐患的排查治理，启动核与辐射及水污染防治应急预案。住房城乡建设部组织来自高校、科研、设计、施工、质量监督等各方面的房屋应急评估专家赶赴灾区开展房屋被地震损坏情况的评估。安全监管总局组织4个专家组赶赴灾区指导、协助地方政府和企业做好抗震救灾和恢复生产工作，防止震后次生事故和恢复生产期间发生事故。四川、甘肃、陕西三省有关部门也积极开展灾情评估和分析工作，涉及灾区气象状况监测、重要化工企业和灾区饮用水源地环境安全为重点的隐患排查、环境空气质量及部分重点污染源的应急监测等，严防次生灾害发生。四川省派出工作组，对地震核心区及周边道路沿线、伤员安置点周边山体滑坡等险情进行排查，对危险地段实施监测。

排除堰塞湖险情

根据国务院抗震救灾总指挥部的统一部署，在水利部和受灾省地方党委、政府的组织下，解放军、武警部队官兵和民兵预备役人员与水利专家、职工密切配合，克服余震不断、山体滑坡、地形复杂、道路受阻、天气恶劣等困难，全面监测堰塞湖险情，并根据实际情况，综合运用工程爆破、人工开凿、机械施工等方法，筑防洪坝、开挖泄洪渠，疏通与爆破相结合，及时排除险情。

由于地震造成山体滑坡，平武县南坝镇文家坝石坎河河道堵塞，形成堰塞坝并出现渗水。长江水利委员会抢险队采用在堰塞坝顶右岸挖掘泄流渠导流、降低水位的抢险方案，调运4台重型挖掘机及多台重型推土机、装载机展开抢险。至6月4日，文家坝堰塞湖险情基本排除，成为四川灾区第一个以工程措施成功疏通的堰塞湖。

唐家山堰塞湖一度成为威胁最为严重、排险最为艰难、国内外最为关注的一处极高危级堰塞湖。中共中央、国务院高度重视唐家山堰塞湖的处置工作。胡锦涛强调，唐家山堰塞湖除险避险工作一定要坚持以人为本，把确保人民群众生命安全放在首位；要认真组织，精心安排，加强巡视，做好应急预案，确保紧急情况下不出大的问题。5月22日，温家宝前往现场查看，当晚主持召开国务院抗震救灾总指挥部会议，决定成立唐家山堰塞湖险情应急处置指挥部，并提出了3条处理原则：主动处理，避免被动处理；立足早处理，防止因水量增大增加处理难度；同时制定工程排险方案和人员转移避险方案。他还要求确保群众、部队和抢救人员安全，绝不能再造成人员伤亡。

水利部曾经组织了对唐家山堰塞湖进行徒步勘探，但均因地形复杂未能成功，于是请求空军支援。21日，选择云层空隙，直升机强行单轮停降堰塞湖坝顶，20余名专家和武警水电部队官兵冒险跳下，对堰塞湖险情展开实地勘察。在多次会商、严密分析、充分论证的基础上，指挥部科学判定堰塞体溯源冲刷的可行性，制定了利用堰塞体天然垭口开挖泄流渠的工程排险方案，计算出三分之一溃坝、二分之一溃坝和全溃坝影响的范围和人口，指导、协助地方政府制订人员转移避险方案，实行黄、橙、红三级预警机制。同时，组织火力清障队击毁各类大型漂浮物，确保泄洪沿线水电站、青莲大桥和宝成铁路涪江大桥等重要设施的安全。

5月22日，应急排险准备工作全面展开。济南军区某陆航团和成都军区某陆航团高强度连续飞行700多架次，运送专家、工程技术人员3100多人次以及雷管、炸药等各类物资近180吨；米—26直升机连续作业，将大型施工机械、设备和油料等运抵排险施工现场。武警水电部队及四川省水利、水文、气象部门和绵阳市五方组织起联合工作队，对唐家山堰塞湖上下游雨情、水情、堰塞坝变形等实施监测。24日，救灾部队和大型机械设备运抵现场开挖溢洪槽。随后，指挥部决定将以工程机械开掘引流明渠为主的方案，改为机械施工与人工爆破双管齐下。25日，武警水电部队以及77226部队官兵组成突击队，肩挑背扛，连夜翻山越岭，分别将10.16吨炸药和7吨炸药、雷管运送到堰塞湖坝顶。

5月27日，国务院抗震救灾总指挥部会议提出，要调集足够的施工设备和人员，抓紧时机实施工程除险，尽最大努力降低堰塞坝引流渠高程，以减轻对下游造成的危害。同时，切实做好人员转移工作，确保施工安全和群众生命安全。29日16时，避险疏散预案三分之一溃坝方案全面启动。30日8时，各级干部在一小时内紧急动员，挨家挨户展开宣传，从市、县、乡、村、组、户层层落实责任，从严抓好人员疏散转移范围、地点、路线、方式、组织实施主体的落实，明确划分需要马上转移、处于紧急状态等待转移、准备转移的人员，并通知到每一个人。部队战士、武警官兵、公安民警进入紧急状态24小时待命，保证避险疏散转移“零死亡、零受伤”。疏散转移后，又进行拉网式检查，确保不疏漏一人。至31日8时，按照预案必须转移的19万多名群众全部安全转移。

5月31日，600多名武警水电部队官兵开挖出一条长475米、底宽7~10米、深12米左右的导流槽，将原高752米的堤坝削低至740米。5日下午，温家宝再次前往一线查看险情，随后在列车上主持召开国务院抗震救灾总指挥部会议，紧急会商堰塞湖应急处置问题。温家宝指出，要坚持“安全、科学、快速”3条原则，尽快彻底排除安全隐患；要进一步加强水利部门和地方政府的会商机制，加强预警监测机制，进一步完善工程排险方案和人员转移避险方案。7日7时8分，泄流槽开始泄流；10日15时15分，洪峰顺利通过绵阳；18时30分，唐家山堰塞湖水位下降至720.25米，流量454立方米/秒，库容约1.1亿立方米，堰塞湖风险基本消除。11日16时起，经专家评估，剩余堰体总体稳定，新形成的河道具有通过200年一遇洪水的能力。黄色警报解除，疏散群众可以安全返回家园。

经解放军指战员、武警水电部队官兵及水利、地质、地震、气象等部门的工程技术人员和干部职工连续10余天艰苦奋战，唐家山堰塞湖险情被成功处置，处置过程中无一人死亡，未发生疫情，唐家山堰塞湖抢险取得决定性胜利。至6月24日，老鹰岩、肖家桥、石板沟、文家坝等6处高危级堰塞湖和98处中、低危级堰塞湖的险情被成功排除。

水电设施抢修排险

水利部把确保水库、水电站、河道堤防安全和灾区群众饮水安全作为抢险救灾工作的重中之重，按照安全、科学、快速的原则，对震损水库、水电站、堤防等进行险情分类和危险程度分级，逐处、逐库、逐站、逐段制订排险避险方案，及时进行应急处置，同时会同地方政府落实排险避险和供水保障责任。

5月12—22日，水利部先后派出6个工作组、22个现场设计组，与四川省水利部门共同制订震损水库应急除险方案，主要采取裂缝开挖、回填、封堵、覆盖等工程措施与制订应急方案、汛期雨情和水情监测及预报、应急抢险物资储备、人员疏散预案、汛后全面安全检查等非工程措施相结合的方法，并与汛后除险加固措施相衔接。

距震中汶川映秀仅17公里的紫坪铺水库大坝局部受损，泄洪设施一度不能开启，4台发电机组全部停机。紫坪铺水库蓄水3亿多立方米，一旦出现险情，将直接影响成都市上千万群众的生命财产安全。水利部专家组查勘大坝受损情况后，制订抢险保坝方案，组织人员迅速检修，于5月13日下午先后开启冲沙洞和2号泄洪洞闸门。经过全力抢修，1号泄洪洞于20日成功开闸放水。至此，所有泄洪设施全部开启，水库恢复正常运行。在抗震救灾期间，大部分水库大坝的闸门是在地震造成停机后迅速设法打开的。对此，一名参加排查的专家动情地说：“我们要感谢那些现在还处于围困之中，也不知道名字的一线电力员工，是他们在地震发生的瞬间，在逃生自救之前，冒着生命危险，应急开闸放水”。正是因为各方面的努力，灾区震损水库无一出现垮坝险情。

水电站、堤防险情处置工作也及时展开。5月14日，水利部紧急派遣水电工作组赶赴灾区，协调紫坪铺水库上游水电站应急排险。17日以后，阿坝组、水电组分赴岷江、嘉陵江、沱江上中游重灾地区，全面排查80余座重要水电站。工作组指导地方政府及时制订应急预案及高危区群众紧急避险方案，安排专人进行巡查，督促地方政府落实预报预警措施。同时，要求流域机构分省包干，指导、协助地方排查、评估和处置水电站险情。针对映秀湾、太平驿等水电站出现漫坝或漫闸等险情，工作组会同电监会、武警水电部队和国家电网等单位共同努力，通过空运去的柴油发电机成功开启太平驿水电站泄洪闸，并手动提起映秀湾电站泄洪闸，先后排除9座出险水电站险情。至6月10日，灾区800多座震损水电站险情被全部排除，1000公里的震损堤防无一决口。

防治塌方、滑坡、泥石流等次生灾害

地震造成山体崩塌及大面积滑坡，遭遇强降雨或山洪暴发又形成泥石流。治理塌方的首要任务是排除塌方险情，消除灾害隐患。抢险人员采用爆破悬石、危石、危崖山体、河道壅塞体和机械、人工挖掘清理等方法排除险情；对于地震造成的山体、堤坝、农田及道路开裂等灾情隐患，及时进行回填处理。

茂县维城乡中村山出现塌方，百吨巨石悬在山腰摇摇欲坠。77133部队官兵与地方政府成立排险领导小组并制订排险方案，在巨石可能滚落的下方路线上挖掘两条减速沟，同时在巨石正下方堆砌防护墙，再经过3次爆破，巨石垮塌险情终于被排除。

在清理滑坡的过程中，抢险人员把抢救人民群众生命财产放在首位，优先处置公路抢通、水渠疏通等关系民生的应急排险项目。6月24日，连续的暴雨引发绵竹市金花镇金石湾附近大面积滑坡，95982部队出动750名官兵，采取绳拉、棍橇、人扛等办法，配合135地质爆破队在近80度的陡峭山坡上搬运重型装备2吨及炸药500余公斤，成功对山体实施钻孔和爆破，清理土石方280余立方米，恢复了什邡至红白公路的畅通。

灾区各级党委、政府和部队官兵建立快速反应机制，及时清理泥石流，并采取多种措施，尽力避免泥石流灾害的发生。驻平武县71426部队专门向响岩镇等6个乡（镇）派出次生灾害防治组，出动兵力800余人次、挖掘机12台次进行全面排查，及时为泥石相对松软山体修筑护坡，全力控制土石滑落；对经常有水流经过的松软土石区，特别是靠近交通要道和居民点位置的，开掘导流槽；对部分裂缝进行回填，全面做好泥石流的防治工作。

灾区还对化学品、有毒物品、易燃易爆物品等危险物品实施紧急处理，并及时清理包括水塔、烟囱在内的建筑物废墟，拆除高危建筑物等。其中，安全生产应急救援队伍及时安全处置了什邡市蓥峰化工厂厂区存放的1100吨液氨、6000吨硫酸、80吨盐酸和23吨硫磺，扑灭了什邡市宏达集团化工厂因硫磺泄漏引发的大火，并成功处置了大批炸药、雷管等危险品，避免了次生灾害的发生。

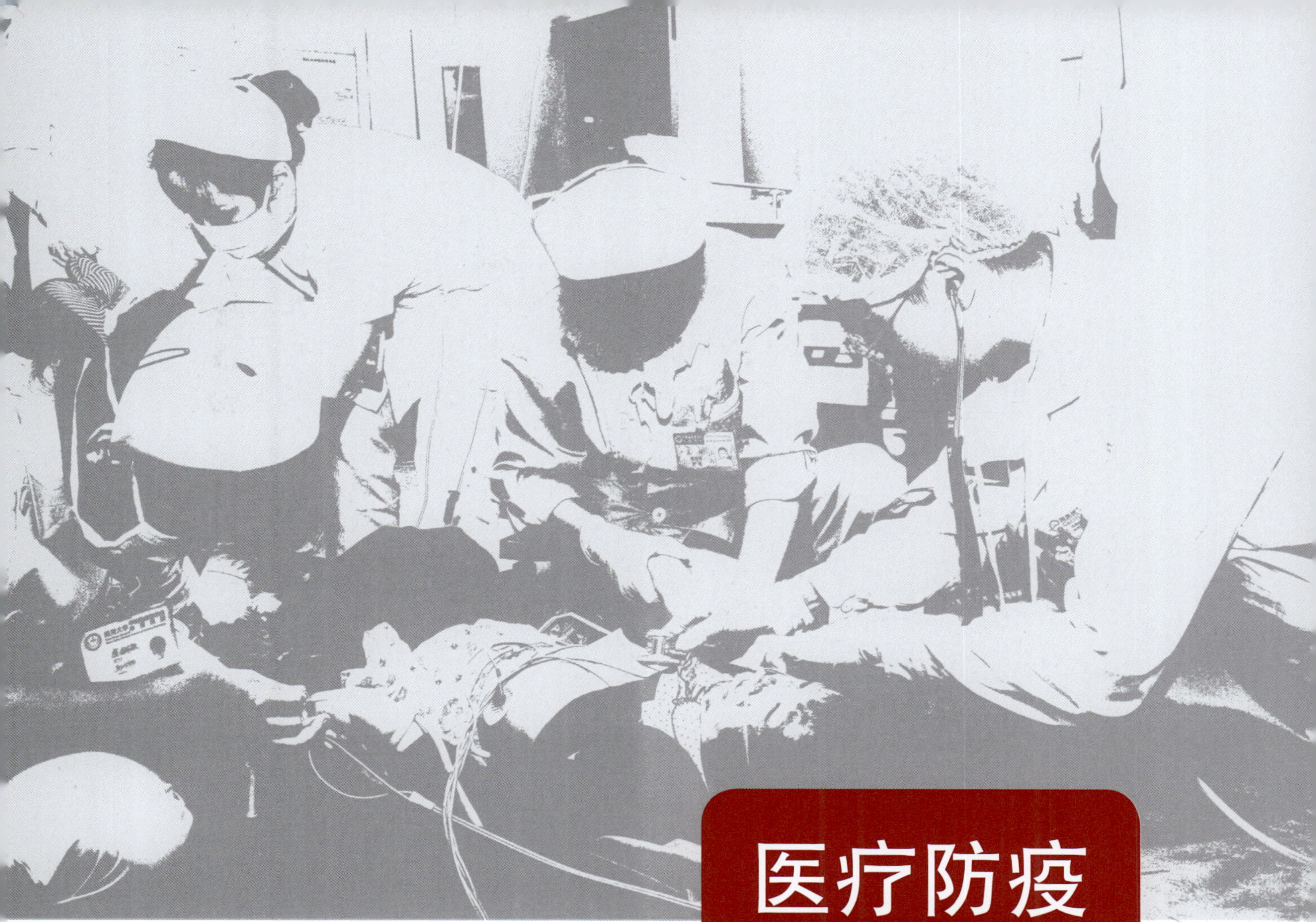

医疗防疫

——全面开展医疗救治和卫生防疫工作

实施医疗救治

开展卫生防疫

恢复卫生服务

医疗防疫保障

汶川特大地震造成重大人员伤亡。中央提出，要加强对灾区和从各地、部队调集的医疗救护队伍的组织协调，尽最大努力抢救伤员生命、医治群众伤痛；切实保障灾区医疗急救物资供应，切实满足救治工作需要；灾区医疗机构的负荷很重，为保证伤员救治，要统筹安排，及时将部分能够安全转移的伤员送往外省市条件较好的医疗机构救治；灾区防疫力量不足，应采取对口支援的办法，充实防疫专业力量，切实做好灾区卫生防疫工作，尤其要重视饮水和食品安全，严防传染病流行，确保大灾之后无大疫。中央各部门、各省（区、市）、解放军和武警部队等各救援力量按照中央要求，紧紧围绕“抓紧救治伤病人员”和“加强灾区卫生防疫”两大任务，充分发挥军地协同优势，把抢救受伤群众放在第一位，只要有一线希望，就尽一切努力施救；全力开展卫生防疫，加强疫情监测报告，迅速把卫生防疫力量覆盖到所有乡镇、村庄。至10月13日，全国各地累计收治住院地震伤员91177人，其中重伤员16563人；治愈出院88368人，开展手术39689台次；巡诊服务73.01万人次，开展医学心理治疗97969人次；累计抢救危重伤员10533人次。经过多方面的共同努力，灾区卫生防疫工作最终取得全面胜利，实现了“大灾之后无大疫”的既定目标。

实施医疗救治

面对特大地震灾害，灾区卫生系统医务人员迅速展开自救互救和现场急救。与此同时，在国务院抗震救灾总指挥部的统一部署下，全国卫生、质检、农业等系统及解放军、武警部队派出大批医务人员，紧急赶赴地震灾区开展医疗救援。抗震救灾期间，各医疗救援队伍在极重灾区和重灾区建立定点医院、野战医院、方舱医院、野战血站、远程医疗系统，采取定点和巡回医疗相结合的方式抢救地震伤员。经过现场急救、灾区医院救治，伤员得到了及时有效的抢救治疗，同时对危重伤员实施了集中救治。为减轻四川省的医疗救治压力，还在各方面的大力协作下，完成伤员大规模跨省转运治疗。6月17日，卫生部宣布，抗震救灾的医疗救治和卫生防疫工作取得阶段性胜利，灾区大规模的应急医疗救治工作基本结束。

灾区医疗卫生系统现场救治

灾区卫生系统积极开展自救和救援，同时加快恢复医疗服务，尽快实现医疗救援全覆盖。四川、甘肃、陕西和重庆等受灾省（市）卫生厅（局）紧急组织医疗队赶赴灾区开展伤员救治工作。四川省70%以上受灾严重的市、县两级医疗机构在震后30分钟内就派出医疗队；85%以上受灾严重的县级医疗机构，在震后半小时内即开始收治伤员。5月12日15时许，四川省卫生厅通过电话、手机短信、驱车前往等方式，通知成都120指挥中心、四川省省级医疗卫生机构和各市州卫生局，组织医疗卫生救援队赴灾区开展医疗救援。震后12小时，四川省已经紧急抽调96支抗震救灾医疗队400余名医护人员赶赴重灾地区。在“救援黄金时间72小时”内，四川省卫生系统在自身遭受重创的情况下，组织医疗人员3.1万余人投入伤员救治工作，对降低伤员死亡率、致残率起到了至关重要的作用。甘肃灾区各医疗机构积极开展自救，抢修设备，搭建临时病房和手术室，全力救治伤员。陕西省迅速组建医疗卫生救援队伍，一面开展自救，一面支援四川灾区，共派遣28支医疗防疫监督队参加四川抗震救灾。

地震发生仅3分钟，成都120指挥中心即成立抗震救灾指挥救援领导小组。成都市委、市政府将紧急成立的成都市抗震救灾指挥部设在该中心，市党政领导相继赶到中心了解情况，指导医疗救援工作。震后35分钟内，成都120指挥中心组织市第二、第三、第七人民医院医务人员及车辆分别开赴都江堰、彭州、崇州等重灾地区；启动中心信息系统各项功能，开通8个预备接警台，利用有线、无线数字集群系统实施调派，利用数据库随时掌握救治信息，利用大型电子屏幕展示、路面监控系统直观跟踪和显示车辆、伤员信息。12个接警台于地震发生当日处置呼救电话6479个。震后58小时内，成都市紧急调派救护车1184台次、医疗队705支、医务人员3000多名到重灾地区展开救援。

地震发生后，坐落在成都的15家部属和省直属医疗机构，立即组织医疗队赶赴重灾地区，开展现场伤员救治和转运工作。震后3小时，由四川大学华西医院24名医护人员、6台救护车组成的8个抢救组奔赴抢险救灾第一线。从5月12日至7月8日，四川省人民医院共向北川派出7批医疗队，现场转运和救治伤员737人，开展手术386台，收治伤病员2618人，其中重伤员100多人，巡诊6000余人次。

北川县城城区卫生系统医护人员伤亡惨重，成千上万的伤员需要救治。幸存医务人员不顾亲人安危，强忍悲痛，全力救治伤员。震后10分钟，北川羌族自治县卫生局局长杨国兴、副局长赵华组织幸存医务人员救治伤员。他们先后在县政府、北川中学、北川职业中学操场等处设立临时救治点，对受伤群众实施现场救治。

平武县卫生局震后立即组织县医院、中医院、妇幼保健院的医务人员疏散住院病人，及时救治伤员。南坝、平通、响岩、水观等乡镇卫生院的房屋损毁严重，医务人员从废墟中爬出，冒着余震的威胁救治伤员。没有绷带，就将工作服、床单撕成布条给伤员包扎、止血，就地取材为伤员固定受伤肢体，救治了上千名伤员。5月13日6时，平武县卫生局调集县内卫生机构45名医务人员组成9支救援小分队，步行9小时，行程50多公里，赶到南坝、平通、响岩等乡（镇）开展伤员救治。平武县卫生局及医疗机构在城区飞龙广场、报恩寺、接官亭广场、西门片区、隆安中学设立5个城区医疗救治点，全县共设立医疗救治点37个，先后收治伤员2100多人（住院350多人），抢救重伤员100多人。

外部医疗救援力量现场救治

面对大规模紧急医疗救治的严峻形势，卫生部立即启动应急预案，要求受灾地区调动本地医疗力量全力开展紧急抢救，并通知部属医疗机构及各省（区、市）卫生厅（局）做好救援准备工作。5月12—13日，卫生部从重庆、山东、江苏、北京、天津等地调派38 支共 361 人的医疗救援队伍，携带应急救援物资奔赴四川灾区。随后，又从各省（区、市）紧急抽调大批医务人员和多学科专家，携带大量药品、医疗器械、血液制品赶赴灾区，开展紧急医疗救治。14日晚，卫生部提出医疗救治工作“三同时”“三覆盖”的要求，即派往灾区的医务人员要与救援部队同时行动、同时到达、同时开展工作，做到医疗救治队伍、医疗急救物资以及防疫队伍“三个全覆盖”，而且要覆盖到灾区的每一个县、每一个乡镇，尽全力救治伤员，尽最大可能挽救生命。在应急救治的“救援黄金时间72小时”内，参加医疗救援的省内外医务人员已达3.5万人，实现对11个极重灾和重灾县（市）医疗救援的全覆盖。震后10天，上海、广东等省（市）医疗队员空降到汶川县草坡乡等4个“孤岛”乡（镇），标志着四川灾区11个市（州）、67个县（市、区）、950个乡（镇）实现了医疗救治全覆盖，至27日，又延伸到灾区的每一个村庄。其中，卫生部从全国30个省（区、市）和新疆生产建设兵团抽调卫生防疫力量，向四川灾区派出医疗、防疫、卫生监督专家和技术骨干1.1万余人，以及救护和防疫车辆1000余辆。

解放军先后派出397支医疗卫生救援队伍共7061人，赶赴灾区参加医疗救护、卫生防疫和心理卫生服务。总后勤部组织医学专家指导团，到收治灾区伤员的军队医院进行救治技术指导，并组织全军知名医学专家为地震伤员实施远程会诊。武警部队派出655人组成的38支医疗防疫队，开展医疗救治和卫生防疫工作。国家各行业管理部门行动起来，组织本系统医疗单位的救援力量，深入抗震救灾第一线。中国红十字会、中国残联等社会组织和群众团体以及一些民营医院，纷纷组织各种医疗防疫和康复医疗队前往灾区。成千上万的志愿者也从四面八方赶赴四川灾区。

特大灾害引起香港特区、澳门特区和台湾地区同胞以及国际社会的关注。至5月31日，香港特区、澳门特区和台湾地区先后派出11批医疗队支援四川灾区。许多国家、国际组织及国际民间团体纷纷致电致函问候，并表示向灾区提供物资和医疗援助。5月19日，中国红十字会受权接受德国、日本、俄罗斯和意大利等国医疗队来华协助救援。古巴、英国、法国、美国等国家也先后派出医疗队到达四川灾区，巴基斯坦、印度尼西亚派出医疗队到甘肃灾区参与医疗救援。从5月20日至6月18日，共有10支外国医疗队在四川、甘肃灾区参与医疗救援，其中俄罗斯、日本、意大利、法国、古巴、巴基斯坦、印度尼西亚等国医疗队均由政府派遣。来自“心连心国际组织”的美国志愿者于5月14日到达北川开展医疗救援工作，随后又有来自美国、英国、日本、加拿大、澳大利亚、墨西哥等国的志愿者到达灾区，支援医疗救治工作。

来自全国各地的医疗救援队，以最快速度到达灾区投入救援，进村入户，争分夺秒地查找和抢救伤员，紧急构建定点医疗机构、野战医院、方舱医院、医疗点、巡回医疗队、野战血站、远程医疗系统等有机结合的医疗救治体系。国家科技支撑计划“区域协同医疗服务示范工程”，通过协同网络及远程医疗系统，在灾区首次开展远程放射影像诊断。

在这场生命救援中，卫生救援人员尽最大努力提高救治成功率，降低伤员死亡率和致残率。5月16日上午，当国家电网映电总厂女职工虞锦华被发现时，双腿已局部坏死腐烂，现场截肢成为唯一的选择。山东、广东等5个省（市）的7支救援队和志愿者对其全力展开救援，来自广东的两名医生按照救治方案，在空间不足1平方米的水泥横梁下，探进大半个身体，冒着被感染的危险，以接力方式艰难地完成了截肢手术。至18日20时许，被埋废墟长达150个小时的虞锦华最终获救。这场救援，成为汶川地震中难度最大的一次现场救治。

为了抢救一条生命，海军总医院骨科专家爬进废墟。任何一点过大的动作都可能引起新的塌方，他们小心翼翼地扒开松动的砖石，使自己的手能够勉强伸进去，为一名受伤的女孩进行输液麻醉，在没有灯光的条件下，凭着手感一点点完成手术。为了抢救一条生命，深圳市南山医院的医生戴上头灯、手套，钻进地震废墟，在废墟缝隙中艰难地绕过遇难者遗体，忍住恶臭，用尽全力施行手术，成功地实施全足离断术，使受伤人员成功获救。

现场转运急救伤员

危重伤员经现场急救处理后，必须尽快转送到灾区临时医院和医疗条件较好的较大城市医院进行抢救并接受进一步治疗。5月13日，四川省卫生厅做出部署，要求各灾区迅速建立现场救治点，对伤员做好处置和分类，建立“现场救治站（点）—就近医院—县级医院—市级医院—省级医院”转送伤员的救治网络；同时，确定省级医院和成都市各医院及非灾区的资阳、眉山、乐山、遂宁、南充、泸州、自贡、巴中、达州、广安等市医院为重灾地区伤员转运治疗的后方医院。四川省卫生厅还根据实际情况，明确各灾区伤员转运的路线和目的地：都江堰、彭州、崇州等重灾地区现场救治的伤员主要运往成都的省级医院、市级和县区医院；绵竹、什邡等极重灾县（市）现场救治的伤员主要运往德阳、成都、眉山、资阳、乐山等市的医院；北川、安县、平武、江油等重灾地区现场救治的伤员主要运往绵阳、遂宁、南充、广安等市的医院；青川、剑阁等重灾地区现场救治的伤员主要运往广元、巴中、达州等市的医院；汶川、茂县、理县等重灾地区现场救治的伤员主要运往成都、眉山、资阳、乐山、自贡、泸州等市的医院。四川省卫生厅要求各伤员集散地及主要交通路口设立指挥点，进行有组织的转运，确保伤员转运工作安全有序地进行。

四川灾区省内转运经现场救治的伤员，以公路转运为主；对于道路完全中断的极重灾区，由解放军动用直升机进行转运；公路不通可走水路的地方，则用部队的冲锋舟进行转运。在四川省卫生厅的协调安排下，各市州卫生局迅速组织力量运输伤员，全国各地医疗队、军队和武警医疗队纷纷投入到伤员运输工作中。军地各单位、各部门通力协作，迅速建立起公路、铁路和以直升机为主的伤员转移的运载体系和组织协调与保障机制，并建立空中“生命通道”，出动直升机几百架次，为快速抢救地震伤员生命创造了有利条件。

5月12日傍晚，绵阳城区各医疗机构组织的医疗救援队陆续到达北川中学现场，救护车、客车等开始转运北川地震伤员至绵阳市医疗机构。由于北川的医疗机构在地震中几乎全部被毁，绵阳市抗震救灾医疗卫生指挥分部将距绵阳城区8.5公里、距北川县城29公里的安县，作为北川伤员转运的临时中转站。在此生命救援中，救援工作创造性地实施了“三级转院”“四次检伤后送”的伤员转送模式。“三级转运”是医务人员及抢险官兵将伤员从北川运送至能通车的地方，再用救护车或小型车辆送到安县中学操场的战地医院；经简单处置后，再用大型平板车转运至绵阳市内医院救治。“四次检伤后送”是在北川中学根据“先抢救、后治伤”的原则，实施第一次检伤后送；在安县中学操场的战地医院，根据受伤严重程度决定送往市内哪家医院，实施第二次检伤后送；在市级医院内，根据受伤部位决定送往哪个病区，实施第三次检伤后送；在大规模伤员转运前，根据伤员转运条件及伤情后续治疗的要求，决定通过什么交通工具转运、转往哪级医院，实施第四次检伤后送。“四次检伤后送”，有利于伤员安全顺利到达医院和病区，得到及时治疗。

灾区医院院内救治

在地震伤员中，因山体滑坡、建筑物倒塌等原因所致的撞击、砸、压等机械性损伤，轻者主要表现为软组织损伤、肢体骨折、复合型外伤等，重者主要是脊柱骨折并脊髓损伤、颅脑外伤等。不少伤员脱险后，经过现场急救等院前处理，被就近、就便快速送往本地和外地医院进行治疗。灾区所在地和距极重灾区、重灾区较近的医院全部开放，全力救治伤员。四川、甘肃、陕西等地各级医院在救治地震伤员时，从接诊、分诊、转运、检查、入院到手术实行一条龙服务。其中，大多数医院停止择期手术的部分专科门诊，动员轻症病人出院，利用旧楼房、停车场、大厅和一切可利用的空间增设和搭建救灾病房，收治地震伤员。在实施紧急救治时，医务人员打破专业界限，全面投入医疗抢救工作，一些医院手术室24小时不停运行，许多医护人员连续几天几夜不休息，使大量伤员得到了及时有效的抢救治疗。

为加强受灾地区各级医院的临床救治力量，卫生部及时派遣全国各地组织的医疗队支援四川灾区医院，并分批次调派全国各地的重症医学专家到各医院指导，协助监护重症伤员的质量及器官支持方案的制定，检查、指导重症伤员的各项临床质量措施。医疗救治初期，卫生部派出的医疗救援力量主要是普通外科、胸外科、骨科、急救、护理、麻醉等专业的医务人员，以及时抢救被砸伤、压伤人员；随后，根据灾区医疗救治工作实际需求，对医疗队的专业结构进行调整，增加肾内科、血液透析治疗、重症监护、感染控制及心理危机干预等专业的医务人员。除依托灾区区域医疗中心和大型医疗机构科室齐全、技术优良等优势开展院内医疗救治外，全国各地支援灾区的地方和军队医疗救援队主要通过在灾区搭建流动医院，设置各类医疗科室，开展外科、内科、妇产科、儿科等多学科治疗，分选诊治各类伤病员，实施各类手术，抢救危重病人。

抗震救灾期间，四川灾区收治地震伤员的医院有350多家，参加院内伤员救治的医务人员达10万人。至10月底，四川省19家部（省）级直属医院（不含成都军区总医院）共收治伤员11681人，住院伤员7271人。

危重伤员集中救治

针对四川灾区危重伤员多、灾区基层医疗机构受损严重、分散抢救难度大的严峻形势，根据李克强关于“继续组织优势力量救治重症伤员，最大限度地降低死亡率和致残率”的批示精神，国务院抗震救灾总指挥部卫生防疫组及时提出“集中伤员、集中专家、集中资源、集中救治”的重症伤员救治“四集中”原则，将危重伤员集中收治到四川大学华西医院、四川省人民医院、成都军区总医院等硬件设施齐备、学科齐全、专业技术队伍较强的国家级和区域性医院，以重症医学的救治平台为主，组织全国各科专家参与治疗，倡导多学科交叉协作解决疑难问题，整合优势资源，尽最大努力挽救伤员生命，最大限度降低伤员死亡率、致残率，提高生存率和治愈率。

为加强重症救治工作，卫生部建立"省内专家会诊、省外专家指导"的工作模式，利用部、省专家资源，组织成立生命支持和创面处理两个多学科专家组；在卫生部抗震救灾领导小组前方协调组的指导下，四川省建立包括专家顾问组、部省联合专家组、院内专家组组成的三级专家咨询体系，采取专家驻院、分工负责的办法，整合专家资源，充分发挥作用，提高救治成效，并根据治疗进展情况，及时调整专家组业务结构，形成以ICU生命支持为平台，肾脏内科、骨科、创面外科、神经外科等相关专业融合的专家架构。卫生部先后调集重症医学专家138人、感染专家146人、血液透析专业医护人员（包括肾内科专家）200多人支援四川灾区的危重伤员救治，同时还调集高压氧治疗人员与呼吸支持人员，分别开展高压氧支持和呼吸机支持治疗，最大限度地降低危重伤员的死亡率与致残率。至7月13日，卫生部派遣的赴川重症救治专家全部撤离，需要时再请来指导，"省内专家会诊、省外专家指导"的工作模式运行顺畅。

在危重伤员管理上，打破专业限制，集中监护治疗，各医院同支援专家密切配合，采取组建诊治小组、分工包干、集体查房、重点讨论、优化治疗的措施，对危重伤员实施三级医师查房及多学科合作管理伤员的治疗模式，实行24小时严密监护和重点管理。尤其对重点伤员，各医院组织专门救治小组进行全面救治，支援专家进行会诊处理。此外，从5月29日起，对集中收治医院建立危重伤员日报制度，每日上报伤员病情变化、治疗进展，并抽调重症加强护理病房（ICU）专家，每天根据日报表综合分析伤员动向，实行动态监测并上报卫生部前方协调组、顾问组。

大批重伤员被送到四川大学华西医院以后，华西医院充分发挥临床学科交叉优势在解决复杂疑难伤病中的重要作用，提高伤员抢救质量。急性肾功能不全床旁血液透析交叉学组，由来自肾脏内科、ICU室、骨科、泌尿外科、实验医学科和循证医学中心的多学科专家组成，在抢救现场针对某一问题研究制定规范的路径和指南。骨科治疗时，配备有肾脏内科、心脏内科、心理干预治疗、普外等专业的医师。普外科、肾脏内科也都有由3～5个专业的专家联合组成的危重伤员治疗组，从而提高了危重伤员的抢救治疗效果。5月13—31日，华西医院ICU室共收治危重伤员157人，其中血透77例，死亡24例，死亡率为15.29%——这157例重伤患者入院时的估计死亡风险高达49%。

5月16日，解放军总医院专家医疗队赶到成都军区总医院。根据解放军总医院高级专家医疗队专家卢世璧的提议，成都军区总医院的骨科医师与解放军总医院医疗队第四分队的骨科医师分成9个手术小组，其中解放军总医院医疗队6个小组、成都军区总医院3个小组，不间断地展开手术。16—25日，成都军区总医院完成危重伤员手术400多台次，成功救治被埋104小时的汶川县映秀镇高速公路收费员袁艺、被埋108小时的什邡市红白镇中学炊事员李克成、被埋146小时的汶川县映秀镇公路稽查员沈佩云、被埋150小时的国家电网映电总厂女职工虞锦华、被困196小时的绵竹天池煤矿职工赖元平等。

在重症伤员救治中，成都军区总医院远程医疗会诊系统通过卫星通信建立起应急机动远程医学系统，可以完全不受地面通信条件的限制和影响，迅速沟通与后方决策机构、各类医疗机构与卫生管理部门的联系，将后方力量、决策部门、新闻部门、一线部队的指挥控制信息、各类医学技术资源集中到现场，大大提高了应急救治能力。5月13日，系统开通"北京—成都远程医学会诊车”的卫星通信线路。在后方专家的远程帮助下，解决了许多疑难危重伤员的抢救问题，消除了一线医护人员对大量重症伤员问题产生的焦虑心理，确保了医疗救治工作的顺利开展。

全力救治危重伤员时期，卫生部从北京、天津、上海、辽宁等10多个省（市）抽调ICU专家和感染专家，分别在四川省人民医院、四川大学华西医院及收治危重伤员的灾区医院参加危重伤员的救治工作。同一时期，来自10多个省（区、市）的多名医师、ICU及床旁连续肾脏替代疗法（CRRT）等专业200余名护理人员，加入到危重伤员的医疗护理之中。紧急救治阶段，来自中国香港、澳门和台湾地区的医疗队，以及俄罗斯、日本、意大利、德国、英国、古巴、法国、巴基斯坦、印度尼西亚、美国等国家的医疗队也参与了灾区危重伤员的救治工作。

伤员跨省转运治疗

四川省地震伤员占汶川地震伤员总数的92%以上。地震发生后，成都、德阳、绵阳、广元等市各医院伤员爆满，医疗资源极度紧缺，各医院超负荷运转。为减轻四川省医疗救治压力，全力抢救伤员生命，中共中央、国务院决定将部分能够安全转移的地震伤员分流，送往四川省外条件较好的医疗机构，使之得到及时有效的救治。

5月17日，转运伤员工作正式启动。根据中共中央、国务院的决策部署，国务院抗震救灾总指挥部卫生防疫组统筹全国各省市的医疗资源，协调公路、铁路和民航等有关部门，组织专列、包机等各种运输工具，实施伤员跨省大转运。铁道部迅速行动，成立铁路转运伤员指挥部，指定伤员转运工作负责人，集结百列客运车辆到四川待命，要求伤员铁路转运做到安全运输、优质服务、全力以赴、万无一失。19日10时20分，运载着246名伤员、220名护理家属的首列伤员转运专列——57005次列车顺利驶出绵阳车站，并于17时32分平稳停靠在重庆北站。对转运伤员专列，铁路调度优先安排线路，只要伤员到达转运车站并具备发车条件就立即发车；车辆全部使用敞开式的硬卧空调列车，伤员统一使用下铺，中铺安装补液用挂钩；伤员直接从卸下的车窗进出火车，缩短乘降时间，减轻伤员搬运痛苦。车站交通由铁路公安指挥，救护车有序进站，实现与车箱无缝对接；青年志愿者与解放军战士负责抬担架送伤员，小心轻放；医用垃圾与生活垃圾分类回收，开车前后对列车全面消毒；车上免费用餐，营养合理搭配；经过红十字卫生员培训的列车员悉心照顾伤员。一趟趟特殊的“救”字头专列，被媒体称为“流动的医院、温馨的家”。与此同时，民航西南地区各单位在民航西南管理局应急指挥部统一协调下，全力参与伤员航空转运。20日15时36分，搭载36名重症伤员的首架包机——川航救灾001号航班从成都飞往广州。转运伤员期间，民航局协调国航、东航、川航、深航、鹰联航紧急改装9架运输机，保障重伤员的转运工作。至31日，伤员跨省转运共协调公路、铁路、民航等部门动用19次专列、99架专机以及大量救护车，出动医务人员5000余人，向北京、天津、河北、山西、辽宁、上海、江苏、浙江、安徽、福建、山东、河南、湖北、湖南、广东、广西、重庆、贵州、云南、陕西共20个省（区、市）58个城市375家军地医疗机构安全转运伤员10015人，安置陪护家属9099人。万余名地震灾区伤员安全到达目的地，完成了中外历史上非战争状态下大规模转运伤员的壮举。

接收伤员的各省（区、市）高度重视四川转运伤员的收治工作，党政主要领导专程到接收伤员的车站、机场慰问伤员并指挥伤员交接和转送工作；伤员住院治疗期间，看望慰问伤员，关心伤员及陪护亲属的生活。收治伤员的各大医院精心准备，腾出最好的病房，组织最好的医疗团队，以最快的速度治疗伤员，为伤员治疗康复创造良好条件。各地纷纷成立治疗专家组，对收治伤员逐一会诊，指导开展救治工作。各接收医院成立院内专家组、医疗护理组，对伤员进行会诊，制定治疗方案，并开展伤情评估，根据伤情、病情变化及时调整治疗方案，严格控制院内感染，对感染者进行隔离治疗，对重症伤员及时收入ICU进行监护，集中专家、医疗技术人员开展治疗。同时，专门建立“爱心病房”，不少医院还采取“一医一护一病人一志愿者”的治疗护理服务模式，使伤员得到最优良的医疗和生活服务。所有伤员得到免费治疗，伤员和陪护家属的生活及返乡路费等也由收治省（区、市）提供全部保障。

从跨部门协作到跨区域协作，从多学科协作到多领域协作，一场场生命大接力，彰显了生命至上、团结协作的精神。10月底，转移治疗的四川地震伤员绝大多数治愈出院并返回家乡；因病情危重抢救无效死亡18例，死亡者以病情危重又有严重基础疾病、年龄大的伤病员为主，死亡率为0.018%，极低的危重症伤员死亡率受到世界卫生组织的高度评价。

康复治疗早期介入

在得到及时抢救、治疗的四川灾区地震重症伤员中，约有7000多人为脊柱脊髓损伤、骨关节损伤和截肢伤员，需要实施后续康复治疗。卫生部与民政部、中国残联等相关部门、组织密切协作，健全工作机制，共同组织开展地震伤员康复工作，先后派出5批国家康复医疗队并协调部分省市康复医疗人员进入灾区，开展早期介入康复治疗、康复需求评估、康复方案和技术规范的制定、康复从业人员培训、实施个体化康复计划、中医康复治疗、开展康复义诊活动、志愿者服务和康复体系恢复重建等工作，以实现伤员康复治疗“早介入、多层次、全方位、广覆盖，分重点、高质量”的预期目标。

为早期介入医疗康复，做到救治与康复相结合，四川省卫生厅成立医疗康复工作专家组，指导各地开展医疗康复工作，以康复团队治疗工作服务模式进行全方位康复治疗。卫生部协调广东、湖南、湖北、江苏、上海、浙江、山东、福建等省（市）和香港特区的180多名医疗康复专家展开援助。其间，四川大学华西医院康复科医务人员从5月14日起先后介入骨科、ICU、脑外科、胸外科、肾内科、儿外科等收治地震伤员的科室，提供早期床旁康复治疗。华西医院创新工作模式，建立起整合医学康复综合方案＋工程康复综合方案＋社区康复综合方案＋教育康复综合方案于一体的综合康复模式，形成伤员功能障碍综合康复治疗技术规范，使伤员的功能障碍降到最低。

5月20日，卫生部商请中国残联组派抗震救灾国家康复医疗队，作为国家抗震救灾第八批医疗队赴灾区开展康复医疗工作。从22日开始，中国康复研究中心和辽宁、上海、广东等省（市）残联联合组建的52人康复医疗队，赴成都、德阳、绵阳等地开展工作。同时，中国残联对伤员康复医疗、辅助器具配置进行规范，并会同卫生部提出具体工作要求。针对康复网络基础设施、训练器材以及康复人员队伍难以满足需求的现实，四川省卫生厅整合医疗康复资源，组建以四川省人民医院、四川大学华西医院、四川省骨科医院3个部属和省级医疗康复中心为龙头，成都等6个重灾市（州）医疗康复分中心为依托，县级医疗康复机构为重点，社区（乡镇）医疗康复机构为基础的四级医疗康复网络体系，实现医疗康复工作全覆盖。

中国残联还与卫生部、中国红十字会密切合作，指导各地开展地震伤员的残疾预防和康复工作。各地灾区卫生、残联等部门和组织密切配合，全力以赴做好伤员的医疗康复、功能康复训练和辅助器具装配。康复医疗工作全面展开后，卫生部和有关省（区、市）卫生行政机构加强督导检查。卫生部委托中国康复医学会组建地震伤员康复专家组，赴四川、江苏、山东、重庆、北京、湖北、广东、上海8个省（市）巡回开展转运伤员医疗康复调研督导；四川省卫生厅、中医药管理局和地震伤员康复专家组成的地震伤员康复工作专项督导小组，分别到四川省人民医院、四川大学华西医院、四川省骨科医院及灾区各地进行专项督导。

至12月25日，四川省各级康复、医疗机构共收治地震康复伤员6132人，其中出院5302人，地震伤员截肢截瘫比例仅占0.9%，累计为214人安装假肢，并为伤员提供辅助器具及矫形器具415件。绝大多数地震伤残人员的康复治疗取得预期效果，生活状况得到改善，部分伤员能够生活自理，并可以参加一些力所能及的劳动。

开展心理卫生服务

中央和灾区地方政府高度重视灾区伤病员、灾区群众、基层干部、学生和救援人员的精神卫生服务工作，坚持把医学治疗和心理康复工作相结合，将灾后心理卫生服务纳入到灾难医疗救援体系之中，及早介入，并不断加大技术支持力度。

为让灾区群众尽快走出心理阴影，全国各级各类心理卫生机构以及解放军、武警部队迅速组建心理危机干预队伍赶赴灾区，解决受灾群众以及部队官兵出现的灾后常见心理行为问题和应激性精神障碍。国家中医药局心理危机干预队将西医的心理危机干预理论与中医治疗方法相结合，形成具有中医特色的本土化心理卫生服务模式。四川、北京、浙江、上海等省（市）心理危机干预中心组建心理救援队奔赴受灾现场开展心理救援；各社会咨询中心开通心理危机干预热线电话，每天由心理咨询师、心理学专家值守，提供心理创伤危机干预，帮助遭受心理创伤者渡过心理危机。香港特区及加拿大、美国、新加坡、日本、马来西来、德国、英国、澳大利亚等国家，也派出专家参加四川灾区心理危机干预工作。中华人民共和国成立以来规模最大的一次心理救援行动由此展开。

由于心理干预服务需求随着时间的推移不断增加，四川省卫生厅组织各级医疗机构建立省、市州、县、乡镇（社区）、村五级心理卫生服务模式，在各级医疗机构中开设心理咨询门诊，开设心理咨询热线电话，建立6个居民心理康复社区，积极开展咨询和治疗服务。在卫生部的支持下，四川省还启动“建立学校未成年人心理康复模式”等服务项目。心理危机干预人员深入灾区提供心理服务，并采取有针对性的心理咨询、治疗及广泛的心理健康宣传，开展心理援助和心理疏导。

对儿童、青少年的心理援助是工作重点之一。卫生部在组建心理干预医疗队时特地安排了

1/3的儿童、青少年心理医师，以个体咨询、团体辅导等方式开展儿童、青少年心理卫生服务。各种心理救援力量纷纷深入灾区学校，其中卫生部心理危机干预工作组在都江堰市聚源中心小学、北川中学、北川羌族自治县擂鼓镇中心小学等重灾地区的中小学校开展了心理卫生服务。

在国内外心理专家和志愿者的共同努力下，地震灾区心理卫生服务工作取得明显效果。绝大多数灾区群众、学生、干部、救援者通过心理健康教育、心理疏导、心理咨询和心理治疗，缓解了心理压力，恢复了正常生活。

开展卫生防疫

确保大灾之后无大疫，党和政府向人民做出庄严承诺。在部署灾后医疗卫生救援时，中央一再强调要切实做好卫生防疫工作，做到早安排、早防范、全覆盖，以确保大灾之后无大疫。5月26日召开的中共中央政治局会议强调，要全力开展卫生防疫工作，增派卫生防疫人员，及时调运防疫药品，迅速把卫生防疫力量覆盖到所有乡镇村庄，加强疫情监测报告，确保大灾之后无大疫。国务院抗震救灾总指挥部卫生防疫组周密部署，举全国卫生防疫之力，按照“早期、科学、依法、规范”的卫生防疫原则，围绕“大灾之后无大疫”的目标，狠抓重点疾病、重点人群、重点环节、重点区域的防控工作。灾区各地采取群众运动与专业队伍相结合的方式，突出重点，点面结合，全面开展遗体处置、环境消毒、媒介生物控制、堰塞湖泄洪前后的卫生学处理等工作，并组织专业力量加强环境卫生治理工作的督导与技术指导，防控肠道传染病、自然疫源性疾病和人畜共患病、呼吸道传染病等三大类疾病，建立灾后应急疾病监测体系，加强灾区食品、饮用水卫生监测，大力开展健康宣传教育，动员全社会力量参与环境卫生治理，检验检疫部门做好出入境人员、物资的检验检疫工作。

卫生防疫人员全覆盖

卫生部迅速下发卫生防疫工作方案、传染病疫情应急处理预案等一系列规范性文件，指导灾区开展防疫工作。同时提出，要依靠科学，突出关键环节，突出重点区域，医疗队中必须包括防疫人员，实现灾区县、乡、村和受灾群众安置点的卫生防疫全覆盖，坚决防止传染病的流行蔓延。

“防疫人员一定要覆盖全部乡村。”卫生部提出初期防疫的主要目标，并调集中国疾控中心专业卫生防疫队先期进入灾区指导工作。5月13日，四川省卫生厅对灾区卫生防疫工作进行全面部署，相继组织调动近400支疾病控制队伍、近400支卫生监督队伍赶赴灾区。14日，四川省的11个极重灾和重灾县（市）按照部署，全面展开疾病控制和卫生监督工作。15日，卫生部决定对四川受灾严重地区卫生防疫工作实行分片包干办法，先后从全国31个省（区、市）、新疆生产建设兵团及中国疾控中心，向四川地震灾区调派卫生防疫人员3910名、卫生防疫车644辆，与当地万余名专业人员一起，采取空降、步行、绕道等方式赶赴重灾地区的各个角落，进村入户、分片包干、责任到人，开展灾后卫生防疫工作，使卫生防疫工作覆盖受灾地区的县、乡、村。

面对严峻的防控形势，卫生部与军队、农业、民政、公安等部门建立起卫生防疫协作机制，分区域、分专项开展工作。灾区各地相应成立灾后疾病防控领导小组，形成省、市、县灾后防疫组织指挥体系。在卫生部的指挥下，在全国各地的有力支持下，四川省等地震灾区按照“早期、科学、依法、规范”的原则，坚持专群结合、进村入户、不留死角、彻底防疫，围绕既定目标，狠抓重点疾病、重点人群、重点环节、重点区域防控工作，建立起省、市（州）、县（市、区）、乡（镇）、村五级联动机制，恢复县、乡、村三级防疫网络；发挥当地政府、专业人员和广大群众三位一体的作用，及时将当地乡村医护人员转化为防疫人员，发动乡村医生和卫生员参与防疫工作，加强防疫力量，形成政府领导、部门配合、上下联动、群防群治的有力、有序、有效的卫生防疫防控体系；坚持依法防治、科学防治、规范防治，从不同层面建立卫生防疫技术规范，形成较为完善、操作性强的卫生防疫技术体系。至5月27日，四川灾区实现对21个极重灾和重灾县（市、区）、446个乡（镇）、4185个村的卫生防疫全覆盖。

传染病和突发公共卫生事件防控

为应对传染病和突发公共卫生事件，灾区卫生行政部门、疾病预防控制和卫生监督机构，制定防控预案和技术方案。四川、甘肃、陕西等地灾区监测报告系统逐步恢复，疫情报告整体趋势较为平稳，各种传染病和突发公共卫生事件报告工作得以正常运转。

地震发生后，中国疾控中心及时组织人员对四川省21个极重灾和重灾县（市、区）灾后传染病发生、流行的影响因素和流行风险进行评估，以尽快恢复灾区疾病预防控制和卫生监督工作体系。在开展地震灾区卫生防疫工作时，卫生部督促灾区设立疾病监测组织，及时研判疫情形势，发现苗头性问题及时处理，预防疫情的发生和蔓延；同时，要求中国疾控中心增发地震灾区疫情日报，每日对灾区县的传染病疫情及突发公共卫生事件进行分析。

5月16日，四川省疾控中心组织专家紧急制定《四川省地震灾区重点传染病监测方案》，启动灾区传染病相关症状监测报告工作，并实行灾区传染病与症状监测日报和零报告工作。方案要求各级卫生防疫人员，必须进村入户监测传染病症状，市级和县级疾控中心每天都要对传染病疫情进行日分析，每周实施周分析，掌握疫情流行动态，一旦出现异常立刻预警。

卫生部将地震灾区学校和托幼机构作为重点监测区域，学生和儿童作为重点人群，针对手足口病、流行性腮腺炎、水痘等儿童常见病，发热、皮疹、腹泻等儿童常见病症，制定地震灾区疫情监测和突发公共卫生事件监测方案，确保灾区学校、托幼机构及时发现和报告疫情信息。与此同时，全力开展重点传染病监测工作。至5月30日，在中国疾控中心和四川省卫生厅、四川省疾控中心及受灾市、县有关部门的共同努力下，四川省的极重灾区、重灾区绝大多数灾区群众安置点，均初步建立起症状监测系统，为及时发现传染病暴发疫情或突发公共卫生事件提供信息。

6月4日，四川省疾控中心按照四川省卫生厅《强化地震灾区传染病防控重点的工作方案》要求，制定下发重点传染病监测方案。监测方案规定，监测内容分为病例监测、症状监测、病媒生物监测和外环境监测等。病例和症状监测在21个极重灾和重灾县（市、区）开展，按照四川省卫生厅工作方案要求，霍乱、痢疾、甲肝、伤寒与副伤寒、钩体病、流行性出血热、鼠疫、其他感染性腹泻病、肺结核、流行性腮腺炎、风疹、流感、乙脑、黑热病、疟疾、炭疽、狂犬病、手足口病、水痘19种重点传染病为监测重点病种。21个县（市、区）均对菌痢、伤寒、感染性腹泻进行了监测。

四川省免疫规划工作遭到严重破坏，常规免疫接种工作几乎瘫痪。为防止灾后重点传染病流行，各地先后开展免疫规划工作，主要是危险因素评估、接种方案制定、重点人群甲肝和乙脑疫苗群体性接种，恢复重建常规免疫系统，启动扩大国家免疫规划。震后一周，中国疾控中心对灾区甲肝、流行性乙型脑炎等7种疫苗可预防传染病进行灾后风险系统评估，并组织编写灾后过渡期疾病预防与控制工作技术指导意见，为抗震救灾提供技术支持。

群体性预防接种是卫生防疫工作的重要组成部分。5月23日，卫生部制定下发《地震灾区预防接种指南》，安排灾区在临时居住点、临时学校、临时医疗救治点等人口相对集中区域设立临时接种点。卫生行政部门在当地政府的领导下负责组织实施，做好社会宣传、人员登记、疫苗管理、接种实施、接种异常反应处理等工作，教育部门协助做好幼儿园和学校的接种工作。

5月下旬，卫生部先后向四川、甘肃、陕西等省调拨甲肝、乙脑疫苗及注射器等，用于群体性预防接种和应急接种工作。四川省卫生厅要求对重灾地区6个市（州）、21个县（市、区）、254个乡（镇）实施预防接种，并于31日之前将卫生部调拨的63.9万人份甲肝疫苗、23.5万人份乙脑活疫苗、109.5万支注射器全部发往灾区。四川各地根据本地的实际情况，共设置1870个接种点开展接种工作。至6月10日，四川省主要灾区所在市州报告共接种甲肝疫苗399075人，接种乙脑疫苗137543人。6月下旬又开展了甲肝疫苗的查漏补种工作。甘肃、陕西等省积极安排预防接种工作，加强接种人员培训，开展现场技术指导，并发挥新闻媒体的优势进行多层次、多形式、多途径的舆论宣传和动员。川甘陕三省受灾严重的县（市、区）甲肝、乙脑、麻疹等疫苗的接种率均在95%以上。

群体性预防接种工作取得阶段性成果后，卫生部开始着手指导灾区恢复常规免疫系统，制订国家扩大免疫计划，将地震灾区卫生防疫工作完全纳入正常轨道。从5月下旬至6月上旬，重灾地区各接种点陆续恢复常规运转。成都市疾病预防控制中心下发指导性建议，县级疾病预防控制机构根据各地实际情况制定灾后免疫规划工作实施方案，对灾后工作重点、组织实施及部门职责进行部署。各接种单位对辖区内免疫儿童接种册、证进行清理，开展辖区内儿童摸底调查，进行学校、幼儿园接种证查验。7月1日，四川省启动灾区扩大免疫规划，对汶川、北川等重灾县（市）开展A群流脑疫苗、麻风疫苗等扩大免疫规划疫苗的接种工作。此外，灾区还切实加强水源保护及食品饮用水卫生，加强病媒生物、疾病的监测与控制，广泛开展健康教育，努力恢复公共卫生基本服务，加强病例管理，有效防止了传染病疫情暴发的风险。同时，密切关注突发公共卫生事件，发现苗头及时处置。

在全国和当地专业人员的共同努力下，地震重灾地区的法定传染病报告数与前三年同期比较，呈大幅下降趋势，报告病例无聚集性，未发生传染病暴发流行和与地震相关的突发公共卫生事件。

食品和饮用水卫生监督监测

灾区食品、饮用水卫生安全问题引起有关部门的高度关注。5月13日，卫生部、食品药品监管局、中医药局要求灾区各级相关部门贯彻预防为主的方针，加强食品卫生的监督监测工作。15日，卫生部对灾区饮用水安全问题提出指导性意见。同时，紧急争取专项资金制订政府采购计划，为四川灾区卫生监督部门配置100辆执法监督车及配套海事卫星电话、对讲机等设备。18日，卫生部要求灾区切实加强对卫生监督管理工作的组织领导，重点加强集中安置场所的食品、饮用水卫生监督工作，组织卫生监督人员深入一线开展监督检查。24日，卫生部、环境保护部、住房城乡建设部、水利部、农业部联合发出紧急通知，要求灾区各级政府、各部门及时做好保障饮用水安全的各方面工作。

从5月17日起，质检总局从黑龙江、江苏、浙江、广东、重庆5个省（市）质量技术监督局和中国检验检疫科学研究院抽调84名专业人员，组建7支检验检测技术服务队，自带便携式检验检测装备，驾驶食品安全监测车赶赴四川。19日，卫生部从全国20多个省（区、市）抽调1307名卫生监督员和饮水、食品卫生专家，进驻四川重灾县蹲点指导，有针对性地帮助当地制定饮水、食品卫生安全技术保障策略。各支卫生监督应急队、执法队伍先后抵达茂县与当地执法人员进行整合，分组、分片区、分街道对食品卫生、学校卫生、集中供餐点、生活饮用水、灾后恢复营业的餐饮业以及医疗机构等进行拉网式卫生监督检查，监督检查达到全覆盖。同时，组织调集大量食品、饮用水快速检测设备、试剂运往灾区，累计援助四川、甘肃、陕西等地灾区水质快速检测设备2万多台（套）、食品快速检测设备800多台及放射防护快速检测设备、水质和食品快速检测试剂、卫生监督监测车等。5月19日至6月6日，环境保护部先后调集3批共21个省（区、市）的环境监测人员1350人以及大批设备，对四川灾区水质进行应急监测。科技部组织国家“863”计划环境监测领域最新成果——多类水源化学品污染综合监控和预警、水质在线生物预警系统，成功应用于成都市区饮用水水源安全监控。

四川、甘肃、陕西等省组织相关人员，强化食品、饮用水的卫生监督检测工作。震后第二天，四川省卫生厅抗震救灾指挥部成立饮水食品安全小组，在全省建立饮水每日监测制度、每日报告和每日通报制度，制定防治措施；先后制定下发20多个文件及技术方案、突发事件应急处置预案等，推动恢复和加强食品、饮用水卫生监督检测工作；紧急组建16支560多人的卫生监督应急支援队伍，赴重灾地区开展工作。省卫生厅安排各受灾县卫生行政部门，集中省内外卫生监督力量，按照“网格管理、进村入户、驻点与巡回结合、全面覆盖、落实责任”的要求，迅速摸清灾区饮水、食品卫生监督单位基本情况，以灾区群众安置点、集中式供水、农村分散式供水为重点，开展饮用水卫生监督监测，建立卫生监督本底档案，落实卫生监督员职责，实现工作重心的下移。从5月20日起，灾区饮用水卫生监督工作重心向受灾群众集中安置点转移，每日监督检查供水、储水设施，督促指导卫生管理和消毒，开展安置点饮用水快速检测工作。

10月，四川省卫生厅对饮水监督检测方案进行调整，争取省财政专项资金，组织开展对6个重灾市（州）18个县（市）饮用水的常规项目全监测，全面掌握灾区饮用水卫生状况。在卫生部的大力支持下，四川省利用世界卫生组织资金开展了重灾县饮用水监督监测能力培训，加强与水利、环保、城建等部门的协调配合，建立信息互通等联系会议制度。甘肃省卫生厅根据集中安置点的数量、位置、人口、环境等情况，制订工作计划，确保饮用水卫生监督任务和责任得到落实，要求各地针对饮用水存在的问题和隐患，加大监督检查、技术指导和宣传教育力度，强化防范措施。

地震发生后，大多数地震灾区的食品生产、流通、贮存和餐饮等环节的基本卫生设施遭到严重破坏，加上夏季气温不断升高，灾区发生食物中毒事故的风险不断加大，灾区食品安全工作存在不少隐患和问题。为此，灾区各级卫生部门、食品药品监管部门和中医药部门采取以预防为主的方针，不断加强灾后恢复和临时性食品生产经营和餐饮消费单位的监督管理工作。质检部门监督企业严格执行相关法律法规，严把原料关和加工关，禁止使用腐败变质、来历不明、超过保质期限食品和回收食品为原料，严厉打击生产加工假冒伪劣食品的违法行为。出入境检验检疫部门加强灾区进出境食品检验检疫工作，严防不合格食品或国家明令禁止进境食品随救援物资进境，进一步加强灾区口岸食品生产经营单位的监督管理。为防止假冒伪劣产品和不合格物资流入灾区，质检总局及时部署各地质量技术监督局深入开展以食品、饮用水等灾区急需物资为重点的质量监督和执法打假活动，把好产品质量安全关。经检验，灾区备灾食品和各地捐赠食品的质量状况良好。

在卫生监督工作中，四川等地灾区实现4个“全覆盖”：整合外省援川卫生监督队伍与当地卫生监督防疫人员，实行分片包干责任制，卫生监督责任落实到人，做到卫生监督人员全覆盖；将灾区群众集中安置点供餐、集中式供水、农村分散给水饮水卫生监测和落实消毒措施的情况作为工作重点，在集中安置点全面推行煮沸消毒、泡腾片消毒等措施，重点防范介水肠道传染病的流行传播，做到防控措施全覆盖；派出卫生监督专家分别驻扎在11个极重灾和重灾县（市）开展督导工作，协调省内外卫生监督救援队和当地卫生监督队伍工作，掌握现场第一手资料，在集中供水单位和受灾群众集中安置点实行驻点监督制度，每个点至少配备一名监督员，做到卫生监督工作全覆盖；采取张贴标语、发放宣传材料等不同方式大力宣传食品、饮用水安全知识，做到卫生监督宣传全覆盖。至2008年年底，灾区未发生重大食品卫生和饮用水卫生事故。

环境卫生管理

地震造成灾区生态环境严重破坏，居住和生活环境急剧恶化，停水、停电，尚未处理和不断产生的生活垃圾数量巨大，污染环境给媒介生物滋生创造了有利条件。夏季的气温逐日升高，除死难者的遗体外，还有大量家禽家畜和其他动物尸体腐烂，给人们的生存环境造成极大的潜在危害。根据卫生部提出的卫生防疫消毒处理要点，卫生防疫工作者在灾区开展对震毁废墟的消毒处理，对生活垃圾、粪便的消毒和无害化处理，对临时安置点环境清洁消毒，对受灾群众生活饮用水消毒处理等工作，防止传染性疾病传播形成次生灾害。同时，中国疾控中心消杀灭专家组赴北川等地进行指导。四川、甘肃、陕西等省卫生部门抽调专业人员，组织指导各地切实做好环境卫生清理消毒工作，加强消毒产品卫生质量安全监督管理，严防不合格消毒剂流入灾区。

灾区卫生部门反复论证、制订环境消毒方案，规范环境消毒实施方法，加强消毒药品的管理。在进行大面积环境消毒时，灾区各地重视消杀灭药品发放和稳妥、有效管理，注意消杀灭药品的科学计划、合理供应等问题的解决。环境消毒过程中，各地出现了消毒不彻底，杀虫剂选择、使用不当，消杀过度，对城市道路喷洒消毒等问题。中国疾控中心专家提出，消毒工作要严格依照卫生部要求，通过消毒消除传染病隐患，同时避免消毒工作扩大化。5月24日，四川省抗震救灾指挥部、省卫生厅分别下发通知予以规范，随后派出多个督察组对灾区消杀灭药剂使用情况进行督察。北川县城消毒是抗震救灾科学防疫的一个缩影。针对是否可以对几乎完全被毁的县城等重灾地区采用飞机消杀的问题，四川抗震救灾指挥部组织长期从事消毒、杀虫、灭鼠工作以及气象、林业、畜牧兽医、省市疾控、管理等领域的专家进行考察、专题论证。专家们一致认为，不宜采用飞机对北川县城进行大面积喷洒消毒，主要理由是飞机喷洒均为表面消毒处理，达不到对城区废墟深处的遇难者遗体、垃圾、粪便消毒的目的，并且会对土地造成过度消毒。会后，专家建议将县城区废墟设为控制区，限制人员进入，可降低传染病发生的风险，限制时间暂定为一年，让被废墟压埋的遇难者遗体、垃圾、粪便等自然降解；开展蚊、蝇、鼠、尸臭等监测，适时杀灭蚊、蝇、鼠等病媒生物，并根据监测结果决定是否解除控制。专家的建议最终被四川省采纳。

面对灾后产生的大量废墟及垃圾、粪便等，环境保护部制定了灾后废墟清理及废物管理指南，要求有条件的地区，首先选择将灾后废物送到有关生活垃圾、工业废物或危险废物填埋场、焚烧场处置；对不具备条件的地区，应急期产生的大量易腐、传染性废物，包括医疗垃圾、生活垃圾等，采取焚烧热处理等应急措施。政府有关主管部门应当加强对临时处置设施的巡视、监管和指导；所有运行记录，应由当地环保或其他相关部门及时报上级环保部门备案。四川省根据环境保护部要求，布置废墟清理及废物处理卫生防疫，对一般污染源的清理、传染性污染源的清理和个人防护等提出要求，要求各市州抗震救灾指挥部参照执行。四川灾区对临时安置点垃圾提出“垃圾入桶、加盖密封，日产日清、统一收集，鼓励回收、集中填埋”的处理原则，建立起“组收集、村转运、乡镇填埋”的管理模式，并统一配置垃圾埇。紧急状态缓和以后，一些地方开始修建野外简易制式厕所，逐渐把粪便处理纳入正常化轨道。四川省对粪便的处理实行“优、改、建、管”的原则（“优”即优先考虑使用居民临时安置处的原有户厕；“改”即改造存在安全隐患的居民户厕；“建”即在居民临时集中安置点、复课学校等人群集中的场所，新建符合卫生要求的无害化厕所，为使用原有户厕确实存在困难的分散居住居民，搭建应急防渗漏的临时厕所；“管”即落实专人做好厕所杀灭蚊蝇工作），同时制定了地区示范厕所建设方案，要求在灾区开展示范厕所建设，推动灾区卫生厕所的规范化。这期间，奥地利、西班牙、英国、丹麦红十字会以及红十字会与红新月会国际联合会派出的4支装备精良的紧急反应组，提供了清洁饮用水和修建卫生厕所服务。甘肃、陕西两省也加强垃圾、粪便等的消毒处理，防止疾病传播。

地震发生后，灾区人群相对集中，缺少一些防范措施，导致存在潜在的严重传染源，病媒疾病流行的风险增加。随着抗震救灾工作的进行，水源处理逐渐规范，遇难者遗体及畜禽尸体处理基本结束，而蚊、蝇等媒介生物孳生成为突出问题，防疫工作以媒介生物控制工作为主，辅以重点环境消毒。

地震灾区的病媒生物监测工作大致分为两个阶段：地震初期由于灾区疾控部门受灾严重，常规病媒生物监测器材大多遗失或损坏，无法正常开展监测工作，主要采取目测法开展监测工作；后期随着受灾群众逐渐得到安置，主要采用部分监测器材监测与病媒生物调查。为进一步规范地震灾区病媒生物监测工作，中国疾控中心传染病所媒介生物控制室研究制定了《汶川地震灾区病媒生物监测方案（试行）》。中国疾控中心承担技术支撑支持工作，四川省疾控中心负责项目的组织、实施和技术指导，灾区各级疾控中心负责具体监测工作。

地震发生初期，在四川省卫生厅成立的抗震救灾医疗卫生救援指挥部中，病媒生物防制工作先被安排在疾病预防控制组，后被安排在爱国卫生运动组。5月21日，四川省卫生厅抗震救灾医疗卫生救援指挥部成立消杀灭小组，专门负责灾区环境消杀灭工作的技术指导、消杀灭药械需求计划、消杀灭信息的收集和汇总等工作。在省外各地卫生防疫队、解放军卫生防疫队和其他防疫队的支持配合下，四川灾区各市州通过消杀、灭鼠等手段，开展病媒生物防控工作。抗震救灾期间，四川灾区累计完成消毒、杀菌、灭虫面积51.3亿平方米，处理粪坑1225.7万个（次）。

从5月13日开始，四川省农业厅组织技术人员赴灾区开展鼠情调查，并会同农业部、中国疾控中心等单位专家对灾区鼠情和鼠传疾病暴发的可能性进行会商分析，随后紧急增设鼠情监测点，组建多个灾后鼠传疾病防控工作组分赴重灾市州开展工作，并组织防治队伍将大批灭鼠药品、物资运抵灾区。四川省农业厅要求各地有关部门结合当地实际，加强培训，科学防控，确保灾区农村灭鼠县不漏乡、乡不漏村、村不漏社、社不漏户、户不漏田，重点抓好乡镇居民及农舍、受灾群众聚居点、倒塌房舍等场所的灭鼠工作；随着灭鼠工作的不断推进，要逐步过渡到农田灭鼠，实现农村灭鼠全覆盖。经过努力，重灾地区农村平均鼠密度控制在防治指标以下。在其他地震灾区，病媒生物防控工作也及时有效开展。

动物卫生防疫

地震发生后，国务院明确提出，要全面加强动物防疫免疫工作，严防疫病流行蔓延，确保大灾之后无大疫。农业部门将动物尸体处理、饲养场所消毒、防止人畜共患病和动物疫情发生作为抗震救灾的最重要任务，迅速启动应急响应，开展对灾区死亡畜禽无害化处理和消毒工作，以死亡动物无害化处理和养殖环境消毒为切入点，以动物紧急免疫为着力点，做好无主畜禽处置、活畜禽转移安置、灭鼠等工作，严防疫情发生。农业部办公厅发出通知，要求灾区各地农业部门从“强化消毒、强化监测、强化无害化处理、强化灾后免疫、强化检疫监督”入手，做好灾后动物疫病防控工作，确保灾后无重大动物疫病和人畜共患病发生。同时，重申对因灾致死动物和病害动物“不准宰杀、不准销售、不准运输、不准食用”的规定，要求灾区各地切实做好产地检疫和屠宰检疫工作，保证灾后动物及其产品的正常流通秩序和畜产品安全。农业部紧急组织防疫物资调运，5月13日调拨100吨消毒药，14日调拨100吨消毒剂、150套消毒器械，空运到四川灾区。农业部兽医局还协调国内20余家兽用医疗器械、疫苗生产企业，加快生产防疫药品和器械，保证动物防疫工作需要。

结合人畜共患病和重大动物疫病防控的实际情况，四川、甘肃、陕西等地灾区各级畜牧兽医部门在工作中，采取动物尸体无害化处理、养殖环境消毒并行，无主动物处置、幸存活畜安置、灭鼠工作交叉其间，紧急免疫、疫情监测、畜产品安全检测贯穿始终的措施，形成横不缺项、纵不断链的全方位、全时段、全覆盖综合防控新格局；按照“由外向内、逐步跟进”的原则，开展死亡动物无害化处理和环境消毒，既主动避开救人“生命通道”，又为环重灾区核心地带筑起一道防疫屏障；整合兽医资源，动员高等学校兽医院系教师和高年级学生志愿者组成动物防控应急分队，赴灾区参加无害化处理和消毒工作，既解决防控工作人力不足的问题，又为灾区农业畜牧兽医系统起到示范带动作用；构建农业与卫生、军队与畜牧兽医系统联防联控机制，推进地震中心地带和交通管控区域动物尸体无害化处理和消毒工作；按照“需要多少、调拨多少、支付多少、就近供应、满足需要、特事特办”的原则，协调有关部门紧急解决救灾专用药械难题，建立救灾应急物资超前供应机制，使救灾物资供得上、不断档，从而实现灾区动物防疫药品需求与兽用药品生产企业产品对接，保障动物防疫工作的顺利开展。

在具体的无害化处理和消毒工作中，农业部组织专家研究地震发生后人畜共患病形势和应采取的主要技术措施，制定防疫技术要点，并通过媒体等各种形式宣传防疫知识、技术，营造群防群控技术氛围，确保动物卫生防疫工作科学、规范开展。灾区各级畜牧兽医部门转变常规防控思路，尝试以科学防控方式破解防控难题。采取的重点措施，包括动物尸体无害化处理、养殖环境消毒并行，无主人动物的处置、幸存活畜安置、灭鼠工作，紧急免疫、疫情监测、畜产品安全检测贯穿始终，形成全方位、全时段、全覆盖综合防控新格局。至5月26日，四川灾区动物尸体无害化处理和消毒工作基本结束，动物疫病防控工作转入灾后人畜共患病和重大动物疫病紧急免疫阶段。至6月30日，四川、甘肃、陕西、重庆、云南五省（市）灾区无害化处理因灾死亡畜禽3327.03万头（只）。

四川省确定人畜共患病和重大动物疫病监测点为阿坝、绵阳、广元、德阳、成都、雅安6个市（州）所辖47个县（市、区）967个乡（镇）的8870个村；6—9月进行一次集中监测，同时各地根据实际开展日常监测工作，发现可疑病例随时采样及时检测。监测方案要求各级畜牧兽医部门完善“纵向到底、横向到边”的疫情信息网络，严格疫情报告制度。各级动物卫生监督机构组织县、乡镇兽医人员和村防疫员包村包片，全面加强灾区动物疫情监测，重点对城乡结合部、受灾群众集中安置点、历史疫区进行监测。据四川省12个市（州）65个灾区县及相邻县的流行病学调查结果显示，至12月15日，共普查牲畜526.5万头、禽1672万只，均未发现人畜共患病和重大动物疫病。

5月15 日，四川省畜牧食品局按照农业部要求，安排各地按集中免疫和日常补免的原则，对新补栏畜禽及时进行补免，并认真组织开展春防和灾后免疫监测工作，对免疫空白、死角地带以及免疫抗体达不到要求的畜禽进行补免，保证免疫密度和质量。从22日起，农业部和解放军联合动物疫病防控应急分队在都江堰、彭州等县（市）35个乡（镇）布点采样，实施卫生战略监测，并对阿坝自然疫源地进行采样监测。四川省动物疫病监测诊断中心派员深入21个市（州）的42个县（市、区）进行重大动物疫病免疫质量检查和采样监测。农业部专家组与四川省畜牧食品局共同研究制定了灾区动物紧急免疫方案，提出从5月底至6月上旬开展动物紧急免疫，免疫病种为狂犬病、猪乙型脑炎、猪Ⅱ型链球菌病、炭疽等人畜共患病。免疫原则是根据灾区特点，按照分类指导原则，在灾区人口聚集地开展犬只的狂犬病紧急免疫、生猪乙型脑炎紧急免疫，随后开展猪Ⅱ型链球菌病免疫；在阿坝等传统炭疽病疫源地，同时做好炭疽免疫工作。犬狂犬病和生猪乙型脑炎紧急免疫由灾区人口聚集地开始，逐步向外推进。至6月27日，四川灾区人畜共患病动物紧急免疫任务顺利完成，6个重灾市（州）共实施免疫狂犬病59.77万只，免疫猪乙型脑炎526.37万头、猪Ⅱ型链球菌病479.67万头、炭疽190.46万头（只）。灾区人群密集区、集中安置区、规模场和历史疫区动物人畜共患病的免疫密度达100%。陕西、甘肃、重庆等省（市）也及时部署动物紧急免疫工作。抗震救灾期间，全省以重大动物疫病和人畜共患病为主，紧急免疫家畜45.6万头（只）、家禽141.3万只。

此外，各灾区省市还采取畜产品屠宰加工企业收购和畜禽异地转移的办法安置活畜，绵阳、阿坝、广元等地还对灾区无主动物进行了相应处置。

爱国卫生运动与健康教育

地震发生后，灾区各地配合卫生防疫工作，发动受灾群众开展爱国卫生运动，及时清理地震废墟，整治环境卫生，创造健康安全的生活环境，预防各种疾病发生。5月18日，四川省爱卫会与卫生厅联合发出紧急通知，要求各市州发动组织群众，用简易方法开展爱国卫生运动，广泛开展卫生知识宣传，内容涉及指导群众用物理、机械的方法清除蚊、蝇等孳生场所，搭建简易厕所，对传染病及时报告等。四川省的做法引起全国爱卫会的高度重视。20日，全国爱卫会办公室发出紧急通知，要求四川、甘肃、陕西、重庆、云南等省（市）爱卫会办公室充分发挥爱国卫生运动的作用，广泛宣传普及灾后卫生防疫知识，发动群众全面综合整治环境卫生，协调落实灾后卫生防疫措施。28日，四川省爱卫会再次发出紧急通知，要求各级爱卫会办公室紧急行动起来，调动一切可以调动的力量，动员广大人民群众，大搞群众性爱国卫生运动，开展以灭鼠为重点的除“四害”活动。

震后初期，四川省各级爱卫部门对各地环境与卫生条件差、垃圾、污水、粪便等突出问题进行研究，协调相关部门发动群众，依靠志愿者、救灾部队官兵等对城区公共环境卫生进行突击整治，采用“群专结合”模式组建环卫保洁队伍，共同参与安置点内外环境的清扫保洁和垃圾、粪便的收运、处置、消毒，并协调相关部门强化安置点环卫设施建设和卫生管理工作。7月，四川省卫生部门下发通知，要求在灾区深入开展以健康教育、环境整治、除“四害”为重点的爱国卫生运动，以集中安置点为重点，建立卫生保洁岗位和制度。其间，四川省相关部门密切协作，完善工作规程，形成“政府主导、部门协作、群众动手”的爱国卫生运动工作网络体系和模式，依托群众性的环境卫生综合整治和群众性自我管理，控制疾病的传播途径，并展开督察落实。各级爱国卫生运动组织和卫生部门，先后组织编印大批宣传资料，组织卫生防疫人员进村入户，采取面对面传授、发放或张贴宣传材料、健康咨询、义诊等形式，全方位开展健康教育；充分利用报纸、电视、广播、互联网等大众传媒，开展健康知识和卫生防病知识宣传，在较短时间内实现健康教育的全覆盖，为取得灾后卫生防疫主动权奠定了群众基础。

9月17日，四川省启动以“清洁卫生、绿色家园、健康生活”为主题，以城乡环境卫生综合整治、健康防病知识宣传和学校卫生工作“三大行动”为重点的秋季爱国卫生运动。运动共分9月启动活动、10月集中实施、11月总结评比3个阶段。通过创建一批示范安置点和示范卫生厕所、开展爱国卫生运动检查评比规范活动，扎实推进有专业卫生防疫队伍、有固定医疗站、有卫生厕所、有垃圾收集点、有清洁水供应点“五有”措施的落实，做好强化发动群众参与、强化环境卫生综合治理、强化健康教育和健康促进、强化爱国卫生工作检查评比“四强化”工作。以通俗易懂和喜闻乐见的形式，普及卫生防病知识，引导群众养成良好的卫生习惯。甘肃、陕西、重庆、云南等灾区也普遍开展爱国卫生运动。通过省、市、县、乡镇、街道安置点的爱国卫生五级联动，依托群众性的环境卫生综合整治和群众性自我管理，污染源得到有效控制，疾病传播途径被切断，防止了传染病的发生和流行。

重大疾病防控与健康保护

地震给灾区医疗卫生设施和秩序造成很大损害，人员流动、网络直报、感染者和病人随访管理、规范治疗等受到不同程度影响，导致结核病、血吸虫病、艾滋病等重大传染病的防控面临巨大压力，疾病发生和传播风险加大。卫生部、中国疾控中心组织有关人员深入灾区开展结核病、艾滋病防控现状调查，组织对血吸虫疫源地的血吸虫病风险进行快速评估。灾区卫生、畜牧、农业、水利、农机等部门采取多种措施防控血吸虫病疫情的发生。重大传染病防控体系迅速恢复，确保防控目标顺利实现。

卫生、环保等有关部门和专业机构以及灾区卫生行政部门重视急性化学中毒预防与粉尘及放射性危害防护，密切关注极重灾区和重灾区化学品泄漏情况。卫生部和灾区卫生行政部门对受灾地区辖区内化学工业企业有毒有害因素进行摸排，了解掌握企业各类危险因素，提高对危险因素的识别与处置能力，为应急处置各类泄漏造成的突发公共事件打下坚实基础；监测环境质量变化，对空气环境质量现状进行调查，及时开展防治粉尘危害工作。特别是对地震灾区堰塞湖区进行认真排查，有效防止泄洪后淹没区和泄洪区遗留的医疗卫生系统化学、放射等有害物品及消毒药品造成的环境污染和对人群产生的有害影响。

为做好人工放射性危害防护，灾区各地开展人工放射性危害调查与检查，摸清放射诊疗设备和场所损坏状况，并对人工放射性防护进行指导与检测，防患于未然。有关方面还组织专家组对地震灾区人工放射性防护等问题进行研讨，提出人工放射性防护方面应当注意的问题，做好核辐射应急医学救援的准备工作。

由于正常生活受到冲击，容易引发灾区群众尤其是妇女儿童营养不良问题。灾区切实加强妇幼保健、营养保障及食品改善等方面的工作。卫生部及时协调有关部门和国际组织调查灾区妇幼卫生保健需求，制定下发《灾后妇幼卫生服务应急方案》，在抗震救灾初期为灾区6个月以上儿童发放营养包、维生素A胶囊，为孕妇发放营养素，一定程度上预防了灾区孕妇和儿童营养不良的发生，提高了免疫力；为县级医疗机构配置产科、儿科基本医疗设备，恢复开展妇幼保健和生殖健康项目，保障灾区妇女儿童的安全与健康。

抗震救灾期间，中医药系统应用中医药技术和方法，充分发挥中医药在医疗和预防保健等方面的传统特色与自身优势，积极投入灾区防疫工作。四川省骨科医院紧急生产优质安全的纯中药制剂，解决抗震救灾前线解放军和武警部队官兵深受皮肤病和蚊虫叮咬困扰等问题。

出入境检验检疫

地震发生后，国际救援人员、物资设备陆续抵达成都、北京、上海、深圳等重点口岸。质检总局提出，全国检验检疫机构要加强疫病防控和检疫力度，在出入境救援物资卫生检疫上要严格按照快速检测、快速放行、免收进境捐赠物资的检验检疫费用的“两快一免”原则，保证国际援助物资检疫查验的安全性和实效性。根据质检总局的要求，各地检验检疫机构及时增补、调整专业人员的配备和分工，从人力、物力、财力上确保国际救援人员、物资、设备等口岸检验检疫工作的开展。各口岸检验检疫局加强传染病监测，要求出入境检验检疫机场办事处加强与航空公司和地面代理公司的协调联系，收集世界范围内流行性传染病的最新信息，对所有出入境航空器、人员和餐食进行严格检疫查验，形成完备的查验记录。开辟旅检“绿色通道”，对援助灾区的境外搜救队员携带的搜救犬给予现场检疫合格后登记放行。根据航班来自国家的疫情情况，分国家和地区对航空器进行预警和风险管理，根据世界卫生组织（WHO）疫情通报对近期发生疫情国家的航空器上的人员实行重点监测。加强专业人员培训，加强对入境人员的体温监测和医学巡查，做到主动申报和仪器监测相结合；出现可疑病患，现场检疫人员对其开展流行病学调查，同时进行体格检查和相应的实验室检查。

成都双流机场是震后国内最主要的国际救援物资航空运输入境空港。四川出入境检验检疫局紧急启动机场应急通关方案，地震发生后4小时即恢复机场旅客检疫工作。驻双流机场口岸部门密切配合，在传染病监测控制方面制定管理措施，保障对国外运送救援物资航空器及人员的快速有效验放。同时，根据抗震救灾需要，在广汉机场开设临时航空口岸，同步展开出入境卫生检疫工作。从5月12日至8月19日，四川出入境检验检疫局共对22877名出入境人员实施传染病监测，未发现可疑传染病病例。北京、上海、深圳等口岸检验检疫局也迅速启动应急预案，对入境救援人员、物资实施安全、快速验放。5月15日，第一支抵达中国的国际救援队伍日本救援队到达北京首都机场，17日荷兰救援小组抵京，北京出入境检验检疫局按照特别程序为两支国际救援队办理了快速通关手续。至12月，北京检验检疫局共办理国际救援人员和国际医疗人员通关手续14批300余人次。有序、高效的出入境卫生检疫把住了出入境卫生检疫关口，国际救援人员和大批救灾物资设备等得以便捷、顺利地进入地震灾区。

在中共中央、国务院的坚强领导下，在全国人民和国际社会救援力量的大力支持下，经过卫生、农业、质检、环保等部门以及解放军、武警部队等广大救援人员5个月的共同努力，地震灾区卫生防疫工作取得全面胜利。与2005—2007年同期相比，四川灾区法定传染病报告总数下降42%，实现了“大灾之后无大疫”的既定目标。

恢复卫生服务

在开展医疗救治的同时，灾区医疗服务体系也逐步得到恢复。6月8日召开的国务院抗震救灾总指挥部卫生防疫组第三次全体成员会议强调，要尽快恢复灾区医疗卫生服务体系，通过建立临时医疗卫生机构或派出医疗队在农村开展巡回医疗等措施，保障灾区群众基本医疗卫生服务需求；要依靠各地党委和政府，尽快恢复当地疾病预防控制和卫生监督工作体系，依靠当地卫生防疫队伍，合理调配防疫支援力量，确保卫生防疫监督工作全覆盖，切实做好卫生防疫工作。四川、甘肃、陕西灾区在全国各地及解放军、武警部队等多方力量的支援下，组织设立急救站、自救点、“帐篷医院”“板房医院”、野战医院等临时救治点，建立防疫监督应急网络，迅速恢复医疗、卫生防疫服务和功能；按照卫生部提出的标准和要求，开展临时医疗卫生机构建设，加快推进医疗卫生服务秩序的恢复。至12月底，灾区医疗服务体系全面恢复，县级医疗机构和乡镇卫生院的医疗服务基本恢复到震前水平。

医疗服务网络秩序恢复

在医疗机构设施大面积损毁的情况下，灾区各地采取分类处理的办法，建立现场救治站、“帐篷医院”或医疗点，恢复临时医疗服务；同时迅速启动临时医疗机构建设，通过搭建板房、加固原有建筑等办法，恢复医疗救治服务体系。卫生部和相关部委及时安排、协调、调集大量人员和物资，解决地震伤员紧急救治、康复医疗、灾区困难群众过渡期间基本医疗和灾区医疗机构基本运转等问题，医疗服务秩序得以基本恢复。与此同时，在援助省市的支持帮助下，灾区各地不断加快构建灾区医疗卫生服务网络，合理调配医疗人员，引进新技术、新项目，加强基层经费保障，以“四个有”——有阵地、有人员、有经费、有制度，促进“三恢复”——恢复行政管理秩序、恢复医疗服务秩序、恢复卫生防疫秩序，确保医疗卫生机构正常、有序、可持续运转。经过多方努力，灾区医疗卫生工作条件逐步改善，从摆脱危房住进临时帐篷到住进环境稍好的板房，从临时救治与防疫向提供常规卫生服务，实现了从无序到有序的转变。

5月18日，四川省卫生厅通知要求受灾地区根据受损情况，合理调配医疗资源，结合医疗救治工作开展医疗网络体系恢复工作。30日，四川省抗震救灾指挥部医疗保障组发出《关于在重灾区设立过渡期临时医疗卫生机构的紧急通知》，要求各级卫生行政部门积极争取将县、乡、村和临时居民医疗卫生机构的过渡期建设，纳入当地过渡期规划和建设之中。6月16日、7月4日，四川省卫生厅发布指导意见，对各类临时医疗卫生机构建设进行指导，同时组织专家编制7套板房建设方案，为各类医疗卫生机构过渡用房建设提供参考。8月28日，四川省卫生厅在都江堰召开现场会，部署过渡期临时医疗机构标准化建设，同时加强与各对口支援省市联系，及时提供全省临时医疗卫生机构板房建设需求情况，力争各地临时医疗卫生机构板房得到优先、及时建设。在中央和省级财政及对口支援省（区、市）的帮助下，至9月底，全面完成灾区县、乡临时医疗卫生机构建设，基本恢复灾区正常医疗卫生服务秩序。至10月底，四川灾区建成临时医疗卫生机构活动板房30万平方米；加上其他途径，100%的县级和95%的乡村医疗卫生机构基本解决了初步业务用房。至12月底，灾区医疗卫生机构都配备了能够满足过渡期需要的临时业务用房、基本设备和技术人员，医疗卫生服务体系全面恢复，基本满足了灾区群众基本医疗和公共卫生服务的需求。县、乡、村三级医疗卫生网络基本恢复后，基本的医疗和防保工作均能开展。与此同时，灾区主要医疗防疫机构的震后重建工作也全面展开。

6月10日，由广东省卫生厅援建的，阿坝藏族羌族自治州震后第一家综合“板房医院”——汶川县映秀镇“粤秀友好医院”建成开诊。医院建筑面积1500平方米，床位32张，设有内科、外科、妇产科、儿科、五官科及医技室等10个科（室），装备有彩超、自动生化分析仪和X光机等设备，基本解决了映秀镇及周边灾区群众的医疗问题。7月18日，汶川县人民医院接收广东省佛山市建设部门捐赠的157套活动板房，建成“板房医院”，当天开诊收治伤病员。汶川县妇幼保健院、雁门乡卫生院、水磨镇卫生院、三江乡卫生院、卧龙镇卫生院等，也逐步搬至新建的“板房医院”接诊患者。至8月28日，汶川县仅有草坡乡卫生院和漩口镇卫生院仍在帐篷中工作，其他乡镇卫生院均建立了“板房卫生院”。

各地各级医疗防疫机构注重服务能力的恢复、建设，规范各种管理制度，加强人员培训，规范医疗执业行为，全面恢复医疗防疫服务整体功能。震后初期，灾区各医疗机构对地震受伤患者和来自灾区的患者逐一登记实行免费诊治。四川灾区各级新型农村合作医疗机构人员紧急恢复系统功能。两个月时间，大多数地区恢复了新农合服务功能，在“帐篷医院”“板房医院”开通网络服务。灾区大部分地区新农合、城镇职工医疗保险、医疗救助等制度均恢复运行。绵竹市于6月8日手工恢复新农合报账制度，8月分别在“帐篷医院”“板房医院”开通网上审核及补偿。至12月底，阿坝藏族羌族自治州的13个县实现新农合医疗制度覆盖。

5月31日，四川省卫生厅发出通知，要求各级各类医疗机构尽快由应急医疗救治状态转入正常的医疗工作状态，恢复正常的门诊、急诊接诊制度，三级医师查房制度，危重病人会诊制度，死亡病例讨论制度，手术分级审批制度等，恢复了正常的医疗秩序。

抗震救灾后期，灾区严重受损的县级医院和乡镇卫生院恢复接纳住院病人；一般乡镇卫生院以门诊业务为主；村卫生站有医有药，能开展常见病、多发病的防治，能够开展基本医疗和防保工作。至8月底，四川省极重灾区和重灾区的大部分县级医疗机构服务工作量均已恢复至震前70%的水平，部分接近甚至超过震前水平，县级医疗机构100%恢复正常收费制度。除极重灾区和重灾区群众安置点临时医疗站和乡村医疗机构对困难群众实施医疗照顾措施外，乡、村两级医疗机构普遍恢复收费，灾区群众普遍对此表示理解，医疗秩序平稳。

卫生防疫监督服务恢复

面对特大地震灾害，卫生部迅速调派全国卫生防疫力量深入灾区，确保卫生防疫监督全覆盖；各级卫生防疫部门启动手机应急报告疫情和监测信息系统，重建传染病网络直报系统，恢复实验室检测功能。在各省（区、市）卫生防疫监督人员对口支援下，灾区防疫监督工作秩序逐步恢复正常，形成较为完善的卫生防疫和卫生监督网络。

卫生防疫进入纵深开展阶段之后，四川省卫生厅整合所有资源，采取建立健全卫生防疫领导体系、防控体系和技术体系，以及构建省、市（州）、县（市、区）、乡（镇）、村五级联动卫生防疫机制等措施，恢复县、乡、村三级防疫网络。进入卫生防疫巩固阶段，全省上下加强防疫体系和功能恢复、人员培训建设，高效、有序、有力推进卫生防疫工作的开展。

汶川、北川、绵竹等极重灾县（市）和邻近的一些重灾县的互联网连接中断，基层终端设备受损，灾区的传染病疫情网络直报系统几乎遭到完全破坏。成都、德阳、绵阳、广元、阿坝、雅安等市（州）的18个极重灾和重灾县（市、区）原有县级以上医疗机构48家、乡镇卫生院478家，在地震发生的一周内，尚能进行疫情报告的县级以上医疗机构和乡镇卫生院总数不到34%。

5月15日，卫生部要求，前线指挥部设立疾病监测组，向指挥部报送并向各灾区指挥分中心反馈监测信息，必要时组织监测数据分析会商。中国疾控中心分阶段对灾区传染病疫情和突发公共卫生事件进行全面分析评估，决定紧急开发基于手机报告方式的疫情报告系统，同时派人赶赴四川配送手机，开展人员培训、工作部署和筹备系统测试工作。22日，手机应急报告系统正式启动，灾区疫情监测开始恢复；24日，由中国移动提供网络平台的手机疫情直报系统，与网络直报系统实现衔接，成功投入运行，实现了卫生部提出的覆盖全部灾区的目标；至30日，四川省14个极重灾和重灾县（市、区）及非受灾县（市、区）的绝大多数灾区群众安置点，均初步建立了症状监测系统。至6月12日，卫生部共向四川灾区配送手机495部，手机疫情应急监测报告覆盖所有未恢复网络直报的医疗卫生机构及群众安置点的固定和流动医疗点、医疗队、防疫队等。灾区传染病与突发公共卫生事件报告系统基本恢复。随着手机网络平台的建立，原来分散无法联系或失去联系的医疗机构、工作队、医疗救治点，形成了可统一高度指挥的网络单元。灾区传染病与突发公共卫生事件报告至此基本恢复。

灾区一些疾控中心实验室用房和设备遭到不同程度地破坏，影响了地震灾区食品卫生、饮用水卫生和肠道传染病流行等方面的应急检测工作。在中国疾控中心和其他支援省（区、市）的支持下，灾区疾控部门想方设法、因地制宜地建起包括“帐篷实验室”在内的各种应急实验室，开展疾病监测和检测工作。四川省卫生厅紧急组织和指导灾区设立临时帐篷实验室，随着临时安置灾区群众板房的搭建，“帐篷实验室”被改建为“板房实验室”。灾后两周，四川省卫生厅在极重灾区建立8个“板房实验室”；配置食品、饮用水卫生安全快速检测设备，为各地配备100台监督车辆，装备卫生防疫车30辆，在短期内恢复了应急检测能力。什邡市疾控中心实验室新采购1台原子吸收仪、1台原子荧光分析仪，加上社会各界捐赠的部分仪器，检测分析能力得到较大提升，至5月底，基本恢复到震前水平。但也有一些县级疾控中心实验室的检测分析能力恢复较慢，甚至需要重新建立。

面对特大地震灾难，卫生部紧急从20多个省（区、市）抽调1307名卫生监督人员赶赴灾区参与卫生救援，与灾区卫生监督人员分别在城镇乡村设立各级卫生监督网点，在灾区每个集中供水点、集中供餐点、集中安置点配备监督员驻点监督，形成“横向到边、纵向到底”的卫生监督网络。卫生监督人员实行省包县、人包村，分乡包干，卫生监督网络实现对灾区城市与乡村的全覆盖。同时，卫生部紧急制订政府采购计划，向四川地震灾区提供大批水质快速检测设备、食品快速检测设备、水质和食品快速检测试剂、放射防护快速检测设备、卫生监督监测车辆，迅速恢复食品、饮水卫生监督网络及其监督检测功能。

至11月，四川灾区卫生防疫机构基础设施、设备基本恢复，疾病防控监督检验、监测条件得到改善，传染病监测、网络直报、实验室工作全面恢复，灾区疾病预防控制体系和功能已恢复正常运行。

医疗防疫制度恢复完善

按照卫生部和灾区省市卫生厅（局）的安排部署和组织协调，灾区各级医疗卫生机构借助援建，引进各对口支援省市医疗卫生单位的先进管理经验、制度和项目，逐步建立健全各项规章制度，规范医疗执业行为，努力提高医院管理水平，不断加强医疗防疫制度与能力建设。

在各对口支援省市协助下，灾区卫生管理部门制定医疗、护理、行政、器械、卫生防疫、卫生监督等各方面的管理制度及工作职责、操作规范，规范医院管理；各医疗机构及时制定医疗工作方案，建立完善各种规章制度、临床与实验室操作规范与流程，规范医疗行为，加强医疗服务质量安全管理，灾区医疗卫生工作逐步走向正规化和规范化轨道。

地震发生后，卫生部先后印发9个相关政策性文件，指导加强地震灾区饮水和食品卫生安全保障工作。四川省卫生厅针对震后应急、过渡、常态等不同时期的饮水和食品安全，先后印发20多个指令性文件和技术方案，并编写《饮水卫生技术指导》，为卫生执法监督员提供现场指导资料。各对口支援省市帮助四川灾区制定卫生监督工作方案、食品中毒应急预案、专项整治实施方案和相关工作职责制度，恢复卫生监督网络化管理和监督协管员制度。

各对口支援省市按照灾区指挥部的安排部署，协助当地开展震后疾病预防控制工作情况排摸调研，对板房安置点呼吸道传染病防制状况、重点场所水和环境卫生、传染病防治管理、免疫规划、学校卫生、消毒与媒介生物控制、健康教育工作和疾控中心检验能力等进行现状评估。在排摸调研及与受援市、县充分协商的基础上，帮助灾区制定卫生防疫工作方案、技术方案、实施计划及相关制度规则。

医疗防疫力量得到充实

极重灾区的医疗机构由于工作人员伤亡惨重，丧失了基本医疗能力。为加强和充实灾区医疗卫生专业技术干部力量，尽快恢复医疗卫生体系和正常医疗卫生秩序，卫生部迅速组织各方面医疗救援队加强一线力量，恢复医疗工作和快速医疗功能。根据各阶段、各时期抗震救灾工作的需要，选派优秀卫生行政和业务干部到基层挂职、对口支援派遣医疗队伍、招聘和培训卫生人员，通过各种途径和方式迅速补充、调配医疗卫生人员，加强灾区医疗卫生队伍建设。

地震发生后，四川省卫生厅迅速调动省内非重灾区的500多名医护人员，奔赴都江堰、彭州、什邡、安县、北川、绵竹等极重灾县（市）开展紧急救治工作。震后一个月内，四川省卫生厅先后接收来自全国各地和解放军、武警部队超过120余支医疗队、9100余人的医疗支援。转入对口支援阶段，按照国务院和卫生部门的安排部署，非灾区省份又先后派遣2259名医疗防疫监督人员于6月底和8月中旬支援灾区医疗卫生防疫工作。派遣对口支援的原则为：地市级医疗机构支援受灾县级医疗机构，县级医疗机构支援受灾乡镇卫生院，帮助恢复灾区县、乡、村三级医疗服务网络，指导基层医疗卫生服务或开展巡回医疗，保障灾区人民基本医疗服务，全力协助当地医疗卫生恢复重建工作。同时，选派政治素质高、业务能力强的管理和技术人员，通过与受援单位结对帮扶的方式，加强受援市、县的卫生队伍力量。

6月上旬，四川省省委组织部、省卫生厅发出紧急通知，要求各级卫生管理部门选派卫生防疫专业技术干部到重灾地区挂职。转入对口支援阶段，四川省内各地又先后派遣353名医疗防疫监督人员于6月底和8月中旬到达极重灾区和重灾区，支援医疗卫生防疫工作。至8月中旬，四川省对口支援医疗防疫监督人员全部到位，其中省内对口支援353人、省外对口支援2259人。至8月底，四川省有44821名医疗卫生人员在极重灾区和重灾区开展医疗卫生援助工作。这些人员占极重灾区和重灾区原有卫生技术人员数量的15%，是因灾减员人数的14倍。支援人员大部分具有中高级职称，为灾区的医疗卫生服务功能恢复提供了人力保障。

为填补灾区卫生人员缺口，充实一线卫生力量，恢复正常医疗卫生秩序，经四川省卫生厅会商四川省人事厅同意，灾区县级及以下医疗卫生单位，在编制内直接从取得普通高等院校大学本科及以上学历的人员中考核招聘，以填补卫生人员缺口；对工作急需或紧缺的专业，放宽到大专毕业生；组织招聘执业医师到乡镇卫生院服务。

全国各地派出的援助医疗队发挥自身专业特长，积极联系后方医疗机构，为灾区引进和推广一系列价廉、安全、实用、有效的新技术和新项目，填补当地医疗卫生技术空白，使基层医疗技术水平有了明显提高，服务能力大幅提升，使许多医疗技术难题不需转院就能解决。

医疗防疫保障

对于医疗救治和卫生防疫急需的药品、医疗器械等医用物资，主要采取中央调拨、灾区省内调拨、部队支援、灾区省外捐赠、灾区省内捐赠、个人捐赠、境外捐赠和灾区省内组织采购等方式加以解决。其中，中央调拨和省外捐赠是医用物资的主要来源，灾区省内调拨、采购的医疗药品与器材在抗震救灾初期紧急救治地震伤员时发挥了重要作用。发展改革委、铁路、民航等部门及运输企业通力协作，确保医疗防疫救援物资快速、安全运抵灾区。为保证血液供应，卫生部建立血液保障体系，将血液管理关口前移，对灾区急需血液的采集、供应和外调实行统一管理，并鼓励和保护献血者的积极性，实行预约登记采血。

医用物资供应

地震灾区医疗防疫救援物资的筹集和供应由发展改革委全权负责。汶川特大地震抗震救灾物资调拨改变以往中央医药储备有偿调用原则，凡从中央医药储备中调出的医药用品，由中央财政补充资金；没有纳入储备的品种，委托一家承储单位组织紧急采购，所需资金由中央财政垫付。财政部紧急追加发展改革委医药储备专项资金2亿元，用于抗震救灾医疗卫生物资的采购及调运；发展改革委委托中央医药储备承担单位——中国医药集团总公司组织采购和调运。应急抢险阶段，发展改革委共协调落实了155个品种、价值4亿元的医药用品，并协调运力分批将1500余吨医药用品运抵四川、甘肃等地灾区。

抗震救灾所需医药用品需求急、品种多、数量大，发展改革委在组织相关单位紧急采购的同时，组织相关企业紧急生产，满足灾区急需，其中紧急组织15家企业加班生产灾区急需的1亿只注射器；启动地方企业代储军队药品应急动员机制，从地方药材代储企业中迅速调集救治、防疫药品和器材运往灾区。

卫生部立即启动紧急采购机制。对于地震灾区急需的中央医药储备目录以外的医疗救治和卫生防疫监督物资，按照“先记账、后结算”的办法，由灾区提出需求，确定采购物资品种和数量，实施直接采购。卫生部制定了能在24小时完成采购并运至灾区的救灾应急物资采购响应和采购流程工作程序。采购响应包括突发公共卫生事件应急指挥中心（卫生应急办公室）提出采购需求，物资保障组组织采购，再由卫生应急办公室协调空运至四川并落实接受人员；采购流程按照“又快又好、价格合理、满足需求”的原则，物资保障组采取直接采购方式，委托中国医药集团总公司（或一家国有大型医药企业）直接采购应急物资，供货公司按需求提出的价格，经专家审核，由物资保障组领导审签下达采购通知后，将物资送至空运指定地点或成都，再由四川省卫生厅验收并签收，由保障组支付货款。至9月15日，四川、甘肃、陕西等地灾区共收到发展改革委和卫生部划拨、国内外捐赠和省内生产临时采购的抗震救灾药品42.84万件、医疗器械19.65万件（台）、消杀物资5999.45吨。

质检总局调集防疫和监督车辆、消杀药品、食品和水质快速检测设备，农业部调拨消毒药品、机动喷雾器、防护服，环境保护部调集配置应急防护装备、环境应急监测设备，食品药品监管局加强境外捐赠药品和医疗器械的检验检测，解放军和武警部队调集药品、卫生装备等支援地震灾区。

血液保障

卫生部启动应急响应机制，建立血液保障体系，将血液管理关口前移，对灾区急需血液的采集、供应和调配实行统一管理。5月12日，卫生部与四川省卫生厅商定，由卫生部直接联系指导成都血液中心工作，四川省卫生厅授权成都血液中心统一调配省内采供血机构的血液。此后，针对血浆需求量大的情况，卫生部协调四川当地紧急启动单采血浆工作，增加血浆采集。省内调配的同时，卫生部与河北省血液中心联系，要求全力增加当日血液采集量，并了解北京等10个省（市）血液中心库存情况，要求做好准备随时调配血液。当晚，卫生部连夜组织北京、山西、河北三地调拨共计200多万毫升血液，协调总后勤部调拨代血浆2万袋（500毫升/袋），于13日14时由北京空运至成都。同时，卫生部在全国确定北京市和黑龙江、辽宁、河北、浙江、山东、江苏、河南等省及太原、深圳、青岛、武汉等市血液中心或中心血站为血液储备单位，总后勤部卫生部确定解放军重庆血站、成都血站和解放军南京血液中心、沈阳血液中心为军队应急血液供应保障单位。随即，地方和军队的血站全面启动抗震救灾血液保障机制，开展紧急血液供应工作。在四川，从13日起，成都、绵阳、德阳、广元4个主要伤员救治城市的血液中心或中心血站每日4次通过手机短信、传真和电子邮件等方式向卫生部直报血液库存和出库信息。

灾难面前，各地群众全力支援灾区，踊跃献血。5月12日晚，成都市许多市民通过广播、电视得知救灾一线急需血液，立即自发前往爱心献血屋和流动采血车献血。至13日5时，已有835人累计献血23.24万毫升。至6月15日，四川省共有18586人献血，其中全血429.4万毫升，机采血小板820袋、血浆298.36万毫升。

为满足地震灾区紧急救治伤员的血液需求，卫生部及时通过新闻发布会号召全国健康适龄公民献血，全国各地的人们热情高涨，献血点前排成一条条长龙，献血人数远远超过采集能力，各地血站单日采集量突破历史之最，库存达到上限。鲜红的热血生动地诠释着灾难无情、人间有爱的真谛。

在保障血液足量供应的同时，为避免血液过期报废，5月14日上午，卫生部再次通过媒体发出温馨提示，号召人们进行献血预约登记，加入应急献血储备队伍。各地的血液采集实行预约登记。据不完全统计，地震发生后10日内，全国仅省会城市预约登记的献血者就有60多万人，集体登记单位达7080家。与此同时，各采供血单位加强血液采集、检测、运输以及存储各个环节的安全管理，完善高效、安全的血液采集、调配、供应体系，以保障抗震救灾血液及其制品的安全。为保证血液安全及时到位，各血液中心按照相关规范要求，采取科学的运输方法，血液调集打破日常血液库存"先入先出"的原则，改为"后入先出"，尽量调运新近入库血液，避免短期内需求波动可能造成的过期报废。民航部门专门为血液运输开辟"绿色通道"。在各方支持下，血液保障网络迅速形成，医疗救援血液供应得到了保证。这期间，灾区未发生一例因血液供应不足而延误治疗的事件，未发生因血液库存过量或保存过期而造成的不必要浪费。

抗震救灾血液保障工作，始终围绕着"方便前线、统筹安排、信息总控、形成网络"的原则，有序、平稳地进行，为伤员救治提供了有力的支持和保障。

群众安置

——千方百计安置受灾群众生活

保障基本生活

维护公共秩序

处理善后事务

恢复生产生活

社会赈灾救助

汶川特大地震造成上千万人顷刻间无家可归，保障受灾群众基本生活，成为了一项空前艰巨的任务。中共中央、国务院坚持“以人为本、政府主导、分级管理、社会互助、群众自救”的救助原则，提出要千方百计向灾区运送食品、饮用水、药品、帐篷和防寒衣被等救灾物资，想方设法安排好受灾群众的基本生活；要深入灾区群众特别是遇难者家属家中，耐心细致地做好思想工作，做好心理安抚，维护好特殊情况下的社会秩序，确保灾区社会安定、人心稳定。在中共中央、国务院和中央军委的坚强领导下，在国务院抗震救灾总指挥部的直接指挥下，在各方面力量的大力支援下，灾区各级党委、政府采取多种措施确保灾区群众有饭吃、有衣穿、有干净水喝、有临时住处，灾区群众基本生活问题得到妥善解决。在保障群众基本生活的同时，强化社会治安和消防管理，逐步恢复司法、公证等社会服务，妥善处理遇难者遗体等善后事务。有关部门和灾区各地还一面抓抗震救灾，一面抓恢复生产，工农业生产，商贸、金融服务，教育教学秩序逐步得到恢复，文化广电部门实施了文化安民行动。在此期间，全国各地、社会各界，港澳台同胞、海外华侨华人以及国际社会纷纷捐款捐物，大力支援灾区抗震救灾。

保障基本生活

突如其来的地震灾害，使灾区群众基本生活陷入困境。国务院抗震救灾总指挥部设立群众生活组，全面开展灾区群众生活安置、救助。各地各级党委、政府和中央有关部门紧急行动，调动各方面资源，抓紧生产和调运帐篷、篷布房材料、活动板房等物资，抓紧调运生活物资，解决灾区群众临时居住，全力保障群众基本生活。灾区各级民政部门按照中共中央、国务院统一部署，实施过渡期群众生活救助，分阶段出台临时生活救助、后续生活救助、“三孤”人员救助安置等政策，并实现各项政策与冬春群众生活救助、城乡低保、农村“五保”、社会福利等制度的有序衔接，救助受灾群众近1300万人（次），最大限度地解决了灾区群众生活中的基本困难。

应急生活物资筹集

各地各部门紧急行动，采取调拨、采购及对口支援等方式，紧急筹集、供应应急生活物资，保障灾区群众基本生活。

首要解决的是饮用水供应问题。商务部、民政部、发展改革委、住房城乡建设部等部门紧急调拨大批饮用水、净水设备以及饮水消毒剂等物资。至5月17日，商务部共调拨216万箱饮用水，并组织协调各地商务部门支援灾区。至31日，重庆市发展改革委分批次向灾区紧急调集35辆野战净水车、21辆净水分装车、20辆野战淋浴车及配件等。6月5日，浙江省发展改革委协调生产的100套应急超滤膜水质处理器空运至成都；至14日，住房城乡建设部共支援地震灾区移动净水设备92台，可满足26万人的饮水需求，同时还组织各地建设部门紧急提供净水设备支援灾区。成都军区联指迅速调集多功能净水车、野营淋浴车、保障车辆等，先后在青川、北川、汶川、绵竹等地开设15个野战供水站、淋浴站，保障30万人用水和1.5万人淋浴。四川、甘肃、陕西等省民政、商务等部门也在省内紧急组织调运大批饮用水，周边省市纷纷调拨物资支援灾区。四川省各级民政部门向重灾地区调拨50万箱饮用水，至5月30日，共调运饮用水4万多吨。甘肃省民政厅先后紧急调拨瓶装水2万多箱，陕西省调拨16万多箱。其他受灾省份也积极向四川灾区调拨饮用水。5月15日，云南省商务厅紧急调拨价值30万元的饮用水等生活物资40吨；至18日，重庆市商业委员会运送饮用水17.99万瓶及6900件。

食品供应是生活保障的又一关键环节。发展改革委组织各省市发改委紧急调拨食品14.3万余件。商务部组织重点流通企业大量调拨方便面、饼干、液态奶、火腿肠、奶粉、蔬菜等生活物资，包括方便面348万桶、饼干308吨、蔬菜11957吨。四川、甘肃、陕西等省组织罐装食品、方便面、食盐等生活物资支援灾区。5月14日，四川省发改委调拨罐装食品7000件、方便面405箱运往德阳；至17日，协调调拨各类罐装食品320吨、火腿肠等生活物资70吨，同时每天组织130吨各种罐装方便食品运往受灾地区。各级商务部门也纷纷组织食品调拨，并切实做好少数民族受灾群众特殊食品的供给工作。19日，胡锦涛对青川县回族群众生活安置问题做出重要批示，要求提供的食品应考虑少数民族风俗习惯。四川省商务厅迅速联系落实20吨罐头等清真食品，专车专人连夜送到青川受灾回族群众手中。青川县109名穆斯林群众集体签名致信胡锦涛表示感谢。上海、福建、湖北、重庆、云南等省（市）向灾区紧急调拨了大批快速米饭、午餐肉、饼干、方便面、牛奶等食品，其中重庆市商委将89.3万桶（盒）方便面、17.97万袋饼干等各类食品运抵四川灾区。

震后，受灾群众夜晚露宿室外，由于降雨，急需大量棉衣被等物资。民政部组织各级民政部门紧急调拨，至5月15日15时，共调拨救灾棉被22万床、棉衣17万件。全国各地各级政府、解放军、中华慈善总会、中国红十字会总会以及境外机构也向灾区紧急调运衣被等救灾物资，至7月12日，共调运棉被486.69万床、衣物410.13万件、毛毯13万件、毛巾被12万件。

因情况紧急，国家库存一时无法满足需求，相关部门立即启动采购预案。5月14日，商务部紧急采购200万箱饮用水、29万箱方便面，随后又协调采购其他急需生活物资；至16日，协调采购瓶装水400万箱、方便面29万箱、饼干400吨、奶粉100吨、牛奶400吨等物资运送灾区。从14日开始，中国红十字会总会紧急采购瓶装水3.7万箱、牛奶1.28万箱、方便面4.1万箱运往四川灾区。各中央企业根据国资委要求，自筹资金采购食品、饮用水等救助灾区群众，其中中国石油采购价值820余万元的食品200吨、价值98万元的饮用水2万余件。四川、甘肃、陕西、重庆等省（市）以及成都军区也紧急组织采购救灾生活物资。四川、甘肃等省各级商务部门也纷纷采购净水设备、饮用水、食品等运往重灾地区。至6月15日，四川省抗震救灾指挥部紧急采购120辆送水卡车、1万只水桶和200台燃油发电机为重灾乡镇群众送水，共投入临时净水设备6500台（套）、移动式制水设备46台、生命吸管（获取饮用水装置）1万支，以保障群众应急饮水。

与此同时，民政部动用2008年中央级救灾储备物资采购资金，紧急采购价值882.7万元棉被14.23万床、价值646.9万元毛毯13万床、价值840万元毛巾被12万床、价值2875.53万元运动服399940件，运往四川、甘肃地震灾区。5月19日，全国总工会将采购的价值606.9万余元的128845件（套）棉衣被等救灾物资用专列运往四川灾区；23日，采购价值420.61万余元的棉被、服装等救灾物资用5节火车皮运往甘肃灾区；26日，采购价值303.67万余元的棉被、服装、雨衣等救灾物资用4节火车皮运往陕西灾区。各受灾省市、中央企业、中国红十字会、成都军区以及安徽省等也紧急采购衣被解决受灾群众生活需求。

在调拨、采购救灾物资的同时，5月13日，民政部向全国各级民政部门发出支援地震灾区的号召，随后分两次组织北京、河北等20个省（区、市）向灾区提供棉被、衣物、毛毯、毛巾被等急需物资。19日，国务院副总理回良玉紧急与江苏、浙江、山东、河南、湖北、广东六省主要负责人通电话，明确江苏省与德阳市、浙江省与广元市、山东省及河南省与绵阳市、湖北省与雅安市、广东省与阿坝藏族羌族自治州建立对口支援关系，提供包括食品、帐篷、篷布、彩条布、活动板房、照明设备等救灾物资在内的紧急援助。商务部也建立对口支援工作机制，北京市与什邡市、天津市与茂县、辽宁省与安县、吉林省与平武县、上海市与都江堰市、江苏省与绵竹市、浙江省与青川县、福建省与理县、山东省与北川羌族自治县、河南省与江油市、湖南省与彭州市、广东省与汶川县、广西壮族自治区与黑水县、海南省与宝兴县、湖北省与汉源县建立对口支援关系。各地纷纷组织落实货源，协调交通运输部门向灾区支援大量生活物资。

至7月12日，各部委、各省（区、市）共向灾区调运棉被486.69万床、衣物1410.13万件、饮用水2760万瓶、方便面348万桶、饼干308吨以及大批液态奶、奶粉、火腿肠等。

应急生活物资运输

因通往灾区的公路、铁路、机场等基础设施大量损毁，物资运输难度之大、任务之重前所未有。交通运输部、铁道部、民航局等运输部门组织力量抢通抢修公路、铁路、机场等基础设施，并调集运力、重组车次，采取“分段迂回、多方联运”等方法，确保救灾物资尽快运抵灾区。发展改革委、民政部、交通运输部、铁道部、商务部、民航局及灾区各级政府，积极组织救灾物资的转运调配。

5月12日15时，铁道部启动应急预案，展开大规模抢运工作。当晚，铁道部从武汉、兰州、成都铁路局和广州铁路集团公司紧急调集46台机车赴四川参加抢运。21时，铁道部发布第一个救灾运输调度命令，要求郑州、上海、南宁铁路局分别从郑州东站、合肥南站、南宁南站立即向四川灾区抢运3.5万顶帐篷。6时11分，第一列救灾物资专列——“抢”87601次列车从湖北省孝感市中和乡卫家店站发往成都东站。同时，南宁铁路局装载的1.5万顶帐篷和5000副担架、上海铁路局装载的1万顶帐篷也先后紧急运往四川灾区。按照调度命令，各铁路局对抢险救灾列车重点掌握，所有救灾专列装完即开、路途不作改编一站直达，运行等级高于客车加速放行。灾区铁路局停开部分管内、短途和非主要方向客车，腾出运力优先保证部队、抢险物资和灾区人民急需的食品、药品等生活物资的运输。“只许车等货，不许货等车。”铁路部门全力以赴做好紧急抢运工作，至15日18时，共开行“抢”字头专列179列，运送帐篷13万顶、方便面40万箱、饮用水200万箱及抢险物资、生活必需品等。至10月14日18时，全国铁路系统共开行救灾专列20257列，运送物资4810万吨，大量军用物资、电煤、粮食、石油、药品、帐篷、活动板房、棉衣被、饮用水、方便面等食品、物资，被源源不断地输送到救灾第一线。

地震发生后，交通运输部启动突发事件应急一级预案，迅速开辟从成都、兰州、西安方向进入灾区的3条救灾物资运输线路。从5月13日开始，交通运输部从各省市组织运力开展应急物资运输，先后从重庆、贵州、云南、陕西、甘肃调集客货车辆赴汶川、什邡、北川等重灾地区。四川、甘肃、陕西、重庆、云南等受灾省（市）交通部门也紧急调集运力。其中，12日晚，四川省紧急调集400余辆外地客货车连夜赶赴成都，15日又调集客车1098辆、货车238辆。贵州、河南、湖北、浙江等省（市）以及成都军区也纷纷组织运力紧急支援一线抗震救灾。至7月16日，全国交通运输系统投入抗震救灾应急运力达11.5万辆。这期间，交通运输部建立跨省联动机制，加强交通管制和路况信息省际互通，以保证四川省高速公路和国、省干线公路网络正常运行。各地纷纷开通抗震救灾“绿色通道”，对救灾部队、救灾物资运输车辆一律免于超限超载检测，免费开通全部车道。公路职工集中力量清理塌方和落石，在最短时间内恢复道路通行，并重点做好通往四川方向的公路保畅工作，保障救灾人员、物资及时运往灾区。至12月16日，全国共为救灾运输车辆减免通行费6.1亿元。

长江沿线水上救灾物资运输同时展开。5月15日，交通运输部要求各地组织充足水上运力，开辟长江至岷江经重庆、泸州、宜宾、乐山港进行集散的水上运输线路，长江三峡船闸开辟水上“绿色运输通道”，对运送抗震救灾物资船舶实行优先签证、优先引航、优先过闸、优先装卸。27日，发布上海—重庆—成都、上海—泸州—成都、上海—宜宾—成都、上海—乐山—成都4条救灾物资水陆联运线路，利用综合运输体系，缓解铁路、公路运输压力。

民航系统充分发挥航空运输快速、机动的特点，大规模紧急调集运力，高效率执行了最大规模的航空救灾运输。民航局立即启动应急预案，开辟快速“绿色通道”，安排专用安检通道保障货运，组织23家客货运航空公司投入抗震救灾工作。5月13—29日，民航局组织客货运航空公司先后调集200余架次运输飞机、1200余架次包机，各航空公司及时调整飞往灾区航班的机型和架次。至7月15日，民航局保障四川救灾飞行4305架次，运送救灾物资4.5万吨。

由于部分灾区道路一时难以打通，国务院抗震救灾总指挥部决定在全国范围内征调直升机执行抗震救灾物资投放及运输任务。民航局从通用航空公司、民航飞行学院及交通运输部南海救助飞行队、海洋局等单位，调集直升机34架赴地震灾区参与救援、运输任务。中信公司、中信海洋直升机股份有限公司调集12架性能优良的直升机和优秀飞行机队集结广汉机场。抗震救灾中，直升机最先从空中抵达汶川映秀、茂县、北川等重灾地区，最先将食品、药品等救灾物资送到受灾群众手中。

应急生活物资中转发放

大批生活物资被迅速调往灾区物资中转站，国家物资储备局要求位于受灾地区的国家物资储备仓库承担救灾物资转运任务，启用12个仓储基地、6个国家仓库直接用于生活物资转运。四川、甘肃、陕西、重庆、云南等省（市）相继制定救灾物资储运管理办法，成立物资接收和调运工作组，建立物资转运站，及时将救灾物资转运至灾区各物资发放点。5月17日，根据四川省抗震救灾指挥部通知，四川省民政厅立即成立接收捐赠和物资调运工作组，确定双流机场、太平寺机场、凤凰山机场、邛崃机场、绵阳机场、火车成都东站、龙潭寺仓库和省民政厅机关等8个物资接收工作点，具体承担国际国内救灾物资接收、中转、分配等工作。各转运点对救灾物资接收、运出建立专账，详细核实物资种类和数量，保证记录数据进出一致。

成都东站是接卸和转运抗震救灾物资的重点单位。由于铁路快速运输和大量救灾物资集中到站，日均到达400多节车皮，卸车工作量增大，成都东站2000名干部职工24小时不间断作业，组成多支党员突击队卸载，最多一天卸车达960节车支。成都铁路局在物资转运中，也创下日均装卸8000车的历史最高纪录。甘肃省民政厅在天水火车站、兰州北站设立抗震救灾物资转运站，在铁路、机场等地设立7个站点，通过空投、铁路、公路等运输方式转运应急物资。陕西省设立陕西省和西安市、宝鸡市、咸阳市、渭南市等多个市、区物资工作点，承担国际国内救灾物资的接收中转、分配运输。

为及时把救灾物资送到受灾群众手中，民政部制定抗震救灾生活类物资分配办法，规定生活类物资根据受灾区域大小、程度轻重、人口密度、灾区群众需求进行分配，保证重点，保证及时快捷、公开公平公正发放。严禁发生物资发放中的优亲厚友、性别歧视、年龄歧视和孤残歧视行为，在保障需求的同时避免浪费。抗震救灾生活类物资分配建立责任制度，做到手续完备、专账管理、专人负责、账物相符。

四川、甘肃、陕西、重庆、云南等省（市）政府纷纷成立救灾物资发放管理机构，在群众集中安置点统一设立救灾生活物资发放点，乡镇、村社物资发放点负责抗震救灾生活类物资具体发放工作。发放点设置明显标识，公示负责人名单和联系方式，发放情况定期向社会公布；吸收受灾群众代表参加，实行收发实名制，物资收发单及存档记录由负责人签字，确保救灾物资及时安全发放到群众手中。四川灾区各级政府设立抗震救灾生活物资调配中心，严格按照民政部要求分配救灾物资，建立严格的接收发放制度，在群众安置点设立生活物资发放点，做到收发有据、账目清楚、专人负责统计、有据可查，公开发放，保证救灾物资全部用于受灾群众。

解放军、武警部队在搜救生命的同时，也协助当地政府抢运、发放生活物资。对因道路受阻，急需派人送帐篷、食品等生活及救灾物资的地区，部队官兵发挥了突击队作用。他们冒着余震、滑坡、塌方的威胁、危险，翻山越岭，长途跋涉，肩扛背驮，及时将急需的生活物资发放到受灾群众手中。

实施生活救助

中央和地方各级政府从实际出发，精心组织，统筹安排，首先解决应急救助问题。应急期救灾资金重点解决紧急转移安置群众的临时吃、穿、住等生活困难。5月12—20日，财政部、民政部共紧急下拨中央救灾应急资金10.2亿元，其中四川省7亿元、甘肃省1.5亿元、陕西省1.1亿元。

民政部、财政部、人民银行各级分支机构以及各受灾省市密切合作，特事特办，确保救灾资金快速、及时用于抗震救灾工作。

应急期救助基本解决了群众的一时所需，许多群众的日后生活仍面临困难。5月17日召开的国务院抗震救灾总指挥部会议要求，在继续抓紧向灾区调运方便食品、瓶装水等生活物资的同时，组织向灾区调运粮食、食用油等物资，决定在临时救助期（6—8月）对灾区困难群众实施临时性生活补助。20日，民政部、财政部、粮食局联合下发通知，对四川、甘肃、陕西、重庆、云南等省（市）因地震灾害造成生活困难群众实施临时生活救助。救助对象为，因灾无房可住、无生产资料和无收入来源的“三无”人员，补助标准为每人每天10元补助金、0.5公斤成品粮。因地震灾害造成的“三孤”人员，补助标准为每人每月600元；受灾原“三孤”人员补足到每人每月600元，补助期限为6—8月。补助资金由中央财政专项安排，由基层民政部门按月直接发放给救助对象，实行按月发放。同日，财政部、民政部向五省（市）预拨第一笔中央自然灾害生活救助资金25亿元。至8月15日，民政部、财政部向五省（市）预拨中央自然灾害生活救助资金82.74亿元，其中四川省63.83亿元、甘肃省13.49亿元、陕西省4.6亿元、重庆市和云南省各0.41亿元，救助受灾困难群众916.84万余人，包括“三无”人员885.02万余人、“三孤”人员31.82万余人。各受灾省市相继制定补助资金发放办法，组织力量深入重灾乡镇、村组，摸清核实地震灾害基础性数据，以乡镇为单位登记造册，建立台账，明确对象，规范救助程序，确保救助金及时发放到群众手中。临时生活救助政策突破原有灾害救助标准，创新应急救助政策，解决了受灾群众基本生活困难，在罕见的特大地震灾害面前，灾区没有发生饥荒，没有出现流民，没有引起社会动荡。

为解决部分灾区粮食短缺问题，国务院抗震救灾总指挥部决定向灾区困难群众发放救济粮，从中央储备原粮中划拨给省级政府，由省级政府统一负责原粮出库、调运、加工，免费提供给救助对象。发展改革委、财政部、粮食局、中国农业发展银行分3批向受灾省市下拨中央救济粮（原粮）62.63万吨，要求救济粮按各地饮食习惯提供，对四川省提供约80％稻谷、20％小麦，对重庆市、云南省提供70％稻谷、30％小麦，对甘肃省、陕西省全部提供小麦。5月20日，发展改革委、财政部、粮食局、中国农业发展银行联合下发通知，向四川、甘肃、陕西、重庆、云南五省（市）下达第一批中央救济粮38.4万吨（含15日国家有关部门已对四川省安排的稻谷10万吨、小麦5万吨），折合成品粮25.57万吨（折合比率：稻谷折大米65％、小麦折面粉69％）。7月7日，第二批救济粮19.85万吨（折合成品粮13.14万吨）拨付四川、甘肃、云南三省；9月8日，根据民政部门重新核定人数，第三批救济粮54903吨下拨四川、甘肃、云南三省，同时调减陕西省、重庆市中央储备粮11112吨。与此同时，发展改革委、财政部、粮食局安排2200万元建设资金，添置设备缓解粮食烘干、仓储、加工设施不足等问题。中央财政还安排1.5亿元资金维修存在安全隐患的100万吨受损仓房。各受灾省份粮食部门纷纷组织粮食、食用油等货源紧急运送受灾地区。

由于灾区群众损失程度深、生活困难大、恢复重建时间长，临时生活救助后灾区群众迫切需要得到新的国家救助。7月12日，国务院抗震救灾总指挥部召开会议专题研究，决定在3个月临时生活救助政策到期后，对四川、甘肃、陕西地震灾区困难群众继续给予救助。救助对象主要包括“三孤”人员，生活困难的遇难（含失踪）者、重伤残者家庭人员，异地安置人员，因灾住房倒塌或严重损坏且生活困难的受灾群众。后续救助为现金补助，不再发放口粮，人均每月补助200

元。在此基础上适当提高“三孤”人员和生活困难的遇难（含失踪）者、重伤残者家庭人员的补助标准，救助期限为9—11月。后续救助政策到期后，生活困难仍需救助的灾区群众，可分别纳入城乡最低生活保障、农村“五保”供养和冬春灾区群众临时生活困难救助制度，保障其基本生活。9月21日、11月10日，财政部、民政部分两次向四川、甘肃、陕西拨付中央自然灾害生活救助资金25亿元。三省结合实际情况，严格按照“民主评议、登记造册、张榜公布、公开发放”程序，对补助资金及时下拨，公平分配。四川、甘肃、陕西三省分别下拨后续生活补助资金20亿元、40438万元和1亿元，救助地震灾区困难群众近398万余人。

严冬来临，受灾群众能否温暖过冬、能否欢乐过节，牵动着中共中央、国务院和全国人民的心。党和国家领导人以及各对口援建省（区、市）负责人纷纷赶赴四川，向灾区群众嘘寒问暖。在平武县平通镇牛飞村，胡锦涛告诉乡亲们：中央十分关心地震灾区的受灾群众，采取了一系列有力措施，千方百计保证受灾群众基本生活，当前最重要的是保证大家有过冬住房、有御寒衣被、有冬春口粮、有卫生防疫，能够安全过冬；有党和政府的关怀，有全国各地的支援，有你们自己的奋斗，今后的日子一定会越来越好。中央各部门、单位和军队领导机关广大干部职工和官兵开展了向汶川地震灾区“送温暖、献爱心”捐赠活动。各受灾地区政府积极筹集御寒物资，接收社会捐赠并及时发放，保证受灾群众安全过冬。四川省全面开展“暖冬行动”，把确保群众安全过冬作为“当前灾区第一位的任务”，采取一切可行措施，动员一切社会力量，让受灾群众在大灾之年安全温暖过冬、欢乐祥和过年。在物资发放现场，当领到浙江省捐助的棉被时，青川县一名70多岁的老人满含热泪地说：“浙江省大老远地给我们送过冬物资，真是雪中送炭！有中央和全国人民的关心，还会有什么坎儿迈不过去！”

财政部、民政部在安排受灾群众冬春生活困难补助资金时，重点向地震灾区倾斜，共向四川、甘肃、陕西、重庆、云南等省（市）下拨中央冬春救助资金14.82亿元，其中四川省6.53亿元。受灾省市地方财政安排冬春救助配套资金2.23亿元。同时，民政部将后续救助政策到期后，生活困难仍需临时救助的地震灾区群众，纳入冬春灾区群众生活困难救助范围，救助时段为2008年12月至2009年5月。针对地震灾区群众实际困难适当提高救助标准，对因失地等原因造成生活困难需长期救助的灾区困难群众，纳入城乡低保；对“三孤”人员，纳入城市社会福利和农村“五保”供养体系予以保障。从12月起，受灾群众冬春生活救助开始实施，城乡低保、农村“五保”对象身份已甄别，部分社会福利机构、农村敬老院等重建基本完成，实现灾后临时救助政策与救灾、低保、社会福利和农村“五保”供养制度的有序衔接。在冬春救助中，民政部与财政部通过招标采购、发动社会捐赠等方式，提前部署冬春期间困难群众生活救助，保证受灾群众安全温暖过冬。两个部门落实棉帐篷采购资金2.7亿元，采购救灾棉帐篷8万顶；生产企业“边生产、边发运”，于11月上旬全部运抵受灾地区。对四川、甘肃、陕西三省灾区群众过冬取暖用煤、取暖设备，地方政府在下拨的中央自然灾害生活救助资金中统筹解决。

安置受灾群众

震后初期，在公园、街边广场等公共场所以及学校、工厂和单位大院等空地，使用彩条布、广告布、农用薄膜、竹木板等材料，搭建帐篷、避震棚等，成为应急避险安置的主要形式。此时，也是灾区群众生活安置最艰苦的阶段。绵阳市委、市政府以“分散安置为主、必要集中安置为辅”的原则对受灾群众实施避险安置。5月13—20日，绵阳市共安置灾区群众14.2万人，其中北川羌族自治县集中、分散安置受灾群众8.4万人。北川羌族自治县擂鼓镇政府采取集中搭建帐篷的方式，安置灾区群众和救助人员4万人。与此同时，灾区动员各社区开展受灾群众安置工作。民政部门在适宜的安置点设立灾区群众救助站，面向灾区群众，提供救灾帐篷、棉衣被、饮用水、医疗救助物资等，解决群众临时生活困难。至17日，四川省民政部门在成都、德阳、绵阳等市（州）设立民政救助点2789个，救助受灾群众235.62万人。解放军迅速腾出部分营房安置灾区群众，同时帮助群众搭建帐篷、简易房，设立救助站，解决群众安置困难。一些企事业单位利用周边空地，为职工及受灾群众搭建临时避震棚。

从5月16日开始，大批受灾群众从极重灾区陆续转移出来，需要选择大容量临时安置场所进行安置，来自全国各地的救援人员、志愿者等也需要中转场地，群众安置任务非常艰巨。灾区各类体育场馆以其地势开阔、容量较大、相对安全、便于管理等优势，迅速成为政府选择安置地点及受灾群众避震的共同选择。地震发生后，来自北川等极重灾县（市）数万名受灾群众涌入绵阳市九洲体育馆。绵阳市成立群众安置领导小组，先后从67个市级部门抽调机关干部配戴证件上岗，实施每日例会制度、情况日报制度、每日工作简报制度、安置组工作人员24小时值班制度等。为使群众安置工作规范有序，安置组在服务设施建设、物资调配管理、特殊群众安置、医疗、教育、文化及矛盾化解方面实行分类管理。至6月29日，九洲体育馆共安置受灾群众、志愿者、医疗救护人员50余万人（次），高峰时每天人流量都在7万人次以上，先后紧急安置来自绵阳市8个极重灾和重灾县（市、区）群众8万人。九洲体育馆从5月13日9时30分启用，到6月29日最后一批受灾群众撤离，超极限、连续安全运行48天，主体内场、辅房、一二层内外环廊、户外绿地、运动场及所有设备设施全部用于安置群众，并保证转移来的受灾群众吃得饱、住得下、能上学、能就医、无人伤亡、情绪稳定、顺利返乡。九洲体育馆因此被国外媒体称为“全世界人口最多的灾民避难所”，被誉为灾区群众的“诺亚方舟”。

灾区搭建的简易防震棚、工棚、钢管大棚及不同规格的成品帐篷，因其凌乱、易燃、不耐用等缺点，逐步被救灾专用帐篷和活动板房所取代。帐篷安置是群众临时性安置的主要方式之一。地震发生当天，民政部即向所属10个中央仓库发出紧急调令，将近14.96万顶库存帐篷调运灾区；发展改革委也组织各省市发改委向灾区调拨帐篷及彩条布。科技部、物资储备局、中国红十字会以及灾区省也紧急调拨救灾帐篷运往灾区。

四川省自5月13日接收并发放第一批救灾专用帐篷，至6月19日，共接收、发放救灾专用帐篷97.46万顶；同时，四川省还接收活动板房31.88万套、彩条布2909.65万平方米、帆布682.52万平方米，安置灾区群众1190万人。甘肃省陇南市自5月13日至8月8日共接收救灾专用帐篷13.7万顶及防雨布、篷布37.91万平方米。陕西省民政厅5月13日紧急向汉中市、宝鸡市、商洛市、杨陵区调运救灾专用帐篷7100顶，至6月1日，向灾区调运共计5.77万顶。

在群众安置初期，时间紧迫，帐篷、彩条布、篷布缺口巨大。5 月13 日，紧急采购程序启动，成立由民政部、财政部、审计署等部门组成的紧急采购工作领导小组，并召开第一次会议，决定将2008 年3 亿元中央救灾储备物资采购资金，全部用于采购帐篷等生活物资，采取边生产边发运的方式尽快运抵灾区。根据国务院抗震救灾总指挥部的指示及灾区需求，领导小组决定将紧急采购帐篷数量提高到90万顶。民政部、财政部等与14个省（市）75家企业签订生产采购合同，要求6月20日前全部完成90万顶帐篷生产并组织发运。为满足灾区对帐篷的大量需求，5月22日上午，胡锦涛主持召开中共中央政治局常委会议，要求加快帐篷、活动板房等急需物资的生产和调度，切实保障受灾群众基本生活。会议一结束，胡锦涛立即赶赴浙江省湖州市实地考察救灾帐篷生产情况；25日，又专程到河北省廊坊市考察活动板房生产情况。所到之处，胡锦涛叮嘱企业负责人和职工要开足马力生产救灾帐篷，尽全力帮助受灾群众解决燃眉之急，为夺取抗震救灾斗争胜利贡献力量。各生产企业叫响“生产报国，责无旁贷”“灾区需要什么，我们就生产什么”的口号，全力组织生产，设备24小时运转，企业投入全部产能，工人争着加班加点。至6月19日12时，90万顶救灾帐篷生产任务提前一天全部完成，并于27日全部运抵地震灾区。至7月12日，共向灾区调运帐篷157.97万顶、彩条布3910.76万平方米、篷布646.6万平方米。

在组织调拨、采购帐篷的同时，生产、建设活动板房满足灾区群众生活需求被提上议事日程，过渡安置工作紧张有序地展开。5月16日，住房城乡建设部提出灾区群众活动板房建设问题，并决定对其可行性进行调研；19日上午，召开活动板房建设33家生产企业座谈会，协调3个月内生产建设100万套（后调整为69.32万套）活动板房的任务。活动板房建设分3期实施，由住房城乡建设部统一指导协调，四川、甘肃、陕西相关部门规划、管理，各援建省市对口定点承包建设、具体实施。参加建设的有北京、上海、天津、重庆4个直辖市，河北、山西、辽宁、吉林、江苏、浙江、安徽、福建、江西、山东、河南、湖北、湖南、广东、海南、云南、宁夏17个省（区），深圳、厦门、大连、青岛4个计划单列市，以及四川、甘肃、陕西3个受灾省。21日，住房城乡建设部下达活动板房第一期建设任务，要求援建省市在6月25日前完成25万套建设任务，各省（区、市）调集大量人力、物力，迅速展开板房生产、运输、选址、安装等各项工作。5月22日，北京市首批地震灾区活动板房施工队伍500人携带6000套活动板房及物资、机械设备进驻施工现场，由此揭开活动板房建设会战的序幕。各省（区、市）的全力支援，温暖着灾区人民的心，为灾区人民撑起了遮风挡雨的家。

为做好过渡安置工作，四川省实行“就地、就近、分散”安置的方针，坚持“援建与自建相结合、集中安置与分散安置相结合、属地安置与转移安置相结合”的原则，实施了过渡安置“百日攻坚”。在有关部门、援建省（区、市）及受灾地的共同努力下，至8月25日，四川、甘肃、陕西三省建设完成活动板房69.32万套，建筑面积1322万平方米。其中，建设3103个居民安置点，安置住房及配套设施用房47万套，建筑面积942万平方米，基本解决了灾区群众过渡安置问题。建成学校4182所，可满足约146万名学生复课需求；建设高考用房5946间，保证考生近7万人安全高考；建设医院、诊疗所1169所，利用活动板房设立警务站、商场、邮局、储蓄所、文化活动站、电话亭、理发店等公共服务设施近62万平方米，基本恢复了地震灾区正常服务功能。

此外，灾区还通过自建简易过渡安置房、借房租房、投亲靠友、自建永久住房几种途径，解决分散居民过渡期的安置问题。分散安置既减轻了帐篷、活动板房的建设压力，也解决了灾后重建时建设用地紧缺问题，缓解了农村居民过渡安置工作压力。四川省民政厅要求各级民政部门调动灾区农民积极性，利用现有条件和资源，精心指导、帮助农民搭好自建简易房。解放军救援部队指战员开展“进村入户”活动，鼓励农户搭建“人”字形简易棚，并逐村逐户帮助分散农户在半山腰搭建简易房。至8月8日，四川省共自建过渡安置房184.32万套。甘肃、陕西、重庆等省（市）也对简易棚房安置进行规划指导，解决过渡安置问题。

农户自建房安置得到中央和地方政府的大力扶持。6月11日，民政部、财政部预拨地震农村房屋重建资金300亿元。根据国务院《关于支持汶川地震灾后恢复重建政策措施的意见》，民政部会同四川省、甘肃省、陕西省政府编制三省地震灾区农房倒损恢复重建规划时重申，倒房和危房户均按照中央平均每户补助1万元，灾区地方财政安排、对口支援和社会捐赠补助平均每户1万元，即平均每户补助2万元；损房户均按照户均3000元给予补助。四川省规定自建过渡简易房农户补助2000元，自建永久性住房户均补助2万元。甘肃、陕西、重庆、云南等省（市）根据房屋受损情况、家庭受灾情况，也对需要重建的农户给予补助。四川省各地还先后开展危房评估和住房安全排查工作。7月以后，农户损坏房屋维修加固工作采用国家补助、农户自主维修加固等形式逐步展开。

灾区农村还有72.6万户受灾群众需要解决越冬临时住所问题。四川省以增加农村自建过渡房保暖措施为重点，开展简易房改造。政府集中改造简易房占地，采取租用农民土地的形式。灾区城镇和农村广大群众积极行动，互帮互助，迅速掀起自建过渡安置房高潮。在当地政府和有关部门指导下，绝大部分农村受灾群众通过自建房、自行加固损坏房实现过渡安置。至11月30日，四川灾区53万农户自建简易房全部采用保暖措施，完成农村简易房改造。甘肃省农村简易房改造主要面向整体搬迁、整体重建村庄，在救灾部队官兵帮助下，采用重建示范村的方法完成。

作为传统安置方式，投亲靠友、借住公房和租房安置，在一般灾区和小范围灾区省市的过渡期农户安置中发挥了重大作用，各地同样予以适当补助。至7月25日，四川省农村投亲靠友安置22.7万户、72.3万人。甘肃省投亲靠友安置12万余人。在应急期安置中，投亲靠友安置方式在陕西省占有较大比重，紧急转移安置118.36万人，采用投亲靠友安置26万余人。过渡期安置中，陕西省需要安置47万人，均采用投亲靠友、租房借房和对口安置方式予以安置。

在中共中央、国务院领导下，全国动员，各方支援，受灾群众得到妥善安置，基本生活问题得到较好解决。在群众安置工作中，各种政策措施分段出台、环环相扣，有效衔接、平稳过渡，确保了灾区群众有饭吃、有衣穿、有干净水喝、有住处、有病能医。至10月14日，四川省安置紧急转移群众1190万人，其中生活困难群众为707万人；甘肃省安置紧急转移群众179.74万人，其中生活困难群众为103.39万余人；陕西省安置紧急转移群众118.36万人，其中生活困难群众为49万人。

开展就业帮扶

就业是民生之本、稳定之基。6月11日、18日，国务院召开两次常务会议，提出要广开渠道，扩大就业；实施多种形式的就业援助，开展以工代赈，增加就业机会。要大力开展就业援助，将因地震灾害造成就业困难的人员及时纳入就业援助范围，优先保证零就业家庭至少一人就业；大力开发公益性岗位，对失业人员创业和灵活就业人员等给予适当补贴和信贷支持。同月13

日召开的省区市和中央部门主要负责人会议，也对加强就业和社会保障工作提出了要求。

6月30日，国务院在成都召开地震灾区恢复工业生产和扩大就业座谈会。根据中共中央、国务院“一省帮一重灾县”的原则，会上确定对口支援灾区的19个省（市）和深圳市与四川、甘肃、陕西三省签订就业援助协议，就业援助工作由此迅速展开。举办企业招聘会、开发公益性岗位、鼓励群众参与重建、支持企业恢复生产、扶持群众自主创业等各种举措接连推出，各种招聘会场场火爆。上海市和都江堰市劳动保障部门还联手推出“赴上海务工人员绿色通道”，开通远程视频面试系统，凡经远程面试后录用的，可高效、便捷地办理录用登记、体检、政审手续。至12月15日，全国对口支援省市向灾区提供有效岗位信息593452个，帮助灾区劳动者48117人实现异地输转就业，帮助灾区劳动者6.5万多人就地、就近就业。教育、人力资源社会保障等部门还组织开展就业培训，提高灾区就业人员技能。雅安市发挥职业学校资源优势，创造条件开展“川妹子家政”“雅女裁缝”等系列培训。陇南市相关部门通过整合社会资源，开辟社会化培训方式，分别推出武都区“武凤巧妹”、文县“阴平制鞋工”等劳务品牌，使劳务输出走向全国劳务市场。

6月23日，全国总工会决定开展跨地区劳务协作活动，对受灾地区职工和农民工组织实施就业帮扶，来自广东、天津等5个省（市）近800家企业为灾区送去就业岗位8万多个；29日，全国总工会在绵阳启动“全国工会就业帮扶爱心行动”，组织5个省（市）以及10个主要工业城市工会和30余家企业赴川招聘。6月25日，中国侨联、人力资源社会保障部联合举办“侨商心系灾区、襄助万人就业”活动，为灾区群众就业牵线搭桥。

四川省利用对口支援平台，与援建省市协调就业援助，同北京、江苏、浙江、福建、山东、广东、重庆等省（市）劳动保障部门协调，集中在群众安置点发布近5万条工作岗位信息；将就业计划落实到县、乡、村，对灾区城镇失业人员、农村失地农民进行实名制管理。为使灾区劳动者高技能就业，各级劳动保障部门与劳务接收地区还通过整合培训资源，落实税费减免、贴息贷款、制定创业培训补贴等扶持政策帮助重灾地区、重点人员实现就业。甘肃省把劳务输转工作纳入目标责任制考核范围，签订责任书，市、县劳务输出办公室与企业建立长期联系机制，实施订单培训、定向输出。

四川、甘肃、陕西等省将灾区就业工作纳入重建规划，推行“政府投资、群众投劳”的以工代赈方式，鼓励支持农民工回乡创业，安置灾区困难人员就业，帮助灾区群众有组织地进行劳务输出。灾区各地通过收集用工信息、举办就业招聘会等方式，实施就业援助。陕西省以工代赈将灾区废墟清理、治安维护、物资运输等岗位纳入公益性就业岗位，按标准落实公益性岗位补贴，并加大就业专项资金扶持力度，对宝鸡市、汉中市增拨省级就业专项资金近1300万元。劳动保障部门适当放宽因灾失业人员小额贷款条件和享受灵活就业社保补贴人员的年龄限制，提高重灾地区职业培训补贴、公益性岗位补贴的标准。

通过倾情支援帮扶，大批灾区群众实现本地或异地就业。其中，2008年四川省动员务工人员创办公司或实体带动本地农民外出就业，输出劳动力28万余人；转移输出农村劳动力达2023.4万人。就业帮扶，使受灾家庭重新建立全家生计，重新树立起生活的信心和发展的希望。

维护公共秩序

为保障灾区群众生命财产安全，维护灾区社会稳定，让灾区群众安全、安心、安定地生活，中央提出要切实做好稳定人心的工作，加强正面舆论引导，坚决依法处理破坏抗震救灾的行为，确保社会大局稳定。公安、消防、司法等部门积极解决受灾群众利益诉求，妥善处置社会矛盾问题，积极恢复法律、公证、人民调解等各种社会服务，全力维护社会治安秩序。抗震救灾期间，灾区未发生重大刑事、治安案件，未发生重大火灾等安全事故，未发生严重影响社会稳定的事件。

强化社会治安和消防管理

5月27日，最高人民法院发出通知，要求各级人民法院特别是灾区人民法院进一步发挥审判职能，依法严惩相关刑事犯罪，震慑犯罪分子，增强灾区人民群众安全感，维护社会稳定和人民群众各项合法权益，为抗震救灾和灾后重建工作的顺利进行，提供良好司法环境和有力的司法保障。6月6日，通知要求各级人民法院积极支持和协助灾区政府部门进行行政安置、抚慰、补助、救助等项工作，要充分发挥行政调解、诉讼调解、人民调解的作用，形成“三位一体”的综合性纠纷解决体制，从源头上化解矛盾，减少纠纷。此后，还出台有关处理涉及汶川地震相关案件适用法律问题的意见，要求对于可能影响灾后恢复重建工作顺利进行、群体性以及社会比较敏感的案件，对于有关部门已经协调处理过的案件，要慎重审查立案。最高人民检察院通知要求全国检察机关要把抢救被困群众放在第一位，做好受灾检察人员的安抚和安置工作，密切配合有关部门，坚决依法打击各种干扰破坏抗震救灾的犯罪活动，切实维护灾区社会稳定。

公安部门部署警力火速支援灾区。成立仅4年的中国特警队伍，从全国各地汇聚四川地震灾区，展开自组建以来最大规模的快速反应行动。从5月13日开始，公安部分两个阶段从全国27个省（区、市）的32个城市，调集10048名公安特警赶赴灾区，调警涉及警力之多、跨区域之广均属首次。从5月13日至25日为第一阶段，共调集3550名特警执行抢险救灾任务。在完成抢救生命任务后，从20日起，工作重点转移到协助当地公安机关维护社会治安秩序上来，参与执行治安巡逻、保卫重要目标、协助处置突发性事件等任务。从5月26日至7月29日为第二阶段，共调集5221名公安特警，轮换公安特警1277名，主要参与抢险救灾和维护治安工作。进驻四川灾区的特警队，主要部署在成都、绵阳、德阳、广元、阿坝5个市（州）的23个县（市、区）重点受灾乡镇、受灾群众安置点和重要交通要道、重点保护单位。

赴川公安特警与当地机关密切配合，混合编组、联合执勤，充分发挥“维护治安生力军、特殊群众工作队”的作用，重点做好灾区重点部位、重点时段巡逻防控、打击犯罪、处置突发事件、维护社会治安和服务群众等工作，全力维护灾区治安，热情服务灾区群众，为保护灾区人民群众生命财产安全、保障灾后重建工作的顺利进行做出了重要贡献。8月1日，特警队结束抢险救援工作，全部安全归建。特警在灾区的出现，形成了强大的威慑力，成为四川地震灾区治安刑事案件发案率下降的重要原因。

随着恢复重建工作的逐步展开，维护社会稳定的任务愈加繁重。公安部组织警力开展对口支援，在陆续将第二阶段调集的特警队撤回归建的同时，从全国抽调治安、刑侦、交通等专业警力支援灾区，做好维护治安和其他公安工作。7月20日至8月5日，全国18个省（市）3170名警队警力相继到达成都、德阳、绵阳、广元、阿坝等市（州）开展对口支援工作。援助四川警队发挥专业优势，加强与受援地公安机关配合，建立“双重领导、混编联勤、共同督导、双向考核”的工作机制和队伍管理制度，开展“民警入千棚万户、为灾区人民做实事”等活动，排查化解各类不稳定因素；协助加强灾区人口管理；配合当地公安机关维护灾区社会治安稳定。

四川省公安民警和武警官兵加大对公共区域和重要场所的巡逻防控力度和密度。四川省公安厅24小时值班备勤，消防、交通、治安等部门抽调大批警力赶赴灾区开展工作。四川省公安机关组织公安民警、特警和治安积极分子加强治安巡逻，加强对供水、供电、供气等重点单位和要害部位的安全保卫，切实织密灾区治安防控体系，督促落实安全防范措施和守卫力量，严厉打击趁灾进行盗窃、抢劫、哄抢救灾物资，借机传播各种谣言制造社会恐慌等违法犯罪活动。抗震救灾期间，四川省公安派出所共出动警力3.1万多人（次），处理各类治安、刑事案件544起。四川重灾地区公安机关刑事案件立案与2007年同期相比下降40％，治安案件与2007年同期相比下降27％，灾区社会治安秩序有序可控，基本稳定。甘肃、陕西等省在积极组织警力支援四川灾区的同时，围绕加强社会治安和重点部门防控、打击趁灾违法犯罪、加强危险物品和废旧金属收购管理、户政管理、安置点治安管理等方面开展工作。

在尽快恢复正常运转后，四川省公安系统立即加强实有人口管理。随着灾区群众安置点陆续建立，灾区公安机关普遍建立“帐篷派出所”、临时警务工作室，组织党员干部、治安保卫积极分子建立临时治安保卫委员会、义务巡逻队，加强治安巡逻及治安、消防安全知识宣传教育，提高群众自主防范意识和能力；加强群众安置点治安纠纷的调解处理力度，防止群众间纠纷变为刑事或治安案件。公安系统还出台多种便民服务措施。四川省公安厅提出了简化灾区群众办理户口、居民身份证手续、免费办理临时居民身份证等措施。四川省司法厅对各监狱和劳教所采取有效监管防控和教育引导措施，保持监狱和劳教场所安全稳定。四川省各级人民法院充分发挥审判职能，打击影响灾区社会秩序的各类犯罪行为。

消防部门严格落实受灾群众集中安置点防火、防雷措施。公安部消防局紧急派出工作组，抽调消防官兵增援灾区，同时组织各地公安消防部门在全国范围内开展活动板房板材和帐篷材料防火性能专项检查，印制消防宣传画普及消防知识。四川灾区各地将易燃易爆场所和群众集中的医院、学校、临时搭建的防震棚及安置点等作为消防监督工作的重点，全面开展消防监督检查，督促落实整改措施。针对帐篷安置、板房安置、永久性安置等阶段性要求，颁发多个文件，把好规划选址、平面布局、构件耐火性能和建筑构件、消防设施四大源头关；加强消防监管，狠抓灾区各级政府、相关部门和安置点主管单位“三个主体”责任落实，严格落实24小时防火巡查；通过全国增援、内部调剂，确保安置点消防力量、消防设施到位，安置点50户以上的纳入消防安全重点管理，形成灾区城市消防指挥中心、城市消防站、板房消防站、消防执勤点、消防警务室、干群联防“六道防线”的火灾防控体系。灾区各级消防部门还充分利用广播、电视、报纸、消防宣传车和手机群发短信，向受灾群众宣传消防安全知识。

恢复社会服务

灾区各司法行政机关在进行抗震抢险的同时，为当地政府及受灾群众恢复正常生活提供及时有效的法律服务。四川灾区各级司法行政机关、律师协会及律师事务所组织律师开展法制宣传、法律咨询、法律救援行动。绵阳市的四川联衡、四川道融民舟、四川弘风等14家律师事务所组织律师志愿团，在绵阳市九洲体育馆等群众安置点开展法制宣传、法律咨询活动。北川羌族自治县唯一一家律师事务所幸免于难的律师代国章、刘照彬虽然家中也有亲人遇难，仍于6月11日在擂鼓镇救灾帐篷内恢复执业。四川省法律援助中心设立抗震救灾法律援助“绿色通道”，对灾区群众法律援助申请全部予以受理。各级法律援助中心在重灾地区建立法律援助工作站，公布24小时法律援助值班电话，组织抗震救灾法律援助律师服务团，开展各项法律援助工作。甘肃、陕西、重庆司法系统也开展了法律咨询或援助服务，普及法律知识，协助化解社会矛盾。

灾后涉及死亡、继承、财物及房屋等各类民事公证事项大量涌现。四川省司法厅要求司法行政部门发挥公证职能作用，积极为灾区法人、自然人及境外居民提供优质、高效、便捷的法律服务。5月25日，四川省司法厅组织由成都市城区8个公证处29名公证员组成的12个公证法律服务应急小组赴都江堰市，按照抗震救灾指挥部要求对灾后3500余处危房外观外形、危房公告张贴和腐败变质食品清理工作现场进行保全证据公证。此后，四川省司法厅进一步明确公证服务范围，包括办理灾区死亡、失踪公证，保全证据公证，捐献等现场监督公证，委托公证，涉外、涉港澳台公证，声明书公证，存款、财物、房屋证明、遗嘱继承公证，提存、健康生存证明公证等。至10月，四川灾区共办理继承公证4650件。

人民调解在伤员救治、赈灾物资发放、财产处置、人员安置、保险理赔、遗产继承、财产权益等方面发挥了积极作用。灾区司法行政机关积极恢复、调整、充实、完善各级各类人民调解组织，开展纠纷调解工作；根据灾区特点建立配套制度，加强调解组织的制度和能力建设；与人民调解组织一道，结合灾区实际，创新工作方式，采取拉网式排查，分片包干、责任到人，周查周报，以及“一般纠纷及时调、重大纠纷随时报”等方法，加大纠纷预防、排查、调处力度。至10月31日，四川省6个重灾市（州）共重建人民调解委员会及人民调解工作站（点、室）2198个，恢复人民调解组织4407个，基本做到哪里有人群，哪里就有调解组织；哪里有矛盾纠纷，哪里就有人民调解员。抗震救灾期间，四川省6个极重灾市（州）司法所和人民调解组织共排查矛盾纠纷2.94万件，调解涉灾矛盾纠纷4.99万件，调解成功4.83万件。甘肃、陕西等省也积极开展排查化解矛盾纠纷工作。

处理善后事务

特大灾难造成人员重大伤亡，让逝者安息、生者安心，成为灾区群众和救援人员的共同目标。灾区各级政府和民政、公安、卫生等部门及部队下大力气，妥善处置地震遇难者遗体，安抚遇难者亲属。一些国家的国家领导人和人民伸出友谊之手，邀请灾区学生出国疗养，抚慰孩子们受创心灵。5月19—21日，三天举国哀悼，表达着对地震遇难同胞的深切哀思。

遇难者遗体处置

对每一位遗体的尊重和妥善处理，既是对遇难者的告慰，也是对生者的抚慰。国务院抗震救灾总指挥部多次召开会议研究善后事务处理问题，要求做好遇难者遗体的身份辨认和火化、埋葬，做好遇难者家属的抚慰，做好灾区“三孤”人员安置工作。

5月18日，民政部、公安部、卫生部联合印发《“5・12”地震遇难人员遗体处理意见》，对遗体处理方式、遗体辨认程序、境外人员遗体处理、卫生防疫、协调配合和经费保障等提出明确要求。随后又提出，对因灾受伤人员转移救治中死亡的遗体，由民政部门指定当地殡仪馆统一负责火化。

公安、卫生部门按照国际标准对遗体进行编号、记录、拍照和提取DNA样本，建立遇难者身份鉴别DNA数据库，开展遇难者DNA鉴定。其间，公安机关共检验遗体840具，提取生物检材3394份，检验遇难者DNA检材3394份、遇难者亲属DNA样本5205份，通过数据库比对确认525名遇难者身份，并通过各部门反馈给遇难者亲属，为准确识别遇难者身份，妥善处理遗体，提供了科学证据。

尽量让遇难者走得安详、体面安葬，是处理遇难者遗体的重要原则。为防止细菌或病毒传播，在完成遇难者身份鉴别、遗体消毒的同时，遇难者遗体火化或掩埋工作迅速开展。对所有遇难者遗体，有条件的尽量火化，缺乏条件的就地掩埋。针对灾区火化力量不足的情况，四川省非灾区、轻灾区从人员、设备方面支援重灾地区遗体运输、火化工作，同时协调石家庄市、重庆市、贵阳市59名火化技术人员和遗体整容人员赴都江堰市，开展遗体鉴别、整容、火化等工作。都江堰市实行发现遇难者遗体后立即运走，装车前先在车厢里垫一层沙土或塑料布等。掩埋前，尽量对遗体进行拍照和记录性描述，遗体处理尽可能火化；若无条件，尽可能在远离生活区和水源地的固定地点、集中掩埋。在对遗体及局部土壤进行消毒处理后深埋地下1.5～2米，上面加盖石灰和土壤等。德阳市在遇难者遗体处理中，凡有亲属认领并愿意火化的由民政部门安排火化并免收火化费；无人认领的，按照卫生防疫和环境保护相关要求就近掩埋。在遗体处理中，各地注意尊重当地风俗习惯和少数民族习俗。绵阳市对北川羌族遇难群众遗体，按照羌族习俗在天黑后为其穿上羌族民族服装再进行火化；甘肃省临夏回族自治州等地按照少数民族风俗对遇难回族同胞进行安葬。

举国哀悼罹难同胞

为表达全国各族人民对地震遇难同胞的深切哀悼，5月18日，国务院发布公告，决定19—21日为全国哀悼日，在此期间，全国和各驻外机构下半旗志哀，停止公共娱乐活动，外交部和中国驻外使领馆设立吊唁簿。

5月19日凌晨，天安门广场。4时开始，国旗旗杆附近陆续围出一道道人墙，来自全国各地的人们肃立在周围。4时56分，五星红旗伴随着雄壮的国歌声冉冉升起。4时58分，国旗缓缓降到旗杆的1/3处，下半旗志哀。国旗缓缓降下，升起的是人的尊严。在现场，各界群众集体肃立，向国旗行注目礼，向地震遇难同胞表示深切哀悼。

5月19日14时28分，胡锦涛、江泽民、吴邦国、温家宝、贾庆林、李长春、习近平、李克强、贺国强等在北京等地，同全国各族人民一起，为地震遇难同胞默哀。

全国人民代表大会常务委员会、国务院、中国人民政治协商会议、中央军事委员会负责人同时致哀。天安门、新华门和全国人大、国务院、全国政协、中央军委、最高人民法院、最高人民检察院及各驻外机构下半旗志哀。中国驻外使领馆、驻国际组织代表处、中资机构等举行悼念活动，全体人员默哀3分钟。中国的证券、期货交易所停止交易3分钟。哀悼日期间，奥运圣火传递活动暂停。

14时28分，北京防空警报拉响。天安门广场上，数以万计的群众面对降下的国旗深低下头，金水桥上的人群肃立；长安街，汽车停驶，喇叭一齐鸣响。哀悼仪式结束后，广场上的群众依然不肯散去。人们振臂高呼“中国加油！”“中国万岁！”“四川挺住！”，震耳欲聋、发自心底的呼喊一浪高过一浪，响彻天际。人们在悲痛中落泪，在哽咽中呼喊，声音都无比坚定。

14时28分，中华大地，大江南北，长城内外，国旗低垂，汽车、火车、舰船笛声长鸣，防空警报在城市上空鸣响，全国各族人民停下手中的工作和活动，齐身肃立，低首默哀，共同表达对地震遇难同胞的沉痛悼念，对遇难同胞家属和受灾群众表示最大的抚慰。

14时28分，汶川县岷江江畔聚集了众多群众。在悼念仪式现场，汶川县委、县政府发布告全县各民族同胞书：“同胞们，2008年5月12日下午2时28分，是我们刻骨铭心、永生难忘的沉重时刻。”“沉重的数据，叠映着一条条鲜活的生命，他们是我们的父老乡亲，是我们的同胞手足。”“汶川县委、县人大常委会、县政府、县政协及全县11万各民族人民，向在这场地震灾害中遇难的同胞表示沉痛的哀悼，向死难者家属和受伤群众表示亲切的慰问。”14时28分，青川县城东桥头，数十辆大货车、小汽车、工程车、摩托车一起鸣笛，数百名学生、青年志愿者、机关干部、遇难者家属和过往行人一起为地震中的遇难者默哀。志愿者用青翠的松枝、淡黄的菊花扎成花圈，少先队员点上寄托无限哀思的白蜡烛。14时31分，广播中心传来广元市委书记罗强沙哑的声音：“我们的心在流血，我们的泪止不住地流。让我们用最庄严的仪式、最肃穆的氛围为我们的遇难同胞举哀，让我们为所有的伤者祈福，让我们一起来帮助他们的亲人，因为他们的亲人就是我们的亲人，我们本来是一家人。”

14时28分，随着低沉的防空警报鸣响，成都市天府广场街上所有汽车都靠边鸣笛致哀。上万市民聚集广场肃立默哀，许多人失声恸哭。默哀完毕，天府广场上的人群依然不肯散去。突然，有人高喊起四川人耳熟能详的口号——“雄起！”一时间，“雄起”的呼喊声此起彼伏。一名市民说：“‘雄起’是我们四川人特有的表达方式，表示我们不会在困难和灾难面前屈服。今天是全国哀悼日，我们一方面要寄托哀思，不过更重要的是化悲痛为力量，树立战胜这场灾难的信心。”

14时28分，在灾区地震废墟上，日本、俄罗斯、韩国、新加坡等国救援人员也加入到中国“全国哀悼日”活动中，同一时刻放下手中的工具，静立默哀，沉痛悼念地震遇难者。

在为期3天的“网上公祭”活动中，中国2亿网民纷纷献花、发帖、留言。厦门大学一名学生说：“让天使的眼睛照亮天堂的道路，祝愿遇难同胞一路走好；让祈祷的烛光点亮灾区的道路，祝愿灾区早日脱离灾难；让爱的烛光为无数颗脆弱的心祈祷，为无数微弱的生命求得平安。”

全国哀悼是对死者的尊重，也是对生者的抚慰。这是中华人民共和国成立以来第一次为严重自然灾害造成重大伤亡而举行的全国性哀悼活动，也是第一次为自然灾害中罹难同胞降半旗志哀，体现了党和政府对生命的尊重，彰显出党和政府以人为本的执政理念，极大地激发了中国人民的爱国热情和民族凝聚力。

群众生活抚慰

5月17日，国务院抗震救灾总指挥部会议提出，要妥善做好遇难者善后处理工作；做好遇难者家属的抚慰工作，向因灾遇难者家属每人发放5000元抚慰金；要做好灾区“三孤”人员的安置工作，确保基本生活。民政部、财政部、住房城乡建设部要求各地做好遇难者抚慰金发放工作，明确发放对象为在灾区遇难的所有人员，包括户籍在本地和外省（市、县）籍人员。

灾区各级民政部门落实国务院工作指示，深入遇难者家中开展工作，把中共中央、国务院的关怀送到每位遇难者家中。四川省民政厅、财政厅明确灾区遇难人员抚慰金发放原则、发放范围、发放形式、发放标准及发放程序，采取边确认边发放、“确认一个发放一个”的办法，按照每名遇难人员5000元的标准发放给遇难人员的直系亲属，对发放情况登记造册并及时公布。甘肃、陕西、重庆、云南等省（市）也在合理合法范围内帮助解决遇难者家属提出的实际困难要求。

有关部门还采取针对性措施抚慰受灾群众，人口计生委发出通知，要求在灾区全面实施计划生育家庭特别扶助制度，对有子女在震灾中伤亡的家庭给予再生育政策的照顾，同时配合有关部门做好收养、领养地震孤儿的政策衔接工作。四川省第十一届人大常委会第四次会议通过了《关于汶川特大地震中有成员伤亡家庭再生育的决定》。

地震严重影响到灾区学生身心健康，一些国家的国家领导人和人民伸出友谊之手，邀请灾区学生出国疗养。俄罗斯、匈牙利、保加利亚、菲律宾、蒙古、日本等国的国家领导人先后以各种方式向中国政府表示，愿意邀请部分地震灾区中小学生前往疗养、休养或访问。组织灾区学生赴国外疗养在中国尚属首次。中央有关部委以及受灾省市政府按照分工开展学生选派、培训等工作。7月17日至8月5日，四川、甘肃、陕西灾区中小学生和随团教师1018人，其中学生919人，分别前往俄罗斯“西伯利亚神话”儿童康复中心、“小鹰”全俄儿童中心等6个疗养中心疗养。应匈牙利政府邀请，8月4—26日，都江堰市、彭州市50名中小学生，以夏令营形式赴匈牙利疗养。应保加利亚政府邀请，8月4—25日，重庆市梁平县43名中小学生在7名教师陪同下赴保加利亚疗养。此外，2009年1月11－17日，绵阳市、德阳市等所属11所中学100名学生和11名工作人员组成四川地震灾区中学生代表团访问菲律宾；7月30日至8月6日，绵阳市60名学生和7名工作人员赴蒙古休养、访问；8月22－29日，成都、绵阳、广元、阿坝等地11所学校86名学生和16名工作人员赴日本交流访问；2008年8月15日至2009年5月25日，应美国纽约州立大学邀请，四川大学等13所高校150名大学生赴纽约州立大学22所分校学习。

恢复生产生活

面对特大地震灾害，中央有关部门和灾区各级党委、政府带领广大干部群众，在各方面的援助下，一手抓抗震救灾，一手抓恢复生产，开展生产自救，组织农业抢收抢种，抓紧恢复工业生产，努力搞活商品流通，全力恢复金融服务。有关部门创造条件，帮助灾区恢复教育教学秩序，顺利组织灾区高考，开展灾区困难学生生活补助，确保灾区困难学生安心学习。文化部门在四川、甘肃、陕西等省集中设置灾区过渡性综合文化服务站，发挥文化共享工程、流动图书服务、流动舞台车的作用，丰富灾区群众文化生活，增强人文关怀。

农业生产恢复

地震发生时，四川主要灾区小麦和油菜等农作物收割工作尚未完成，甘肃、陕西陆续进入小麦收割季节，而农业机械大量损毁，灾区人员伤亡或外出避险，农作物抢收及随之而来的抢种工作面临困难。农业部根据受损情况启动灾情会商制度、农机灾情日报制度，派出专家工作组协助灾区开展农作物抢收抢种，同时落实农业生产恢复所需资金、技术和物资，与发展改革委、中国石油、中国石化联合确保“三夏”期间农用柴油供应，优先满足联合收割机、拖拉机等农业机械用油。

四川省各级党委、政府和农业部门在全力抢险的同时，动员群众奋力生产自救。全省确定力争“重灾地区少减产、不减收，轻灾区不减产、保增收，非灾区多增产、多增收”的方针，努力实现全省重灾之年粮食不减产、农民多增收，组织民兵预备役人员、农民工、农民助耕队、机关干部、救灾部队抢收抢种。四川省农业厅及时下发“双抢”工作紧急通知，相继派出多个工作组分赴灾区查清灾情，组织开展“双抢”工作。灾区群众充分发挥主动性，擦干眼泪，抢收成熟的庄稼，积极复耕，展开生产自救。

为保证小麦抢收，灾区农业部门加强农业机械组织调配和跨区作业管理。从5月15日开始，成都、德阳、绵阳、广元等地农机部门设立跨区作业机手接待站，统一调度“双抢”工作。17—20日，德阳市、绵阳市调运本地700余台联合收割机组成“机收突击队”，赴各乡镇收割小麦0.5万多公顷。同时，成都市新都区、崇州市、郫县、温江区、双流县、大邑县、青白江区143台联合收割机赴都江堰、绵竹帮助受灾农民抢收小麦。全国农机企业调集抢收机械，组织帮扶队伍赶赴灾区参加抢收。救援部队官兵、志愿者在完成抢险救援任务后，随即帮助灾区开展抢收。6月，灾区粮油抢收工作基本完成。夏收期间，四川省抢收油菜89.33万公顷、小麦133.67万公顷，修复损毁农田5.13万公顷，抢修受损农机具2500余台（套）。对收获的小麦，发展改革委、粮食局、财政部、农业发展银行出台代收代储政策，确保大灾之年农民利益不受损失。

在抓紧抢收的同时，灾区复种工作随之展开。根据水系和农田水利设施损毁严重、部分水稻田需改种旱地作物和蔬菜等情况，四川省农业厅按照“宜粮则粮、宜经则经”的原则，组织灾区农业部门做好适龄种苗抢时移栽，确定14个县（市）为改种补种重点区域，不宜栽种水稻的农田改种旱地农作物，抢种玉米、红薯、大豆、马铃薯、荞麦和蔬菜等。同时，对农作物以及水果、蔬菜、茶叶等经济作物田间管理提出技术要求。至6月10日，四川省共改种补种旱地农作物4566.67公顷。甘肃、陕西、云南等地干部群众因地制宜保增收，根据受灾情况组织人员开展抢种补种工作，改种补种粮食作物。

抢收工作基本结束后，夏播、夏种工作迅速推开，各地调整种植结构，抓紧改种补种。灾区农业部门根据农田损毁程度，按轻重缓急和先易后难的原则，分阶段开展修复，并组织农机专家和专业技术人员到灾区指导农机具及机电提灌站、机耕路等设施抢修工作，同时筹集种子，进行农资调配等。四川省财政厅、农业厅安排农业生产救灾资金800万元，用于灾区购买玉米、蔬菜改种、补种种子补贴。各育种企业根据灾区种子需求，组织种子捐献活动。灾区农业部门通过调运引进，筹备的玉米、水稻、小麦、蔬菜等农作物种子基本满足了需要。农业部还组织各省化工企业支援灾区，解决灾区化肥供应紧张问题，确保夏种工作顺利完成。

2008年，四川省、甘肃省、陕西省、重庆市、云南省夏粮在种植面积减少7.67万公顷的情况下，仍获得171亿公斤的好收成，与2007年同期相比增产2.5亿公斤，保障了灾区粮食和其他重要农产品的有效供给。

地震重创灾区养殖业，不仅造成畜禽、鱼类大量死亡，幸存的也因缺乏饲养条件面临死亡威胁。四川省有关部门采取提前出栏和异地饲养措施对存活畜禽进行处置，尽力减少灾害损失。四川省畜牧食品局根据农业部专家工作组的建议，成立肉食品保障组，分赴17个市（州）的肉食品加工企业协调采购肉类加工品，供应灾区群众和救援部队。部分灾区也筹集资金，组织收购急于出栏的生猪。四川省的极重灾区对一些失去养殖条件的畜禽实行异地饲养处置。四川省大禹野生食品有限公司邓家祖代种猪场5000余头存活PIC种猪面临死亡威胁。5月22日，绵阳市畜牧兽医局接到公司求援后，分别向四川省畜牧食品局和绵阳市抗震救灾指挥部汇报情况。24日，四川省抗震救灾指挥部协调部队派出官兵50名、军用车辆43辆展开紧急抢运工作。考虑到唐家山堰塞湖泄洪期临近，种猪场尚余3000余头种猪未能转移，四川省畜牧食品局再次向省抗震救灾指挥部和省政府求援。27日，成都军区后勤部、联勤部及北川救援部队先后4次派出官兵350余人（次）、军车130余辆（次）将3000余头种猪转移至梓潼县和江油市，为该公司挽回经济损失1000余万元。

在农业部的指导下，四川、甘肃、陕西灾区通过修复损毁圈舍、补栏补饲、推广新技术、扩大生产规模，实现畜牧业再生产。农业部协调有关部门，解决灾区畜牧饲料的生产和供应；推广应用PIC生猪等优良畜禽品种和无公害标准化养殖先进实用技术。至9月30日，四川省修复圈舍1746万平方米，畜禽填槽补栏9172.1万头（只），畜牧生产能力恢复至震前80％的水平。

农业部和灾区农业、水利、水产部门还积极落实渔业救灾和恢复生产的资金物资，从死鱼无害化处理入手，围绕水生动物疫病监测、修复损毁设施、苗种调配、技术服务等工作，组织开展灾区渔业生产自救。至6月19日，四川省6个重灾市（州）恢复渔业基础设施7228处，恢复池塘3133.3公顷，补放水产鱼苗种8800吨。

工业生产自救

为切实做好工业生产恢复，四川省委、省政府科学决策、有序实施、强化服务、重点帮扶，确定了工业企业恢复生产计划的“1个月、3个月、1年”3个阶段时间表，即在1个月时间内，大体摸清受灾企业的受灾情况；3个月内，协助有条件的企业陆续恢复生产；1年内，所有恢复重建企业全面开工重建项目。企业职工不等不靠，纷纷在最短时间内投入恢复生产工作。大批煤电生产企业和水泥、钢材、墙体材料等企业优先复产，为全省灾后恢复重建和群众安置提供物资保障；综合协调煤、油、运、气以及流动资金等生产要素，为全省工业灾后生产和人民生活提供保障。

地震发生后，成都市即组织专家对企业受损厂房、设备等重要生产资料和涉及安全、排污的重要设施进行评估鉴定，指导企业加快进行厂房加固、修复或重建，确保生产安全。成都地奥集团想方设法克服地震影响，千余名员工加班加点生产抗震救灾急需药品，源源不断运往灾区；康宁光缆公司将原有订单交货期全部延后，全力以赴生产抢险救灾急需的通讯光缆。德阳市、绵阳市各大企业将在抗震救灾中凝聚的士气和力量快速转化到恢复生产之中。东汽、中国二重、长虹集团等多家国有大型骨干企业迅速启动应急预案，全力以赴投入抗震救灾，恢复生产。

震后，遭受重创的东汽的领导和职工团结奋战，以最快速度抢救和修复各类生产设备，克服重重困难在受灾厂区恢复生产。同时，充分利用社会资源，扩大对外合作，组织异地生产，千方百计地把地震对生产和交货期的影响降到最低，尽最大努力降低用户的损失。震后第三天，东汽即在北京项目招标会上拿下价值3亿多元的“震后第一标”；同时，东汽组织人员兵分八路，走访100余家老用户，传达东汽没有被震垮的信心，争取用户支持，签下价值238亿元的订单，并立下铮铮誓言：两年还社会一个新东汽。

东汽汉旺厂区主机四分厂的机床6月初就运转起来。这个四川地区受灾最为严重的中央企业，汉旺本部几乎遭受毁灭性打击。然而，东汽干部职工用双手抢救各种图纸和设备，加班加点，坚强地站起来。5月20日，汉旺基地就地恢复生产出第一批产品，8台工业汽轮机发往辽宁、河南等地电厂。震后一个月，东汽总体生产能力恢复至震前的50%以上；震后半年，产能恢复至震前的80%；至2008年年底，东汽实现年工业总产值108亿元，是灾后年计划的128%；2010年实现产值200亿元。东汽人以实际行动铸就了“不怕牺牲、敢于胜利，坚韧不拔、艰苦创业，自主创新、勇攀高峰”的“东汽精神”，以辉煌的业绩书写了中国工人阶级“泰山压顶不弯腰”的伟大篇章。

震后两个月，除部分无法恢复的企业外，四川全省规模以上受灾企业全部恢复生产，提前一个月实现了基本恢复生产目标，6个重灾市（州）77%的受灾中小企业恢复生产。

搞活商品流通

震后，商务、财政、税务部门首先对投入低、形式活、流动强和见效快的个体工商户给予政策扶持和优惠。财政部、商务部对运输费用和网点恢复提供运费补贴、贷款贴息，最大限度调动流通企业和个体摊贩积极性，鼓励个体工商户采用多种灵活方式参与灾区商业网点恢复工作。财政部、税务总局发文对受灾严重地区商贸企业、服务型企业、劳动就业服务企业中的部分企业招用当地因地震灾害失去工作的城镇职工，及因地震灾害失去工作的城镇职工从事个体经营的，给予税收减免和优惠。各级政府主管部门在财政、税收、规费、金融、就业、生活等方面提供支持政策。

商务部门以恢复原有商业网点、建立帐篷和活动板房便民店、配发流动售货车等方式，支持灾区建立过渡性商业网点。从5月27日开始，随着民政部、商务部向灾区调运帐篷，各地陆续建立起“帐篷商店”。29日，商务部第一批搭建商店的605顶帐篷交付承办企业，陆续运抵都江堰、彭州、什邡、绵竹、理县等灾区，用于设立临时商业网点，并紧急采购200套活动板房，从6月3日开始分3批运抵都江堰、汶川等县（市）。四川省根据实际情况，在每个临时安置区设立1～3个活动板房商业网点，由市、县建设主管部门负责选址建设，“万村千乡市场工程”承办企业和商贸流通企业入驻开展经营。商务部还分别向四川、甘肃、陕西提供了数量不等、方便灵活的流动售货车，专门用于灾区商品供应的货物配送、销售。至7月10日，商务部向四川、甘肃、陕西三省重灾地区投入流动售货车489辆，建设帐篷商店2700余家、活动板房便民店400余间（套）。

中央及地方有关部门，积极组织协调，保障灾区粮油供应、粮油加工及生活必需品的供应。粮食局、发展改革委、商务部等部门加强对灾区粮油市场的监测，保障灾区市场秩序稳定。粮食局在对供应形势分析基础上，加强粮源组织调度、加工调运，组织工作组开展粮油供应指导、调研和落实夏粮收储等工作。四川省粮食部门采取增设临时网点、送货上门、流动售粮等多种方式抓好粮油供应。商务部门协调交通、铁路、航空等有关方面，保证生活必需品及救灾物资快速调运灾区渠道畅通。商务部从蔬菜调拨和储备投放两方面入手，在海南省等地组织一批储存期较长的青菜向灾区调运。同时，会同财政部通过竞卖等形式向灾区投放中央储备冻猪肉。铁道部优先安排铁路运输计划，将中标企业负责投放的中央储备肉迅速运往灾区。

商务部对灾区急需的方便食品、饮用水、手电筒等商品，紧急从天津、上海、浙江、湖北等地组织落实货源。5月30日，商务部、财政部确定山东、广东等15个省（市）承担对口保障市场供应任务，以方便食品、主副食品、调味食品、日用消费品、学习用品等作为重点保障供应商品。生活用品通过灾区的各类商业网点进入群众手中，满足群众的生活需求。

商务部还会同物价部门规范市场秩序。5月13日，商务部启动灾区生活必需品和成品油市场监测日报制度，组织驻前方工作组与灾区商务部门实地了解市场供应情况；通过“商务预报”网站和新闻媒体，及时发布灾区市场信息。四川省各级政府价格主管部门结合地震灾后实际和特点，对与抗震救灾工作密切相关的药品、医疗器械、医疗用品、日用品、建筑材料、燃料等商品价格实行临时价格干预措施；整合价格执法力量，严厉打击借震灾之机串通涨价、囤积居奇、哄抬价格、牟取暴利等价格违法行为。商务部门则启动生活必需品市场监测预警系统，各监测点对抗震救灾和灾区群众安置需要的物资和生活必需品价格，实行每日两报制度。四川省还加强对灾区生产基地、农产品批发市场、农贸市场、受灾群众集中安置点等场所蔬菜、水果、肉食等农牧产品质量安全的整顿，打击扰乱灾区市场秩序的违法违规行为，让群众用上可靠的商品、吃上放心的食品。

恢复金融服务

金融系统对灾区实施特殊优惠的货币信贷政策，加大有效信贷投放；对因灾不能按期偿还的贷款，实施“不催收催缴、不罚息、不作为不良记录、不影响借款人继续获得灾区其他信贷支持”的“四不政策”；按规定程序核销不良资产和实施债务重组，并全力保护灾区客户金融合法权益和金融信息安全。

人民银行、银监会、证监会、保监会密切协作配合，全方位提升对灾区的金融服务水平；各金融机构在积极自救的同时，将金融服务资源向灾区倾斜。人民银行启动应急预案，要求各分支机构做好抗震救灾金融服务工作。各分支机构按照特事特办、控制风险、简化程序、便民优惠的原则，做好灾区支付结算服务；协调当地政府主管部门及辖区内各银行业金融机构，做好受灾群众身份信息采集、补助金收款账户开立、补助金发放等。各分支机构对地震破坏的设备、网点进行抢修、维护。德阳、绵阳、广元等中心支行在地震发生后一小时内恢复国库、支付结算、货币发行、征信、办公自动化等系统正常运行。绵阳市中心支行对暂不能恢复业务的江油市、安县支行，采取将两县业务集中到中心支行办理，对受灾特别严重的北川羌族自治县代理支库，采取在国库会计核算系统内开立临时账户的方式予以解决，保证抗震救灾款项及时拨付。中国银联要求各金融机构开辟抗震救灾快速通道，对境内外汇往灾区的捐款免收手续费。对各商业银行进行风险提示，并根据公安部的协查通报，做好可疑账户协查工作。

银监会积极引领银行业金融机构倾力投入抗震救灾，保证各项捐赠和救助资金及时到位；建立市场准入“绿色通道”，增设新型农村金融机构，支持布设简易服务网点，全力恢复灾区金融服务；出台信贷“四不政策”，指导银行业金融机构加大资金调剂力度，创新金融服务和产品，加大对基础设施、重点企业、支柱产业、城镇建设及农房重建的信贷支持力度。四川省银监局落实银监会出台的放宽市场准入政策，开辟市场准入“绿色通道”，批准兴业、浦发、华夏、招商、渤海、重庆银行及南充市商业银行、邮政储蓄银行在重灾地区设立支行，批准交通银行德阳市分行开业；引导辖区内银行到重灾地区新设网点，指导机构合理布局。为尽快恢复金融服务，四川省各银行业金融机构在开展自救同时建立“帐篷银行”“汽车流动银行”“集装箱银行”等紧急营业方式，满足灾区群众和抗震救灾的基本金融需求。各金融机构还根据形势需要，先后开辟了财政资金、信贷审批、社会捐赠、保险赔付、救援部队资金等“绿色通道”或“特别通道”。甘肃、陕西、重庆等省（市）金融机构也通过开辟“绿色通道”“帐篷银行”等不同方式，开展对外服务。至5月30日，四川、甘肃、陕西等灾区98.8％的受损网点恢复营业，向四川灾区发放抗震救灾及灾后重建贷款155.89亿元，向甘肃、陕西、重庆灾区发放5.5亿元以上的紧急救灾贷款。

保监会紧急启动应急预案一级响应，要求各保险公司加强领导，统筹协调公司资源，按照“主动、迅速、准确、合理”的要求落实理赔服务。随着抗震救灾重心转向安置受灾群众，保险业围绕安置工作重点，做好保险理赔服务，使保险理赔成为安置资金的重要组成部分。各保险机构克服自身困难，提前介入，积极收集报案，建立“绿色通道”，简化理赔手续，尽快将赔款送到客户手中。各保险机构在灾区设置标志醒目的固定、流动报案点，方便群众报案；坚持24小时电话服务热线，通过短信、电话、营销员上门寻访及到救治医院慰问等一切可能的方式，查访保险客户。地震发生后，约60％左右的报案系各保险公司主动查找的，有的公司自行查找量达到90％以上。同时，扎实开展查勘理赔工作，建立“绿色通道”，按照先人后物、先易后难的原则，简化手续，特事特办。同时，各保险机构还积极为农业、工业等生产企业提供理赔。太平洋人寿四川省分公司承保东汽团体意外伤害保险理赔案，成为地震中最大的一起寿险理赔案。震后第二天，分公司成立东汽地震理赔专案组，开展理赔工作。7月27日，第一笔保险金支付。至2009年6月29日，受理东汽地震灾害有效报案253件，全部完成理赔给付，给付金额达5015.9万元，并实现东汽地震理赔案件零投诉。甘肃、陕西、重庆、云南等地也积极开展抗灾理赔工作。至2009年5月31日，全国48家保险公司及分支机构进行地震灾害损失理赔，赔付金额187543.58万元（不含再保险理赔14779.4万元），其中涉及地震灾害理赔财产部分155263.07万元，涉及地震灾害理赔人寿险部分32280.51万元。

复学复课

恢复教学活动对灾后安抚人心、稳定情绪十分重要。5月17日，国务院召开会议，研究部署教育系统进一步做好抗震救灾工作。会议要求，要创造条件迅速建立“帐篷教室”“活动板房教室”等临时课堂，帮助灾区学校恢复教学、恢复学生集体生活；教育部门要帮助灾区做好师资、教材、教具等教学准备工作，针对教师伤亡情况，组织优秀教师志愿者支援灾区教学，让灾区学生得到好的教育；根据灾区需要，组织优秀教育管理者深入灾区，帮助教学力量损失严重的学校恢复和完善教学管理秩序；筹建专门的学校或班级，接纳孤残儿童就学，并对他们的生活条件给予更多保障。研究制定资助受灾学生的特殊政策。

地震掩埋了学校，吞噬了生命，但却掩埋不了教育的希望。“9月1日新学年开始，所有学校都要复课。”“决不让一个学生因灾失学！”目标锁定，各地教育行政部门迅速行动起来，本着“安全第一、先易后难、逐步到位”的原则，采取抢修受损校舍、搭建“帐篷教室”、搭建“活动板房教室”、租借安全房屋等形式，按照“条件成熟一所复课一所，条件成熟一个年级复课一个年级”的原则，有计划地组织灾区学校复课。同时，创造条件，组织非受灾地区学校支援重灾地区学校，重灾地区部分学生在省内非受灾地区异地复课，部分学生转移到外省市就读。

5月18日，教育部通知要求各级教育行政部门和学校根据实际抓紧复学复课。此后，财政部、教育部下达资金23.2亿元，用于四川、甘肃、陕西三省地震重灾区中小学校舍维修加固和教学仪器设备重置，保证9月1日灾区中小学全面复学复课。四川省教育厅成立灾后中小学安全复课工作组，多次发布涉及教育教学方案设计、师生心理疏导、校园安全管理和应急预案等方面的指导意见，推进学校安全复课。

四川省对因校舍受损严重的成都、绵阳、德阳、阿坝等市（州）实施省内异地复课。汶川县95所中小学中的91所校舍受损严重，四川省教育厅决定在省内解决部分中小学生安置复课，由自贡、内江、宜宾、泸州等地各负责安置学生600名左右。解放军总装备部驻川某基地在绵阳市九洲体育馆场地上建起占地1.5万平方米的“八一帐篷学校”。5月23日，北川曲山小学、陈家坝小学、漩坪初中、太洪小学等几所学校的千余名师生在“八一帐篷学校”开始复课，6月9日又迁入装有空调的活动板房。“八一帐篷学校”建有计算机网络教室、多媒体教室、远程教育系统和校园广播系统以及餐厅、洗澡间、医务室等设施，为地震灾区建设规模较大、设施设备较好、复课较早、复课效果较好的“帐篷学校”。大灾之后，在各地搭建的“帐篷学校”里，重新响起了孩子们的读书声。

甘肃、陕西等省在对校舍进行维修加固的同时，采取搭建“帐篷教室”、“活动板房教室”以及租借安全房屋、分流学生等方式，积极创造条件组织学校复课。舟曲县许多村庄各民族群众还让出家中厅房做教室，帮助学校搭建帐篷，支持学校复课。陕西灾区各级政府按照“因地制宜、一校一策”原则，采取搭建防震临时教室、租借安全房屋、实行二步制或隔日制教学、异地上学等措施，保证教学活动正常进行。

5月31日，胡锦涛深入宁强县指导抗震救灾工作时，专程到金山寺看望正在简易防震棚里上课的师生们，并在小黑板上写下“一方有难，八方支援；自力更生，艰苦奋斗”16个大字，领着孩子们一起大声朗诵，勉励孩子们坚强勇敢、奋发向上。5月23日，温家宝看望被临时安置在绵阳长虹培训中心的北川中学师生，用粉笔在黑板上写下“多难兴邦”4个大字；6月20日，到略阳县二中看望在活动板房中上课的学生，又为师生们写下“艰难困苦、玉汝于成”的勉励语。党和国家领导人的鼓舞和期望，温暖着灾区师生的心，深深地激励着灾区人民。

教育部及灾区教育行政部门还根据校舍损毁等情况，提出利用对口支援平台，安排灾区学生赴省外就读的决定。四川省教育厅根据援助省（区、市）的意愿和重灾地区中小学复课需要，决定将部分学生转移到省外就读。转移灾区学生到省外就读必须坚持学校同意及学生、家长自愿原则，并严格审批程序。极重灾区北川羌族自治县学生就地复课难度大，6月3—4日，擂鼓镇809名小学生以及592名初中生先后赴山东济南就读。绵阳市教育局妥善转移3708名学生赴辽宁、山东、重庆、云南等地就读。至8月底，四川省共有51个受灾县（市、区）的19369名中小学生在省外就读。

为做好复课各项准备工作，7月14日，教育部启动“援助地震灾区中小学教师培训计划”，为灾区组织灾后中小学教师心理康复及素质提高培训提供示范。教育部还要求，灾区中小学9月开学时，要把心理辅导与心理健康教育纳入正常教育教学之中，科学、有序、持续地进行。灾区教育部门按照教育部部署，结合各地区实际，立即展开中小学心理辅导与心理健康教育。8月4日，四川省启动中小学校教学仪器设备重置工作，其中为保证9月1日复学复课重置教学仪器设备303万台（套、件）。8月底，在开学复课冲刺阶段，四川省又启动校舍建筑质量安全、防次生灾害安全、食品卫生安全和治安安全、防火防雷安全拉网式大检查，坚决杜绝学校各类安全事故发生，确保9月1日所有学校做到安安全全、干干净净开学复课。为解决灾区师资力量不足问题，教育部提出2008年的“农村义务教育阶段学校教师特设岗位计划”优先满足灾区，加之省外对口支援省市选派优秀教师支教，以及灾区招聘和在区域内调配教师，建立师资后备库，非灾区教师随时可以支援灾区等，多种措施并举，确保灾区教师队伍得到及时补充。8月底，四川省教育厅派出工作组分赴6个重灾市（州）对全面复学复课情况驻点督办。

9月1日，是灾区中小学新学期开学的日子。在全国各地、各方面的大力支援下，四川、甘肃、陕西等灾区中小学校在这一天实现全面复学复课，其中包括51个极重灾和重灾县（市、区）、5979所中小学校、340万名中小学生。正在四川灾区考察的温家宝一大早即赶到设在长虹培训中心的北川中学临时学校，参加该校的秋季开学典礼。他深情地寄语北川中学师生：“今天的开学仪式具有象征意义，象征新生活的开始、新的学习的开始。同学们要谨记灾害带给我们的经验、教训，努力学习、奋斗，将来和北川人民一道，把北川建设得更好！这就是我希望你们做的，也相信你们一定会做到！”

组织中等职业学校学生异地就读一度成为对口支援工作的重点。6月6日，教育部召开教育系统灾后重建对口支援工作电视电话会议，要求重点做好灾区中等职业学校学生转移安置就读、实习和就业等对口支援工作，通过“结对子”的方式，将灾区中等职业学校学生转移到本省其他学校或对口支援的外省市中等职业学校就读。四川省教育厅支持鼓励灾区中等职业学校与省外优质教育资源合作办学，帮助重灾地区学校学生到发达省市学校就读、完成学业，争取援助单位提供顶岗实习岗位、开展就业援助。其中，北川职业中学师生复课、就读颇具典型性。5月13日，北川职中师生转移到绵阳市九洲体育馆，随后又集体转移到绵阳职业培训学院。绵阳职业培训学院为北川职中师生提供必要办公设施、办公场所，每位北川职中教职工都有专人负责联系，帮助解决困难。26日，北川职中开始复课。从6月14日开始，学生分3批赴山东德州汽车摩托车专修学院等学校学习。

山东、上海、浙江、河南、江苏、吉林和广东等省（市）制定具体工作方案，以“最好的地区、最好的学校、最好的专业”接待异地就读的灾区学生，免除其学费、课本费和住宿费，并给予伙食补贴和其他生活补助，保证他们安心读书。9月1日，四川灾区中等职业学校学生30多万人全部复课，其中异地安置6万多人。甘肃省、陕西省、重庆市在安排好本地学生复课的基础上创造条件，积极做好接待外省就读学生的工作。

地处灾区的各高校在地方党委政府和教育部门的领导下，采取转移安置、对口支援、抢修危房、搭建活动板房等方法，按计划保证毕业生按时毕业、新生按时入学，实现复学复课。汶川县境内的阿坝师范高等专科学校在地震中损毁严重。5月18日，学校制定方案决定异地复课。22

日，首批1500余名师生开始转移。全部安全到达成都后，在西南民族大学、成都体育学院、成都电子机械高等专科学校临时安置。经过考察联系，阿坝师专确定将位于郫县的攀枝花学院教育实习基地、西华大学彭州校区作为复课点。阿坝师专还得到高等教育出版社、四川大学出版社等34家出版社的支援，所需教材绝大部分按时送达学校异地复课点。9月1日，阿坝师专复课典礼在攀枝花学院教育实习基地举行。成都东软信息技术职业学院学生赴辽宁大连、广东佛山异地就读，是灾区高校中学生人数最多、转移距离最远的一次异地就读行动。为保证异地复课顺利进行，学院成立由东软集团和成都、大连、南海3所东软学院负责人组成的省外就读领导小组，启动三校应急联动机制，制定实施方案。6月24日，成都东软学院4600余名师生乘专列离开成都，赴大连、佛山进行为期两个月的省外就读；至8月底，师生全部安全返回成都，并于9月17日在青城山下的校园举行了复课暨开学典礼。四川重灾地区21所高校，通过灾情评估及对受损校舍维修加固，9月1日前实现17所就地复课、4所异地复课。

组织灾区高考

地震打乱了灾区高考备考工作部署，能否按时举行高考，受到各方密切关注。教育部根据中央“全国高考按常规举行，重灾地区应特事特办”，以及要把生命安全放在第一位的要求，制定了正常地区和灾区高考的应对办法；成立工作组分赴四川、甘肃灾区协助做好如期和延期高考的准备工作。四川、甘肃、陕西等省均启动应急预案，研判高考形势。四川省教育厅成立抗震救灾工作领导小组，下设高考应急组。四川省教育考试院成立高考应急工作组，派出3个工作组前往通信中断的德阳、都江堰、绵阳等重灾地区了解情况。四川省教育厅协调省政府应急办调拨帐篷，及时解决241名命题、制卷人员工作、住宿问题；安排有关人员与武警官兵组成突击队，进入命题场地保护试题成品及设备。四川省、陕西省政府还成立地震、公安等多部门组成的高考应急指挥中心，负责分析研判余震等自然灾害对如期举行高考的影响及处置办法。

经教育部批准，包括都江堰、北川等在内的四川省受灾严重的6个市（州）45个县（市、区）延期举行高考，涉及考生96421人；甘肃省陇南、甘南地区17个县（市、区）延期举行高考，涉及考生23492人。

为保证考生安全，四川省各级招生考试机构做出周密安排，保障先期进行高考的考生平安完成考试；延期高考地区教育部门组织力量为重灾地区考生无偿提供复习、生活条件；加强高考安全保卫、试题押运、守护及考试治安管理等各项保障工作，组织专家组对考点、考场、考生食宿点等高考用房进行抗震鉴定和检查。各考点还组织考生、监考员和工作人员进行防震疏散演练。按照“分级管理、分级负责”的原则，对备考工作和市、县保密室的软硬件条件进行检查清理。气象部门通过电视、广播、手机短信等向社会发布天气预报；地质部门对考点的地质灾害进行预测分析。种种措施，确保两次高考顺利平安进行。

6月7—8日，四川灾区非延考区17个市（州）、136个县（市、区）以及甘肃部分地区、陕西2008年普通高考如期举行。8日，教育部立即复函四川、甘肃两省，同意将延期高考地区考试时间安排在7月3—5日。27日，四川省委、省政府协调省抗震救灾指挥部批准，成都军区陆航团启用4架直升机从成都起飞，将4000余份高考试卷分别送到汶川县、理县、茂县、马尔康县，保证延期高考顺利实施。

“家没有了，大学梦还在嘛。”家在安县秀水镇的赵婷对记者如是说。灾难降临，家园被毁，亲人离散，但是灾区的学子们还有人生的梦想和期盼。7月3日，四川、甘肃灾区延期高考考生准时走进考场，他们用坚强书写着自己人生奋斗的轨迹。5日，延期高考顺利结束。

对高考考生录取工作，教育部要求在四川招生各高校对招生计划名额在原有基础上增加2%，延考区与非延考区考生按1∶4比例招生，实行“分别考试，分列计划，单独划线，同期录取，分别投档”的办法分别编制招生计划。四川省录取工作严格按照“阳光工程”要求，同时商请有关高等院校录取残疾考生。在川招生各高校尽最大努力增加招生计划，特别是对延考区，凡投档考生都设法予以解决。对未完成录取计划的，由各级招办采取公开征集志愿、组织专人从高分到低分征集在库、在线考生志愿的方式，尽力为未录合格考生提供深造的机会。北京大学、清华大学等名校分别增投招生指标，四川省内各高校纷纷出台关爱灾区考生招生方案，对来自重灾地区的第一志愿考生，符合相关录取政策的优先录取。2008年，全国1400余所高校在川招生总计划为289859名，录取306873名，超额完成全年招生计划；因地震及其他原因致残的333名考生也全部被高校录取。甘肃省将招生计划按照延考区和非延考区进行合理分解，并对延考区采取特殊照顾政策，陇南市、甘南藏族自治州当年普通高考录取率达58.4％。陕西省对宁强、略阳两县考生照顾10分录取，两县录取率平均比往年提高9个百分点。此外，经教育部特批，被授予“抗震救灾英雄少年”称号、有突出表现的北川、彭州、理县4名考生分别免试保送北京大学、清华大学、国防科技大学和装甲兵工程学院；四川省16名、甘肃省3名抗震救灾优秀学生被批准保送入高校学习。

困难学生生活补助

5月31日，财政部、教育部发出通知，要求各高等院校将在校普通本、专科学生中，生源地为地震重灾地区的农村学生和城市家庭经济困难学生纳入国家助学金资助范围，按每人每月平均200元标准，发放5～7个月的国家助学金。8月，教育部、财政部实施特别资助政策，2008年秋季学期至2009年春季学期，对生源地为地震重灾地区普通高等学校全日制本、专科在校家庭经济困难学生免除学费。中央财政对受灾省高等院校和接收灾区学生较为集中的其他省高等院校给予补助，补助标准为每年每生4200元；其余高等院校免除学费资金，由学校自行安排。两部委下发的通知指出，生源地为地震重灾地区的普通高等学校全日制本、专科在校生国家助学金政策覆盖面扩大到70％，平均补助标准仍为每年每生2000元。新增资金全部由中央财政负担。同时，各高等院校可根据情况自行发放特殊困难补助。对重灾地区51个县（市、区）的普通高中和中等职业学校家庭经济困难学生免除学费。其中，普通高中学生按照一学年每生900元的标准，一次性安排补助资金；按一学年每生1000元补助标准安排生活补助费。中等职业学校学生按照一学年每生2000元标准，生活补助每年每生均为1500元。

随后，中央财政下达2.04亿元资金，对2008—2009学年22.7万名普通高中家庭经济困难学生免除学费；通过中国教育发展基金会中央彩票公益金资助项目，对上述范围学生补助生活费。在民政部门对灾区群众生活补助政策的基础上，中国教育发展基金会从募集到的抗震救灾款中拨出1604万元专项资金，对四川省遇难中小学生家庭每户补助3000元。教育部协调中国教育发展基金会分3次对四川、甘肃、陕西等省重灾县高三年级学生给予生活补助，其中拨付四川省2536.32万元（包括抚恤金、交通费补助276.45万元）、甘肃省458.2万元、陕西省163.88万元；按每生每天10元的标准发放伙食补助，受补助高三年级学生近14万人（次）。中央财政还安排资金3.97亿元，使中等职业学校家庭经济困难学生得到资助。

2008年秋季学期至2009年春季学期，四川省全年安排中央财政资金4.96亿元，对高等教育阶段家庭经济困难学生11.8万人免除学费，占灾区在校学生比例的85％。同时，普通高等教育阶段的灾区学生国家助学金覆盖面扩大到85％。四川省高等教育学校灾区学生享受助学金平均覆盖面增加了57％。四川、甘肃、陕西等地落实国家规定，对困难中小学生、中等职业学校家庭经济困难学生实施资助。四川省对符合条件的高中阶段家庭经济困难学生免收学费，对地震灾区义务教育阶段学生执行“两免一补”政策，即城市学生免除学杂费，农村学生免除学杂费和书本费，并给予家庭经济困难寄宿制学生发放生活补助。四川省的中等职业学校免除学费人数达15.2万人，占灾区在校学生的70％，全学年安排资金3亿元。对中等职业学校家庭经济困难学生生活费补助，继续执行现行国家助学金政策，资助一、二年级所有全日制在校农村学生和城市家庭经济困难学生，一学年资助1500元。甘肃省财政厅、教育厅向各市州省属中等职业学校下达2008年秋季学期中等职业学校国家助学金7067.48万元，其中中央补助资金5653.98万元、省财政补助资金1413.5万元；下达2008年秋季学期地震重灾地区中等职业学校家庭经济困难学生免学费专项补助资金1902.5万元。陕西地震灾区也根据中央和省有关政策和标准，对符合中央资助条件的中等职业学校家庭经济困难学生免除学费，并予以生活补助。

为保证地震重灾地区家庭经济困难学生顺利就学，四川省对生源地为重灾地区普通高等学校全日制本专科在校生及2008年秋季新入学学生，实行先办理入学注册手续，再根据核实受灾情况，落实有关资助政策“绿色通道”制度。甘肃、陕西等省也实施特别资助政策，保证重灾区学生顺利入校就读。各高校及时发放5～7个月国家助学金，向家庭遭受重灾的学生发放国家助学贷款，紧急安排特殊困难补助，增发临时伙食补贴，实施学费减免，调增勤工助学岗位等。全国各地高校也纷纷为新生开启“绿色通道”。北京科技大学对来自地震灾区的2008年新生做出“包学费、包路费、包生活费”的承诺，同时对受灾家庭困难学生发放临时性生活困难补助、寒暑假回乡路费补贴，优先办理国家助学贷款，办理校内无息贷款，优先安排勤工助学岗位。至9月下旬，来自地震灾区的高校新生全部顺利入学。

实施文化安民

文化部在四川、甘肃、陕西等省集中设置900个灾区过渡性综合文化服务站，配备流动文化车和大量图书。文化部还利用共享工程建设渠道，加大文化系统对口支援，通过建设文化服务站、赈灾服务点为灾区群众开展文化服务活动。同时，组建文化信息资源共享工程赴四川省资源服务小组，组织大量抗震救灾资源，组织、带领工作人员走进群众集中安置点，为群众播放优秀视频作品。5月26日，文化共享工程第一批赈灾流动服务点同时在绵竹、安县落成。6月1日，北川羌族自治县文化共享工程赈灾服务点落成。3日，文化共享工程第一个带卫星接收能力的赈灾服务点在广汉市高坪镇建立，设在北川、青川、汶川、绵竹等地灾区的群众可通过卫星和地面宽带系统观看来自全国管理中心和四川省分中心的文化节目、重建信息、防疫知识等。甘肃、陕西等省也充分利用图书馆与文化共享工程，将文化信息资源送到群众身边。

根据中宣部部署，文化部、广电总局、全国总工会、中国文联、部队等组织文艺工作者赴地震灾区慰问演出。文化部两个“心连心”慰问演出团、广电总局抗震救灾“心连心”艺术团、中国广播艺术团小分队、全国总工会文工团等纷纷深入四川灾区一线慰问演出。中国文联组织两支抗震救灾“心连心”慰问艺术团小分队赴陕西各地灾区慰问演出。全国总工会拨款近千万元，在四川灾区受灾群众相对集中的安置点援建131个工会文化活动室，配置图书、文体器材等设施。全国总工会、四川省总工会还共同举办了“全国工会抗震救灾重建家园文化帮扶行动”。解放军和武警部队文艺工作者深入灾区和救援部队，开展创作和慰问演出活动，并推出大量文学、音乐、戏剧、影视、曲艺等抗震救灾题材的文艺作品。广电总局向四川省紧急调拨用于救灾的电影专项资金350万元，集中援助四川省电影系统，同时向四川省文化厅调剂198套设备投入灾区各安置点。全国总工会组织各地工会组建6支移动电影放映小分队赴灾区放映电影，并向重灾县赠送数字电影放映机等。

各文化团体、文化部门以丰富的精神文化鼓舞灾区群众战胜困难、重建家园。中国广播艺术团体验生活小分队、中国文联抗震救灾体验生活小分队及四川、甘肃、陕西等省各级文化部门在全力救灾的同时，迅速开展群众文化活动，组织文艺工作者赴重灾地区体验生活，创作抗震救灾题材文艺作品；组织举办以“抗震救灾、重建家园”为主题的图片、美术、书法、摄影等艺术展览，在重灾地区共建图书流动服务点等。广大艺术家们创作出一批感人至深、催人奋进的优秀文艺作品，用艺术形式讴歌伟大的抗震救灾精神。

灾区文化部门和广大文艺工作者通过文艺创作、举办展览、图书活动等形式，丰富群众文化生活，增强人文关怀。四川省实施文化抚慰工程，大力开展“重建精神家园·文化安民行动”，以“心系灾区·情暖巴蜀”“美丽四川·文化暖冬”“抚慰心灵·振奋精神”“城乡统筹·文化互融”等为主题，以农村和灾区为重点，组织全省广大文艺工作者创作大量抗震救灾歌曲、舞台（剧）节目等各类文艺作品、美术书法摄影作品，组织电影放映队深入重灾县各乡村和集中安置点。全省文艺团体纷纷深入灾区，为百姓送去以弘扬抗震救灾精神为主题的电影、歌曲、舞台剧等。四川省文化厅还开展了“文艺直通车”赴灾区开展服务活动，以省、市专业艺术院团和群众文化机构为主要力量，组建多种形式的文艺小分队，有计划地深入集中安置点开展流动文艺演出。甘肃省委宣传部、省文化厅组织6支文艺小分队赴陇南、甘南等灾区慰问演出，还开展“千台大戏送农村”活动，为灾区群众送去精神食粮。四川、甘肃、陕西、重庆等电影行业单位积极开展电影放映活动。成都金沙院线、峨眉院线等组织放映队把露天“坝坝电影”送到灾区群众身边。

广电系统积极抢修受损设施设备、调整节目，重点做好抗震救灾宣传报道。广电总局组织技术人员抢修受损电台，迅速恢复正常播音。对灾区广播电路进行预测选频、发射机天线调配、节目传输路由调整等；调度北京、黑龙江、海南、西藏、陕西、青海、新疆直属发射台8部短波发射机和1部中波发射机，加强对四川灾区的广播覆盖工作。四川等省按照“先广播后电视、先无线后有线、先过渡后重建”的原则，全力组织抢险。6月初，灾区广播影视播出基本恢复正常。四川电视台、电台和成都电视台、电台等广播电视媒体，在地震当天就进行并机直播，及时报道灾情和救援情况，推出群众安置、生产自救、重建家园和普及防震防疫常识等内容。广电总局与四川省共同制定灾区安置点广播、电视设施建设方案，采购广播电视设备，在过渡安置点设置广播室和电视集中收看点。

文化在抚慰心灵、安定人心、维护稳定、促进和谐等方面发挥了巨大作用。一系列丰富的文化服务给灾区群众带来了难以估量的心灵温暖，成为鼓舞斗志、感恩奋进的力量源泉。

社会赈灾救助

一方有难，八方支援，这是共克时艰的力量所在。一切为了灾区，全力支援灾区，长城内外，大江南北，从中央领导到广大群众，从企业家到普通员工，从港澳台同胞到海外华人华侨，从白发苍苍的老人到天真活泼的孩子，人们纷纷慷慨解囊，踊跃捐款，尽己所能出一份力、献一份爱。抗震救灾，是民族精神的一次洗礼，是民族团结的一次检验，是民族力量的一次凝聚。国际社会也积极支援中国人民抗震救灾，纷纷向地震灾区捐款捐物。

全国各地、社会各界踊跃捐献

一切为了灾区，全力支援灾区。5月14日，胡锦涛、江泽民、吴邦国、温家宝、贾庆林、李长春、习近平、李克强、贺国强等身体力行，率先垂范，积极向灾区捐款捐物，表达对灾区人民的深切关怀。

中央各部门、各省（区、市）、各行各业、社会各界群众纷纷行动起来，不分部门系统、不分男女老幼、不分天南海北，积极捐款捐物，筹办募捐，无偿献血，出人出力。

解放军和武警部队，民革、民盟、民建、民进、农工党、致公党、九三学社、台湾民主自治同盟等民主党派和全国工商联，全国总工会、共青团、全国妇联、中国侨联、中国残联等人民团体，佛教、道教、伊斯兰教、天主教、基督教等宗教界，纷纷行动起来，通过捐款、捐物等各种形式，倾力支援灾区人民抗震救灾。许多部队全员参与捐赠。奋战在抗震救灾第一线的4万多名官兵，在救援现场捐款300多万元。宗教界还举行多种宗教活动纪念亡者，祝福生者。5月31日，中国道教协会在大邑鹤鸣山道观举办“中国道教界为汶川地震灾区祈福·追荐·赈灾大法会”，来自两岸四地的500余名道教界人士参加法会。活动现场共募集资金802.7万元、185万港元，募集药品折价400万元，募集电气设备和衣物折价80万元。其中，内地道教界捐赠资金700

多万元，捐赠药品和电气设备等物资折价420余万元；香港道教联合会、啬色院、蓬瀛仙馆、圆玄学院、青松观、飞雁洞佛道社、香港道教文化基金会，台湾“中华道教总会”、台湾高雄道德院，澳门道教协会等捐赠资金185万港元、169万元，捐赠方便面3500箱、矿泉水3200箱以及衣物折价60多万元。

为灾区捐款捐物，各企事业单位在积极行动。至6月底，150家中央企业捐款捐物折价共计59亿元，其中国家电网、中国移动、中国电信、中国石油、南方电网、中国交通建设集团、宝钢集团等大型国有公司捐赠资金、物资折价都在亿元以上。至6月5日，全国工商联8000多家民营企业，共捐款51.5亿元，捐赠物资折价10.9亿元。其中，捐赠1亿元以上的会员企业有5家，捐赠1000万元~1亿元（不含）的会员企业92家，捐赠500万元~1000万元的会员企业有120家。泛海集团及泛海集团董事长卢志强捐赠2.22亿元，用于支持灾区重建和表彰抗震救灾英模人物。日照钢铁控股集团有限公司开展“千人献血、万人捐款”活动，向四川地震灾区捐款 1 亿元。

灾情牵动着全国各族人民的心。广大干部、工人、农民、知识分子、学生、孩子……普通老百姓自觉自发地走到捐赠点伸出援助之手，捐款捐物，爱心从中华大地的四面八方涌入灾区。5月12日下午，北京市海淀区复兴路83号院社区的居民自发举行捐款活动，现场募集资金4万余元。13日，开封县李郑庄村李明前等10名村民，用一辆货车装载着604箱方便面和98件矿泉水，凭一张地图日夜兼程向四川进发；14日深夜，终于将救灾物资送到刚设立不到10分钟的成都市全国抗震救灾物资捐赠点，成为全国第一批将救灾物品送到四川灾区一线的人士。上海市退休教师沈翠英参加上海百家拍卖企业赈灾慈善拍卖会，将一套住房拍卖450万元后全部捐赠灾区。湖北省一对中年夫妇到省民政厅捐赠10万元，留下了“一个老共产党员”的签名。16日清早，甘肃省甘谷县国税局73岁退休干部张怀西拖着病体走了7.5公里赶到县国税局捐款1000元，回家和老伴商议再到民政局捐1000元，但因劳累过度，不幸于当晚病故。第二天，老伴为实现他的遗愿，委托他人到县民政局捐款1000元。天津市武清区南蔡村镇张辛庄村村民杨宝生一家3口仅靠种地、养几只羊维持生计，妻子患病常年打针吃药，女儿正在读高中，家庭经济非常困难，但他却不惜在羊，价正低时卖掉两只羊，将售羊款全部捐给灾区。拾荒者王明胜在重庆观音桥步行街捐款180元，留下“我穿得很脏，但我很善良”的字条后离开。在广州市越秀区华乐街抗震救灾募捐现场，一名身患残疾、无法直立行走的乞讨者，将他身上仅有的10元硬币和纸币投进募捐箱。

5月18日晚，由中宣部、中央外宣办、文化部、广电总局、新闻出版总署、解放军总政治部、中国文联、中国作协、中国记协共同发起，中央电视台承办的“爱的奉献——2008宣传文化系统抗震救灾大型募捐活动”，在中央电视台隆重举行。活动现场共募集资金15.28亿元，成为新中国成立以来国内宣传文化系统规格最高、规模最大、阵容最强的一次募捐活动。各地也组织艺术家开展赈灾义演。17日，广东省举办“川粤同心、众志成城——广东省抗震救灾大型募捐义演”，现场共募集资金1.77亿元。

9月27日，中宣部、民政部、铁道部、交通运输部、解放军总政治部等五部门联合下发《关于开展2008年全国“送温暖、献爱心”——向汶川地震灾区捐赠衣被活动的通知》。同日，中宣部、中直机关工委、中央国家机关工委、民政部、总政治部联合下发《关于切实做好2008年全国“送温暖、献爱心”——向汶川地震灾区捐赠衣被活动的通知》，以“捐赠衣被、温暖灾区”

为主题，组织开展了全国为灾区困难群众捐赠过冬衣被活动。至11月27日，全国共募集各类衣被1900多万件（床）。各地民政部门和相关部门迅速组织，尽快把这些御寒物资运往灾区。

各省（区、市）积极行动，为灾区提供人力、物力、财力、智力等各方面的支援。至2009年9月30日，全国筹集社会捐赠资金和物资折价共计797.03亿元，其中捐赠资金687.9亿元、物资折价109.13亿元。

共产党员自愿交纳“特殊党费”

“请不要写我的名字，要写就写4个字：共产党员。”“虽然我已退休，但爱国、爱民、爱党之心从没有退休！”危急关头，广大党员以实际行动讲党性、重品行、作表率。5月13日，浙江省绍兴县党员祁友富到柯岩街道党工委交纳支援灾区的10万元“特殊党费”，浙江省委组织部立即向中组部汇报。此外，北京、安徽等地一些中共基层组织和中共党员也反映，希望通过交纳大额党费的形式支持地震灾区。18日，中组部下发通知，决定尊重和鼓励党员通过党组织表达支援灾区的心愿，接受党员以党费捐款作为“特殊党费”转送地震灾区。胡锦涛、江泽民、吴邦国、温家宝、贾庆林、李长春、习近平、李克强、贺国强等带头交纳抗震救灾“特殊党费”。仅5月19日，即中组部接收抗震救灾“特殊党费”的第一天，就接到362个咨询电话，收到107名党员通过银行汇款交纳的抗震救灾“特殊党费”1756.15万元，101名党员直接到中组部交纳抗震救灾“特殊党费”63万元。

不论是来自城市、工厂、部队、机关、医院、学校，还是农村、社区、街道；不论党龄长短、职务高低、收入多少，数千万党员踊跃交纳“特殊党费”。河南省汝州市农民企业家、党员王国奇在捐款115.8万元的基础上，又到汝州市委组织部交纳“特殊党费”100万元。深圳海王集团公司董事长张思民交纳100万元“特殊党费”。四川省华蓥市87岁老党员但功荣，在生命垂危之际交纳“特殊党费”500元。阿坝藏族老党员格木基在地震中受伤卧床，特意叫子女到州委组织部代交“特殊党费”1万元。成都市温江区洪江村低保户党员易开祥，将自种的700余公斤莲花白和生菜捐送灾区，并交纳“特殊党费”300元。蓬安县88岁老党员康定国，拄着拐杖步行两个多小时到党支部交纳“特殊党费”50元。福建省95岁高龄的老红军、老党员铁坚闻知地震发生后，立即让子女捐款8000元，后得知开展交纳“特殊党费”活动，又让子女代交“特殊党费”2000元。至11月5日，全国共有4557.89万名党员交纳抗震救灾“特殊党费”97.3亿元。

港澳台同胞、海外华侨华人赈灾捐献

地震灾情通过新闻媒体，传遍全国，传向世界。血浓于水，守望相助，港澳台同胞以及海外华侨华人迅速行动起来，有钱出钱，有力出力，有智出智，倾情支援灾区。

5月14日，香港特区政府为紧急赈灾拨款3.5亿港元，其中直接汇入四川省财政厅赈灾捐赠专用账户3亿港元，其余5000万港元列入香港“赈灾专项基金”，供香港慈善和救助机构申请赈灾基金咨询委员会批准后用于抗震救灾。香港社会各界踊跃捐款捐物。香港红十字会共募集资金7

亿元支援灾区建设。至2009年5月13日，香港赛马会共募集资金10.3亿港元，用于支援灾区重建。世茂集团捐赠1.1亿港元。5岁的黄静琳和她9岁的哥哥将几年积攒的6785港元压岁钱悉数捐出；一位70多岁的阿婆将女儿给的3000港元生活费，捐给因救学生而牺牲的教师谭千秋的家属。社会知名人士纷纷慷慨解囊，其中李嘉诚捐赠1.3亿港元，邵逸夫及夫人邵方逸华捐赠1亿港元，陈君实捐赠3000万港元。6月1日，来自内地和港澳台的文艺界人士在香港举行“5·12”关爱行动大汇演，为灾区筹款3000多万港元。至6月24日，香港各界向灾区捐款已超过21亿港元，成为香港有史以来单项慈善活动捐赠资金的最高纪录。

5月13日，澳门特区政府向地震灾区捐赠1亿澳门元。6月13日，澳门“川澳同心”委员会举办“川澳同心、抗灾解困——四川地震灾后重建家园慈善筹款晚会”，共募集资金6000余万澳门元和港元，全额捐赠中华慈善总会。至14日，澳门红十字会共募集资金6300万澳门元，并协调组织运送价值550万元的救灾物资。澳门基金会捐赠1000万元。澳门中华海外联谊会两次分别捐赠1000万澳门元和1276万港元。澳门粤剧曲艺总会发起粤曲筹款晚会，澳门兰艺会发起的国兰、洋兰义卖，澳门“澳大‘粽’动员”赈灾活动，共筹集善款3600多万澳门元。至29日，澳门各界向灾区捐助总计约4.5亿澳门元的善款及价值2000多万澳门元的物资。

5月12日，中国国民党中央委员会致函中国共产党中央委员会，对四川汶川地震灾区表示慰问。中国国民党荣誉主席连战、主席吴伯雄，亲民党主席宋楚瑜，新党主席郁慕明等纷纷致函致电表达对灾区的关切和慰问。台湾地区候任领导人马英九呼吁各市县和民间社团发扬人道主义精神，向灾区提供救助。次日，马英九个人捐款20万元新台币，并再次呼吁民众以捐款和其他方式支援灾区。宋楚瑜以“宋友会”名义捐款100万元新台币，连战捐款1000万元新台币和1万件羽绒服。金门县政府捐赠313万元新台币，台中市政府捐赠153.14万元新台币。台湾企业纷纷向灾区捐赠资金、物资，其中台塑集团通过中央统战部捐赠1亿元，润泰大润发公司捐赠6000万元，顶新集团捐赠3000万元。5月12日，台湾佛光山与“国际佛光会”世界总会捐款1000万元新台币；17日，台湾“国际佛光会”捐赠资金1100万元、物资折价1500万元。18日，台湾“中国电视公司”、中天电视公司、台北经纪人交流协会与台湾红十字组织在台北举行“把爱传出去”赈灾募款晚会。晚会现场开放120余条电话线路接受民众捐款，上百位知名文艺界人士参与赈灾演出，或作为志愿者接听捐款电话。大量台湾民众和企业热情回应，捐款电话不断打进晚会现场。晚会共募集善款2.2 亿多元新台币。6月5日，“两岸同心、重建家园”主题晚会在北京举办，台商、台资企业和台胞在晚会上共为灾区捐建学校128所，捐建款项共计6400万元。

海外华侨华人心系灾区，积极为灾区捐款捐物。由美国华商总会发起、旧金山湾区中国统一促进会以及各界四川地震赈灾委员会举办的“旧金山湾区各界支持四川地震赈灾筹款大会”，现场筹集赈灾款11.61万美元。旅俄华侨华人在莫斯科集装箱市场举行赈灾集会，介绍汶川地震灾情，近千人当场捐款12万多美元。英国伦敦唐人街的中央区域搭起小舞台，举办义卖义演活动。意大利普拉托华侨华人联谊会中文学校捐赠4万欧元；意大利罗马的一个华侨家庭，取消原定为新生婴儿过百日庆典的活动，把筹办酒席的1500欧元捐给灾区。多米尼加华侨成立募捐委员会，分成小组，挨家挨户动员华侨华人捐赠款物。海外华侨华人组织主办的媒体，连续报道抗震救灾进展情况，让更多的海外华侨华人了解灾区、关注灾区。

5月13日，国侨办紧急启动“侨爱工程—抗震救灾温暖行动”，得到海外华侨华人、国内归侨侨眷的热烈响应，当天即收到捐赠款物折合6850万元。至6月27日，全球华侨华人通过中国涉侨部门、驻外机构、中国红十字会、中华慈善总会等各种途径，为中国抗震救灾捐款捐物折合13亿元，其中国侨办直接接收2.19亿元（含物资折合7500万元）。这是中华人民共和国成立以来海外侨胞捐赠数量最多、捐赠积极性最高、捐赠人数最多的一次，充分体现了中华民族强大的凝聚力。

国际社会支援

国际社会密切关注汶川特大地震，各国本着人道主义精神纷纷伸出援助之手。国外红十字组织普遍为中国地震灾区举行赈灾募捐活动，其他国际慈善组织也开展了各种援助行动。

地震发生后，外国政府及社会各界、联合国相关机构、国际组织纷纷采取多种形式支援中国抗震救灾。5月13日，国际奥委会主席罗格向中国国家主席胡锦涛发来慰问电，并代表国际奥委会向中国受灾地区捐赠100万美元。21日，联合国向中国政府正式捐赠从联合国中央应急反应基金里紧急调拨的800万美元；24日，联合国秘书长潘基文等人赴四川灾区考察、慰问，了解受灾情况。俄罗斯政府先后派出专机21架次，向中国灾区运送物资542吨，价值超过7600万元，主要为灾区急需的大型帐篷2830顶和被褥、发电机、药品、野战厨房、卡车等，社会各界援助被子、毛毯、食品、发电机等救灾物资折合865.24万元。25日，俄罗斯国防部援助一批救灾物资，在中国国防部外事办公室进行交接。与此同时，德国政府和汉堡市政府、黑森州政府、北莱茵—威斯特法伦州政府及有关企业捐助物资折价8862万元，其中德国政府向中国援助资金250万欧元、帐篷8816顶。沙特阿拉伯向地震灾区捐赠资金5000万美元和价值1000万美元的物资。阿拉伯联合酋长国捐赠5000万美元、帐篷400顶。阿富汗政府及其社会各界向中国援助物资折价21.67万元。巴基斯坦把国家战略储备库库存的所有帐篷捐给中国地震灾区。澳大利亚政府向中国援助资金555万澳元，社会各界援助救灾物资折合5519万元。至10月14日，有170个国家和地区及有关国际组织通过中国外交部、中国红十字会总会、中华慈善总会等机构向地震灾区捐款折合人民币约23.69亿元。外资企业也踊跃捐赠资金物资支援中国抗震救灾。此外，从7月中旬起，国际劳工组织深入成都、绵阳、德阳等重灾地区，对有创业意愿的灾区群众进行创业培训。

5月19—21日，在全国哀悼日期间，160多个国家和国际组织的领导人、政要和驻华使节前往中国外交部和中国驻外外交代表机构吊唁，表达对中国政府和人民的慰问和支持。秘鲁政府宣布5月19日为“全国哀悼日”，当日，秘鲁全国所有政府机关、军事设施、警察机构及秘鲁驻外机构降半旗志哀。朝鲜平壤市于北京时间19日14时28分拉响防空警报，汽车停运鸣笛，哀悼地震遇难者。

国际社会给予中国政府和中国人民的援助，是新中国成立以来国外对中国最大规模的救灾援助，外国救援队到灾区救援是国外政府第一次进入中国的救援合作行动，展现了生命至上的人道主义精神，表达了世界各国人民对中国人民的友好情谊。

志愿者服务

在全国人民纷纷捐款捐物支援抗震救灾的同时，无论是受灾省份，还是非灾区省份，无论是中央有关部门、单位及国有企业，还是各民主党派、人民团体、社会组织、宗教界，以及许多国家华侨华人，都积极组织志愿者队伍，以多种形式服务抗震救灾。据不完全统计，国内前后以各种方式参加抗震救灾的志愿者达千万以上。志愿者们不计报酬、不怕困难，以“奉献、友爱、互助、进步”的志愿义举播撒着无疆大爱，弘扬着人道主义精神。

5月12日晚，中铁八局集团有限公司团委迅速组成抗震救灾青年志愿者总队，先后19次组织1200多名青年志愿者，参与完成彭州市小鱼洞大桥桥梁架设和彭州火车站站台搭建等工作。次日上午，总队负责人游刚又带领26名机关青年志愿者火速前往都江堰，参与抢救李冰中学被压埋学生。志愿者们积极配合武警官兵、消防人员开展救援，维护现场秩序，指挥调配机械设备，并请局里紧急调派7台挖掘机增援。

江苏省民营企业家陈光标得知地震消息后，组织120名工人，60辆吊车、推土车、挖掘机等大型机械设备，分赴都江堰、什邡、北川、茂县、汶川等地展开救援。曾遭遇地震灾害的唐山人民牵挂灾区人民安危，组织了数百名志愿者自带设备，昼夜兼程赶赴四川灾区。5月13日凌晨，唐山大地震幸存者、唐山市集川药业董事长蒋跃勇与总经理刘亚辉一起，组建由18名退伍军人参加的唐山志愿者抢险救援队，满载自备的急救药品、救灾物资赴四川灾区。16日，救援队将救灾物资分发给受灾群众后立即返程，再装载价值226万元的急需药品送抵四川灾区。从5月13日至7月28日，抢险救援队在唐山至四川之间往返6次，运送价值1000多万元的救灾物资。5月13日，唐山市玉田县宋志永等13人自发组成志愿者服务队赶赴北川。服务队从废墟下抢救出生还者25人，挖出遇难者遗体60多具，并登山搜救出受困群众30多人。13日，甘肃省庆城县农民徐进仓、陈万仁、任国君、李志乾和环县王建锋赶赴灾区抢险救人。他们自己花钱买吃买喝，在随身携带的钱快要花光时，徐进仓又返回老家，卖掉自己家里的12只羊，并向亲友们借了1000多元，再次返回灾区抢险救灾，在灾区坚持工作3个多月。山东省莒县刘中明等10名村民驾乘一辆三轮车颠簸四天三夜，行程3000余公里，赶到四川参加抗震救灾。出发前，10位农民凑了3000元钱，购买38箱矿泉水、50箱方便面、50公斤山东大煎饼等送往灾区。

四川灾区积极组建本地志愿者队伍，提供社区服务，帮助分发物资、维持秩序，照顾老弱病残。山西、湖南、贵州等省青年志愿者协会面向社会公开招募献血、医护、救援志愿者参与抗震救灾。香港各界组织各类志愿活动支援灾区。在紧急救援阶段，香港飞行服务队出动直升机展开救援；香港医护人员在四川灾区搭建起“香港病房”救治伤病员；香港3支救援队在四川灾区昼夜不停地开展救援服务。5月17日，台湾红十字救援队在绵竹市汉旺镇开展救援，开创了台湾民间首次组织救援队参与大陆救灾的历史。

无论前方后方，志愿者组织通过广泛发动、集中组织，整合人力、物力、财力和技术等资源，定位于配合性、辅助性服务，以极大的热情投入抗震救灾各项工作，成为政府救灾的有力补充，为夺取抗震救灾胜利做出了巨大贡献。

恢复重建

——以人为本、尊重自然、
统筹兼顾、科学重建

依法重建科学规划
汇聚力量实施重建
城乡居民住房重建
公共服务与基础设施
恢复重建
产业恢复重建
统筹城乡建设
防灾减灾与生态修复
精神家园重建

汶川特大地震灾后恢复重建是一项重大而紧迫的艰巨任务，也是一项复杂而全新的系统工程。在中共中央、国务院的坚强领导下，灾区党政军民、对口援建省市和社会各界助建群体，坚持“以人为本、尊重自然、统筹兼顾、科学重建”的指导方针，弘扬中华民族自力更生、艰苦奋斗的创业精神，发挥社会主义“一方有难、八方支援”的制度优势，扩大“全国之力、对口支援”的机制效应，通过科学规划引领，精心组织实施，奋力加快推进，灾后恢复重建全面完成规划目标任务，取得了举世瞩目的伟大成就。从2008年9月《汶川地震灾后恢复重建总体规划》公布实施，到2010年9月灾后重建三年目标任务两年基本完成，纳入国家规划的重建投资和完工项目均达到85%，灾后重建取得决定性胜利；2011年10月14日，汶川地震灾后恢复重建总结表彰大会召开，标志着恢复重建取得全面胜利。三年恢复重建，完成规划项目4万多个，完成重建投资超过1万亿元。三年恢复重建，灾区实现“家家有房住、户户有就业、人人有保障、设施有提高、经济有发展、生态有改善”的目标，基本生活条件和经济社会发展水平达到并明显超过震前水平，城乡群众住房条件显著改善，公共服务设施水平大幅度提升，基础设施保障能力明显提高，产业发展实现再生性跨越，精神家园得到同步建设，生态环境获得修复改善，人民安居乐业、城乡共同繁荣、人与自然和谐相处的美好新家园呈现在世人面前。

依法重建科学规划

灾后恢复重建涉及中央、地方政府及不同地区、不同群体等多方面的责任和利益，亟须用法律法规加以规定保障；恢复重建效果如何，关键取决于科学规划和科学实施。为此，国务院颁布施行《汶川地震灾后恢复重建条例》等法规，确保灾后恢复重建依法进行；国务院和相关部门陆续制定发布《汶川地震灾后恢复重建总体规划》及10个专项重建规划，作为实施恢复重建的基本依据，以此统筹引领和科学实施灾后恢复重建；与此同时，及时制定相关配套政策，确保灾后恢复重建高效快速推进。

出台法规条例

为保障恢复重建工作有力、有序、有效开展，2008年5月26日，国务院总理温家宝指示国务院法制办加强恢复重建立法研究。国务院法制办随即启动相关立法工作，着手起草恢复重建条例。全国人大有关专门委员会、全国人大常委会法工委、国务院有关部门对草案内容进行了修改。

6月8日，《汶川地震灾后恢复重建条例》正式公布实施。条例确立了灾后恢复重建的指导方针和基本原则：灾后恢复重建应当坚持以人为本、科学规划、统筹兼顾、分步实施、自力更生、国家支援、社会帮扶的方针；应当遵循受灾地区自力更生、生产自救与国家支持、对口支援相结合，政府主导与社会参与相结合，就地恢复重建与异地新建相结合，确保质量与注重效率相结合，立足当前与兼顾长远相结合，经济社会发展与生态环境资源保护相结合的“六个结合”原则。条例明确规定，为了科学重建，要先编制恢复重建规划。条例对恢复重建的责任主体、灾害现场的清理、少数民族文化遗产保护、建立地震遗址博物馆、城镇和乡村恢复重建要求、现有建筑物抗震加固以及重建家园工程的选址等做出明确规定，同时对建设单位、设计单位、施工单位、工程监理单位在重建中的责任，对新建学校、医院等公共设施的抗震设防，对各级政府和各部门在重建中的职责和任务，对恢复重建资金和物资的筹集、使用和管理，对恢复重建项目的监督检查，对违反条例应承担的法律责任等也做出详细规定。一部法规因一场灾害而立，在中国立法史和救灾史上开创了先河。《汶川地震灾后恢复重建条例》的出台，成为灾后恢复重建纳入法制化轨道的重要标志。

编制总体规划

规划是实施恢复重建的基本依据。为编制《汶川地震灾后恢复重建总体规划》，2008年5月23日召开的国务院抗震救灾总指挥部会议决定，在总指挥部基础设施保障和灾后重建组下设立灾后重建规划组，以发展改革委为组长单位，四川省政府、住房城乡建设部为副组长单位，包括陕西、甘肃省政府以及国务院数十个部委和直属机构参加。灾后重建规划组及时研究讨论《国家汶川地震灾后重建规划工作方案》，明确规划编制工作主要任务、责任主体和进度要求，坚持“开放、开门”搞规划，组织人员数十次深入灾区实地调研，倾听群众心声，了解地方政府想法，征求社会各界意见，听取相关专家建议，还组织国际研究和评估论证，完成《汶川地震灾害范围评估报告》《汶川地震灾害损失汇总与评估报告》《资源环境承载能力评价报告》。在此基础之上，经反复研究讨论形成《国家汶川地震灾后恢复重建总体规划》（公开征求意见稿），并于8月12—24日面向全社会征求意见，随后再次进行修订。8月27日，国务院常务会议审议通过《汶川地震灾后恢复重建总体规划》，于9月19日正式发布施行。

总体规划提出了恢复重建的指导思想，即灾后重建必须深入贯彻落实科学发展观，坚持以人为本、尊重自然、统筹兼顾、科学重建。优先恢复灾区群众的基本生活条件和公共服务设施，尽快恢复生产条件，合理调整城镇乡村、基础设施和生产力的布局，逐步恢复生态环境。坚持自力更生、艰苦奋斗，以灾区各级政府为主导、广大干部群众为主体，在国家、各地区和社会各界的大力支持下，精心规划、精心组织、精心实施，又好又快地重建家园。总体规划指出了恢复重建的8项基本原则，即以人为本、民生优先，尊重自然、科学布局，统筹兼顾、协调发展，创新机制、协作共建，安全第一、保证质量，厉行节约、保护耕地，传承文化、保护生态，因地制宜、分步实施。总体规划明确了恢复重建的目标：用3年左右时间完成重建的主要任务，基本生活条件和经济社会发展水平达到或超过灾前水平，努力建设安居乐业、生态文明、安全和谐的新家园，为经济社会可持续发展奠定坚实基础，实现家家有房住、户户有就业、人人有保障、设施有提高、经济有发展、生态有改善。同时，明确旅游业作为恢复重建的先导产业。总体规划的规划范围为四川、甘肃、陕西三省重灾地区的51个县（市、区），其中四川省39个、甘肃省8个、陕西省4个，总面积132596万平方公里，总人口1986.7万人。在重建的空间布局方面，提出根据资源环境承载能力综合评价，按照国土开发强度、产业发展方向以及人口集聚和城镇建设的适宜程度，将规划区国土空间划分为适宜重建、适度重建和生态重建3种类型。总体规划还要求建立健全规划实施机制，明确目标任务，把握重建时序，落实工作责任，完善监督考核，有效推进灾后重建规划的顺利实施。

恢复重建进入实施阶段后，国务院及灾区各级灾后重建领导机构积极开展工作，指导总体规划实施，协调政策落实，研究解决重建中的有关重大问题。2009年下半年，发展改革委、财政部，四川、甘肃、陕西三省和国务院直属有关单位，对灾后恢复重建总体规划项目进行中期调整。3个灾区省政府从实际出发，陆续上报本省规划调整方案。受发展改革委委托，中国国际工程咨询公司对三省的规划调整方案进行评估。2010年 1月11日，国务院汶川地震灾后恢复重建工作协调小组就总体规划项目调整与国务院直属有关单位进行沟通。之后，审议并同意三省规划项目调整方案。总体规划调整后，三省重建项目从原定的46048项减少到40620项，减少11.79%；投资从9827亿元减少到9455亿元，投资减少约3.79%。

制定专项规划和实施规划

2008年10月6日至11月7日，国务院相关部门先后联合发布实施“城乡住房建设”“公共服务设施建设”“土地利用”“基础设施”“生产力布局和产业调整”“生态修复”“城镇体系”“农村建设”“市场服务体系”“防灾减灾”等10个专项重建规划。中央有关部门依据专项重建规划编制了与之配套的行业子规划。专项重建规划及行业子规划均以科学发展观为指导，坚持“以人为本、尊重自然、统筹兼顾、科学重建”的原则，以灾害范围评估、灾害损失评估和资源环境承载能力评价为基础，综合考虑恢复重建的需要和推进工业化、城镇化、新农村建设、主体功能区建设、产业结构优化升级，重点对规划区内城镇和乡村的布局、住房建设、基础设施建设、公共服务设施建设、农业生产设施建设、工业生产设施建设、防灾减灾和生态环境以及自然资源和历史文化遗产保护、土地整理和复垦等做出安排，提出相关领域的恢复重建具体目标和任务，使总体规划目标和任务在具体领域得以延伸、细化和支撑，成为灾后恢复重建的依据和指南。

灾区省结合当地实际科学制定配套规划体系。川甘陕三省重灾地区的51个县（市、区）均编制了与灾后重建总体规划和专项规划相配套的实施规划和乡镇村庄重建规划，对口援建省市也制定出援建实施方案。四川省抗震救灾指挥部灾后重建规划组在配合国家完成重建总体规划和10个专项规划的基础上，先后组织协调省内外300多家规划设计单位和数千名规划技术人员，完成本省灾后重建44个行业规划和88个一般受灾县（市、区）项目实施规划，形成目标明确、层次分明、范围清晰的恢复重建规划体系。四川省坚持全域全程编制重建规划。规划覆盖灾区城镇和乡村，涵盖重建各个方面，尤其是对农村建设加强了规划指导，克服盲目性和随意性；坚持高起点编制重建规划，处理好恢复与提升的关系，避免把恢复重建搞成原样复制；坚持突出特色搞规划，突出村镇布局和风貌特色。在规划编制过程中，注重突出尊重自然，对重建项目选址坚持“三避让”原则，即避让地震断裂带、避让地质灾害隐患点、避让行洪通道；注重突出规划的前瞻性、安全性、特色性和系统性，既注重历史文化传承，又注重整体提升。甘肃、陕西两省也结合实际，编制了相关配套的灾后重建规划和实施规划。

加强重建政策支持

资金筹集与政策扶持，是顺利开展灾后恢复重建的重要保障。随着规划编制工作的启动，国务院抗震救灾总指挥部灾后重建规划组把恢复重建政策措施的研究制定作为重头任务。2008年6月29日、7月3日，国务院相继印发《国务院关于支持汶川地震灾后恢复重建政策措施的意见》《国务院关于做好汶川地震灾后恢复重建工作的指导意见》。两个意见在明确灾后恢复重建的主要任务、工作要求、实施步骤和保障措施的同时，决定中央财政建立地震灾后恢复重建基金，采取财税、金融、土地、产业、就业和社会保险等优惠政策。国务院有关部门和各灾区省政府、各监管机构也陆续出台100余个支持恢复重建的政策措施；国务院汶川地震灾后恢复重建工作协调小组和国家有关部门针对重建过程中出现的新情况、新问题、新矛盾，及时协调出台相应的政策规定，全力支持灾后恢复重建和对口支援任务的实施。

国务院、有关部委和灾区省出台的一系列支持政策及实施办法，涵盖了财政、税收、金融、土地、住房、产业、工商管理、就业、社会保障、对口支援等，形成一个相对完善配套的政策体系。第一是增加资金投入的政策。除财政支持外，对灾区增大信贷投入规模、放宽贷款条件、降低贷款利率、延长贷款期限等金融优惠政策，增加灾区金融机构贷款能力的支持，支持灾区通过发行债券、企业上市等资本市场融资，引导保险机构参与重建，以及核销贷款、债务重组等，为灾区增加资金投入广开门路。整个四川灾区重建需要资金1.7万亿元[①]，由国家统筹、社会捐助的资金有3300亿元，其余1.3万亿元资金缺口通过政策支持与社会融资解决。第二是减轻企业和个人负担的政策。主要从减免灾区企业和个人税费入手，促进灾区企业和个人尽快恢复正常的生产经营活动。第三是保障灾区人民生活生产的政策。从加大就业援助、保障养老保险支付、保障困难人员基本生活及教育援助、孤残救助等方面予以大力支持。对有劳动能力的人员，尽可能扩大就业援助范围，优先保障灾区零就业家庭至少一人实现就业，推行重建项目采取以工代赈方式吸纳灾区群众就业；提供社保补贴鼓励灵活就业等。第四是促进灾区优化发展的政策。土地方面，除采取免收土地有偿使用费和土地出让收入，实行划拨用地等支持安置住房、倒塌房屋重建等之外，按照恢复重建和灾区城镇化、新型工业化的需要，提出增加建设用地、调整耕地占补平衡等政策；产业方面，适当放宽灾区恢复重建需要的部分行业的限制规模；扶持恢复特色优势生产能力，促进

① 刘奇葆：《四川：从悲壮走向豪迈》，载《四川日报》2011年5月16日第1版；《在汶川地震灾后恢复重建总结表彰大会上的发言》，载《四川日报》2011年10月29日第2版。

产业结构调整，淘汰落后产能，发展循环经济，优化产业布局，促进产业集中、集约发展等。

四川等省根据实际需要，及时制定了支持恢复重建政策措施的意见，综合运用财政、税收、金融、产业、就业等政策手段支持灾后恢复重建，范围覆盖重建的各个方面，同时重点支持城乡居民倒塌住房、公共服务设施和基础设施重建，很快形成支持重建的47条具体支持政策。四川省明确，需要与中央政策配套的，尽快细化配套；权限在省上的政策，能支持的大力支持，能下放的尽量下放，最大限度用好政策资源。一系列政策措施为顺利展开对口支援工作提供了依据，为灾后恢复重建提供了有力保证。

汇聚力量实施重建

汶川特大地震灾后恢复重建范围广、任务重、时间紧、动员力量大，中共中央、国务院科学决策，周密组织安排，投入国家财力，设置灾后重建资金；建立对口支援机制，举全国之力实施恢复重建；动员社会力量，并接受国际援助，合力展开灾区恢复重建。至2011年5月，整个地震灾区（除川甘陕三大重灾地区外，还包括重庆、云南等灾区）灾后重建累计资金投入10205亿元，其中利用中央重建基金3026亿元。至2011年9月底，19个省（市）对口支援资金856.63亿元（据财政部统计），银行贷款5560.2亿元（据银监会统计）。其他投入包括灾区省地方财政投入，港澳援建资金、台湾同胞捐赠，以及内蒙古自治区、海南省主动援建资金，部分“特殊党费”，接收社会各界（含国际、国内）捐赠资金，国外优惠贷款等。四川、甘肃、陕西三省党委和政府积极动员广大干部群众，自力更生，艰苦奋斗，全力投入灾后恢复重建，再造美好新家园。

对口支援共助重建

针对汶川特大地震造成严重灾害的情况，中央根据各地经济发展水平和区域发展战略，组织东部和中部相关省市支援地震受灾地区，按照“一省帮一重灾县”的原则，依据支援方经济能力和受援方灾情程度，合理配置力量，建立对口支援机制，举全国之力加快恢复重建。

2008年6月18日，国务院办公厅印发《汶川地震灾后恢复重建对口支援方案》，提出灾后恢复重建对口支援的基本原则、安排方案，明确了对口支援的内容、方式、任务及工作要求。根据方案安排，由山东省支援北川羌族自治县、广东省支援汶川县、浙江省支援青川县、江苏省支援绵竹市、北京市支援什邡市、上海市支援都江堰市、河北省支援平武县、辽宁省支援安县、河南省支援江油市、福建省支援彭州市、山西省支援茂县、湖南省支援理县、吉林省支援黑水县、安徽省支援松潘县、江西省支援小金县、湖北省支援汉源县、重庆市支援崇州市、黑龙江省支援剑阁县、广东省（主要由深圳市）支援甘肃省受灾严重地区、天津市支援陕西省受灾严重地区。各对口支援省市以高度的政治责任感，迅速成立对口支援工作领导指挥机构，制定相关援建政策举措，调整财政支出结构，动员人力物力支援灾区。来自19个省（市）的35万余名援建人员，满怀对灾区人民的深情厚谊，肩负着全国人民的重托，开赴灾后重建第一线，与灾区人民并肩作战，共同建设美好家园。

在援建征程中，援建者们采用“5+2”（工作日与周末工作）、“白+黑”（白天夜间）和“晴+雨”（晴天雨天）等工作方式，奋勇争先，成为灾后重建的精锐力量和突出贡献者。援建省坚持“硬件”与“软件”、“输血”与“造血”、当前与长远相结合的原则，使灾区民居重建、设施修复、产业再兴，将城乡旧貌换新颜。尽管北京、上海、山东等援建省（市）还同时承担着举办奥运会、世博会等重要任务，但依然倾力援建。国际金融危机发生后，援建省市决心不变、力度不减，于2010年9月如期实现“三年重建任务两年完成”的目标。至2011年9月底，19个对口支援省（市）共实施对口支援项目4121个，投入对口支援资金856.63亿元，其中支援四川省805.07亿元、甘肃省30亿元、陕西省21.56亿元；落实产业援助项目577个，投资184亿元；援建灾区“软件”方面，帮助提升其经济管理、科学技术和教育培训等事业发展水平，积极组织劳务输出，推进社会劳动就业等。

灾区自力更生奋起重建

川甘陕三省大力发挥地方政府主导和群众主体作用，不等不靠，凝聚力量，重建家园。四川省委、省政府在国家总体规划实施后及时提出“加快建设灾后美好新家园”“加快建设西部经济发展高地”的“两个加快”新要求，制定“原地起立、发展起跳”的重建战略，带领广大干部群众打破“先恢复、后发展”梯次重建的常规模式，创造性地形成“恢复与发展相融合”同步重建的新型“四川模式”，用不到3年时间取得了灾后重建和加快发展双跨越的巨大成就。灾区省发扬自力更生精神，积极推行“无灾区帮助有灾区、轻灾区帮助重灾区、一个市（州）帮一个重灾乡（镇）”：四川省的宜宾市等13个市（州）对口支援广元市朝天区羊木镇等13个重灾县（市、区）的一个重灾乡（镇）；甘肃省未受灾的市（州）及省内国有大型企业对口支援陇南、甘南8个重灾县（区）；陕西省的西安市等3个市、陕西有色集团等3个大型国企对口支援宝鸡市陈仓区、勉县等6个受灾县（区）灾后重建。四川省纳入国家规划的39个重灾县（市、区）重建资金需8600多亿元，四川省委、省政府通过优化财政支出、压缩行政开支、金融信贷、企业自筹、招商引资等方式方法，自力更生解决缺口资金4000多亿元。通过自力更生重建，国家确定的51个极重灾和重灾县（市、区）4万多个重建项目中，除对口支援和其他援建项目外，靠自力更生完成的项目在四川省达到80%以上。

“有手有脚有条命，天大的困难能战胜”，“出自己的力，流自己的汗，自己的事情自己干”，两幅贴在青川县黄坪乡枣树村自建农屋外的标语，成为灾区群众奋斗自强、拼搏进取风貌的真实写照。灾区党组织发挥战斗堡垒作用，带领广大群众始终奋战在恢复生产、重建家园的最前沿。黄坪乡枣树村党支部成立全县第一支党员义务服务队，采取“小活自己干、大活帮着干、技活请人干”的方式带领群众重建家园。崇州市组建78支“党员突击队”，修建道路、疏通涵洞、修建电力设施，帮助群众重建美好家园。党员干部做自力更生、恢复重建带头人。地震使彭州市龙门山镇“小康示范先进村”宝山村的10座小电站、2座矿场全部损毁坍塌，608户村民住房瞬间被夷为平地。面对灾害损失，双目失明的70多岁老书记贾正方斩钉截铁地说：“山崩地裂家园毁了，但宝山精神不灭。我们要团结一致，艰苦奋斗，重建一个新宝山！”震后一年，宝山村15个生产队集中修建了适合发展旅游的13个聚民点；震后两年，宝山村实现工农业总产值25亿元，人均收入超过3万元，一个强势发展、村民富足的新宝山重新站立了起来。灾区企业自强不息。面对灾难，东汽干部职工奋力自救，恢复生产。至2008年年底，东汽生产经营实现工业总产值108亿元，到2010年年底，工业总产值超过200亿元。灾区众多企业在地震发生后两个多月内就恢复了生产，企业产能也于当年年底达到震前水平。至2010年9月，四川灾区2420个规模以上受损企业98.3%恢复生产，10704个生产力布局与产业调整项目完工98.2%。

社会各界全力支援重建

没有对口援建任务的省份、有关部委、解放军、武警部队、社会各界、广大志愿者及港澳台同胞、海外侨胞积极行动，纷纷向地震灾区提供资金、项目和智力援助。海南省、内蒙古自治区主动援建宝兴、大邑两个重灾县。解放军和武警部队支援灾区重建，先后承担援建学校医院、抢运建材物资、抢修交通水利设施、帮助安置群众等任务。解放军援建的北川擂鼓八一中学等8所学校和1所四川八一康复中心如期竣工投入使用；通过对援建的康复中心实施人员培训、技术辅导、装备移交等，给灾区留下“不走的医疗队”。

大中型企业尤其是中央国有企业，除为灾区震损企业恢复生产提供必需的装备技术外，还通过捐赠款物资金等给予支援。大中型企业是地震灾区抗震救灾和灾后重建捐赠的主力军，捐赠款物折合251亿元。陕西有色集团等大型企业还直接承担了勉县等多个灾区县的恢复重建任务。

“特殊党费”援建灾区住房、学校、卫生院等众多民生项目。中组部用7034万元“特殊党费”重建遭受地震重创的都江堰市聚源中学，新聚源中学被正式命名为“七一聚源中学”。四川省将分配到的80.3亿元“特殊党费”纳入恢复重建总体规划，以建设民生项目为主，共重建中小学校49所，补助重建农村住房135万户，补助重建和维修村级组织活动场所8847个、农村党员干部现代远程教育接收站点设施10536个等。工会、共青团、妇联等群众组织积极行动，以组织优势和活动方式大力支援灾后重建。全国总工会开展了助推灾后重建的“抗震救灾、重建家园”十大帮扶行动。共青团中央则通过组织“大学生志愿者灾区服务团”等援建团队，对重建中的灾区规划、支教培训、医疗卫生、心理援助等多方面进行帮扶。全国妇联结合灾区妇女群众的实际需求，重点实施资金、培训、重建项目、创业就业、妇女儿童健康和权益等六大帮扶措施，积极推进“千村妇女重建家园计划”。中华慈善总会和中国红十字会按照捐赠人意向，将接收的55.2亿元捐赠资金中的43.2亿元，用于优先安排捐赠者认建、认领的重建项目。许多社会人士以及广大志愿者，以财力智力和劳动奉献等多种方式热情参与灾后重建，推动灾区重建的深入推进。

香港特区、澳门特区倾情支援灾区恢复重建，从2008年8月分别宣布首批援建项目起到2011年5月止，共承担四川灾区的绵阳、德阳、广元、阿坝等12个市（州）65个县（市、区）内，包括学校、医院、民房、交通等民生领域的295个重建项目，援建金额分别为75.03亿元和

46.1亿元。台湾同胞在地震发生后通过多种渠道和途径，参与支援四川、甘肃、陕西、重庆等灾区的家园重建。其援建涉及的教育、医疗卫生、民居社区及社会福利事业等重建项目有213个。广大海外侨胞心系灾区重建，积极响应和借助国侨办公布的“侨爱工程”援建方案，参与捐资出款助建行动。2009年5月11日，由海外侨胞援建的地震灾区首个“侨爱家园”在青川县关庄镇和竹园镇落成，160户受灾群众陆续喜迁新居。到2010年12月底，由海外侨胞倾力在地震灾区实施的“侨爱工程—双百项目”均告竣工。

国际力量参与重建

地震灾区转入恢复重建后，联合国及世界上约170个国家、20多个国际和地区组织积极向中国提供援助。其中，科技部所属中国21世纪议程管理中心与联合国人居署签署合作协议，由联合国人居署提供22.6万美元参与重建名山县涌泉村抗震小学。红十字会与红新月会国际联合会和一些国家的相关组织，积极通过中国红十字会向地震灾区捐赠款物，援助灾后恢复重建，累计募集资金27.45亿元，其中用于灾后重建项目资金21.91亿元，涉及四川、甘肃、陕西三省重建项目700余个。世界银行、亚洲开发银行、欧洲投资银行等国际金融机构也积极支持中国地震灾区恢复重建。发展改革委与财政部积极运作，与世界银行、亚洲开发银行等在贷款规模、贷款条件、使用领域等方面达成共识。2008年11月7日，《汶川地震灾后恢复重建利用国外优惠紧急贷款规划》开始实施。在灾后重建期3年内，世界银行、亚洲开发银行、欧洲投资银行、国际农业发展基金、法国开发署5家金融机构提供15亿美元贷款，专项用于四川、甘肃、陕西三省51个极重灾和重灾县（市、区）城镇和农村公益性设施、水利生态恢复等领域的恢复重建。

城乡居民住房重建

汶川特大地震造成灾区城乡居民住房大面积倒塌损坏。居民住房关系百姓切身利益，成为灾后重建最紧要的民生工程。根据中共中央、国务院的决策部署，在援建省市全力支持下，灾区各地积极组织实施城乡居民住房重建。灾区干部群众和来自全国各地的建设者们迎难而上，大干苦干，震后一年，震损住房修复加固全面完成；震后一年半，农村住房重建全部完成；震后两年，城镇住房重建基本完成。城乡居民住进安全实用舒适的家，实现了“家家有房住”的重建目标。

推进农村住房恢复重建

为使受灾群众能在2008年年底温暖过冬、2009年全部住上经过维修加固或重建的农房，中央从3000亿元中央重建基金中拿出400亿元设立农房重建基金，支持住房困难户向金融机构借贷，加快灾区农房恢复重建。四川省政府从恢复重建基金中专门安排40亿元专项资金建立担保资金，解决困难农户贷款问题；建立建材特供机制，严格控制建材价格，保障农房重建所需建材的充足供应。

在农房恢复重建中，四川省政府通过编制下发《四川省“5・12”汶川地震损坏农房维修加固工作方案》和《四川省农村房屋地震破坏程度判别技术导则》等文件，对经维修加固即可安全居住住房的支持政策、等级鉴定、补助对象及范围、标准等予以明确规定，并按照“公布标准、灾民申请、群众评议、村组公示、乡镇审核、县级民政部门审批”的程序全力推进。其中，将因灾受损经过维修加固仍可居住的约300余万套农房分为轻微受损、中等破坏和严重破坏3个档次，各档补助标准依次为1000～2000元、2000～4000元、4000～5000元。至2009年年底，四川灾区需维修加固的300余万套农村房屋全部完成，甘肃和陕西两省灾区也分别完成震损农村房屋维修加固任务。

川甘陕灾区各级政府对地震损毁倒塌的农房，按照“安全、宜居、特色、文明”的原则科学重建，并遵循避让地震断裂带、避让地质灾害隐患点、避让行洪通道的“三避让”原则，实行抗震审查一票否决制度，严格执行防洪和地质灾害设防标准，禁止在河道管理范围和山区冲沟沟口进行农房和村镇重建。为提高农房设计与施工的质量，四川省出台《农村居住建筑抗震设计技术导则》等指导性文件和技术规范，提供300多种农房设计方案供群众选择，从技术政策、施建标准、组织实施和监督管理等方面指导农房重建，使农房建设第一次有了规范系统的抗震防灾设防要求和标准。各级建设部门组织专业技术人员进村入户指导农房重建，培训农村建筑工匠，为农房重建提供技术保障。各重灾地区把农房建设放在恢复重建首位，组织开展农房建设方案征集、施工图细化、农房建设规划设计、建设试点观摩、施工大会战等系列活动加以助推。施工中，严格落实抗震设防标准，确保住房坚实安全，让重建农房真正成为百姓的“放心房”。

灾区各地结合自身实际，采取不同的农房重建模式，都江堰、青川、汶川和彭州4种模式最具代表性。其中，都江堰市农房重建主要采取业主联建、统规统建、统规自建、原址重建、异地重建5种做法，以充分满足群众不同意愿，切实维护群众利益。“业主联建”是都江堰农房重建的特色，不仅引入社会资金，解决重建资金困难问题，而且提高重建水平，解决受灾群众的后续产业发展问题。大观镇茶坪村利用依山傍水的优美旅游环境，引入社会资金，采取“业主联建”方式进行农房重建，包括企业参与多家农户联建、自然人参与多家农户联建、自然人与农户联建3种方式，并在联建过程中突出后续产业发展，布局未来乡村连锁酒店业，构筑村民可持续增收的平台。“统规统建”有向峨乡模式的“指标换住房”和青城山镇石桥模式的“新型社区建设”。前者是农民通过宅基地产权置换新居住房、基础设施配套和产业发展等多项权利，对农业实施规模化与集约化经营，使农民的居住方式和生产方式得到根本性转变；后者是农民通过比选形式选择社会投资方进行“新型社区”建设，不仅保证农民先入住新房再拆除旧房，还能收取租金，并从受灾群众转变为产业工人。“统规自建”的代表是翠月湖镇清江村的“院落统规自建”，这种方式使受灾农民就近居住，方便生产生活需要，实现基础设施的集中共享。其具体做法是通过拆小院并大院，将拆除的小院落还耕，由县级政府或成都市级政府回购集体建设用地指标，使土地资源向土地资本转变，从而有效解决重建资金难题。“原址自建”以蒲阳镇花溪村为代表。在充分尊重群众意见的基础上，该村采取“依山靠水原址自建”，通过灾后重建永久性住房补贴、自筹资金、贷款资金3种方式筹集资金，改善水电气等基础配套设施建设，使农民生活质量显著提升。“异地重建”中，青城山镇泰安村在破解资金难题上，通过置换平移集体建设用地指标，获得集体建设用地指标出让收益，集中迁址异地重建，有效解决了住房重建问题，促进了灾后产业发展。

汶川县农房重建模式主要有单户自建、联户联建、援建单位统一规划统一重建、援建单位统一规划农户自建等。彭州市农房重建主要选择统规统建、统规自建和原址重建3种方式。新兴镇大部分农户自愿选择统规统建，将原来的宅基地复耕后，可以不花自己一分钱获得人均建筑面积35平方米的新房，重建资金则来源于灾后农村住房政府补助资金、宅基地置换资金、城乡统筹资金、银行贷款以及福建省援建资金等。

至2009年年底，四川省灾后核定需重建的126.3万户农村永久性住房完成重建。至2010年5月，因余震等因素新增的19.6万户需重建农房完成99%。至此，四川灾区145.9万余户损毁农房的重建任务全部完成，灾区群众居住条件得到极大改善。

实施城镇居民住房建设

在推进农村住房重建的同时，中央有关部门和灾区各级政府适时启动城镇居民震毁住房重建。2008年8月29日，住房城乡建设部会同财政部、国土资源部联合向川甘陕三省政府发布《关于汶川地震灾区城镇居民住房重建的指导意见》，提出城镇居民住房重建严格按照政府主导、市场运作、政策支持、群众自助的原则，实行原址重建、异地新建和维修加固相结合方式分类进行。优先安排维修加固轻微损坏和中等损坏住房，并坚持与现行城镇住房供应体系相衔接，通过建设廉租住房、安居房、限价商品房和普通商品住房等方式，解决受灾城镇居民多层次住房需求。为加快灾区城镇居民住房重建，2009年6月，发展改革委在安排的廉租房建设投资上向三省大力倾斜，下达廉租房补助资金45.2亿元。

产权多元化的城镇住房重建是恢复重建的难点所在。2008年9月28日，四川省政府下发工作方案，明确城镇住房重建和维修加固补助的政策，提出了优先安排除险加固受损住房、组织建设安居住房和廉租住房，积极推进原址重建以及税费、信贷、土地等重建支持政策。对住房损毁导致无房可住的城镇受灾家庭给予享受资金补助、建房税费减免优惠和房价政策性优惠等补助，补助标准为户均2.5万元。优先安排除险加固的城镇居民住房重建，按受损程度由省财政给予每户1000～8000元的资金补助。四川省建设厅会同财政厅、人民银行对安居住房建筑面积做出规定，原则上不得超过80平方米，超过部分不再享受土地划拨、税收减免等优惠扶持政策。同时，规定每户受灾居民家庭限购（租）一套安居住房，安居住房产权和上市交易管理将按照经济适用住房的有关规定执行，安居住房办理房屋权属登记时，需注明“汶川地震灾区安居住房”。各地根据实际，制定实施细则和工作方案，积极有效地推动城镇居民住房重建工作。

都江堰市根据群众要求，先后推出申请购买安居房、申请租住廉租房、申请购买限价房、自购商品房、符合规划原址自建、符合规划原址联建、按照规划置换土地异地自建、维修加固损坏住房等多种住房重建方式以供选择。针对建房中不符合规划或无法构成2/3多数意愿的情况，经过多次讨论研究，集中群众智慧，由居民自主选择，引导不同区域、不同楼栋、具有相同意愿的住户组合到一个地块、一栋楼，实施组合重建。对住房维修加固，实行修复加固工程登记和备案制度，对未经市建设局或乡镇政府办理修复加固工程竣工验收或再鉴定备案的，不予发放修复加固补助资金。在城镇重建住房分配中，都江堰市坚持搞"透明工程"，面向社会各界公开招募60余名社会监督员，并请纪委、监察机构和检察机关介入，由公证机构对摇号分配全过程和结果进行公证。2010年5月23日，都江堰市举行首次城镇安居住房摇号分配。至12月8日，最后一批（第六批）安居住房摇号分配活动全面结束，18058户与政府签订置换安居住房协议的损毁住房户全部实现安居分配。

青川县把城镇住房重建作为首要民生工程来抓。2009年12月下旬，县城所在地乔庄镇3000多名居民喜迁东山小区792套安居廉租房。2010年8月，小坝安居小区404户家庭领到新房钥匙；11月中旬，2011户居民受损维修加固房全面完成修复加固入住；1282户符合安居房申购资格的居民中，完成申购部分居民已入住新房；约150户符合廉租房租住资格的居民已有106户入住新房；县城规划联（自）建住房3533户开工3500户，完工650户。为了保障人人有房住，青川县还为县城弱势群体配置200套低收入保障性住房和300套公租房。

至2010年12月底，地震灾区71.7%城镇居民住进安全可靠、经济适用的安居住房、廉租住房、原址重建住房、镇乡居民自建房及联建住房，另有26.6%城镇居民住进经修复加固、符合抗震设防要求的住房。至2011年9月底，川甘陕三省全面完成《恢复重建总体规划》中确定的各项任务，共维修加固农村住房292万余户、城镇住房146万套，新建农村住房191万户、城镇住房29万套。重建后的城乡住房既安全美观，又经济实用；既具有浓郁的区域、民族特色，又适应现代生活需要，在很大程度上实现集中居住、集约用地。城乡住房重建成为灾区民众最满意的民生工程之一。

公共服务与基础设施恢复重建

灾区公共服务与基础设施恢复重建，坚持以人为本、民生优先的理念，把学校、医院等公共服务设施作为重建重点，优先安排项目和资金，严格质量和进度检查，把学校、医院建成最安全、最牢固、群众最放心的工程和震时避险的场所。灾区还结合自身发展需求，合理布局，建设了一批质量标准更高、功能配套更全、服务能力更强的文化体育场馆、广播电视中心、社会福利院、社区服务中心、集贸市场等民生设施，使灾区公共服务水平全面上档升级，并将这种城镇公共服务向农村延伸和覆盖，实现灾区城乡公共服务均衡化。至2011年9月底，川甘陕三省共完成公共服务设施建设项目18521个，完成投资1083亿元，占规划总投资额的98.6%。对灾区交通、通信、水利、能源等基础设施重建，既视为灾后重建的重要任务，也看作是保障灾区重建和经济发展的重要前提条件。灾区抓住重建机遇，统筹规划，加大投入，一大批关系长远发展的重大基础设施项目相继实施和完工，支撑灾区持续发展的基础设施得到根本性改善。三年奋力恢复重建，灾区公共服务设施与基础设施的综合服务保障能力实现飞跃性双提升。

学校教育恢复重建

为把学校建成“最安全、最牢固、群众最放心的建筑”，教育部成立汶川地震灾后学校恢复重建工作领导小组，会同国家相关部门制定《汶川地震灾后重建学校规划建筑设计导则》等，统筹指导和帮助灾区推进学校校舍重建，帮助四川、甘肃、陕西三省部署和指导地方编制灾后教育设施恢复重建规划，推进标准化建设、确保校舍安全；修订有关建设标准，将所有幼儿园、中小学教学用房以及学生宿舍、食堂的抗震设防标准由丙类提高到乙类。四川、甘肃、陕西三省按照《汶川地震灾后恢复重建总体规划》的要求和教育部的重建指导，制订学校恢复重建年度建设计划，明确重建时序，落实责任主体，督促检查恢复重建规划的实施。

学校设施重建在安全上都提高了防震等级要求。在住房城乡建设部和发展改革委修订的《农村普通中小学校建设标准》中，增加了“农村普通中小学校的建设必须确保师生安全”,“在抗御重大意外灾害时，学校可作为周边地区的紧急避难疏散场所”等内容。新标准经住房城乡建设部、发展改革委批准后于2008年9月3日发布，12月1日起实施。在汶川一中，对口援建的广东省将汶川县第一中学项目按照8级抗震、9级设防的标准规划建设。在施工的钢筋、混凝土环节上严格把关，几乎将所有框架钢筋都换为超标的36毫米直径，其中框架钢含量配比达到极限的46，室内大柱子用28根36毫米的螺纹钢筋建造；混凝土标号配比升为435，高于国家要求的430配比。

灾区学校重建按照优化教育布局布点，本着“小学就近、初中进镇、高中进城”的原则和“安全、实用、方便学生”的要求，调整优化教育布局，在本地最安全、最优美的地块布局学校，促进教育集中化、优质化、综合化，建成一批综合性教育园区。北川中学重建校舍占地面积15万平方米，8度抗震设防，教学和生活设施配套齐全。青川县兴建的智慧岛教育园区包括青川中学、青川职业高级中学、青川教师进修学校和青川体育馆以及名为“智慧大道”的校园路网5个项目，三面环水，一面靠山，行政图书楼、教学楼、运动场、宿舍、食堂及多媒体教室一应俱全，整个校园气势恢宏，洋溢着现代气息。都江堰七一聚源中学考虑到残障学生需要，重建的每栋宿舍楼装备一间残疾人专门宿舍。农村小学校重建后的硬件设施大幅度提升，普遍配备音乐、舞蹈、美术、科技等文艺类教室，教学条件得到改善提高。

各对口支援省市大力支持灾区学校重建，其中广东、山东、浙江、江苏、北京、上海等省（市）对受援县（市）的学校重建项目采取“交钥匙”方式，从方案设计、评审、招投标、监理到竣工验收等工作，全部由支援方负责。

至2011年9月底，川甘陕三省地震灾区共完成教育恢复重建项目3941个，完成投资493亿元。恢复重建各类学校3976所，覆盖300多万学生，先后实现中央关于2008年9月1日灾区学校全面复课、2009年9月开学时恢复重建学校全部投入使用和2010年春季开学时100%灾区学生进入永久性校舍学习的目标要求。崭新的学校、现代化的教学楼拔地而起，灾区省的教育，特别是基础教育办学条件实现跨越式发展。

教育重建不仅是硬件设施的大幅度升级，更是教育内涵的整体提高。面对新校园和先进的教学设备，切实做好师资配备培训，全面提升灾区教育软实力，成为灾后教育重建的一项紧迫任务。教育部于2008年暑期组织实施了援助地震灾区中小学教师培训计划。其中，“地震灾区中小学教师暑期国家级培训计划”帮助灾区1500名中小学骨干教师提高教育教学能力；“地震灾区中小学教师心理康复教育国家级培训计划”，对灾区500名中小学骨干教师进行心理康复教育专题培训。对口援建省市将灾区中小学教师培训作为对口支援的重要内容，采取“送训进川”和“迎训入户”形式培训灾区教职工。北京、辽宁、湖北等省（市）实施“送训进川”，分别组织教育专家和优秀教师至什邡、安县、汉源等地开展巡回报告、听课训导、座谈交流和办学指导等支教活动，以培训和提高当地教职工技能素质。广东、浙江、重庆等省（市）实施“迎训入户”，利用自有教育资源优势，分别组织汶川、青川、崇州等地中小学校长、骨干教师、幼儿园园长等到各自省市学习培训，更新知识，拓宽视野，增强技能，改革教法，促进科研。援建省市教育援助的实施，有力推动了灾区中小学教师队伍建设和学校教育水平的提升。

灾区省市结合各自实际，强化师资培训。成都市于2008年暑期启动“千名校长大练兵”“十万教师大比武”等活动，围绕“办学特色”“校园文化”“常规管理”“德育管理”等主题展开业务练兵。成都市有1000余名公办、民办中小学校长参与，40所中小学提供实训研修现场，80所“教师发展基地学校”成为培训基地。来自高校、科研院所、中小学的专家学者与教育行政干部、优秀企业家组成的专家组全程跟进，促进校长提升管理水准，整体提升灾后教师队伍的现代化从教水平。

医疗卫生服务恢复重建

地震后，中央有关部门、灾区省和对口援建省市对灾区医疗卫生重建相继做出部署和安排。卫生部制订下发《卫生系统灾后恢复重建专项规划》等一系列指导医疗卫生重建文件和技术规范，先后召开全国卫生厅局长会议和卫生对口支援工作会议，多次派出督导组深入灾区督导检查，确保医疗卫生重建工作扎实有序进行。川甘陕三省成立医疗卫生恢复重建机构，统筹做好医疗卫生恢复重建工作。其中，甘肃省创新思路，建立新的工作机制，协调发改、财政、建设、国土等部门简化程序、减免相关费用，特事特办，为卫生系统灾后重建开辟“绿色通道”。各对口支援省市成立对口支援工作小组，负责灾区的医疗卫生帮扶工作，与各受援市、县医疗卫生行政部门一起，共同负责医疗卫生恢复重建的信息沟通、规划编制、组织实施及支持保障等工作。

援建省市对灾区医疗卫生机构重建优先安排，加大资金投入，并把最新的建筑科学理念和医技设施配备融入其中，开设新科室、引进新项目、开展新手术，不断拓展服务领域，完善服务功能。2008年7月28日，上海市援建的都江堰医疗中心开工兴建。该中心是集医疗、教学、科研、妇幼保健、中医药治疗、康复、理疗、技术培训于一体的综合型三级甲等医疗机构，总投资3.847亿元，建筑面积69488平方米，设置床位600张，设计日接诊病人2000人。重建后的医疗中心硬件水平有了跨越式发展，“软件”医技水平也在对口支援方上海交通大学医学院附属瑞金医院专家团队“传帮带”培训指导下得到提升。该中心于2010年5月初竣工开诊接医后，迅速成为中国规模最大、等级最高的县级医疗机构之一。2010年4月26日，由天津市对口援建的重点工程——宁强县天津医院投入使用。该医院是一所集医疗、教学、科研、急救、康复于一体的现代化综合性二级甲等医院，承担宁强及周边县区近50万人口的医疗保健和突发公共卫生事件、重大灾害事故的急诊抢救任务，成为陕、甘、川毗邻地区灾后的明星县医院和区域性医疗中心。

至2011年9月底，地震灾区共完成医疗卫生恢复重建项目2979个，完成投资161.21亿元。其中，四川省完成项目2016个，完成投资137.29亿元；甘肃省完成项目231个，完成投资15.27亿元；陕西省完成项目732个，完成投资8.65亿元。至2011年11月，灾区医疗卫生机构建筑面积由震前的390多万平方米增加到580多万平方米，床位数由5.6万张增加到7.8万张，灾区医疗卫生服务体系基本建立，城乡医疗卫生服务网络更加健全。

硬件设施得到重建的同时，灾区医疗卫生服务软实力也有大幅度提升。卫生部、对口支援省市和灾区省通过举办培训班、现场示教、远程教育、选派支医等多种途径，加大对灾区医疗卫生人员的技术培训力度，对口援建省市还开展结对帮扶，建立长效帮扶机制，有的还建立网络协作平台，进行在线会诊、业务培训和技术合作。灾区医疗卫生人员的业务素质由此得到全面提高，卫生技术人员队伍建设取得显著成效。卫生部还针对灾区人才急需的实际情况，专门出台政策，安排专项资金，为灾区乡镇卫生院招聘执业医师，有效缓解了乡镇卫生院人才匮乏的困难局面，拓展了服务项目及业务范围，促进了灾区乡镇卫生院医疗服务水平的提高。

文化体育广电设施恢复重建

灾区文化设施重建，着力公益性文化基础设施，着眼公共文化服务体系完善，培育全新的公共文化业态。恢复重建启动后，四川省率先编制完成文化恢复重建总体规划及多项子规划。2008年12月5日，四川省召开全面加快灾后文化恢复重建工作会议，提出文化重建要尽早完成“文化基础设施、正常文化活动、抢救文化遗产、弘扬抗震救灾精神”四大任务；随后，结合灾区恢复重建的实际，有年度目标、按阶段要求地组织实施、完成。

文化重建中，成都市统筹城乡文化协调发展，文化设施均衡布局，文化投入重点面向基层社区（村），实行文化成果城乡共享。全市城乡两级文化馆、图书馆和档案馆全部达到国家标准，两年中建成77个街道和454个社区的综合文化站，文化资源共享工程全覆盖街道、社区基层服务点，2800多个村实现农村数字化电影工程全覆盖。汶川县在广东省的援建下，相继新建了县级文化馆、文化中心、影剧院、图书馆、禹羌博物馆、工人文化宫等成系列、有品级的文化服务设施。绵竹市将文化与体育设施整合统建成一个组团式绵竹市文体中心，内设“三馆三中心”（绵竹年画博物馆、文化馆、科技馆和职工培训中心、青少年活动中心、妇女儿童活动中心）和绵竹市体育中心与广播电视影剧中心等，以此综合性开放式的文化设施场所，服务于广大市民的文化休闲娱乐需求。绵阳市在文化重建中实现文化公益基础设施全覆盖，衍生出形式多样的文化产品，极大地丰富了灾区群众的精神生活。2010年3月24日，由文化部、国家图书馆、四川省文化厅主办的“县级数字图书馆推广计划”灾区援建仪式在北川举行。国家图书馆通过推送1TB的数字资源和电子图书等，实现与县级图书馆共享文化信息资源。

自2010年起，四川灾区加快群众文化活动和图书馆、文化馆、村文化活动室及社区文化中心等惠民工程的建设，大力提升公共文化服务品质，加速构建覆盖城乡的公共文化服务体系进程，不断缩小城乡公共文化服务的差距。至2011年3月底，四川灾区文化设施重建项目开工1053个，占文化设施规划重建项目总数的97%，其中完工项目954个；完成投资20亿元，占规划总投资的76.05%，实现灾区公共文化事业的快速发展。

地震灾区还积极统筹和加快重建与群众生活密切相关的体育场馆和广播电视设施。至2011年年底，川甘陕三省灾区由中央灾后重建基金、对口支援省市援建资金、地方政府财政资金和香港、澳门特区以及国际社会援助资金共同投资31.3277亿元，重建公共体育场馆项目143个。新建的体育场馆设施具有防灾功能强、设施标准高的特点：将防灾减灾需要纳入总体功能设计中，将其作为紧急避难的场所来建设，为此增设安装应急水电设施等，一旦灾情发生即可启用；重建的体育场馆不再是传统的体育场水准，竣工后已成为当地标志性的现代体育建筑，有的能凭其健全优良的体育设施可举行全省级别的运动会。灾区广电设施重建也如期高质量完成。其中，至2010年12月底，四川省广播影视开工项目600个，完工387个，完成投资24.07亿元，丰富了灾区群众的文化艺术生活。

至2011年9月底，川甘陕三省灾区文化体育项目完工4226个，占规划数的97.13%；完成投资102.49亿元，占规划投资额的95.45%。其中，四川省开工项目4081个，占规划的100%；完成项目3981个，完成投资93.76亿元，占规划投资的97.88%。

地震灾区还建设了一些地震遗址纪念地、陈列馆、古代文化历史名胜等工程，特别是一些非物质文化遗产陈列中心、传习所、藏羌旅游结合的示范园区，被作为国家与灾区省的文化建设软实力工程来兴办。在绵竹，江苏省常州市援建的棚花村年画传习所投入使用，绵竹年画艺术开始走向全国；实施抢救保护世界文化遗产工程——修复理县桃坪羌寨、甘堡藏寨等特色民族聚居区，重塑民族文化经典。另外，爱国主义教育基地、社会主义核心价值体系学习教育基地、民族团结进步宣传教育基地和展示中国发展模式、发展道路勃勃生机的窗口“三基地一窗口”建设与汶川特大地震纪念馆和北川、映秀、汉旺地震遗址纪念地的“一馆三地”建设积极推进，北川、映秀、汉旺地震遗址纪念地陆续开放。

民政公共服务设施恢复重建

2008年7月，民政部制定《民政公共服务设施恢复重建专项规划》，组织指导灾区党政干部、群众和对口援建力量实施重建。川甘陕三省在对口支援省市的援助下，坚持以人为本、科学规划、分步推进、统筹全局、优化提升的原则，科学制定重建规划，组织实施民政公共服务设施恢复重建。

2008年10月30日，由上海市援建的都江堰市社会综合福利院工程项目举行开工仪式。新福利院按照8度抗震、9级设防标准施工建设，秉承国际人居生态潮流，以自然、城市、人居和谐共生的设计理念，集“川西民居”“苏州园林”“长寿之乡”风格于一体，建筑规模、设施设备处于全国领先水平。宾馆式的老人住房设施齐备，同时配置了多功能厅、棋牌室、音乐室、图书室、书画室、康复健身区等。2009年10月24日，新的都江堰社会综合福利院正式开院并迎接首批老人入住。83岁老人冯桂英感慨地说，自己住福利院20多年了，从来没有想过会住进条件这么好的福利院。

2009年6月，新北川根据新县城整体优化布局的要求，决定将进入新县城的民政公共服务设施重建项目整合统建，把原来规划的永昌敬老院、永昌社会福利院、救助站、儿童保护中心、光荣院5个项目整合为一体，但布局又相对独立。“五合一”工程总投资3038万元，由山东省临沂市全额对口援建。工程采用园林式建筑与羌族文化元素合璧的风格，于2009年12月18日开工建设，2010年9月交付使用，被民政部和四川省、市民政部门称为“灾区福利设施重建的样板工程”。

三年恢复重建，川甘陕三省灾区基本完成社会福利设施恢复重建任务，列入规划的灾区综合性社会福利设施及社会福利院、殡葬设施、敬老院、社会救助设施、光荣院和优抚医院、烈士纪念设施、军休所等绝大多数项目建成并投入使用。

交通设施恢复重建

加快交通基础设施恢复重建和提升发展，既是灾后重建的重要任务，也是保障重建和经济发展的重要前提。灾区各省抓住机遇，及时规划，加大投入，从铁路、公路、航空入手构建立体交通网，一批关系灾区长远发展的重大项目相继开工建设。

2008年11月4日，中国西南地区首条高等级铁路——成灌快速铁路开建，这是铁道部与四川省签订的第一个重大交通恢复重建项目。经过1.2万名建设者18个月的紧张施工，全长76.18公里、运行时速200公里的成灌快速铁路在地震发生两周年之际开通运营。2009年2月21日和7月5日，贯穿和辐射四川、甘肃、陕西三省灾区的成兰铁路和成绵乐客运专线铁路先后开工建设；成都新站、成都枢纽货车外绕线、成都集装箱中心的建设也如期实施。三年灾后重建，灾区省修复既有铁路4376公里，重建铁路项目有23个，其中有5个重大铁路项目集中开工、成规模高效施建。

灾区公路交通重建秉承“打开通道、构建枢纽、完善网络、提升功能、支撑发展”的思路，向着打造一个便捷四川、甘肃、陕西三省、推进经济快速增长、支撑社会长远发展的西部综合交通枢纽网络目标迈进。公路重建突出5个重点：一是完善的公路网络。通过实施交通重建项目，使川甘陕灾区建成由包括“成都—汶川—松潘—九寨沟—北川—绵竹—成都”一环公路在内的“一环、三纵、四横、十联”组成的“生命线公路网”，在阿坝地区形成由“四纵、四横、二联”组成的干线公路网及“二环、三线”组成的生态旅游公路网。二是优良的建设品质。严格控制主要技术指标，确保工程质量和安全。三是较强的抗灾能力。坚持“先绕避、后整治，少挖填、增桥隧，重防护、强支挡”的原则科学重建。四是和谐环保的建路理念。做到“科学设计、避灾保稳，精心施工、减少破坏，统筹协调、方便群众，综合治理、恢复生态”。五是较高的服务水平。确保主要干线公路通行时间缩短30%、通行能力提高50%，满足灾区物资运输、群众出行和加快经济建设的需要。

至2011年9月底，四川灾区高速公路全面完成恢复重建任务。国、省干线及重要经济干线公路完工项目76个，完成投资249.62亿元。客运站灾后重建完工项目374个，完成投资4.51亿元。其中，四川省交通恢复重点项目都江堰至映秀高速公路于2009年5月12日前全线建成通车；绵阳至九寨沟公路于2009年9月30 日恢复通行能力，为开通旅游复兴通道创造了基础性条件。通过实施灾后交通恢复重建项目，四川灾区“生命线公路网”建成，其中完成国、省干线公路4625公里，完成农村公路2.8万公里，使通往灾区每个乡镇、村落的“生命线”全部贯通。阿坝藏族羌族自治州建成干线公路网和全国规模最大、功能最完善的生态旅游公路网。甘肃灾区新建高速公路132公里、国道省道重建公路1128公里，线路所经涉及陇南市武都区、文县、康县、成县、两当县等重灾县（区）。陕西灾区修复高速公路58公里、国道干线公路210公里。

灾区民航交通适应灾后重建与中国西部大开发的形势需要，进行适时改造和重建提升。四川灾区重建机场和航运项目有15个。总投资133.56亿元的成都双流机场二跑道和新航站楼工程按期开工。2009年5月8日，广元机场灾后重建工程全面完成并即日恢复通航。2010年12月17日，震毁重建并已通过建设标准验收的飞行学院公安业务楼正式启用，成为助推灾区民航交通发展的重要基础设施项目。九（寨沟）黄（龙）机场三期扩建后，实现双向起降，客机通行能力从每小时起降8架次提升到18架次，2011 年搭乘旅客达175万人次，成为客运和盈利能力最强的西南地区支线机场。

邮政和通信设施恢复重建

邮政电信企业充分利用国有资本资金，以项目建设为突破口，按照统筹规划、资源共享、协调发展、系统设计、保障安全的原则，全力恢复和重建灾区邮政通信网络。至2010年5月，灾区邮政通信能力、网络覆盖服务能力已达到或超过震前水平，能够适应和满足灾区近、远期重建和社会经济发展需要。至2011年9月底，四川邮政行业421个灾后维修、加固和重建项目全部竣工，为其配置的5032台（套）设备全部安装到位并投入运营，累计投资3.05亿元，邮政基础设施的通邮保障作用超过震前水平。

灾区通信基础设施重建启动后，工业和信息化部成立了专项重建规划组，负责通信重建规划编制及部署。川甘陕三省通信管理局分别成立灾后重建领导小组，具体组织和协调本省区通信基础设施重建工作。中国电信、中国移动、中国联通等多家通信公司分别组织所属灾区省分公司具体实施。四川电信、四川移动、四川联通等多家通信分公司均成立重建领导小组，启动应急预案，制定重建规划，自筹资金188.8亿元，开工重建通信基础设施项目7294个，修复损毁线缆、杆路、基站等通信设施，快速恢复通信服务能力；加强干线光缆建设，增加出口路径，优化网络结构，建设抗震能力达到国际一流水平的超级基站，提高网络安全性能；增加应急通信设备，加强技术队伍建设，提升应急通信保障能力。3年间，累计超过100万人次参加通信基础设施重建。重建高峰时，每天超过3万人参与管理、设计、监理和施工。至2011年9月底，四川灾区重建和新建的移动通信基站达到3.35万个，是震前的3倍；新建传输光缆4.28万皮长公里，总数达10.8万皮长公里，是震前的1.66倍；新建成固定交换机容量110万线，移动交换机核心网容1353万户，电信业务用房达18万平方米。还建成覆盖四川省21个市（州）所有县城、大部分乡镇和主要交通线的全国最大专用超短波应急通信网。

灾区电信企业在重建中，积极推进电信基础设施项目共建共享，先后有贯通绵阳、雅安、广元等区域的10条传输光缆建设项目，有北川新县城、青川县城、汶川县映秀镇、绵竹市汉旺镇4个重点城镇的通信基础设施建设项目，有与成都军区通信部合建的都江堰至马尔康长途传输光缆建设项目。灾区电信企业还以成都地铁、高铁、高速公路沿线民用通信建设等重大项目为载体，将电信基础设施的共建共享工作引向深入，使灾区电信设施重建速度加快，减少了重复建设，并节省了大量投资，节约了土地资源，保护了自然环境及景观。

灾区通信基础设施，更通过实施成都至互联网国际出口高效直达专用数据通道、中国移动多媒体呼叫中心、中国电信西部信息中心、中国电信四川灾备中心等一大批立足四川、覆盖西部、服务全国的通信设施项目建设，增强四川省信息服务硬实力，提升了四川省作为西部通信枢纽的地位。

三年重建，地震灾区通信网覆盖广度和深度得到全面提升，建成的四川移动绵阳交换网、四川电信绵阳C网、甘肃电信陇南整村迁改配套、陕西联通居民集中安置点通信网等工程，使灾区通信设施水平实现新超越，通信能力、网络覆盖和服务能力均达到或超过灾前。所在区域县城均被3G覆盖，并实现行政村村村通电话、镇乡全部通宽带。

能源基础设施恢复重建

国家能源局与川甘陕三省发改委及有关部门通力协作，实施灾区能源设施恢复建设，保障重建目标任务的完成。国家电网、中国华能、中国大唐、中国华电、中国国电、中国水电集团、中电投集团、四川地电系统、甘肃地电系统和陕西地电集团等企业及中国石油、中国石化等中央能源集团制订了地震灾后恢复重建规划。灾区各发电企业及中央各能源集团抓紧设备抢修和灾后重建工作。受灾省各部门和市、县政府及有关企业按照省政府确定的灾后能源基础设施“三年规划、两年完成”的重建目标，落实项目建设工作，统筹安排专项资金，加快推进规划实施。

灾后重建开展后，灾区各电力企业做好灾损评估和重建基础调研，制订震后电源电网恢复重建相关技术要求，修订、完善水电工程设计标准及规范，编写《输变电工程抗震设计要点》，先后完成《阿坝藏族羌族自治州电网重建方案及2010年目标网架规划》《二台山220千伏输变电工程可行性研究》等。四川水电集团、川投集团、甘肃电力明珠集团、陕西地电集团结合企业实际，制订了包括生产生活发电设施的灾后恢复重建规划。国家电网四川公司在深入摸底调研基础上，制订了输变配电工程405项工程规划。四川水电集团按“先进、安全、节能”及“小容量、短半径、密布点”的原则，统筹安排重建水电项目资本金与银行贷款。

各电力企业在规划引导下开展灾后恢复重建。国家电网四川公司围绕阿坝地区水电送出需求，实施恢复重建水电送出通道工程13个，确保因灾受阻的太平驿等电站约255万千瓦水电、狮子坪等水电站约99.5万千瓦新增水电的输出。经过努力，国家电网辖区因地震造成停电的1875个乡（镇）、1.79万个行政村、461.34万客户全部恢复供电。2008年7月10日，220千伏青山线项目开工，11月23日竣工。汶川境内在地震中受损的四川卧龙巴蜀龙潭电站，是岷江一级支流渔子溪干流上的第四级电站，担负着汛期调节下游电站水位和为卧龙保护区科研生产提供电能支持的任务。2009年9月，四川省林业厅在灾后恢复重建项目中期调整时，将卧龙巴蜀龙潭电站作为增补项目报送四川省发展改革委，批复项目总投资6429.5万元。至2011年9月底，龙潭电站恢复重建结束，并入主网发电，年发电量达1.3亿千瓦时。经过3年施工，地震灾区相继恢复重建四川卧龙巴蜀龙潭电站、中国华能太平驿电站、巴蜀江油发电厂、国家电网映电总厂、汶川县220千伏二台山输变电工程等骨干电源和电网，满足了电力输出和阿坝铝厂等企业用电需求。灾区煤炭能源恢复重建天池、红星、大昌沟、赵家坝、荣山、坤达、西坡等164个煤矿及外部基础设施；油气能源恢复重建气井1176口，能源设施管线恢复重建中坝净化厂、南充炼油厂、兰成渝输油管道及保护设施、天然气管线100余条、油库8座、加油站922座，其中华星天然气有限责任公司恢复重建天然气管线65.7公里。

至2010年12月，四川省累计完成能源基础设施项目1066个（占规划的99.91%），完成投资318.73亿元。甘肃省累计完成电力重建项目24个，完成投资4.46亿元，完成水电站重建并投产运营达200万千瓦，煤矿全面恢复生产。至2011年3月，国家电网四川公司完成灾后重建投资140亿元。至2011年9月底，陕西省29个能源设施恢复重建计划项目全部完成，完成投资6916万元。川甘陕三省完成油气重建投资35亿元。

水利设施恢复重建

灾区水利恢复重建以“保民生、促发展、助提升”理念为指导，坚持科学规划先行，围绕防洪减灾、水利设施、供水保障、水资源监测等重点深入进行。2008年5月30日，四川省水利恢复重建工作启动，在水利部指导下，用两个多月时间编制完成包括震损水库除险加固、堰塞湖（坝）后期治理、堤防工程修建、供水设施保障、农田水利修整、水资源监测设施项目的恢复重建规划。

2008年7月15日，四川省水利恢复重建全面铺开。灾区水利技术人员首先抢在汛期前完成鲁班水库、武都水库等21座震损水库除险加固修复任务。至2011年3月底，四川灾区共除险加固修复紫坪铺水库、黄江水库等1221座水库，完成投资32.98亿元。甘肃省、陕西省对所属35座小型震损水库投资近21.53亿元进行除险加固。作为水利防灾工作的重点，灾区对地震中形成的114座堰塞湖（其中危险级105座）实施后期治理。至2011年9月底，除唐家山堰塞湖还有围堰需拆除外，其他堰塞湖全部治理完毕。

地震使川甘陕三省堤防大面积毁损，修复江河堤防成为保护沿岸群众生命财产免遭洪水威胁的民生安保工程。在水利部指导下，三省积极编制规划，筹措资金，调集人力，全力实施堤防重建，至2011年3月底，重建工作基本完成。新建堤防工程抗洪能力达到10年一遇至50年一遇标准，其中成都、绵阳等大中型城市沿江河段达到50年一遇以上防洪标准，灾区防洪减灾能力得到增强，在地震发生后的暴雨洪涝中，特别是在2009年、2010年主汛期中经受住了考验，无一出现溃堤决口现象。

三省水利部门把灾区群众饮水问题当作民生水利的大事来抓。安县沸水镇供水站为让群众在家里就能喝上干净的山泉水，投资60万元在村里地势高处建造大蓄水池，几股泉水从泉眼里一涌出就能被引进蓄水池，再用长10余公里的管子向外输送，解决了天福村等3个村590户人的饮水问题。至2010年4月，四川省解决了灾区760多万人的饮水安全问题，完成总目标任务的84%。至2011年9月底，三省51个极重灾和重灾县（市、区）农村饮用水项目重建告竣，共建农村饮用水设施11.15万处，累计投资47.83亿元。

三省水利部门积极实施农田水利灌溉设施重建工作。其中，修复重建农田水利机电提灌站7314座；投资2.26亿元，将川陕山区震损的14.8万处蓄水池、山坪塘等农村微型水利设施修复。重建的江油市武都引水工程可控灌川西北绵阳等地4个市10个县282万亩农田，受益人口500多万。2009年9月，四川省对39个极重灾和重灾县（市、区）的水利重建项目实施情况进行中期评估和调整，调整后大型灌区投资27亿多元、中小型灌区投资21亿多元。灌区设施的恢复重建，扩大了供水能力，使四川灾区恢复农田灌溉面积达80万公顷。甘肃、陕西两省也加强农田水利设施恢复重建资金的支持力度。

四川等省还大力推进水资源监测设施与防汛预警系统重建。四川灾区从2008年6月起编制水资源监测设施重建规划，投资1.9亿元，在汶川县等39个极重灾和重灾县（市、区）实施水资源监测设施重建，并在建成的监测点进行水源、水流、水质等系列数据监测，向水管理的科学化迈进。至2010年，灾区汛期共启动各级预案24次，转移受威胁群众12万余人，有效地减少了人员伤亡和财产损失，山洪防治和防风预警系统初见成效。

产业恢复重建

产业恢复重建，是实现灾区生活稳定和社会发展的根本出路。四川等省提出“抓重建就是抓发展”，首先全力组织震损企业快速恢复生产，为灾区群众生活稳定和安置就业提供有力支撑；其次根据资源环境承载能力、产业政策和地区长远发展需要，积极调整产业结构与生产力布局，抓住重建时机淘汰落后产业产能，培育壮大有前景、后劲的新兴产业；适应现代产业集约集中发展的趋势，加强工业园区建设，按照“一园一主业、园区有特色”的要求，深化对口援建产业合作园区建设，大力承接灾区外埠产业转移，构建有特色的产业集群和优势产业专业生产基地，促进产业集中集约规模发展；主动依托地区优势资源，精心培植和发展特色优势产业，率先实施旅游业恢复振兴工程。最后，充分运用科技研发力量手段，全面推动产业和企业上档升级。经过三年恢复重建，灾区产业结构调整，经济布局优化，发展方式深刻转变，可持续发展能力提高，实现再生性跨越。

受损产业恢复振兴

灾区各级党委、政府大力扶助受损产业快速恢复振兴，并使具有领军作用和支撑力的大型骨干企业在2008年年底前基本达到灾前生产经营水平。受灾企业奋起抗争，自强不息。严重损毁的东汽在德阳市全力支持下，通过外扩生产、租赁厂房等方式，在震后快速恢复生产。大型企业剑南春集团克服困难，在2008年8月28日全面恢复生产。德阳昊华清平磷矿与阿坝铝厂也分别于11月和12月正式产矿与全面复产。

从2008年下半年至2009年，灾区产业在积极扩大内需、进行灾后重建推动下，快速进入“止滑回升、较快增长”运行轨道。工业通用专用设备、建材木材加工、纺织服装皮革、农副食品加工等30多个行业的生产保持较快增长。农业执行各项强农惠农政策，促进农民增收，农村经济呈现恢复性增长势头。2009年年末，四川省10个极重灾县（市）粮食产量增产5.4万吨，增长4%，增幅比全省多出1.8个百分点；10个极重灾县（市）肉类总产量比上年增长12.8%，增幅比全省多出7.9个百分点。服务业因地震造成的负面影响虽然存在，但部分行业在重建中已止滑渐起，步入恢复发展轨道。全年服务业增加值占GDP的比重为36.7%，比上年提高了0.5个百分点。旅游业实施“旅游招大引强、旅游线路统筹、游客信心重树、乡村旅游提升和质量强旅”五大行动，促进旅游产业的较快恢复，在2009年一季度，实现旅游业总收入337亿多元，同比增长12.1%。至2010年9月底，产业恢复重建取得决定性胜利，重建项目完工率和投资完成率均超过85%。纳入灾后重建总体规划的2440户规模以上受损工业企业98.3%恢复生产，农业、商贸服务业及旅游业等达到或超过震前水平。

调整产业结构和布局

调整产业结构，转变增长方式，科学布局产业，走可持续发展道路，是灾后产业重建的主旋律。

产业恢复重建的最大变化是产业结构的调整和优化。各地对落后污染和高耗能企业予以关闭淘汰或整合，对符合恢复重建的企业进行技术改造、扩大规模和提升水平，以形成新的生产力。阿坝铝厂不仅恢复生产，扩大规模，而且更加节能环保，地震后两年间，投入5000多万元购置环保装置，废气废料回收率达97%，1吨电解铝产品节约近30元，市场竞争力大大增强。2009年，四川省启动以装备制造、高新技术等为代表的八大优势产业调整和振兴行动计划，继续淘汰高耗能、高污染企业，以及不符合国家产业政策和不具备安全生产的落后产能，关闭重要水源保护区内的污染严重企业。至2010年，灾后重建规划区内工业增加值单位能耗较地震前下降12%，主要污染物排放总量减少6%。

广元市以重建为契机，按照能源低碳化、产业低碳化和增加碳汇的主线，积极调整产业结构，加快发展清洁能源，支持中国石油、中国石化等大型骨干企业启动年产50亿立方米的气田开发方案，使投资10亿元的“气化广元”项目开工建设。与此同时，对多家小炼焦、小水泥、小炼钢等高耗能企业实施关闭转产，200多家产能落后的污染环境企业在重建中实施煤改气。

灾区各地以项目带动产业发展，以项目优化产业结构，促进产业走强，提升核心竞争力。总投资45.59亿元的东汽德阳市郊新生产基地、投资35亿元的腾中重工石油钻机、投资15亿元的第二重型机械厂8万吨模锻压机等一批重大项目相继建成，有力推动了工业合理布局和产业结构优化升级。作为四川省的工业重镇，德阳市抓住灾后重建的发展机遇，努力扩大装备制造产业产能，向中国最重要、最具竞争力的新能源装备制造业基地和世界最大的大型铸锻钢制造基地迈进；2009年，实施185个投资2000万元以上的重大工业技改项目，至年底完成投资260亿元。

灾区各地根据地质地理条件和资源环境承载能力，科学划分出适宜重建区、适度重建区、生态重建区，确定不同区域的主体功能，选好企业重建地点，着力推进产业集聚，建设促进资源集约利用、土地节约使用、环境综合治理、功能有效发挥的产业集中区。注重发挥现有国家级、省级开发区的作用，引导企业集中布局，培育特色优势产业及产业集群，进而催生特色优势产业带。

按照重建总体规划，汶川、茂县、都江堰、彭州、什邡、绵竹、安县、北川、平武、青川10个极重灾县（市）所在的龙门山地震断裂带被列为生态重建区，以生态恢复为主，限制工业发展；人口以分散居住为主，并适当进行迁移。四川省据此科学布局，优化安排，在这里主要安排环境资源条件能承载、不污染、低耗能的农林加工产业；另外，利用这一地区的山水风光自然条件和丰富的民族人文资源，进行旅游业重建再塑。汶川县水磨镇曾有高耗能、高污染企业60多家，重建后重点发展旅游业，将流穿全镇的寿溪河畔建成碧波荡漾的人工湖，形成“一湖两岸四片区”的格局。污染工厂被关停、搬迁，剩余5家企业环评排放达标予以保留。绵竹、什邡、北川、都江堰、青川等地在新型加工业迅速崛起的同时，还利用独特资源打造旅游产业，有37个旅游景点开展A级旅游景区创建，灾区旅游线路推广活动深入展开，一条全新的四川龙门山旅游产业带粗具规模。

德阳市积极优化工业产业结构。在筹备、遴选与重建宏达精细磷酸盐基地项目和龙蟒硫磷钛化工基地项目中，借恢复重建时机进行企业转型改造，大力推行和促进循环经济，着力发展精细磷化工业，提高产品附加值。一是将磷化工企业及化工基地从龙门山地震断裂带区域里，迁至重建总体规划中确定的适宜和适度重建区内集中重建，实现产业集聚效应和资源共享，还顺势进行环保设施的配套建设。二是将磷化工产业按其产业链上的位置差异，分设于北京市援建的什邡经济开发区和江苏省援建的绵竹经济开发区内。其中，在什邡经济开发区框架下建设以磷化工和建材为主业的什邡市灵杰工业园；在绵竹经济开发区框架下开辟以磷化工、建材为主体的新市工业园和拱星工业园。三是强化磷矿资源整合，以磷矿资源为纽带，将德阳市磷化工产业整合成三大集团，将磷矿山资源开发整合为一个企业。什邡、绵竹两市磷化工产业布局和结构调整在2008年年底基本完成，大部分磷矿开采企业恢复生产，企业趋向集中发展，产业聚集进一步加强，生产经营提升到新水平。2009年，德阳市化工行业产出磷矿石190多万吨，生产化肥（折纯）50万吨、磷酸铵肥（实物量）90多万吨，其他如聚氯乙烯树脂、硫酸、烧碱等产品增幅较高，实现工业增加值55亿元、销售收入150多亿元、利税15亿元，多项经营指标均超过震前水平。

北川羌族自治县依托自身区位和资源条件，优化产业发展布局。农业上因地制宜，在擂鼓、通口等乡（镇）打造优质茶叶基地，改造万亩无性系良种茶园，推动茶叶产业的规模化经营；在漩坪乡建设玫瑰园，将其作为有机玫瑰生产基地，以及玫瑰精油和系列产品研发生产中心，第一、二产业联动发展，促进农民增收。工业上以项目带动发展，在山东援建者的帮助下，着力打造北川—山东产业园、安昌工业园区和永安—香泉工业园，承接东部产业转移，促进项目向园区集中，形成效益倍增的新型工业产业聚集区。

建设工业园和产业集聚区

大力推进工业园区建设是灾后产业重建的一大亮点。工业园区不仅提高了灾区土地集约利用效率，还促进了灾后产业结构调整。由于灾后产业重建得到中央基金、援建省市资金的有力支持，灾区具备了高起点、高水平建设工业园区的良好条件。为此，成都、德阳、绵阳、广元等地将企业相对集中发展，力促形成和建设资源集约利用、土地节约使用、环境综合治理、功能有效发挥的工业集中发展园区和产业集群汇聚地。

在灾后产业重建中，对口援建变对口合作，灾区和援建省市共建工业园，搭建共同发展平台。2009年，在绵竹汉旺新城南端，汉旺—无锡工业园强势崛起。这个规划用地2平方公里的工业园，主要承接机械加工、环保设备生产、仪器仪表制造、物流等产业。在绵阳，兴建了北川—山东、安县—辽宁、江油—河南、平武—河北4个对口援建工业园。4个园区入园企业58家、协议引资46亿多元，山东中国重汽、辽宁华晨汽车及零部件等一批重大项目随之落户。4个园区建成后，形成300亿元以上的产值规模。在雅安，芦山、汉源等县兴建的万里工业园区、甘溪坝工业园区等，吸引市内的化工总厂、锦泰公司、锰业公司等24家企业入区建厂投产。

灾区园区建设结合企业异地新建、技术改造和招商引资，产生了“飞地经济”园区、产业合作园区、现代农业园区等多种形式。发展“飞地经济”园区是灾区结合本地实际创造出的两种异地建产业园区模式。一种是园区建设条件差的重灾县，将园区设置在当地的省级园区中，或者位于当地的高新技术开发区中，成为“园中园”。另一种是重灾市州的几个县与对口援建省市共同将园区建在远离本地区的省内适宜重建区内，成为更大的“飞地”。由成都市和阿坝藏族羌族自治州共同建设的“广东—汶川工业园”，作为“成都—阿坝工业集中发展区”内最大的“园中园”，是集灾后重建、异地重建、合作共建于一体的重大产业项目。该工业园对入驻企业严格准入条件，特别是要符合环保要求，主要承接广东或其他沿海地区优势产业转移和发展汶川现有工业下游产品，延伸产业链。工业园的定位以有色金属深加工、农副产品深加工、医药轻工电子制造等产业为主，结束了以往汶川工业全靠高污染、高耗能的矿产业与化工业为主的产业格局，形成围绕阿坝地区电力和矿产等优势，来延长铝、锂、硅等资源性产品的深加工产业链，并向成渝两地的汽车和电子信息产业提供配套工业产品。

灾区一些地方根据产业重建的要求，撤并和迁建部分老的产业园区，新建一批有特色的工业园区和产业基地，以及循环经济产业集聚区。雅安市结合本区实际，在汉源县工业园区内建成以有色金属冶炼、焙烧、高载能、化工业为主的特色产业集聚园区。文县立足土地稀缺、资源分散、交通不便，无法成规模兴办工业园区的制约条件，确定“大规划、大产业、小集中”的思路，把交通、电力、资源等工业生产要素整合起来，积极推进高楼山有色冶金工业集中区、临江铁合金工业集中区、中寨中药材加工产业集中区和茶叶深加工工业集中区建设，以发挥工业集中区的带动效应。2009年，徽县建成以白酒酿造、生物制药、农副产品精深加工、绿色环保养殖、现代高科技观光农业等产业为重点的伏家镇市级循环经济园区。陕西灾区分别兴建了宁强经济循环经济产业园区、汉中循环经济产业集聚区、勉县核心区和略阳工业集中发展区等。

灾区许多地方还以现有的开发区和工业集中区为基础，进一步扩大规模，提升功能，解决了多年存在的规模小、水平低、发展慢等难题。广汉经济开发区规划面积扩大5倍，达到40多平方公里。什邡、绵竹工业园区升格为省级开发区。德阳经济技术开发区建成面积27平方公里，入园企业达1470多家，是四川省重点培育的成长型特色产业园区，2010年6月升级为国家级经济技术开发区。甘肃、陕西两省根据中央允许设立省级开发区的政策，设立和建设了文县、徽县、宁强、勉县等多个省级经济开发区。

三年恢复重建，四川、甘肃、陕西灾区在对口支援省市支持下，共建设22个产业园区，总投资500多亿元。2008年，在金融危机引发外需萎缩的不利情况下，四川产业园区实现进出口额增长92.7%；至2010年，产业园区的收入已占四川省经济收入的“半壁河山”。

发展特色产业

灾区各地借助政策支持，突出经济资源优势，大力发展特色产业。具有特色农业发展优势的区域，以特色农产品为依托，发展产业化、规模化经营，通过成片建设基地等措施，突出特色和竞争力。青川县发挥资源优势，借助对口支援方浙江省的帮扶，因地制宜发展以食用菌、茶叶、核桃、油橄榄、有机水产、生态畜禽六大农业特色产业，建立5个特色农业优势产业带和5个现代农业示范园，并着力推进“一村一品、一乡一业” 与“龙头企业+专业合作社+基地+农户”的经济发展模式。盐亭县依托粮林桑茶资源优势，以宏鑫粮油、弥江酒业等企业为龙头，在名优特新产品上下功夫，延伸加工产业链；以绿神丝绸、华美丝织等企业为龙头，发展茧丝精深加工，提升丝绸产品档次，扩大市场占有率；以建丰木业、龙昌林产等企业为龙头，大力生产中纤板、实木地板和卫生沐浴器具等产品，打造地域特色经济品牌。2010年10月中旬，理县绿色产业集中区建成后的第一个万吨脱水蔬菜项目正式投产，这是理县政府利用蔬菜资源优势专为当地菜农打造的。经营蔬菜公司通过订单形式与菜农建立联系，每年可为蔬菜种植户增收上万元，还可提供400多个就业岗位。龙门山下，绵竹年画村与万亩玫瑰园、葡萄园、茶园一起构成一条几十公里的沿山特色产业带。徽县依托300万亩核桃基地，支持新恒源公司建设5000吨果壳活性炭项目，年加工4.4万吨核桃皮，实现核桃资源的再利用。一批特色优势农产品生产基地的建成，使灾区发展成为现代农业、生态农业、绿色经济的集聚区与示范区。

具有工业发展优势的区域，在重点行业、重点企业、重点产品集聚配套上做文章。通过集中力量支持部分行业和部分企业改造升级，通过扩大行业规模和促进企业集聚等，形成新的产业优势。德阳市充分发挥重大装备制造技术优势，培育和发展技术装备、磷化工、新材料等优势产业。绵阳市借助全国唯一科技城的科教资源优势，发展做大电子信息、特殊钢材、汽车及零部件等优势产业。雅安市依托丰富水电、矿产资源优势，大力发展能源动力、建材加工等优势产业。青川县在产业重建中，主要针对矿产、五金建材、化工材料、电子机械、农副产品深加工等行业开展招商引资工作，承接产业转移，提升“造血”功能。陇南规划区依托铅锌硅铁矿产资源，培育发展有色冶金、建筑材料等优势产业。汉中灾区利用境内矿产和生物资源优势，发展提高医药化工、烟酒食品和军工等重点产业。

具有旅游业发展优势的区域，着重打造旅游景点和线路，着重整合资源，通过改善进入条件和提升档次，塑造新的品牌。2008年6月14日是第三个“中国文化遗产日”，成都市举行“守望家园——宽窄巷子历史文化保护区修复竣工并对公众开放活动”，标志着成都市旅游业震后率先复苏重振。此后，四川省文化和生态等旅游实现快速恢复。7—9月，生态旅游接待游客2100多万人次，直接总收入34亿多元，较上季度增长78.81%。2010年，在龙门山生态旅游综合功能区规划中，青城、龙池—虹口、鸡冠山—琉璃坝、湔江河谷、安西走廊、天台山—平乐古镇和“三湖一阁”等7个起步区被重点规划，规划面积约4500平方公里，涉及都江堰、彭州、邛崃、崇州、大邑、蒲江六县（市）。2010年10月，在第十一届中国西部博览会举行的成都旅游项目推介会上，龙门山生态旅游综合功能区兴建项目招商引资86亿多元。

推进产业上档升级

灾区企业在恢复生产的同时，继续优化产业结构，依托新技术，加快产业升级步伐。2009年，东方电气集团瞄准市场能源新动向和新需求，以技术创新为基础，走“产学研”联合之路，加快核电生产技术改造，形成年产6台以上百万等级核电汽轮机的制造能力；着力抓新能源产品开发，使风电、核电等新能源产业产值比重大幅度上升，其中风电产值占总产值的比例达到25%，超过原先居大的水电产值，成为集团第二大产业；核电产值所占比例也大为提高，超过企业总产值的5%，使原有火电产值所占比例下降6个百分点；积极推进第三代核电汽轮机技术的引进及国产化，努力打造全新风电产业链。中国二重积极开展大型锻件数值模拟国家工程实验室建设和技术研究工作，使检测能力、科研和新产品开发能力进一步提高，在核电、大型水电、风电、清洁能源等产品研发中实现重大突破，2009年实现销售收入80.08亿元，比2007年增长39.37%。

产业重建中，灾区企业扩大生产，实现技术转型升级。2009年6月28日，陕钢集团汉钢公司500万吨技改项目在勉县循环经济产业园开工。2010年12月22日，投资1.5亿元重建的绵竹市剑南老街正式开街，8.5平方公里的川西第一酒城建设项目随之启动，遭受重创的绵竹酒业融入到“中国白酒金三角”的打造中。剑南春集团通过新建和扩建包装中心工程项目、万吨名优曲酒“十一五”工程项目和五粮粉碎工程项目，使企业生产经营上档升级、科技含量增加和产量产值大幅度提高。轻工纺织企业利用竹材、蚕丝、黏胶等原料资源优势，按照纺织服装产业链配套聚集发展，推广采用新型纺机装备和技术，提高生产效率和产品档次。配套发展印染业，注重节能减排和环境保护，支持采用烘茧节能新设备和缫丝污水零排放技术，加强茧丝资源综合利用，注重发展丝绸深加工产品。2009年7月17日，广元龙腾5万锭纺织项目工程在广元经济开发区正式奠基，投产后创年销售收入2.3亿元。

高新技术产业和新兴产业的迅速崛起，成为灾区产业升级的有力证明。在成都，新能源、新材料、节能环保三大新兴产业，电子信息、航空航天、生物医药三大高新技术产业，汽车、石化、冶金建材三大现代制造业，其规模以上企业工业增加值分别增长20.15%、38.24%和17.9%。在德阳，把新能源装备制造业作为战略性新兴产业培育，积极发展风电、核电、太阳能等新能源装备产业和节能环保产业。该市被联合国工业发展组织确定为清洁技术与再生能源装备制造业国际示范城市。

实施发展电子信息、装备制造、能源电力、油气化工、钒钛钢铁、饮料食品和现代中药等优势产业与积极培育航空航天、汽车制造、生物工程等有潜力产业的“7+3”产业发展规划，使四川灾后产业发展形成新优势。水电、钒钛、天然气、农产品等特色优势产业加快发展，一大批重点产业、重点园区和产业集群迅速发展壮大。实施充分开放合作战略，招商引资和外经外贸取得重大成果，开创了承接产业转移、引领西部发展的新局面。与新加坡共建的新川创新科技园成为中国中西部地区第一个合作园区，联想、富士康、仁宝、戴尔、德国大众等一批世界500强企业落户四川，电子信息、汽车制造和油气化工三大产业迅速崛起。2010年上半年，四川高新技术产品出口增长高达96%，为全省贡献19.7亿元出口额，显示出震后产业升级在外贸竞争中的优势；四川省钢材、鞋、家具、西医药品、陶瓷产品等出口也保持稳定增长，与东部沿海地区形成错位发展格局；利用地缘优势和产业链优势，东方电力、中国石油西南油气等在东盟等新兴市场积极承包工程，为全省贡献13亿美元的出口额。

招商引资是灾区产业重建做强做大的重要途径，特别是以对口支援为起点形成长期合作机制，更成为灾区扩大开放、加快产业发展、推动企业升级的捷径。2010年4月29日，四川省与广东省签署《广东—四川经济社会战略合作协议》，提出建立两省合作交流长效机制。5月9日，辽宁省和四川省正式签署两省合作框架协议，确定双方在工业、农业、贸易、文化旅游、科技及人才交流等领域进行深入合作，推动实现共赢发展。10月，在第十一届中国西部博览会上，成都、德阳、绵阳、广元、雅安、阿坝六市（州）表现突出，包括“沃尔沃研发中心”等一批备受关注的产业发展项目签约落户四川，越来越多的知名大公司加入推动灾后重建和经济发展的行列。

至2011年9月底，川甘陕三省灾区产业发展恢复到震前水平，纳入重建总体规划的工业、特色农业、旅游和文化等5333个产业项目全部建成完工，完成投资1472.99亿元。其中，四川灾区重建规划的3601个工业重建项目全部实施，需重建、迁建的171家工业企业完成重建迁移170家，4989个生产力布局与产业调整项目基本完成。新建5个省级开发区和24个对口援建产业集中发展区，形成一批产业集群和优势产业专业生产基地，淘汰一批落后产能，灾区商贸、旅游、文化等服务业快速恢复振兴。四川省39个极重灾和重灾县（市、区）生产总值和财政收入增速、城镇居民和农民人均纯收入增速等经济指标都高于四川省平均水平。三年灾后恢复重建，汶川地震灾区产业发展实现再生性跨越。

统筹城乡建设

城镇建设和农村建设是灾后恢复重建的两个重要方面。灾区城镇与农村恢复重建，坚持统筹城乡发展的理念，科学优化城镇空间布局，改善人居发展环境，实施城乡一体化发展，与新型工业化、城镇化和新农村建设紧密结合，使灾区城乡发展日新月异、人居环境现代文明、新兴城镇拔地而起、重建乡村焕发生机，呈现出现代城市与当代农村和谐相融、历史文化与现代文明交相辉映的新型城乡风貌。

加快农村恢复重建

农村恢复重建，贯彻“三打破、三提高”的规划建设理念，即打破“夹皮沟”，提高村庄布局水平；打破“军营式”，提高村落规划水平；打破“火柴盒”，提高民居设计水平，体现山水田园风光，突出地域民族特色，并在很大程度上实现集中居住、节约用地，使传统民居与现代农业有机结合，风貌与功能完美统一，显示出震后灾区新农村建设的崭新景象。

乡村选址本着避让灾害隐患、提高抗震等级、利于安居从业的原则，采取原地重建和异地新建等方式展开。对适宜重建区和适度重建区的震毁村庄，主要以原地重建方式进行。一些地质条件较好、环境资源丰富、有发展潜力的村庄在原地重建中扩大规模，增建了保障服务民生事业的设施项目。地震使素有“古羌王遗都”“中国羌族第一寨”美誉的汶川县雁门乡萝卜寨基本被夷为平地。经雁门乡与广东援建方研究，决定原地换新址重建萝卜寨村。重建坚持规划先行，援建方组织实施，发动群众共同参与；重建结合每户实际财力，采取政府补一部分、村民自己出一部分的办法，分多个档次建造；在重建范围上，除搞好新村的村民房屋建设外，还把村内道路、供水供电、排污环保、村民广场等农村基础设施建设纳入其中。2008年9月24日新村建设动工，2009年5月10日正式交付使用。新萝卜寨村建在离旧寨几百米远的半山台地上，建成新房229户，均为钢筋混凝土结构。民居黄泥墙面，屋角配有羌寨特有的石碉楼装饰，门眉上砌有白石神，窗户上镶着羌字图案，房前铺陈石板，自来水和电安装到户。村内还建了独立式公共厕所、水泥混凝土环路、青石板街巷道、健身广场和村民活动中心。整个新村规划有序、设施完善、整洁卫生，成为灾区远近闻名的新农村建设示范村。

对因地震造成生态环境恶化、耕地减少或灭失、农民正常生活与增加收入保障难度大的农村，实施异地重建。陕西省宁强县燕子砭镇原庙子岭村在地震中出现山体裂缝滑坡，地质灾害等级提升，被鉴定为陕西省特大地质灾害点，决定整村搬迁至木槽沟重建，由天津市对口援建。2008年9月5日，木槽沟集中安置新村建设开工。重建中，添建了电力、电信、供水、绿地公建等配套工程，2009年5月8日安置新村竣工入住，成为陕西省最大的灾后异地新建村庄。马街镇蒿坪村是甘肃省陇南市武都区47个重点异地重建村之一。2008年6月初，该村启动下山入川异地整村重建工程。新村选址在马街镇大李村的张坪花椒园，占地面积1.87公顷；农户住宅为砖混两层结构，前宅后院布置形式，配套厨房、卫生间、沼气池和圈舍等，由深圳市援建。11月5日，村民告别位于海拔1900米山上的旧村，搬进了村貌整洁、居室舒适、出行方便、配套设施齐全的新村。蒿坪新村成为陇南市武都区第一个灾后异地重建村。

农村重建只有先整体规划，进行科学选址，适当集中布局，周密实施，才能有效避免“克隆”式的简单恢复重建。北川羌族自治县农村重建因受复杂地形限制困难较大，即按照“宜集中则集中、宜分散则分散”的原则，探索出散户独建、原址集中重建、新址集中重建、迁至场镇新建、旅游沿线重建5种模式。5种模式中，以旅游沿线重建最具特色。对于公路沿线、旅游景点，政府统一规划和选址，突出羌族文化特色，将农村重建与灾后发展相对接。擂鼓镇猫儿石村是进入北川羌族聚集区后的第一个旅游山寨，也是北川第一寨，位于北川经济走廊和旅游走廊的必经之地上。重建中，猫儿石村按照统规统建的方式建成百栋极具羌族特色的碉楼，所有房屋外观按照羌族风情建造，村子取名为“吉娜羌寨”。新村发挥经济和旅游的区位优势，将传统农耕老村变为旅游服务新村，提高了农户收入，促进了新建村的发展。

农业生产以及在此之上发展形成的农村产业，是农村建设与发展的内生动力。灾区农村重建，在全力修复受损农田与蔬菜畜禽棚舍及机耕电灌设施的同时，注重与原有生态农业、产品加工业和特色旅游产业发展相对接。各地本着让农民实现“灾后住上新房子、产业发展有路子、兜里头有票子”的愿望，注意科学谋划，整合资源，边建设新村，边推动农村产业升级。都江堰市抓住对口支援契机，与上海市共同投资6.57亿元，创建10万亩现代生态农业集聚区。农业集聚区沿着都江堰市“四横三纵”骨干交通线两侧各1公里范围内布点建设，培育出五大产业示范带，覆盖12个乡（镇），惠及19万农业人口。农业集聚区与上海市投资3100万元建成的33.33公顷的都江堰市现代农业科技示范园形成有机整体，成为振兴农村经济、引领新农村建设的示范园区。

灾区农村建设始终坚持农村生产生活设施重建与统筹城乡结合，与社会主义新农村建设和扶贫开发相结合，与稳定农业生产增加农民收入相结合。三年农村重建，四川、甘肃、陕西三省按照灾后重建总体规划和农村建设专项规划要求，优先恢复重建农村生产生活设施条件，着力改善人居环境，大力发展现代农业，完成规划农业生产设施重建项目1032个，重建农村公路4.85万公里、农村供水设施11.15万处、农村水电站213座、沼气池43万口、农村电网9517公里等，另外为贫困农村恢复重建住房255.26万间。至2011年9月底，三省共完成农村重建项目1842个，占规划项目数的99.57%；完成农村重建总投资575.13亿元，占规划资金数的99.91%。村居环境有较大改善，村庄布局、村落规划结束了散乱无序的状况，很大程度上实现了集中居住、集约用地；特色产业得以培育，农业产业化蓬勃兴起，农业基础设施不断完善，农业粮食总产量和农村人均纯收入都比震前有较大增加和提高，农民生活水平显著改善。

推进城镇恢复重建

灾区省和援建方通力合作，从城镇重建需要“合理选址，优化布局和增强可持续发展能力”

的要求出发，严格按照“所在资源环境承载能力，国土开发强度，产业发展方向和人口集聚与建设适宜程度”等标准，划分为适宜重建区、适度重建区和生态重建区，进行分区重建；通过采取重点扩大规模重建、适度扩大规模重建、原地调整功能重建、原地缩减规模重建和异地新建5种类型，实施分类重建。

在川甘陕三省重建规划区，县城是城镇分类重建的重点。纳入重建规划区中“重点扩大规模重建”类型的县城有四川彭州、甘肃成县、陕西勉县等17个，纳入重建规划区中“适度扩大规模重建”类型的县城有四川中江、甘肃西和、陕西宁强等16个，纳入重建规划区中“原地调整功能重建”类型的县城（城区）有四川芦山、甘肃武都、陕西略阳等12个，纳入重建规划区中“原地缩减规模重建”类型的县城有四川平武、宝兴、汶川3个（重建实施后，平武和宝兴县城规模未缩减，汶川县城功能疏解），纳入重建规划区中“异地新建”类型的县城有四川北川、青川、汉源3个（重建实施后，青川县城实现功能疏解，未异地新建）。

在城镇重建中，灾区省按照尊重自然、安全第一的要求，采取全部功能异地恢复、削减功能就地恢复和全部功能就地恢复3种模式进行恢复重建。

第一种模式是城镇全部功能异地恢复重建。部分灾区因可供建设的空间狭小，破坏损毁较大，不少地方有地质灾害隐患或属于规划中的生态重建区，城镇需异地新建。北川老县城曲山镇原址地质灾害过于严重，无法确保安全，确定搬迁至安昌河冲积坝上。胡锦涛为北川新县城取名“永昌”，取相邻的永安、安昌两镇首尾字，寓意永远繁荣昌盛。2008年5月14日，绵阳市启动重建北川县城异地选址研究的基础工作。住房城乡建设部抗震救灾规划工作组承担新县城选址及总体规划任务。5月22日，温家宝重返北川考察，宣布要再造一个新北川；11月16日，在听取规划情况汇报后，他指出，北川要按照“安全、宜居、特色、繁荣、文明、和谐”12字标准进行重建。北川新县城发展定位为“北川县域政治、经济、文化中心，川西旅游服务基地，绵阳西部产业基地，现代化的羌族文化城和生态园林城”。新县城于2009年5月开工建设，由山东援建者精心组织施工，2010年9月基本建成；9月25日，北川新县城竣工交接，一座具备居住、医疗、教育、商业、旅游、休闲等基本功能，能展现特色羌城基本形象，具备承载生产生活基本能力的崭新城市落成在川北大地。新县城还兴建了“北川—山东工业园”经济开发区，以产业发展和居民就业为其主要目标，以农副产品加工、纺织服装、新型建材、旅游产品加工等劳动密集型产业为重点，引领全县工业企业跨越式发展。新县城文化教育建设得到高度重视，北川中学、永昌小学等基础教育学校于2009年9月1日前建成；体育中心、青少年活动中心、文化中心、艺术中心相继竣工投入使用。以特色文化旅游业为龙头，新县城还被作为重要旅游目的地来打造，包括老县城地震遗址、新县城、大禹故里、羌族文化和唐家山堰塞湖为主要元素的“两城一人一族一湖”品牌建设架构形成。新北川县城成为灾区新建城镇群中最耀眼的明星镇。

汉旺镇是绵竹市震前第一经济强镇。汶川地震使位于地震断裂带上的汉旺镇损失惨重。2008年5月20日，绵竹市委托中国城市规划设计院编制汉旺镇重建规划。在规划初步完成后，规划院配合镇政府进行大范围民意调查，全镇97%的人赞成镇区迁建；9月28日，四川省政府批复重建。新镇选址于群力、凌法及香山3个村域内，规划占地3.75平方公里，其中汉旺新城2.75平方公里、工业园区1平方公里。8月25日，汉旺新镇首批启动项目奠基仪式隆重举行。新镇采取“中心迁移、功能重建”的建设方式，将处于极重损毁区的镇区核心功能迁移到远离地震断裂带的区域重建；对大于地震断裂带最小避让距离的普通居住建筑、社区级服务设施、中小型企业仓储设施等，在不违背综合防灾和规划功能布局要求的条件下，在原址进行选择性恢复重建；对于具有代表性的地震遗址则有针对性地保留。2010年7月15日，由江苏省无锡市援建的汉旺镇工程全面完成。汉旺镇成为绵竹市唯一异址重建的城镇。

第二种模式是城镇削减功能就地恢复重建。地震使汶川县城和青川县城受到重创，原地全功能重建没有条件。在专家详细论证的基础之上，采取削减县城功能的方式，成功解决两个县城重建难题，开创县城发展的新模式，保障了县城社会稳定，拓展了县域经济发展的空间。汶川县城形成“一城三地”格局，县城功能由威州镇、水磨镇和漩口镇共同承担，其中威州镇承担行政交通功能，将文化教育功能疏解到水磨镇承担，将产业发展功能疏解到漩口镇。青川县城形成“一城两地”格局，县城功能由乔庄镇和竹园镇共同分担；对县城所在地乔庄镇人口进行疏解转移，将规模控制在环境可承受范围内，把城镇功能简化为政治服务和旅游服务；将县城经济职能和部分文化职能转移到邻近的竹园镇，扩建竹园镇作为县经济、文化中心，发展工业和文教商业职能。2009年4月23日，乔庄万众安居小区、乔庄高中、青川县人民医院十大项目同时动工建设，标志着青川县城原址重建全面启动。至2010年年底，十大项目陆续交付使用，一座现代化的、有川西北地域风情的新青川县城落成。

第三种模式是城镇全部功能就地恢复重建。汶川县映秀镇属于原地重建模式，距离汶川县城55公里，地处国道213线和省道303线交汇处，是通往世界自然遗产保护地黄龙、九寨沟和卧龙四姑娘山的交通枢纽。作为汶川地震震源地，映秀镇中心区被夷为平地，众多人员伤亡，95%以上的房屋倒塌，基础设施损失极为严重。2008年7月，对口援建的广东省东莞市规划设计院会同同济大学规划设计院，就映秀镇总体规划向全球招标，收到20余套方案。在编制重建规划过程中，先后邀请国内外著名建筑大师、抗震设防专家如贝聿铭、吴良镛、保罗·安德鲁、何镜堂、郑时龄等参与镇内建筑、抗震设防的设计工作。著名华裔建筑大师贝聿铭负责镇政府、大地震纪念广场、文化活动中心的设计，中国科学院、中国工程院院士吴良镛负责设计映秀中学，纪念地体系的设计由中国工程院院士何镜堂负责，北京奥运会“鸟巢”的设计者保罗·安德鲁负责设计漩口中学遗址。重建要求突出映秀镇灾后恢复重建的“典型性”与“示范性”，着力打造抗震建筑示范区，凸显羌族、藏族、汉族多民族融合的地域特色，为其他灾后重建地区树立可持续发展的样板。映秀镇镇域空间布局结构设计为“两区、两轴、三点”。“两区”即中心镇区、震中保护区；“两轴”即沿国道213线经济发展主轴、沿省道303线旅游发展主轴；“三点”即张家坪新农村建设点、黄家院村新农村建设点和老街村新农村建设点。经过精心设计与科学重建，映秀新镇成为世界知名的温情旅游小镇与防灾减灾示范区。

汶川县水磨镇位于汶川县南部岷江支流寿溪河河谷平坝上，沿寿溪河呈带状分布，自然环境优美。地震使水磨镇遭到严重破坏。广东佛山援建者在调查研究后，决定水磨镇原地重建要与周围的山水风景环境相协调，与当地的民族风情相融和，并将其定位为“汶川生态新城”“西羌文化名镇”。建设者将羌、藏传统建筑艺术发扬光大，把以提高教育水平、改善人居环境和加强旅游功能作为建设追求目标，使新建的水磨镇成为阿坝藏族羌族自治州文化教育中心及旅游热点。

重建的禅寿老街保持了川西民居建筑风格的古镇老街特色；水磨羌城是重建的居民安置区，由震前散落型羌寨转变建成有羌族文化特征的集聚式羌城；新建的西羌汇选址在寿溪河畔，成为全镇文化活动、艺术培训和当地群众与游客交流的主要场所。由新建在寿溪河岸畔的汶川县第二幼儿园、水磨镇福利中心和水磨镇卫生院3组建筑群合成的形似“诺亚方舟”景观，为水磨镇添上了一道靓丽的风景线。水磨镇被联合国人居署视为“全球灾后重建最佳范例”。

至2011年9月底，川甘陕灾区需要恢复重建的城镇，通过分区分类重建，优化空间布局，合理调整功能，采取多种模式方式，全部完成规划重建项目。汶川、北川、青川等县城和映秀镇、汉旺镇等新城镇，展现出传统与现代相结合、民族特色和地域风貌共彰显的靓丽新姿。一批布局科学、功能配套、具有现代风貌的新城镇，与周边城镇实现共同发展，城乡一体化布局得到全面优化。

构建城镇体系

在城镇重建中，灾区各地坚持按自然与社会规律办事，突出地域特点和民族特色，确保城镇整体布局的科学、合理和优化；坚持城乡互动、统筹协调，全力打造全域覆盖、特色鲜明、风情浓厚的新型城镇体系，并以城镇体系的构建加快灾区城镇化进程，提高灾区城镇化率。

重建中，县域镇乡体系布局合理得体。汶川县抓住机遇，以群众宜居为目标，严格执行“一个中心、两个走廊、四个核心区”的城镇乡体系规划，坚持城镇乡互动、统筹协调，倾力打造全县覆盖、地域性强、特色浓厚的城镇乡体系。至2011年4月底，以县城所在地威州镇为中心，以水磨、映秀、绵虒为区域中心的城镇格局初步形成，休闲广场、健身场所、主题公园等公共设施全面建成，城镇功能进一步完善。全县13个特色魅力乡（镇）、20个精品旅游村寨、91个幸福美丽家园基本建成，省级新农村示范县阶段目标顺利通过验收，村庄体系进一步完善。以科学布局村庄，优化民居设计，完成1万多农户改建，100多个村庄基本建成畅通配套的基础设施，使城乡统筹发展步伐加快，城镇化率达39.5%，城乡面貌焕然一新。

重建中，市镇乡格局分布完整系统。成都市将灾后重建与完善城镇体系、提升城市品质、建设国际旅游目的地城市的目标相结合，着力构建以城带乡、城乡一体、互动发展的新城镇乡体系格局。在该城镇乡体系格局中，优化城乡空间布局，把老城区打造成城市中心游憩区，加快构建“五河十岸、一心五轴、显山露水”城市架构，全力打造以中心城区为核心、城际快铁为骨干、城乡交通网络为纽带、四大旅游板块为重点、新型社区为基础的新型城镇体系，充分发挥灾后“政策特区”和上海市对口支援的优势，紧紧围绕以旅游业为重点的现代服务业、以特色产业为重点的现代农业和以高新技术产业为重点的新型工业，加大招商引资力度，积极承接产业转移，强化产业支撑，持续增添城乡统筹发展动力。经过三年恢复重建，成都市城镇体系建设取得重大进展，城镇化率高居灾区各大城市之首。

2008年10月，德阳市邀请中国城市规划设计院编制德阳城市总体规划，构建市域新型城镇体系，确定了把中心城区建成“国家重大装备制造业基地和高新技术产业基地、四川重要的区域性中心城市和山水宜居城市”的发展定位，规划到2020年中心城区人口达到100万，形成“一主、两副、三轴、三带”的“川”字形空间布局结构。围绕“一中心、多片区”的组团城市群建设思路，确定5个县域中心城市的空间布局和规模，规划到2020年形成4个20万~50万人的中等城市、1个10万~20万人的小城市。围绕构建区域性中心城市目标，德阳市加快城市基础设施建设，重点打造旌南片区、东山片区、旌北片区3个城市副中心。市区一批城市干道、跨铁路立交桥、城市供水管网、污水处理厂等基础设施建设项目先后开工，坚持以统筹城乡的思路推进5个县城和重点城镇重建，新型城镇体系构建进程加快。至2010年9月，德阳市城镇化率由震前的38.5%提高到41.2%。

至2011年9月底，川甘陕灾区城镇体系建设项目累计开工1150个，占规划项目数的100%；完成项目1102个，占规划项目数的95.83%；完成投资966亿元，占规划总投资的97.95%。

统筹城乡一体化建设

地震波及灾区城乡一体化建设的成果，特别是成都地区国家统筹城乡综合配套改革试验区受到严重冲击。灾区紧紧抓住灾后重建机遇，用统筹城乡发展的思路和办法，将城乡一体化建设融入其中，力促重建中改变城乡二元经济结构，尽快让农民享受到与城镇居民同样的文明和实惠。

将灾后重建与新农村建设直接对接，以新农村建设的高标准实施重建，是灾区按照城乡一体化目标，大力推进新农村建设的重要做法。彭州市磁峰镇鹿坪村，运用国家保障重建的特殊政策，以城乡集体建设用地增减挂钩政策项目为载体，以城乡一体化为核心，把灾后农房重建和产业发展有机结合起来进行。按照统筹城乡发展的思路和新农村建设的要求，尊重群众意愿，科学规划重建，进行细致选址，最终重建定址于鹿坪村坝区荷塘边，取名“鹿鸣荷畔”。重建方案由“一心、一带、两环、多聚落、发散式”组成。“一心”指处于中心位置的千亩荷塘，“一带”是贯穿整个村落的手工艺和文化创意产业景观带，“两环”指荷塘周围的旅游休闲环和外围的产业经济环，“多聚落”指采用“林盘”的空间形态形成3个集中居住聚落，“发散式”指建筑沿荷塘布置散落在林盘田间，有传统农村聚落的风貌。方案得到500多户村民一致认可。2009年5月，鹿鸣荷畔集中居民点竣工入住。该居民点节约出的集体建设用地约24.67公顷全部挂钩到城镇使用，筹集到住房重建所需的绝大部分资金；同时由政府牵头，统筹国土、农发、林业、水务等部门的涉农项目资金，集中投放到基础设施配套、产业发展配套设施等方面的建设。在产业发展上，根据该村多样化农业产业和地理气候条件，设计并实施了“环状”产业：上环山地主要种植三木药材坚果，中环山地种金银花和猕猴桃为主，山下则是“鱼藕共生”的立体种植、养殖业及马铃薯种植等。还充分利用了千亩莲藕荷塘的优势，辟建出旅游休闲农业观光区，兴建了别具一格的乡村酒店；利用当地特产，大力发展食用菌、中药材和猕猴桃等经济作物，分建出莲藕等深度加工区。至2010年年底，鹿坪村原有产业恢复壮大，新建产业发展提升，实现人均收入6200多元。鹿鸣荷畔重建点创造性地解决了农民住房重建、农村产业发展、公共服务和社会管理均衡化配置三大难题，成为统筹城乡一体化改革试验区建设的缩影和科学构建新型城乡形态的成功实践。

成都市用统筹城乡一体化建设的思路和办法创新实施，致力于把成都灾区建成科学重建、科学发展的样板。震后两个月，成都市提出“四个结合”，即坚持灾后重建与全国统筹城乡综合配套改革试验区建设相结合，家园重建与经济社会发展相结合，物质家园建设与精神家园建设相结合，政府推动与群众自救、市场运作、社会参与相结合，以统筹推进“工业向集中发展区集中、引导农民向城镇和农村新型社区集中，推进土地适度向规模经营集中”的“三个集中”，实现新型工业化、新型城镇化和农业现代化的“三化”联动。

成都市坚持科学规划，用高水平规划优化城乡功能和资源配置，引导和创造良好发展前景，提炼形成发展性、多样性、相融性、共享性一体的“四性”规划原则，震后建成700多个具有产业支撑、公共服务和社会管理综合配套的农村新型社区。在所属彭州市建起西南最大的农产品物流园和黄村农业科技示范园，使蔬菜、川芎、冷水鱼等7个特色产业基地生意红火，农民收入不断攀升。在地震发生后濒临绝境的都江堰市“孤岛”虹口，通过产业提升，发展特色旅游，使其成为全国AAAA级旅游景区，还吸引了30亿元的旅游产业项目。这种以科学规划为引领，将农村产业提升、农民持续增收和长期收益统筹谋划，在解决居者有其屋的同时，实现居者有其业的做法，使成都市城乡一体化建设扎实推进。

重建中，成都市同步配套建设灾区基础设施和公共服务设施，促进城乡基本公共服务均等化，建立城乡一体的就业、教育、卫生服务和社会保障体系，确保受灾群众安居乐业，共享改革发展成果。市属都江堰市天马镇地处偏远，但村民在重建后享受到和城市一样的公共设施，管道天然气、网络宽带、沥青路、地下排污等基础设施一应俱全。成都市在灾区农村率先实施村级公共服务和社会管理改革，由市、县两级政府统筹，为每个村每年安排不低于20万元的资金，从根本上改变农村基层的公共服务条件，使受灾地区农村群众生活生产条件大大超过震前水平。

都江堰市充分运用农村产权制度改革成果，多渠道筹措重建资金，把农村产权制度改革与农村住房重建有机结合，积极搭建农村产权交易平台，用足用活集体建设用地整理指标增减挂钩政策，促进城乡生产要素对接，真正将农村资源转变为资本。在大观镇茶坪村，农户以富余的集体建设用地吸引社会资金参与重建，联建方通过与农户签订联建协议，取得部分新建房屋所有权并颁发双证，同时通过乡村连锁酒店将空闲房屋化零为整、提升服务，发展旅游业。两年间，都江堰市开拓出一条运用农村产权制度改革成果、依托林盘推进集中、完善基础配套、提升发展环境的科学重建之路，为城乡协调发展打下坚实基础。

都江堰市还从上海援建方引入先进的理念和技术，打造出一个具备高效生态、产业多元、环境优化、农民增收和可持续发展的新型农业生产模式，实现农村生产方式从传统向现代的飞跃。天马镇以农民自愿出租耕地的形式组建万亩农场，通过大面积机械作业提高效率，并以实物作租金返还农民，实现农民增收大幅度增加。

交通是灾后恢复重建的重要载体，也是激活城乡资源的关键。都江堰市借灾后重建契机，恢复和提升城乡基础设施，累计投入交通建设资金约130多亿元，改扩新建道路里程相当于震前历年建设里程的总和，使市域交通路网体系初步成型。成灌快速铁路主线的通车则标志着都江堰市进入“快铁时代”。覆盖市域城乡的水、电、天然气、光纤网络等基础设施更加完善，实现了城乡公共服务的一体化。

防灾减灾与生态修复

汶川特大地震使灾区生态环境恶化，植被、水体和土壤等遭到破坏或污染，滑坡、崩塌、泥石流和堰塞湖等地质次生灾害增多。在灾害防治中，灾区注重建立完善的群测群防应急机制，组织抢险救援专业队伍，设置应急避难场所，严密防范地质自然灾害；对查明的灾害隐患点落实监测预警、避让搬迁和工程治理等措施，最大限度地减少减轻灾难危害，保障群众生命财产安全。在生态修复中，坚持自然修复与人工治理相结合，以自然修复为主；对龙门山与岷江、涪江、嘉陵江上游等地区实施生态修复工程，恢复林草植被、大熊猫栖息地、林木种苗基地和林区基础设施，森林水源涵养和水土保持功能逐步恢复和提高；对灾区震损的自然保护区、风景名胜区、森林公园和地质公园保护设施全力恢复重建。在环境整治和土地复垦中，对污染源和环境敏感区域健全监督管理，积极开展水源地与土壤污染治理、废墟清理、垃圾等废弃物处理；对耕地特别是基本农田着力修复，对损毁的城镇、村庄和工矿旧址等进行清理，尽可能减少恢复重建对耕地的占用。灾区的人居环境质量和可持续发展承载能力得到大幅度提升，川甘陕灾区秀美山川风光得以再现。

防灾减灾能力增强

2009年3月，国务院决定从2009年起，将每年的5月12日定为全国“防灾减灾日”。这对于唤起社会各界对防灾减灾高度关注，对灾区防灾减灾工作深入进行，增强群众防灾减灾意识，提高综合抗灾减灾能力，起到重要的推动作用。川甘陕三省成立减灾委员会或救灾协调机构，发挥防灾减灾综合协调职能，不断完善灾区防灾减灾管理体制机制；为适应抗震防灾减灾、保障群众安全的目标要求，积极构建以应急指挥、应急响应和应急资金、物资拨付等为主要内容的抢险救灾应急体系。经过不懈努力，国家自然灾害四级响应制度在灾区得到确立，中央级和地方救灾物资储备库体系进一步完善，可基本实现重大自然灾害发生24小时内受灾群众得到基本生活救助，自然灾害应急处置和保障能力得到提升。以解放军、武警、公安消防部队、民兵预备役等应急救援队伍建设为重点，以抢险救援、医疗防疫等为主体的应急救援队伍体系初步建立，防灾减灾队伍逐步壮大，防灾减灾社会动员能力和社会资源整合能力不断提高。

川甘陕三省将防灾减灾纳入灾后恢复重建规划，全力组织实施。针对地震、滑坡、山洪、泥石流、堰塞湖等灾害频发的实际威胁，灾区大力恢复重建地震、气象、地质、水文、测绘等各类自然灾害立体监测预警预报系统及设施，增强防灾减灾能力。2010年8月13日晚至14日凌晨，地震极重灾区汶川县突降暴雨，导致发生山洪、泥石流等灾害，灾区水文监测系统立即启动。15日下午，映秀上游黑水河流域出现强降雨，水文监测人员采用现代化的水文监测仪器连夜施测，全面掌握、分析了黑水河流域、威州镇至映秀沿江降水及地形情况。通过精确测量，四川省水文局预报次日16时左右映秀洪水将达到峰值，特别是在20日出现的两次大洪峰的预测预报中，水文数据准确率均达到95%以上，为抗洪抢险做出巨大贡献。

国家和3个灾区省把地质灾害调查评估和灾害治理，作为防灾减灾的突出任务来抓。国土资源部和川甘陕三省迅速组织地质灾害隐患排查工作组，展开对震后地质灾害隐患的排查工作，并据此对地质灾害防治工作进行部署。至2009年9月，四川灾区共查明133个县（市、区）的滑坡、崩塌、泥石流、地面塌陷裂缝等地质灾害及隐患点18997处，威胁28.33万户118.4万人的生命和552亿元资产的安全。对此，四川省积极采取工程治理、避让搬迁、监测预警和应急排危除险等有效防治措施。经过3年多时间的防治，取得了重要成果：对83个县（市、区）的6985个安置点地质灾害危险性进行科学评估；对发现处于地质灾害危险区的900个安置点，涉及安置户数2.2万户约9.7万人，指导督促其实施应急避险；完成2296处重大地质灾害点的应急勘查与相关设计工作；重点治理市、县的2044个防灾减灾项目；组织完成1128处地质灾害点的应急排危除险工作；完成27473户农户的地质灾害避让搬迁工作；恢复重建3356处地质灾害隐患点的群测群防监测预警网络；开展6370处地质灾害隐患点防灾工程实施前监测预警项目，最大限度地掌控了地质灾害；启动实施8个市（州）和39个县（市、区）地质灾害防治能力建设项目，基本完成防灾能力建设任务。

在甘肃灾区，对因地震诱发的地质灾害隐患开展排查预警，共发现4000余处地质灾害隐患点；综合治理重灾地区地质灾害隐患点375处；对重灾地区771处面临地质灾害隐患的44929 户农村居民进行避让搬迁。在陕西灾区，组织开展地质灾害隐患排查，共排查隐患点1372处；完成地质灾害风险治理项目169个；在重灾区宁强、略阳、勉县、陈仓实施地质灾害详查评估、监测预警、避让搬迁、应急能力建设和灾害治理等五大工程，使重灾区地质灾害监测预警体系恢复完善，重大次生地质灾害隐患点得到治理，防治管理能力得到提高。

为提升综合防灾减灾能力，灾区省在市、县、乡镇、村兴建众多灾害避难场所，以备灾害突发时应急避险之用。其中，四川省结合地形复杂、地质次生灾害多的实际，新建、改建和扩建了335个避难场所；甘肃省在14个市（州）政府所在地均建有大型避难场所，在所属县（市、区）另行辟建中型避难场所50个；陕西省按规划在宁强、略阳、勉县、陈仓等重灾区进行了科学布点施建。为普及自然灾害科学知识和提高群众避灾自救意识与技能，3个灾区省按防灾减灾专项重建规划，兴建自然灾害科普教育基地105个，其中省级3个、市县级102个。

三年恢复重建，国家提出的“用三年左右时间，使灾害监测预警预报体系基本恢复，重大次生灾害隐患点得到有效治理，应急救援救助能力得到提高，综合减灾能力明显提升”的目标基本实现。至2011年9月底，防灾减灾规划项目共开工1304个，占规划项目数的100%；完工项目数855个，占规划项目数的65.57%；规划项目投资207.1亿元，完成投资192.7亿元，占规划总投资的93.05%。灾区建设地质灾害监测预警点1万多个、气象观测站和预警信息发布点264处；3个灾区省建立了防灾减灾领导机构，形成有力高效的防灾减灾管理体制和监测预警体系；建设了完备的省、市、县灾害救援救助应急指挥平台和应急救援救助队伍，建设救灾物资储备库达121个，建设省级防灾减灾中心3个、综合减灾宣传教育基地105个、城乡避难所129个；治理重大地质灾害隐患点近8700处，使灾难危害得到有效避免或减少，综合防灾减灾能力得到提升。

生态环境修复

灾区坚持自然修复与人工治理相结合，生物措施和工程措施同时实施，加快恢复灾区受损林地和山体植被，切实加强水土流失治理，逐步恢复水源涵养与水土保持等生态功能，大力实施大熊猫等野生动物栖息地和自然风景名胜等特殊保护区的有效恢复和保护，使灾区的生态与人居环境得到大幅度改善。

为尽快修复受损森林植被，国家林业局派出工作组赴受灾地区评估灾损影响，制定恢复方案。川甘陕三省在推进专项规划过程中，将森林植被恢复作为生态修复的重点和核心目标，并根据灾区实际对生态恢复内容进行适当扩充，增加通道绿化建设，使增补后的规划森林植被恢复总面积达133.33万公顷。

针对灾区生态恢复存在项目资金短缺和工程进度慢等问题，国家林业局分别于2009年6月和2010年11月在成都召开会议，予以组织、协调和推进，要求灾区严格履行管理程序、确保工程质量、明确完成时限、强化监管职能，完成好生态恢复重建的每一项任务。川甘陕三省也召开专门会议，研究解决生态恢复过程中存在的问题。四川省林业部门建立生态恢复重建目标责任制，将生态恢复重建任务纵向分解到39个极重灾和重灾县（市、区），横向分解到部门内部相关业务处室，纳入年度工作目标进行考核，并在工程实施过程中多次派出工作组对其植被恢复项目进行专项督察，协调解决植被恢复工作中存在的困难和问题。针对恢复重建中出现的技术问题，四川省林业厅建立专家咨询制度，成立专家指导服务组，深入到灾区一线提供咨询服务。通过强化培训指导，解决制约修复重建的诸多难题，提高了生态重建质量和水平。在国家林业局的支持下，四川省林业厅还与日本海外机构合作，吸纳日本灾后生态重建的经验和技术，进一步提升各地生态恢复建设水平。

对灾区整个生态修复工程而言，种苗的质量和数量决定着生态工程建设的质量和进度。川甘陕三省林业部门对种苗建设非常重视，将林木种苗基地作为先期恢复重建项目及时上报与实施，抽调、聘请专业技术人员进行指导服务和质量管理。至2011年9月底，三省灾区共投资3.99亿元，恢复种苗生产基地0.46万公顷，形成林木种苗供给近2亿株能力，有力保障了灾后植被恢复和区域生态建设项目的顺利推进。

地震后水土流失治理是恢复灾区基本人居生态环境，提高土地承载能力，确保粮食稳产增产的必要措施。恢复震损水土保持设施，包括坡改梯、水保林、经果林、种草和建设坡面水系工程等。经过水利部和川甘陕三省水土保持局的领导组织、规划协调和灾区群众的倾力治理、不懈工作，至2011年3月底，三省灾区水土流失治理取得阶段性重要成果。其中，四川省完成坡改梯、水保林、经果林和种草3.03万公顷，建设坡面水系工程、沟道治理工程和辅助设施2.23万余处，累计完成投资4.97亿元，灾区的水土流失状况得到有效控制。

地震灾区草地是长江、黄河上游的生态屏障。震灾及其次生灾害对灾区草地生态系统造成严重破坏，大量天然草原、人工草地、围栏草地、草种基地遭到损毁。农业部与川甘陕三省主管部门共同制定灾后草地生态修复规划，确定灾后草地生态修复任务17.17万公顷，投入修复资金3.76

亿元。三省对修复任务进行分解、细化和完善，多次举办草地修复专题培训班，组织专家和技术人员深入灾区、进村入户，指导帮助群众进行草地修复。2009年春，灾区草地修复项目大规模展开，至6月底，四川灾区修复的草地达2.69万公顷。为加大草地生态恢复力度，四川省还在北川草地修复项目基础上追加0.13万公顷的飞播种草任务，并于2010年10月中下旬落实完成。在中央重建基金没有安排草地修复项目的广元市元坝区，动员农民筹集资金500万元，自主安排修复草地0.23万公顷。草地生态的修复，增强了灾区水源涵养、水土保持功能及防灾减灾能力，最大限度地降低了山洪、泥石流等地质灾害暴发的危险。

至2011年9月底，川甘陕三省完成森林植被35.27万公顷，其中封山育林22.85万公顷、飞播育林3.60万公顷、人工造林8.82万公顷，完成森林植被重建投资25.27亿元；完成草地植被修复4.71万公顷，完成草地植被修复投资1.40亿元。通过实施植被恢复重建工程，满目疮痍的山体、草原重新披上了绿装，灾区生态环境得到初步恢复。

特殊保护区恢复重建

灾区省对动植物保护区、风景名胜区，尤其是大熊猫野生动物栖息地等特殊保护区实施恢复重建。恢复重建开始后，川甘陕三省对大熊猫等珍稀濒危野生动物栖息地进行修复，对作为大熊猫等珍稀濒危物种保护主要载体的国家级和省级自然保护区进行景观和生态系统恢复重建。三省根据各地实际情况，采取差别化的修复措施：对成为裸岩和流石滩的毁损大熊猫栖息地和植被受影响的大熊猫栖息地，实施封山育林措施；对成为土壤和残留地被物的毁损地，按照大熊猫栖息地要求，以人工点撒播或人工造林方式进行植被改造，使被毁损的栖息地斑块尽快恢复成物种多样、群落稳定并适宜大熊猫生活的环境；对已不适于就地恢复的大熊猫栖息地，选择与现有大熊猫栖息地相邻且自然生态环境相近的区域进行异地恢复。为切实推进恢复重建，三省相继建立自然保护区及大熊猫栖息地重建情况通报和督导检查制度，对修复项目实施进展缓慢的市、县进行督导检查，并帮助解决遇到的实际困难。经过三年多时间的努力，至2011年9月，川甘陕三省灾区完成大熊猫栖息地恢复148.91万亩，川甘两省完成动物圈舍恢复重建3.15万平方米，使大熊猫栖息地内的裸露区域基本被植被覆盖，植物群落结构得到改善优化，并向大熊猫栖息地植被演替，动植物群落逐步恢复，大熊猫活动恢复至震前水平。在栖息地保护区内还进行了相关的业务用房、交通道路和水电通信等多项公共设施恢复重建工作。

灾区风景名胜区恢复重建主要同旅游业结合加以实施。四川省在旅游景区景点的恢复重建中，突出抓好世界级品质旅游景区的生态修复和环境整治工作，优先启动九寨沟、黄龙等受损较轻旅游景区的排危加固工程，开展都江堰—青城山等重要景区中的大熊猫栖息地新址重建，并恢复重建龙门山休闲度假项目，打造了龙门山休闲旅游区与大熊猫国际旅游区、九寨沟环线精品旅游线与大熊猫栖息地旅游线等旅游品牌。甘肃省风景名胜区恢复重建任务主要集中在陇南市，至2011年9月，相继完成武都区万象洞国家AAAA级旅游风景区清理滑坡和加固山体工程，成县西狭颂国家AAAA级旅游风景区东口旅游公路安全防治加固等工程，成县鸡峰山景区人工造林、道路、瞭望台等维修工程，康县国家AAAA级旅游景区阳坝风景区维修加固和园林绿化工程，徽县三滩旅游风景区月亮峡跌水瀑布修复等工程，西和县晚霞湖湿地休闲旅游区建设工程。陕西省风景名胜区恢复重建集中在宁强县青木川古镇汉水源森林公园、略阳县五龙洞森林公园、勉县定军山景区开发和宝鸡市炎帝陵旅游区、钓鱼台旅游区等，分别对其地震受损景点和山体进行修复绿化。

灾区环境整治

川甘陕三省牢固树立环境就是资源的理念，把环境保护与建设作为改善民生、提高城乡居民幸福指数的重要民生工程，同步规划、同步实施、同步监管，贯彻落实国家编制的《灾后恢复重建生态修复专项规划》，使受损环保基础设施和监管能力得到快速恢复，加快环境治理和优化进程，重点推进环境污染防治工程建设，排除环境风险，建设出一个安全、整洁、宜居的灾后生产生活新环境。

灾区按照生态修复专项规划要求，在与群众生活密切相关的饮用水水源地污染防治上，以岷江、沱江和嘉陵江流域水污染防治为重点，加强调查评估，开展水环境综合整治，加强城乡饮用水水源地污染防治，恢复水生态系统，提高水环境承载能力，并坚决取缔水源保护区内的排污口，清除潜在风险污染源，严格禁止在水源保护区上游建设污染严重的化工、造纸、印染等企业。水源保护区内原有的污染企业在震灾损毁后禁止恢复运行，并逐步关停并转水源保护区内尚有的污染企业。继续开展灾区集中式饮用水水源保护区划分工作，充分考虑地震的综合影响，重新核定灾区饮用水水源一级、二级和准保护区边界。对汶川、北川等受损严重县份的集中式饮用水水源地，提出水源地布局优化调整方案。此外，川甘陕三省灾区还安排重建一批污染防治项目。至2011年9月，三省基本完成水源地和土壤污染防治任务。

灾区还针对救灾过程中因为大量有机药剂消杀剂的施用和次生灾害引发，致使污染物上浮、矿山倒塌、尾矿渣或淋出液外泄等情况，进行调查评估，建立污染土壤档案和信息管理系统，逐步开展土壤污染治理。“专项规划”要求川甘陕三省对各类污染土壤进行治理改良，规划治理示范项目22个，其中四川省16个、甘肃省4个、陕西省2个。2008年6月30日，环境保护部制定下发《地震灾区土壤污染防治指南（试行）》，明确地震灾区土壤污染防治的基本原则、土壤污染调查与评估的方法、土壤污染治理和修复步骤与方法及保障措施，为灾区土壤污染治理提供指导。川甘陕三省积极落实环境保护部的污染治理要求，并根据重建规划中期调整确定的灾区土壤污染、工业企业排污和环境污染破坏等治理项目，筹措安排资金，积极组织实施。至2011年9月底，在土壤污染治理方面，四川省完成成都市都江堰川西化工土壤污染修复示范工程等7个项目，陕西省完成略阳县黄家沟氰化尾矿外泄土壤污染治理项目等。在工业企业治污方面，四川省完成成都市恒信淀粉公司治污恢复工程等498个项目，甘肃省完成康县阳坝铜业公司尾矿库治污工程等19个项目，陕西省完成略阳实达矿业公司尾矿库子坝修复工程等2个项目。在区域危险废物和医疗废弃物处置方面，三省在环保部门专家指导下，调动多种力量，坚持科学、及时、有效的处置原则，以切实保护好环境。经过努力，灾区的环境质量逐步恢复到震前水平。

经过3年多时间的努力，灾区环境整治重建项目基本完成。至2011年11月底，四川灾区完成环保系统重建项目109个，占中期规划调整后环保重建总项目数的88.12%，其中环境监管能力恢复项目51个、环境整治（饮用水水源保护类与污染治理及土壤修复类）项目47个，灾区受损的生产生活环境得到可观的改善。甘肃、陕西灾区灾后环境整治工作也取得重要进展。

开展土地整理复垦

《汶川地震灾后恢复重建总体规划》提出，灾毁耕地12.55万公顷需要整理复垦，抢险救灾时的临时用地和过渡性安置用地要适时清理恢复成耕田；对损毁的城镇、村庄和工矿旧址，以及其他具备整理成建设用地条件的地块，也要抓紧清理整治，尽可能减少恢复重建对耕地的占用。四川、甘肃、陕西等地灾区市、县积极启动灾后土地整理复垦项目，实施“金土地工程”，严格保护耕地特别是基本农田，实现耕地占补平衡；及时启动39个土地整理复垦项目，涉及灾毁土地5.4万公顷。

绵阳市受地震和洪灾影响，被毁耕地近4万公顷，另有1.2万余公顷耕地遭到灭失。特别是北川、安县、平武、江油等地，不少山区农民赖以生存的田地遭掩埋。全市计有80余万农民失去土地。为尽快让灾毁耕地复垦，绵阳市多次召开专题会议，农业、财政、交通、水利等各相关管理部门积极配合，快速推进灾毁耕地复垦整理工作。市、县国土部门进村入户摸底调查，准确掌握灾毁耕地的第一手资料。之后，该市编制了《全市灾毁耕地复垦整理规划》，出台相关地方性法规政策，做到耕地复垦有法可依。2009年6月，绵阳市在属县安县高川与茶坪试点成功基础上，制订出灾毁耕地整理复垦的工作方案和实施办法：对灾毁程度较轻的耕地，鼓励受灾农户利用农闲时节自行复垦，增加自己的耕地面积；对灾毁程度较重的耕地实施土地复垦前，先由市国土资源局进行科学规划，优先安排农业生产条件较好，特别是灾前已划定为基本农田保护区的地块，制定出耕地复垦计划，坚持成熟一个实施一个；对偏远山区、地质环境极差、坡度较大的灾毁耕地，则充分尊重当地群众意愿，结合建设生态农业和生态环境的要求，规划为退耕还林项目，发展经济林木，实现产业转型增值效益；对灾区村民自主进行灾毁耕地整理复垦的，市政府给予资金补助支持。按照绵阳市制定的资金补助标准，自行整理复垦灾毁耕地的农户，补助标准最高达3000元/亩，对北川、平武复垦难度较大的部分地区上调到5000元/亩。国家财政资金的支持，成为推动村民自行整理复垦耕地的巨大动力。

灾区耕地复垦，是通过以复垦耕地为主的农村山、水、田、林等生产资源的综合整理利用，来发展优势主导产业，增强受灾群众自身“造血”功能，促进农村复兴和农民增收。各地积极创新思维，大力整合涉农项目资金，加强土地的综合开发利用。通过耕地复垦，逐步改变农村生产方式，有效地推动城乡统筹发展和社会主义新农村建设。江油市新安镇黑滩村是绵阳市灾毁耕地复垦整理试点区之一。该村采取土地平整、田坎合并，同时将村民安置在集中居住点，并落实宅基地复垦等措施，新增耕地约40公顷，同时对低产出的下湿田进行改良，改善群众生产生活条件。多家外来企业进驻黑滩村，建成梨、葡萄、猕猴桃等多个上百亩的水果生产基地。复垦耕地进入适度规模化的集中经营，给农村带来了活力。平武县通过采取加快灾毁耕地和废弃宅基地复垦、荒草地开发等措施，引进龙头企业鑫源茧丝绸公司，在汇口、曲水等7个村发展约130多公顷蚕桑基地；在水晶镇大坪村、青龙村探索建立“药农+村级管理小组+协会”的新型发展模式，两村共种植中药材约430余公顷，仅药材一项人均可增收1000元以上。

经过3年多时间的努力，川甘陕三省累计整理复垦开发土地面积16.35万公顷，内含整理复垦灾损农田12.56万公顷，整理复垦临时占用耕地0.66万公顷，整理复垦城镇、农民居民点及工矿废弃土地2.95万公顷，土地开发0.17万公顷。其中，四川灾区完成灾毁土地整理复垦14.52万公顷。

精神家园重建

灾后重建的历程，铭刻了物质重建的伟大奇迹，也唱响了精神世界崛起的豪迈凯歌。对口援建夜以继日，建设进度一日千里，辉映着社会主义大家庭的团结互助精神；灾区人民奋力用自己的双手开创幸福新生活，展现了艰苦奋斗、自力更生的顽强意志；各族群众相互帮扶，社会志愿者无私奉献，灾区人民为玉树强震、舟曲泥石流等受灾民众慷慨解囊，高扬起互爱互助、催人奋进的文明旗帜。三年恢复重建，灾区群众思想观念更加开放，精神面貌更加积极向上，文化内涵更加丰富多彩，社会文明更加和谐进步。

弘扬抗震救灾精神

在抗震救灾中，全国和灾区人民凝聚铸就了“万众一心、众志成城，不畏艰险、百折不挠，以人为本、尊重科学”的伟大抗震救灾精神。恢复重建中，伟大抗震救灾精神得到进一步延续、弘扬和升华。灾区各级党政领导和广大干部群众上下同心，攻坚克难；轻灾重灾地区，相互支援。19个援建省（市）与四川省18个严重受灾县（市）及甘陕灾区结成援建对子，同心协手，并肩奋斗；灾区与非灾区携手共进，四川省安排省内13个市（州）对口支援13个重灾县（市、区）的一个重灾乡（镇），甘肃、陕西两省开展无灾市、县和企业集团助建灾区重建活动。这种患难与共、团结奋进的风貌，充分展现了灾区人民自强不息的坚强意志，展现了“一方有难、八方支援”的强大力量。灾区人民把在抗震救灾中感受到的全国上下支援的无疆大爱，化作不等不靠、自强不息、感恩奋进的拼搏精神，投入到以人为本、崇尚科学、攻坚克难的重建家园征程中。在废墟上锻造出的灾区人民自强不息的奋斗意志，始终贯穿于重建家园、走向辉煌的豪迈进程中。

实施心灵抚慰康复工程

恢复重建后，灾区省市文化部门组织文艺工作者深入开展“重建精神家园·文化安民行动”，进行精神激励和心灵抚慰。2009年灾后的第一个春节，灾区文化部门协调组织中直艺术院团分赴重灾地区慰问演出，送去2万多场演出、近2万场公益电影。灾区文化部门跟进实施，至2010年5月，四川省建设集中安置点文化服务站780个，提供流动图书18万余册，组织捐赠各类图书6万余册，分发各类抗震救灾资料19万余份，开展巡回艺术展览1200余场；还选聘文化协管员，开展日常性报刊图书阅览、信息咨询、文化培训、电影放映等文化服务，满足群众文化需求。2008—2010年，持续3年的“文化安民行动”，给灾区群众送去温暖，成为鼓舞灾区群众忘我重建斗志高、感恩奋进创辉煌的力量源泉。

大力实施心理康复工程，对受灾干部群众进行心理援助和心灵抚慰。卫生部牵头负责心灵家园重建，民政部、教育部、共青团中央、中国红十字会、中华慈善总会和灾区各级政府及相关专业机构密切配合，建立覆盖城乡功能完善的精神卫生防治服务网络，完善心理危机干预机制。在中小学校开展心理疏导教育，进行心灵抚慰，培养乐观积极心态，开展青春励志活动；在医院设置心理门诊，医治群众心理创伤，实施心理康复治疗；在新闻媒体开办专栏节目，开设心理咨询热线，传递人文关怀。组织专业人员和社会工作志愿者进社区、村庄，加强对受灾群众的心理疏导与心理康复服务，重塑其积极乐观向上的精神面貌。卫生部在震后协调中央财政安排灾区心理援助项目专项资金484万元，2009—2010年间又投入专项资金3000万元，支持川甘陕受灾市（州）、县（区）建立完善灾后心理卫生服务网络、培训当地卫生专业人员、开展大众心理康复宣传与高危人员健康教育及心理辅导工作。在各方面的共同努力下，绝大多数灾区群众和被救援者通过心理健康教育、心理疏导、心理咨询和心理治疗，缓解了心理压力，治愈了心灵创伤，较快恢复了正常生活。

强化感恩奋进回报情怀

感恩奋进是一种特殊的精神力量。灾区注重将社会各界无私援助与灾区群众艰苦奋斗相结合，广泛深入开展感恩奋进宣传教育，激发群众自强回报的积极性和主动性，为灾后恢复重建注入不竭动力。通过新闻媒体设立感恩专题栏目，大力宣传报道中共中央、国务院和全国人民、社会各界对重建的关心关爱、无私援助，广泛宣传感恩人物和先进事迹，全方位记录灾区各地不等不靠、顽强拼搏重建家园的生动壮举和骄人业绩，不断增强灾区干部群众的感恩奋进意识。灾区群众把感恩党、感恩祖国、感恩子弟兵、感恩全国人民支援的深情厚意，镶嵌在重建的住房、学校、医院、道路等名字中，谱写在《因为有你》《感恩的心》等歌曲里，镌刻在所有灾区人的心坎上。玉树地震、舟曲泥石流灾害、山东大旱，川甘陕人民感同身受，倾情捐助。感恩奋进、自强回报转化为灾区群众重建美好家园的昂扬斗志和大步迈向灾后新生活的动力源泉。

传承发展羌族文化

地震灾害使历史悠久、有着浓厚特质底蕴和鲜明特色的羌族文化遭到严重破坏。为落实中共中央、国务院关于抢救保护羌族文化的指示精神，文化部与四川省、陕西省积极配合，商讨地震灾区羌族文化的抢救保护方案，组织专家对《羌族文化生态保护实验区规划纲要》进行多次修改和完善，确定四川省的茂县、汶川、理县、北川羌族自治县和邻近的松潘县、黑水县、平武县等羌族聚居区，以及陕西省的宁强县、略阳县等相关地区，为国家羌族文化生态保护实验区范围。2008年10月，文化部正式设立羌族文化生态保护实验区，并将其建设纳入灾后恢复重建总体规划。11月14日，由文化部命名的羌族文化生态保护实验区授牌仪式在北京人民大会堂举行。羌族文化生态保护实验区是继闽南、徽州和热贡之后，中国的第四个文化生态保护实验区。2009年1月，四川省将抢救羌文化写入政府工作报告，提出要抓好文化遗产抢救保护，推动羌文化生态保护试验区建设，做好"中国藏羌碉楼与村寨"申报世界文化遗产和"羌年"申报联合国教科文组织非物质文化遗产名录工作，以此促进对羌文化的抢救、保护及发扬光大。2010年10月1日，联合国教科文组织保护非物质文化遗产政府间委员会宣布，中国羌族农历新年庆祝习俗被列入《急需保护的非物质文化遗产名录》。

地处羌族文化生态保护实验区的汶川县，通过重建羌碉与重振羌绣来传承和保护羌族文化。汶川县在地震前就拥有羌锋村、萝卜寨等一批具有悠久历史的羌族文化旅游景点。汶川县在恢复重建羌族文化过程中，最关键的是对体现羌族文化的羌寨和建筑进行抢救和保护，对损坏的羌碉及其他体现羌族文化的建筑尽量按照原址原貌恢复重建或在原址按照羌族传统建筑风貌进行再建。在茂县投资13868万元，重建了占地4公顷、展陈面积4200多平方米的中国羌族博物馆，使古老羌族的文化、民俗和风情得以保留、展示和传承。另外，羌绣作为羌族文化的瑰宝，是留存至今最能体现羌族人民与现实世界对话的羌文化遗产。汶川、北川等县注重羌绣文化传承，通过成立羌绣文化公司、举办羌绣展览会、在阿里巴巴等网站上挂出羌绣产品等方式，对传承和保护羌绣文化产生积极作用。大型羌族原生态歌舞《羌魂》、讴歌伟大抗震救灾精神的大型舞蹈诗剧《永久北川》在全国各地火爆演出；《永久北川》还在世界各地感恩巡演100余场，引起良好的文化反响和艺术震撼力。

抢救保护文化遗产

震后，中共中央、国务院领导同志多次对灾后文化遗产保护做出重要批示，3000万元总理预备费及时下达到重灾地区用于文化遗产抢救保护。国家文物局和川甘陕等灾区文物部门迅速启动紧急预案、建立应急机制，及时实施抢救及恢复重建。灾害发生一个月后，"世界文化遗产都江堰古建筑群抢救保护工程"启动，全国一流的文物保护工程队伍汇聚都江堰，打响了灾后文化遗产抢救保护攻坚战的第一枪。灾后抢救保护文化遗产及重建工程，注意优先抢救保护与群众生活密切相关的文物保护单位，优先启动与民生密切相关的文物抢救工程，相继对列入中国世界文化遗产预备名录的三星堆遗址、藏羌碉楼村寨和剑南春酒坊遗址等进行修复，对属于国家和省市县文物保护单位的寺庙、馆舍、道桥等古迹、旧址进行维护复建，对有特色的历史、文物、民俗等博物馆、传习所和纪念地则复建再现。在重视有形物质文化遗产重建的同时，对非物质遗产的说唱技艺传习等羌文化也予以保护。至2011年9月底，川甘陕三省文物遗产抢修保护工程开工631个、占重建规划数的100%，完成投资53.28亿元、占重建规划总投资的97%，基本完成了中央提出的用三年左右时间完成文物遗产抢修保护恢复重建的目标。

民族精神弘扬工程

灾后重建注重民族精神弘扬工程。地震灾区辟建了汶川映秀震中纪念地、绵竹汉旺东汽工业遗址纪念地、东河口地震遗址公园、虹口深溪沟地震遗迹纪念地等一批地震遗址公园，兴建了汶川大地震纪念馆、北川地震纪念馆、青川地震博物馆等一批博物馆、纪念馆设施，以此见证、展示和宣传中华民族的生命不息、奋斗不止、生死与共、拼搏胜利的民族精神。灾区社会各界还创作了一批纪录和反映抗震救灾和重建家园经典瞬间与史实事迹的优秀影视剧、诗歌、散文、小说、报告文学、美术、书法、雕塑、摄影等作品，通过电视、报纸、网络等媒体进行传播宣传，以传承弘扬在抗震救灾和灾后恢复重建中凝聚彰显的伟大民族精神。

至2010年9月，四川灾区纳入灾后重建总体规划的245个灾后文物抢救保护项目全部开工；世界文化遗产都江堰古建筑群伏龙观、二王庙抢救保护工程等正式竣工；爱国主义教育基地、社会主义核心价值体系学习教育基地、民族团结进步宣传教育基地和展示中国发展模式、发展道路勃勃生机的窗口的“三基地一窗口”建设在灾区积极推进，部分已建成的纪念馆、地及窗口实现开放。

舆论宣传

——为抗震救灾提供强大的精神动力、舆论支持和思想保证

信息及时透明
媒体立体联动
全面宣传报道
舆论引导监督

汶川特大地震发生后，中央提出要做好宣传报道工作，弘扬抗震救灾精神。灾情牵动着全国人民的心，考验着政府的执政能力，也检验着新闻媒体的责任感和使命感。中宣部按照中央统一部署，要求把抗震救灾宣传工作作为最紧迫的任务，坚持及时准确、公开透明的报道方针和以人为本的报道理念，及时发布权威灾情信息，大力宣传中共中央、国务院的决策部署，及时、充分报道灾情和救灾进展，突出反映抗震救灾先进典型，广泛报道社会各界支援帮助受灾地区的感人事迹，增强人民群众战胜灾害的信心，加强舆论引导，唱响“万众一心、众志成城、迎难而上、百折不挠”主旋律，为抗震救灾提供强大的思想保证、精神动力和舆论支持。中央主要新闻单位和其他媒体向国内外及时准确披露灾情和抗震救灾的进展情况，报道在抗震救灾中激发的伟大民族精神和感天动地的英雄事迹，凝聚起全国各族人民的共同力量，赢得国际社会的大力支持。

信息及时透明

灾情和抗震救灾信息传播始终在公开透明中进行。地震发生后不到半小时，震情便得到公开报道。几小时内，相关部门数次召开新闻发布会通报最新震情统计数据，地震伤亡人数在互联网上实时更新。相关地方政府迅速通过手机短信发出上百万条安民信息。国新办、受灾地区政府新闻办每日定时举行新闻发布会，及时公布灾情信息和抗震救灾最新进展。

确保信息时效性

5月12日，由中宣部牵头，中央外宣办、外交部、公安部、港澳办、地震局等部门和中央主要新闻单位参加，成立抗震救灾宣传工作领导小组，全面负责抗震救灾宣传报道工作。当晚，中共中央政治局常委李长春主持召开专题会议，传达中共中央政治局常委会议精神，审定通过《关于做好四川等地抗震救灾宣传报道的方案》，13日由中宣部下发。方案要求，在满足公众知情权的同时，明确一个基调，即“坚持团结稳定鼓劲、正面宣传为主”；确立一个主题，即“抗震救灾、众志成城”；提出“两个第一”的要求，即“第一时间报道、第一现场报道”；突出“四个重点”，即中国共产党和政府抗震救灾的决策部署，灾区党委政府全力抢救和妥善安置受灾群众的具体措施，军队和武警官兵、公安民警为抢救人民生命冲锋在前、连续奋战的感人事迹，以及灾区群众互帮互助、舍己为人的精神风貌。

时效性决定舆论主导权。中央各主要媒体立即启动应急预案，抢发动态消息，突破频道频率编排，以最快速度赶赴灾区，将灾区的情况真实地传递给全世界。

5月12日14时45分9秒，新华社播发英文快讯“北京地区有震感”（FLASH: Tremor felt in Beijing）；14时47分32秒首发中文网络快讯：“12日14时35分左右，北京地区明显感觉到有地震发生。”18时7分，受灾现场图片播发。中央人民广播电台中国之声在15时3分14秒收到中国地震局传真后，立即插播地震消息，15时30分播出对中国地震台网中心专家的权威采访，19时推出特别直播节目“汶川紧急救援”。中央电视台新闻频道14时50分播发滚动字幕消息；新闻频道、中文国际频道等在15时整点新闻头条播报地震信息；并迅速连线身处四川、重庆等灾区的记者，随即开启直播特别节目窗口，持续关注震情及相关新闻。在前方回传画面不足、通信不畅的情况下，中央电视台快速反应，从政府、高校等部门、单位邀请到多名地震研究、救援等方面的专家到演播室进行访谈，并迅速制作大量字板、图示等辅助道具，同时借助先进计算机技术制作地震灾区地形图，使节目内容丰富、时效性强。同时，派往灾区的各路记者纷纷通过步行、水路、航拍等方式前往重灾地区采访、拍摄。通过他们的努力，中央电视台在13日即在各档直播节目中播出地震灾区画面，并生动地为观众呈现了受困群众被救援人员从废墟下救出的画面；14日即播发地震灾区航拍画面，让观众详细了解到震灾的严重程度和救灾工作的艰难。

四川电视台等灾区地方媒体紧急行动起来。5月12日14时28分，四川电视台一组记者在汶川完成采访返回都江堰的路上，地震突然发生，他们一边赶路，一边现场拍摄。震后仅数分钟，新闻中心和相关频道即派出数组记者在成都市区采访。16时30分，四川电视台推出震情直播报道；一小时后，推出震情字幕新闻；18时，《汶川地震特别报道》播出。

信息传播及时快速、运行机制高效有序，不仅没有扩散恐慌，反而抚平了公众的不安情绪，凝聚起坚定沉着的力量。中国媒体一开始就掌握了信息的发布权和舆论的主导权，在国际上树立了中国媒体迅速、透明、丰富、准确的国际形象。美联社报道称：“中国媒体及时主动对灾情进行大量客观报道，这标志着中国‘与过去习惯于隐藏危机的倾向决裂’。”日本《产经新闻》称：“此次的信息公开程度让人有隔世之感。中国中央电视台24小时持续报道地震灾害情况，直播给国民以压倒性的冲击效果。”

发布权威信息

国新办、四川省政府新闻办精心组织策划，高密度举办系列新闻发布会，邀请有关部门和机构负责人专题介绍抗震救灾工作情况并回答中外记者提问。新闻发布与救灾进程同步推进，权威新闻发布频率之快、信息量之大、涉及面之广前所未有。

5月13日16时，国新办就汶川地震灾害和抗震救灾进展情况举行首次新闻发布会，邀请地震局新闻发言人和民政部领导在第一时间将震情、灾情和政府行动告诉世界。自5月13日至7月8日，国新办共召开30次新闻发布会，向社会公布灾情和抗震救灾最新进展情况。民政部、地震局、交通运输部、铁道部、卫生部、住房城乡建设部、农业部、工业和信息化部、水利部、商务部、外交部、侨办、国防部、质检总局等10余个相关部委领导或权威专家应邀在国新办进行新闻发布。中组部、四川省官员也走进新闻发布厅。医疗救援、农牧业灾情、农业抗震救灾、灾区农产品供应、人畜患病防治、解放军和武警部队抗震救灾情况、抗震救灾基础设施保障、灾区群众生活安排情况等抗震救灾中的方方面面，通过发布会向全社会公开，把抗震救灾工作中政府的声音传向全世界。此外，各部委例行的新闻发布会也成为灾情信息发布的重要平台。权威信息的及时发布，传递着抢险救灾工作的最新进展，回应了公众对抗震救灾工作的关心，展示了中国政府自信、公开、高效的形象。

四川省政府新闻办和相关省市新闻发布机构，也是发布灾区一线信息及救援进展的主要渠道。5月13—31日，四川省政府新闻办以每天17时或17时30分定时定点发布方式，共召开19场新闻发布会，将全省因地震受灾累计遇难、安葬、失踪人数以及累计受伤、获救、临时安置人数等公之于众，并就财政收拨救灾资金、伤员救治、卫生防疫、物资保障及受灾群众安置、防止次生灾害、生产自救、堰塞湖险情处置、中小学生复课等情况逐日详细介绍。此外，四川省新闻办还根据灾情进展，协调省属机构负责人阐明政府的行动、原则、主张、计划。绵阳、德阳、广元等重灾市也举行近百场新闻发布会。中央电视台9个频道、中央人民广播电台、国内26家省级卫视、新华网等媒体对此阶段新闻发布会大多实行并网直播。此后，根据抗震救灾不同时段新闻时效性的差异，由每日一场逐步调整为每周一、三、五定时发布，随后又改为适时发布。至8月31日，四川省新闻办共在川举行44场新闻发布会、在京举行5场新闻发布会，有1800余家媒体到会采访报道。新闻发布会及时准确地回应社会关切，为媒体和公众提供充分的新闻信息。世界范围的报、刊、台、网共同聚焦四川新闻发布会，形成各类媒体整体联动的强大声势。

中国政府信息发布快速准确，赢得国际社会的充分肯定。新加坡《联合早报》称，相对透明和及时的灾情信息发布，使这场波及大半个中国的地震没有造成明显的社会恐慌，各地生产生活秩序基本正常。

媒体立体联动

在新闻宣传工作中，全国各级各类媒体相互协同，报刊、广播、电视、网络立体联动，文字、图片、视频、音频等整合推出，消息、通讯、言论、评论等各展所长，现场采访、连线访谈、专题节目、全频道直播综合运用，前线记者与后方记者联合作战，形成了多角度、全方位、全覆盖的报道态势。在这场信息传播中，新闻工作者刷新着中国传媒对重大事件的报道模式，在中国新闻史上写下了光辉的一页。地震信息公开及打通对内、对外信息发布的界限，让世界更贴近地了解一个真实的中国。

新闻工作者赶赴现场

灾难发生，新闻工作者紧急动员，第一时间赶赴灾区、深入一线，及时传递党中央的声音，深入报道抗震救灾进展情况，从灾区发回一篇篇感人肺腑的报道、一张张震撼心灵的图片、一个个凝聚人心的镜头，生动展现广大军民的英雄事迹，为抗震救灾提供了强大舆论支持。

震后10多个小时里，新华社陆续从总社、解放军分社和四川、陕西分社等调动数十人，兵分16路向汶川及受灾严重的茂县、理县、北川、绵竹、都江堰等地进发。5月14日10时左右，新华社记者徐壮志冒着危险，排除困难，搭乘陆军航空兵直升机，率先进入汶川县城并随即发回文字和图片报道。新华社记者凭借着百折不挠的毅力和勇气，在汶川、理县、茂县等重灾地区实现“全覆盖”。至6月2日，新华社共派出3批总计210名采编和技术人员进入灾区，播发有关抗震救灾的中英文文字和图片稿件2.8万多条。

中央电视台第一路记者在震后两个半小时就分乘空军专用运输机、民航专机急赴四川，4小时后，25名记者在都江堰搭建起前方采访系统，成立记者指挥中心，推出的报道集时效性、丰富性、权威性于一体，使中央电视台综合频道、新闻频道、对外频道等成为新闻传播的窗口和信息交流平台。5月14日，前方记者冀惠彦随部队乘冲锋舟，试图从水路进入震中汶川县。由于遭遇强余震，冲锋舟上十几人全部落水，获救后仍坚持采访，并在一小时后发回解放军战士通过水路向汶川挺进的消息。地震发生前，记者张泉灵在珠穆朗玛峰大本营直播北京奥运圣火珠峰登顶活动，得知强震发生，未进行任何休整便主动请缨，从拉萨乘车赶往北川，以电话连线和现场直击的方式传回一条条前方信息。一个月内，中央电视台奔赴灾区采访的记者、技术人员达800余人次，发回大量及时、珍贵的现场报道。至6月30日13时，中央电视台各频道累计直播特别节目时长达1500余小时，累计播出新闻3万余条次、时长逾1200小时，累计播出专题近610期、时长达260余小时。

中央人民广播电台报道组不畏险阻，想方设法从陆路、水陆和空中三路突破。5月14日，三路记者进入受灾极其严重的汶川县映秀镇，从震中的废墟上发出报道。军事记者王亮随救援部队乘冲锋舟进入映秀镇，发出震中第一篇广播报道；郎峰蔚、周强乘坐救援直升机进入映秀镇，报道震中灾情和救援情况；梁永春、扎西顿珠随救援部队徒步挺进汶川，报道救援部队克服艰险的情况。饱含着记者汗水、泪水、血水的报道第一时间呈现出真实的汶川，沟通了灾区内外。至6月30日，中央人民广播电台投入前方记者90余人次，先后深入受灾最严重的50多个市、县、乡镇展开多点采访。在空中救援行动中，25名记者分12路跟随直升机全程直播空中救援行动，创造了中国新闻史上的新纪录。在《汶川紧急救援》节目20天直播中，前方报道组进行直播连线2600多人次，发回录音报道超过1100余条次。

四川、甘肃、陕西等受灾省份各种媒体记者纷纷行动起来。至5月14日，四川电视台选派700多名采编人员参与抗震救灾宣传报道，其中先后派出10多组记者深入重灾地区采访。在不到两个月的时间里，四川电视台8个频道累计直播抗震救灾节目5200多小时。四川电台集全台之力参与宣传报道，派出7组记者深入重灾地区采访。全国所有省级电台以及香港、澳门电台都参与连线直播。

各路记者冒着生命危险前进，在余震摇晃中工作，在风餐露宿中坚持。他们用自己的努力，及时传递党和政府的重要决策，鼓舞人们众志成城战胜灾难的勇气，激发全社会一方有难、八方支援的互助精神，发挥了稳定人心、凝聚力量、引导舆论的巨大作用。

广电媒体同声呐喊

广播电视媒体坚持全程动态发布信息，通过现场连线、滚动播报、整频道直播、多频道频率并机直播等方式，持续反映灾情变化，追踪报道救灾工作进展。中央媒体之间、中央媒体和地方媒体之间互补协作、加强联动，营造出强大的舆论声势。

在灾区与外界隔绝的危急时刻，广播成为灾区群众获取信息最快捷的信息来源。为了不让灾区成为“信息盲区”，5月13日，中宣部向灾区捐赠10万台收音机，广电总局捐赠5万台收音机，中央电台捐赠1万台收音机。

中央人民广播电台中国之声24小时不间断直播的《汶川紧急救援》不仅是传播信息的平台，一定程度上也成为救助、指挥、服务、抚慰平台。中国广播网推出综合专题《携手抗灾、友爱同行——关注四川汶川大地震》；经济之声推出8小时特别直播节目《抗震救灾进行时》；音乐之声、都市之声、对台广播、华夏之声、民族之声等频率也打破常态，紧急播出抗震救灾节目。一个月内全台9套节目直播达2000多小时，创造了中国广播史上重大报道的新纪录。中国国际广播电台派出10种语言30余名记者奔赴地震灾区前线采访，全程跟踪采访奋战在灾区的外国国家救援队、医疗队和红十字组织，采访报道在川外国人和外国游客，发回大量正面、独到的第一手信息。《新加坡国际救援队在四川》《俄罗斯医疗救援队在四川地震灾区积极开展医疗救护工作》等稿件，极大影响了海外受众和媒体。至 6月29日，全台53种语言的对外传播窗口共播发相关新闻消息9万多条（次）、新闻专稿3万多篇（条）。

四川省各地方广电传媒，在通信、电力中断的情况下，首先全力抢通播出信号，绵阳、德阳等地广播电台工作人员从危楼中抢出设备后迅速搭建起临时直播间，靠自备设备发电，于5月12日下午恢复播出。四川电台以新闻频率为主，在民族频率、经济频率、音乐频率并机直播《众志成城抗震救灾特别广播》，同时及时将抗震救灾的各种消息翻译成藏语、彝语，向民族地区播出。雅安、阿坝、遂宁等20个市（州）电台、电视台从12日起共播出1000余条抗震救灾新闻报道。

电视媒体围绕报道中心大胆开辟栏目，精选素材，巧妙编排。中央电视台综合频道、新闻频道、对外频道等采用“直播＋新闻动态+新闻特写+访谈+短评+专题片+特别节目”多种节目形态，节目中遥感、航拍与地面拍摄互相融汇，历史现实、此地异地穿插交错，通过快速反应、24小时不间断播出的信息递进、信息的全方位公开透明等行为和做法，获得良好社会反响。

在中央电视台记者没有到达或无法到达的地方，地方台充分发挥自己的力量和资源，提供了大量珍贵的直播连线和新闻报道，与中央电视台形成有效互补。四川电视台卫星频道、经济频道、公共频道等8 个频道全天候并机直播《汶川抗震救灾特别报道》，及时发布相关信息，同时积极拓宽报道思路，使用宣传口号、宣传片、图板、动画、连线等多种方式，稳定人心、鼓舞斗志。成都等地广播、电视台立即停播广告及其他节目，实现24小时不间断播出、几个频道并机直播、与中央和省外媒体举办广播或电视专题连线节目等，在当地均属首创。成都电视台记者把摄像机绑在身上，边帮助都江堰市龙池镇、虹口乡受灾群众跋山涉水紧急转移，边进行现场拍摄；

绵阳电视台记者两次下到唐家山堰塞湖堰体底部、8次到导流渠开挖现场进行直播。大量真实鲜活的画面瞬间传遍世界，让社会各界深刻体味灾区群众的痛苦，直观展示抗震救灾面临的特殊困难，唤起公众更多的理解和支持。此外，各媒体还积极开辟特色服务，开通大规模的“灾区寻亲”、专门为一些“信息孤岛”提供“特别呼救”等。特殊的“危机沟通”彰显了主流媒体以人为本、服务公众的人文关怀。

广播电视媒体在保持音视传媒可感性强的同时，更加注重提升全方位多视角的理性思维。中央电视台与四川灾区各电视台精心赶制《震撼》《生命大营救》等近百部短小精悍、声情并茂的专题片，极大地感召和激发了社会公众关注和支援灾区的人间大爱。四川电视台推出的15集深度报道《百日攻坚，我们从废墟中站起——抗震救灾百日纪实》以及四川人民广播电台联合中央人民广播电台、全国对口支援四川灾区的18个省（市）电台、四川省6个重灾市（州）电台，推出的大型特别直播报道《大爱永恒，心手相牵——创造奇迹的那100个日日夜夜》等节目，以恢宏的气势、感人的故事，全面反映全国人民万众一心、众志成城的伟大壮举，共同见证重建家园取得的显著成就。

报刊媒体深度报道

纸质媒体打破常规，推出各具特色的特刊、号外，免费向灾区发送。5月13日，各省日报头版头条基本都是震情与灾情的消息。各报刊开辟专题栏目“抗震救灾、众志成城”“生命大营救”“决战都汶线”“抗震救灾英雄谱”等，以人为核心，以民生为重点，以新的视角和手法，突出宣传抗震救灾的艰巨性和复杂性，完整生动地展现抗震救灾斗争，最大限度地唤起公众的同情心，为抗震救灾提供思想动力。此外，在版面设计、色彩应用、标题字号、图片搭配等方面也推陈出新。亲身参与一线抢救的报纸记者抓拍的动人瞬间，如《敬礼娃娃郎铮》《最美微笑女孩唐沁》《少年英雄林浩》等图片，不仅弥补了报纸视角冲击力弱的不足，而且立即为国内外媒体广泛引用。《人民日报》在“抗震救灾特刊”办报理念上尝试以大幅图片为核心的视觉设计，选用图片数量多、质量高、篇幅大、冲击力强，成为引导舆论的创举和亮点，其中有部队官兵在废墟前救灾、外国救援队给灾区人民做心理辅导等。《光明日报》创办“抗震救灾特刊”36期，先后推出260多版，开办“抗震救灾英雄谱”“党旗飘扬”“我在一线”等10多个栏目；到6月底，共刊发各类报道、言论、文章、图片2000余篇（幅）。

中央及地方主要报纸充分利用深度报道的优势，根据不同时段抗震救灾工作重点，有针对性地发表社论或评论员文章。《人民日报》海外版以特约记者的形式刊登《震不碎的同胞情》等文章。《光明日报》“光明时评”栏目中刊载了《人命至重有贵千金》《一切为了灾区，全力以赴支援灾区》《大震之后大爱无边》《手挽手筑起伟大的长城》《一手抓抗震救灾，一手抓经济发展》《齐心协力，科学救灾》等。评论文章审时度势、主题鲜明，讴歌英杰，升华精神，传递信息，安抚人心，鼓舞士气，增加全民族的向心力和凝聚力，点明抗震救灾各个阶段的主题和工作重点，发挥了积极的导向作用。《中国日报》组织外籍资深编辑、记者撰写《让他们的光明照亮我们的生命》等专栏文章，发挥他们的语言优势和海外影响力，客观评价抗震救灾工作，具有较强的感染力。

各大报纸根据抗震救灾前线的实际，努力做好卫生防疫、心理救助等知识的宣传，适时进行一些思想或工作指导。《人民日报》5月23日的“人民时评”《灾区安置，需要广大的视野》、24日的“评论员文章”《把安置工作放在突出位置》、25日的“人民时评”《灾后重建，科学规划先行》等，根据抗灾进程和实际，提出有针对性和指导意义的建言；《“唐山经验”如何助力灾区“新生”？》等则对灾后重建具有重要的借鉴和指导作用。《光明日报》请专家学者分析解读地震，介绍防病、防疫知识，指导群众科学应对灾情。

《四川日报》《成都日报》《绵阳日报》《德阳日报》等报纸围绕抗震救灾、恢复重建等若干重大决策，专设通俗易懂的政策解读，配发专题文章。8月20日，川报集团所属主要媒体整合力量，强势推出《四川抗震救灾百日启示录》，从理性高度总结抗震救灾斗争伟大实践，升华对抗震救灾规律性的认识，给人以深刻的教育与启示，全国各大网站和四川省21个市（州）纷纷转载。

根据中宣部和新闻出版总署要求，各种期刊及时调整报道内容，安排专刊专栏开展宣传。《三联生活周刊》推出100个页码的“灾区温暖”专题，刊发《全国大救援》专辑，从5月26日起以《生命高于一切：汶川地震举国大救援》《我们都要一个家》《应急的速度》《吾国吾民》作为封面文章；《瞭望东方周刊》推出“自救”话题；《中国经济周刊》刊发《全国总动员》专辑；《中华医学》《中华预防医学》等重点安排普及地震救灾基本知识、卫生防疫知识的专栏；《中国新闻周刊》从19日开始，一个月内连续推出《大地震》《国殇：悲痛中汲取成长的力量》《汶川的孩子》《一个国家的动员》等4期专题深度报道；《人民画报》第6期推出特刊《一切为了生命》；《人民文学》第6期出版号外《汶川！汶川！》等。期刊媒体的广泛参与为抗震救灾提供了有力的舆论支持。

出版界赶制出版物

出版部门紧急行动，策划出版通俗实用的防震救灾、卫生防疫、心理干预等知识性图书和挂图、张贴画，满足灾区人民和救灾人员所需。中宣部出版局迅速组织策划《震后卫生防疫防病知识问答》，并向灾区免费发放。

中国大百科全书出版社在震后16小时内编写印制完成《抗震救灾自助手册》2万册。地震出版社重印《地震知识宣传手册》、修订加印《农村居民抗震指南》和《农村居民抗震常识》等图书运往灾区。星球出版社、成都地图出版社紧急赶制灾区地图，服务于抗震救灾。

短时间内，一批记录感人事迹、讴歌时代精神并引起较大社会反响的出版物陆续推出。中国大百科全书出版社的《感动中国：5·12地震救灾纪实》、河北教育出版社的《感天动地——从唐山到汶川》、四川文艺出版社的《汶川大地震：从震撼到崛起》等，展示了党和政府心系灾区以及广大军民不畏艰险、连续作战的感人事迹。新华出版社出版了首部抗震救灾纪实图书《中国汶川抗震救灾纪实》，收录新华社记者现场采写、拍摄的140多篇新闻报道精品和80余幅照片。

反映抗震救灾的诗歌作品和歌曲光盘也大量涌现。人民文学出版社选编的诗集《有爱相伴——致2008·汶川》在震后14天与读者见面，这是国内正式出版的第一本关于抗震救灾的诗集。在中宣部出版局和中国音像协会的组织策划下，中国唱片总公司在几天内就完成汇集15首抗震救灾歌曲《生死不离》及11首歌曲《与你同在》等光盘的出版、复制工作。其中，《生死不离》《祝福每一个明天》等优秀抗震歌曲在全国迅速传唱。由中宣部出版局策划，中央广播电视大学音像出版社组织全国10余名权威心理学专家编辑出版的第一套面向灾区的心理援助音像制品《与爱同行——危机与灾难心理援助》光盘，于6月12日由出版局派专人赶赴四川展开捐赠。

从5月12日至6月20日，全国150多家出版社安排出版260多种抗震救灾相关图书，由各种渠道在第一时间送到灾区群众手中，进一步增强受灾群众抵御自然灾害的能力，切实满足灾区人民和救灾人员的需要。同时，出版界还积极做好灾区中小学教材出版印制发行和补给工作，保障灾区恢复教学秩序。

新媒体强势报道

在抗震救灾报道中，网络、手机等新媒体以其时效快、覆盖面广、互动性强的特点，在传播信息、引导舆论方面发挥了重要作用，并与其他报道形式形成合力，进一步扩大了主流舆论的影响力和覆盖面。

网络媒体全面整合通讯社、电视、报纸、电台等媒体信息，迅速在互联网上广为传播。5月12日14时46分，新华网发布消息：四川汶川发生7.8级强烈地震。随后，新华网又发布快讯，并推出专题《地震应急措施》。人民网、新华网、中国网、央视国际、国际在线等新闻网站及新浪、搜狐、网易、腾讯等商业网站纷纷推出抗震救灾专题，报道抗震救灾进程，积极开展图文和现场直播，使网友迅速全面了解到地震灾区的救援进展情况。

各大网站突出转载中央媒体的重点文章和报道，积极回应热点话题，组织引导网上讨论，网络跨越时空、互动联动等特点得到充分发挥。很多网站积极提供拍客、博客、播客、论坛等服务，主动设置富有网络特色、符合网民心理的讨论主题，开展沟通交流。在信息传递和互动引导中，及时澄清谣言、传言，有效稳定社会情绪，成为引导网上舆论的重要力量。一些网站开通网上呼救、网上寻亲、网上捐赠平台，为灾区搜救提供信息支持，为网民提供民政部、中国红十字会总会等捐助通道。

互联网还成为表达民意的重要平台、凝聚民意的重要渠道。5月18日，人民网、新华网、中国网、央视国际、我们的文明、民族魂、新浪网、搜狐网、中华网、腾讯网等网站共同发起的“汶川大地震遇难同胞网络公祭活动”，众多网民献花留言，表达哀思。活动结束后，建成“四川汶川大地震网上纪念馆”，在网上长期保留，永远纪念。很多网站广泛征集照片、视频、歌曲等网民原创内容，定格历史，唱响大爱，充分汇聚网民的爱心和力量。央视网单日最高访问量达2亿多人次，累计发布新闻1.5万多条、图片7600张、视频4000多条，时长达8100分钟；发布外语新闻4800多条、图片近2900张、视频1360多条，时长近3900分钟。央视网博客发布相关博文1.3万多篇、图片近2.3万张、留言评论5.8万多条。

手机作为信息传播的一个媒介发挥了不可忽视的作用。手机报、手机短信快捷方便、信息关注度高、实用性强和阅读环境的广泛性等优势有力弥补了报纸、广播电视、网络媒体对灾区受众的覆盖。由于地震波及范围广、破坏大，造成社会公众短时间的心理恐慌。许多地方政府通过短信的形式将地震有关消息通知到公众，缓解了由于信息闭塞而造成的盲目恐慌情绪。在灾区，当地政府将抗震救灾信息以及余震发生的信息及时向公众发布，畅通信息传递的渠道。各网站发挥手机的独特作用，通过手机短信、手机网站等形式传递信息。中央电视台手机发布图文资讯3600多条、视频1200多条，制作轮播节目7档，总时长近3300分钟，访问量累计达6000余万，留言6.3万多条。5月15日，新华网联合中国移动推出“抗震救灾手机报”，向1500万灾区手机用户免费发送，成为发行量最大的手机报纸，也是在灾区群众中普及率最高的报纸，累计接收短信12亿条次、手机报9亿条次，手机用户回复互动短信300多万条。

开放境外媒体参与报道

地震发生后，大量境外记者纷纷要求前往灾区。国务院新闻办表示，无论抗震救灾，还是安置受灾群众、恢复生产阶段，中国政府都欢迎境外记者赴灾区采访报道。面对数千中外记者大量涌入灾区，在国务院抗震救灾总指挥部宣传组领导下，由中央外宣办牵头，中宣部、外交部、港澳办、台办、工业和信息化部、广电总局、中国记协、总参外办、总政宣传部以及四川省委外宣办参加，成立境外记者工作协调小组，指导、会同四川省对在灾区采访的境外记者进行管理。四川省在省委宣传部领导下，成立由新闻办牵头，外事、涉港澳台、公安、安全、通信、广电、记协等部门参加的工作机构，具体负责境外记者管理工作。

中央外宣办及时出台相关意见，依法保障媒体的正常采访报道，强化引导式信息服务。按照“既开放、又有序”“搞好管理和服务”的总体要求和“总量调控、持证进入、划区采访、依法管理”的原则，中央外宣办会同外交部坚持对外开放的方针，加强组织协调，既提供必要的生活便利和采访条件，同时又加强管理和引导，做到开放有序并举、服务管理并重。至5月22日18时，在四川灾区领取证件采访的境外媒体有25个国家和地区的125家520余人，其中登记在册的香港媒体共有12家109名记者，包括凤凰卫视、亚视、《南华早报》、香港电台、《明报》等；台湾媒体9家30名记者，包括台湾东森电视、中天电视、《联合报》、三立电视台、“中央”通讯社等。来自美国、英国、德国、法国、日本等23个国家104家的外国媒体记者385名，其中包括《纽约时报》、《华盛顿邮报》、美联社、美国有线电视新闻国际公司（CNN）、美国哥伦比亚广播公司（CBS）、英国广播公司（BBC）、英国路透社、《泰晤士报》等在全球颇有影响的媒体。对于此次大灾中国政府所持开放态度，做了10年驻华记者的《泰晤士报》北京分社社长马珍（Jane Macartney）说，为采访汶川地震，她拿到采访特别通行证只用了15分钟时间，并用“前所未有的新闻开放，令人惊讶的秩序井然”描述了她在四川灾区的所见所闻。

四川省和有条件的受灾市州健全完善新闻中心，明确管理和服务职责，切实做好境外媒体采访服务工作；不具备条件的地方则派专人负责相关工作。灾区各级新闻中心充分利用手机、互联网等通讯手段，向在灾区采访的境外记者提供背景资料、采访信息、安全提示和有关规定，接受境外记者问询并积极予以回复，协调当地和有关部门负责同志接受采访。在依法禁止境外媒体自带卫星传输设备到灾区的同时，积极联系和开辟中方提供的卫星传输通道，尽量满足信息发布的时效性需求。此外，还积极组织中外媒体集中采访。5月15日，国新办组织30多家境外媒体记者到都江堰等重灾地区集体采访，有针对性地开放采访源，主动引导媒体报道方向。

境外记者用“亲历”“见闻”等可读性较强的形式进行叙述性报道，对于在国际上树立和展示中国良好国家形象起到积极作用。绵阳市九洲体育馆一度成为世界关注中国抗震救灾特别是受灾群众安置的重要窗口。一个月内，仅接待外国媒体就达92家380多人。海内外媒体通过此窗口，纷纷盛赞中国受灾群众安置乃至整个抗震救灾工作。5月21日，美国《华盛顿邮报》以《绵阳帐篷城运转井然有序》为题，对“九洲体育馆这个四川最大的帐篷城”的受灾群众生活有保障、有秩序给予肯定。

绝大多数境外媒体的报道都能客观公正、正面报道中国抗震救灾，对于中国政府组织有力、有序、有效的抗震救灾和人民军队的英勇表现给予高度评价和普遍赞誉。美国《基督教科学箴言报》报道称，中国政府迅速调遣部队投入救灾行动，此举反映出高效救援已经成为中国越来越优先考虑的问题。路透社援引国际救助儿童会中国项目负责人温德姆·詹姆斯的话说：“在这种时候，中国能以不寻常的速度采取行动，很少有哪个国家的政府能像中国那样集中资源和注意力。”美国《华盛顿时报》在报道中介绍了国际红十字会联合会驻北京官员弗朗西斯·马库斯的评价：“我们感觉到，面对这次大规模的地震，中国政府以有效和坚决的方式做出了令人难以置信的迅速反应。”

全面宣传报道

新闻，是时代的记录。在前线，随处可见新闻工作者加班加点、废寝忘食的身影；在后方，新闻工作者夜以继日地紧张工作。主流媒体都选派精兵强将深入一线，采访鲜活的内容，推出引人的报道，持续用主要时段和版面，全方位报道抗震救灾一线工作情况，大力宣传中共中央、国务院关于抗震救灾工作的一系列重要决策部署和落实情况；宣传灾区党委、政府坚决贯彻中央决策部署，率领灾区人民开展抗震救灾工作的实际行动；宣传灾区群众不屈不挠、奋起自救，依靠自身力量积极恢复生产、重建家园的奋斗精神；宣传全国各地区、各部门和社会各界“一方有难、八方支援”的社会主义大协作精神。

展示党和国家形象

从胡锦涛和温家宝赴灾区开始，各大媒体进行同步直播报道。随行记者每天都采写播发数篇通讯、特写、侧记，充分展示党和国家领导人急民所难、俯身问苦的感人情怀。《汶川救援，雷霆万钧：总书记灾区行》《总书记与人民在一起：胡爷爷亲吻三岁小梦夕》《总理说：孩子，中国为你骄傲》等特写，作为经典之作永存史册。特写传播着总书记、总理心系人民安危的动人讲话。“任何困难都难不倒英雄的中国人民”，“虽然已过‘黄金救援’时间，但仍然要把挽救人的生命作为当务之急”，“要采取措施保证救援队伍在进入所有乡镇的基础上，尽快进入所有村庄”，“孩子，听爷爷的话，要挺住，我们一定会救你出来的”，“要尽最大努力，不惜采取任何手段，付出任何代价，要用一百倍的努力抢救生命”等，真切地体现了党和政府对生命的尊重、对人民的责任，给受灾群众带来了希望，激励着海内外支援灾区的爱心热流。境外媒体盛赞中国领导层心系受灾群众，政府快速决策、应对得力。西班牙埃菲社的报道说：“很少有人问到在地震发生后温家宝睡了几小时，因为一切注意力都集中在有多少生命能够被救出来。在灾难中温家宝的言行体现了中国政府的形象，说明它是一个贴近群众、顺应国际社会的政府。”

5月19—21日为全国哀悼日。全国各地媒体都进行了报道：所有报纸用黑色报头，并取消了所有广告；电视媒体停播一切娱乐节目和活动、体育赛事和任何形式的广告；所有网站页面变成黑白色，停止一切游戏项目。各媒体全面转向抗震救灾宣传报道，并推出“向四川汶川大地震的罹难者哀悼”活动。全国媒体展现出举国同悲、万人哀悼的感人场面，生动地体现了对生命关爱、对死者尊重的社会主义人道精神。

报道灾情和抗震救灾进展

各媒体全面报道地震灾情和抗震救灾最新进展，展现全国人民紧急动员、共克时艰的恢宏场面。统一开设“抗震救灾信息权威发布”专栏，如实报道伤亡数字、受损情况等信息。新华社、中央电视台、中央电台、国际电台、中新社滚动发稿、实时更新，充分满足广大受众的信息需求。大力报道人民子弟兵及医护人员浴血奋战抢救生命的动人场景，密集播发有关报道，用一次次艰难的营救和一个个生命获救的奇迹牵动人心、振奋精神。全面报道灾区受损设施抢修、受灾群众安置、卫生防疫、堰塞湖排险、重建规划等工作进展情况。

中央及地方媒体对医疗救治、转运伤员、领导看望伤员等现场采访30余次，全方位报道抗震救灾医疗卫生防疫工作。中央电视台制作播出医疗救治、卫生防疫节目20余期。新华社播发《万众一心，托起生命的希望——献给英勇抗击汶川地震灾害的中国人民》《胜利属于英雄的中国人民——汶川大地震抗震救灾一月全纪录》，对抗震救灾过程进行全景式的忠实纪录，被各媒体广泛刊载。四川电视台、四川人民广播电台、《四川日报》等新闻媒体统一行动，连续一个月推出以“救治中的生命接力赛”“防疫中的生存保卫战”为主题的新闻宣传系列报道。“抗震救灾进行时”等专栏及时播报交通、通信、电力、供水等抢修工作最新进展，综述性纪实稿件分专题综合报道各条战线顽强拼搏、奋力救灾的情况。

从9月20日至11月20日，中宣部、发展改革委、总政治部在军事博物馆联合主办“万众一心、 众志成城”——抗震救灾主题展览。展览运用多种形式和手段，集中展示大量反映气壮山河抗震救灾斗争场面的新闻图片，展示大量来自抗震救灾一线、具有感人故事的鲜活实物，展示大量体现伟大抗震救灾精神的艺术作品。展览历时62天，共接待观众115万余人，观众留言4万余条，真正成为爱国主义、集体主义、社会主义思想教育的重要阵地，成为宣扬伟大抗震救灾精神的生动课堂。

展览开幕后，《人民日报》、新华社、《解放军报》《光明日报》《经济日报》《中国日报》、中央电台、中央电视台和北京电视台、《北京青年报》等20余家中央和地方新闻媒体集中采编力量，以消息、特写、侧记等文字和图片的形式刊登、转载有关展览的报道，持续深入报道社会各界参观情况和观众参观感受，使展览在很短的时间内广为传播。中央电视台在“新闻联播”“晚间新闻”“焦点访谈”“新闻会客厅”等重要节目中播出展览新闻10余条，连续4天在相关频道播出展览专题片。人民网、新华网、中国网、央视国际、光明网等新闻网站集中播发观众留言，引起广泛关注和热烈讨论。央视网还在首页和新闻三级页面开辟专区，在网站黄金位置进行重点推荐。展览活动中，互联网上关于“抗震救灾主题展览”的相关信息达6万多篇。各地方媒体也加入到展览的宣传报道行列。

讴歌英雄壮举

蜀道难，救援急。解放军、武警部队、卫生防疫人员、各行各业援助者、国内外救援队、志愿者，灾区各级党组织、共产党员战斗在抗震救灾第一线。新闻记者冒险深入前线，把话筒和镜头对准他们，记录了一个个感天动地的故事，捕捉了一个个惊心动魄的瞬间。

从5月18日起，中央主要新闻媒体统一开设“抗震救灾英雄谱”专栏，突出报道解放军指战员、武警部队官兵、公安消防干警，共产党员、基层干部和各族群众，医疗卫生工作者、教师等在危难时刻挺身而出的感人事迹，热情讴歌英勇献身精神，激励和鼓舞灾区广大群众克服困难、重建家园的坚定信心。刊播《镇定创造奇迹——都江堰市虹口乡党委带领群众自救纪实》等，突出表现灾区基层党组织和广大党员干部在关键时刻发挥战斗堡垒作用、模范带头作用和先锋模范作用；刊播《让生命之灯继续点亮——记灾区一线的白衣天使》等，热情讴歌广大医务人员竭尽全力抢救生命的崇高精神；刊播《民警蒋敏：用救助他人来告慰亲人》等，突出反映灾区各行各业全力以赴投入抗震救灾的可贵精神。

至5月26日，新华社共播发通稿52篇，报道典型人物和集体52个；《人民日报》“抗震救灾英雄谱”专栏共刊登报道23篇，报道典型人物和集体32个；《光明日报》共刊登报道27篇，报道典型人物和集体27个；中央电台共播发报道19篇，报道典型人物和集体50多个；中央电视台共播发报道13篇，报道典型人物和集体13个。人民网、新华网、中国网、央视国际的抗震救灾专题网站，集纳中央媒体报道，特别策划“抗震一线党组织和党员干部事迹选编”“面对地震灾害、共产党员擎起一片天”等专栏；新浪网推出“中国脊梁·抗震救灾英雄谱”专题，“抗震救灾英雄谱”每一次讲述的都是血与泪的交融，无数可歌可泣的英雄名字与汶川、映秀、北川等再也不陌生的名字一同流入人们心间。

经中共中央批准，中宣部、中组部、总政治部和四川省委联合组织抗震救灾英模事迹报告团。6 月11 日上午，报告团首场报告会在人民大会堂举行。从6月16日至7月3日，报告团分为6个分团赴全国30个省（区、市）巡回报告。抗震救灾英模事迹报告是近几年规模最大、持续时间最长、社会影响最广的报告活动，受到广大干部群众的热烈欢迎。全国各级各类新闻媒体高度重视报告团的宣传报道，集中优势资源，结合各自特点，点面结合，充分运用消息、特写、通讯、侧记、花絮、评论、图片以及直播、专题、快讯、访谈等报道形式，大篇幅、高密度、全方位、多角度地报道英模们的感人事迹、报告会的动人场面、社会各界的强烈反响。新华社派出6位记者随团赴各地，围绕报告团各项活动进行及时广泛深入的报道，每日播发各种消息、侧记、特写和综述30余篇。中央人民广播电台“新闻纵横”栏目制作反映报告会社会反响的专题节目进行深度报道。中央电视台在6月11日上午直播首场报告会后，当晚黄金时间进行重播，随后几天又应广大观众强烈要求先后4次重播；17—23日，综合频道、新闻频道在晚间黄金时段开设“抗震救灾英模事迹报告”专题，每天播出报告团成员的报告；“焦点访谈”“实话实说”“新闻会客厅”等栏目就首场报告会社会反响和英模事迹专门制作播出专题节目。《人民日报》《光明日报》《经济日报》《解放军报》等中央报纸刊发首场报告会消息，全文刊登首场报告会报告团成员照片和报告稿。中央主要新闻网站、主要商业网站和各地政府网站在首页开设“抗震救灾英模事迹报告团”专题、专栏，邀请报告团成员与网民在线交流21场次，通过音频、视频、图片、文字等形式，报道37名报告团成员的先进事迹。各地主要报纸在头版显著位置刊发各分团报告会消息，全文刊登报告团成员照片和报告稿，对报告团活动全程跟踪，及时全面报道社会各界反响。各省（区、市）电台、电视台卫视频道和综合频道、公共频道直播各分团报告会实况，整个宣传报道活动主题突出、基调鲜明，形成抗震救灾的报道热潮。

报道社会各界支援灾区

各媒体充分报道社会各界积极支援灾区，体现“一方有难、八方支援”的社会主义互助精神。大力宣传各地各部门积极行动起来，在资金、物资、设备、人员、技术等方面全力支援灾区，广大干部群众踊跃捐款捐物献血，为抗震救灾贡献力量的事迹，描绘出一幅各地各部门协调联动、各行各业齐心协力、全国上下万众一心投入抗震救灾斗争的动人画面。各地方主要媒体开辟专版、专栏，跟踪报道当地积极响应中央号召，紧急动员支援灾区，做好抗震救灾物资供应以及对口援建情况。

港澳台社会各界及海外侨胞心系灾区、热情援助。中央主要新闻媒体满怀深情报道港澳台各界慷慨捐款捐物、香港特区派遣飞行队支援救灾等感人场景，展示祖国内地人民与港澳台同胞及海外华侨华人之间血浓于水、危难时刻见真情的深厚情怀。中新社跟踪报道港澳台救援队、医疗队在灾区辛勤工作的情况，全程跟踪报道港澳台和海外华侨华人捐赠物资发放过程。5月13日，中新社联合40余个国家200多家海外华文媒体，向港澳台和海外华文媒体同业发出倡议，共同举办“炎黄儿女情系四川地震灾区”活动，得到热烈响应，多家海外华文报刊在显著位置刊出倡议书。

国际社会捐赠紧缺物资、积极组织派遣专业救援队伍支援中国抗震救灾。新华社、国际电台全程跟踪采访奋战在灾区的日本、韩国、俄罗斯、新加坡、德国、古巴、法国等国家的救援队和医疗队，积极宣传灾区干部群众和全国人民对境外援助救援的真诚欢迎和感激之情，形成与有关国家和地区良性互动的舆论氛围。

5月14日，中央人民广播电台联合社会各界组织了“爱在天地间——百名歌手广播赈灾大行动”大型赈灾义演活动。这是媒体界组织的最迅速的赈灾大行动，230多名演艺界、体育界明星参与演出，中央电台中国之声等7个频率12时30开始并机直播。中国广播网同步视频、图文直播，各地方电台基本上全程转播。地震后短短十几天，组织十几场赈灾义演活动，获得显著社会影响。18日晚，由中宣部等单位联合发起、中央电视台承办的“爱的奉献”大型募捐活动由中央电视台1、3、4频道和全国40余家卫星频道并机直播，全球49个国家和地区的电视媒体转播或使用了直播信号，产生强烈社会反响。据不完全统计，募捐活动总收看人数超过6亿。央视国际网站联合20余家大型互联网站进行网上现场直播，相关网页访问量达2亿多人次，在线视频访问超过640多万人次，创央视国际网访问最高纪录。央视手机网进行的全程视频、图文直播，点击量超过230万。募捐热线现场收到短信留言近4万条，接到感言电话5000多个，共募集捐款15.28亿元。募捐活动不仅为灾区筹集到巨额善款，还成为一场广泛、深刻的爱国主义、集体主义教育活动。

宣传灾区恢复重建

地震发生后，国际国内都把目光投向四川，关心灾区人民、关注灾区变化。中央下发了众多关于灾后重建的政策文件和指导意见，各部委和各省市颁布了各种专项规划和重建举措。媒体紧紧围绕中央的决策部署，组织大量解释性报道，准确阐述中央精神，及时传递宏观信息，让灾区群众第一时间了解文件基本原则和本质内容，体现鲜明的指导性、导向性。

灾区政府坚持主动公开恢复重建信息、广泛接受监督，加大宣传引导力度，教育引导灾区群众感恩自强，为恢复重建营造了良好环境。充分利用现代信息网络平台，营造良好的舆论氛围。在四川新闻网、四川在线等网络媒体设立“四川灾后重建网”，开设“阳光重建”专题，公布灾后恢复重建规划和各地实施计划，跟踪报道恢复重建的项目进展情况和受灾群众安置情况，及时发布重建项目、资金监督检查情况。先后召开6次新闻发布会，向国内外新闻媒体通报灾后恢复重建阶段性工作进展情况，回应社会关注的热点问题。同时，广播、电视、报纸等新闻媒体派出精干力量深入灾区，实地采访报道恢复重建情况，广泛宣传灾后重建的典型经验、先进人物。面向社会的公开透明，广泛深入的宣传报道，为灾后恢复重建营造了良好的舆论环境。

新闻媒体通过报道灾区干部群众重建家园的实际行动，展现灾区人民自力更生、艰苦奋斗的良好风貌。大力宣传地震灾区攻坚克难，积极开展灾后重建的工作进展。中央主要新闻媒体和四川、甘肃、陕西、重庆等灾区新闻媒体连续报道灾区修复基础设施、恢复企业生产、抓好粮食抢收、恢复商贸流通、重新开放旅游等进展情况，鼓舞灾区干部群众信心。大力宣传受灾干部群众不等不靠、自救互助，用自己的双手重建家园的典型事例。各媒体生动反映坚守岗位的工人、全力抢收的农民、努力学习的学生等群众的朴实话语和实际行动，展现他们积极进取、乐观自信的精神状态。新华社《明天，太阳照常升起——献给汶川灾区的父老乡亲》《灾难，挡不住奋进的脚步——写在汶川大地震两个月之际》等重点报道，《人民日报》的《自力更生，奋起自救》等评论，中央电台联合四川电台及四川省多家市州广播电台推出特别节目《挺起我们的脊梁》，展现灾区群众勇敢直面灾难、重建美丽家园的可贵精神，教育和激励着全国各族人民。

同时，注重社会各界的无私援助与灾区群众的艰苦奋斗相结合，广泛深入开展感恩宣传教育，激发受灾群众的积极性、主动性，为恢复重建注入不竭的内在动力。通过新闻媒体设立感恩专题栏目，大力宣传报道中共中央、国务院和全国人民、社会各界对四川灾后重建的关心关爱、无私援助，广泛宣传感恩人物和先进事迹，不断增强灾区干部群众的感恩意识。通过多种形式的感恩教育，有效激发了重建美好家园的昂扬斗志，灾区人民自强不息、顽强拼搏、自力更生、艰苦奋斗，使伟大的抗震救灾精神在废墟上延续、在重建中再现。

各新闻媒体在常规报道不间断的基础上，在汶川地震周年、两周年、三周年纪念的节点上不失时机推出重点策划，如“铭记‘5·12’建设新家园”,“回首2009，浴火重生，坚强奋起”，“从悲壮走向豪迈”为主题的灾后重建特刊。2010年9月，开展“全国百家党报总编绵阳灾区行”大型主题采访活动，近百家媒体的近200名总编、记者，对北川、安县等地灾后重建进行了全方位、多角度报道。系列报道和特刊既有述评又有纪行，从工业强市、对口援建、城乡环境综合治理、交通网络布局、精神家园建设、农业现代化、失地农民安置、精品城镇建设等角度，对三年灾后恢复重建进行重点报道，对灾后重建成果进行全景式报道。重点策划与常规报道交相辉映，使整个灾后重建报道有声有色。

舆论引导监督

灾难面前，媒体全方位进行新闻宣传，不仅是信息的传播者，更是社会责任的践行者。正是在强烈的社会责任感的驱使下，新闻工作者用自己的努力，及时传递党和政府应对灾害的重要决策，鼓舞人们众志成城战胜灾难的勇气，激发全社会一方有难、八方支援的互助精神，发挥了稳定人心、凝聚力量、引导舆论的巨大作用，为抗震救灾提供了强有力的思想保证和舆论支持。与此同时，新闻媒体还加强了对各地各部门落实中央纪委等五部门关于进一步加强对抗震救灾资金物资监管、保证救灾款物全部用于受灾群众的通知要求情况的报道，特别是在监督机制上注意吸收群众代表和媒体代表参加，把捐款捐物管理使用置于群众监督和社会监督之下。

引导社会舆论

重大突发性灾害事件之后，舆论环境十分复杂。密切关注灾情、民情、舆情，加强舆情收集和综合研判，准确把握新动向、新特点，才能有效引导舆论。抗震救灾宣传工作领导小组建立健全舆情报送机制，组织相关单位大范围收集舆情信息。国务院抗震救灾总指挥部宣传组抽调专门力量每日进行专题化、系统化舆情研判，努力对社会舆情、网络舆情以及境内舆情、境外舆情做出较为全面、准确的把握，有针对性地提出应对意见并采取处置措施。

国际国内社会对救灾款物流向、地震预测、校舍建筑质量、群众安置、灾后重建等问题十分关注，新闻宣传坚持直面热点、主动回应、积极稳妥、注重实效。针对灾区校舍等建筑物在震灾中倒塌问题，协调中央政法委、住房城乡建设部、地震局等进行专题研究，组织中央媒体采访专家，进行科学阐释、正面引导。及时报道了国务院抗震救灾总指挥部专题研究部署地震灾区学生伤亡善后工作的情况，并就中央政策进行解读。人民网针对网上对灾区学生伤亡和校舍受损报道较集中的现象，撰写了《地震中校舍倒塌是世界性难题》等几十篇正面评论文章，邀请有关专家与网民在线交流，解疑释惑。中央外宣办针对灾区校舍倒塌等问题继续组织专题引导，编发“中科院抗震专家释疑：汶川地震校舍为何倒塌多”“住房城乡建设部表示对校舍建设中的质量问题绝不姑息”等稿件，协调各网站及时转发。六一儿童节期间，高度重视报道基调的把握，突出反映灾区儿童坚强面对灾难和对未来的期盼，重点反映社会各界对他们的祝福与关爱，中央电视台少儿频道制作了《我们在一起——向地震灾区的师生致敬》等特别节目，并邀请来自灾区的百余名青少年共度儿童节。该节目紧密围绕“向地震灾区的师生致敬”的主题，以灾难中获得新生的广大师生坚强、勇敢、团结、互助的感人故事为主线，弘扬友爱、互助、奉献、进步的精神，着重体现党和政府以及各地各部门对灾区儿童的关爱、实施的救助行动，以及灾区儿童对重建家园、重返校园的信心和力量，进一步动员全社会关爱灾区儿童，为抗震救灾贡献力量。对救灾物资分配和捐赠资金管理等焦点问题，组织媒体从接收、运输到发放的各个步骤，从机场、车站到受灾群众的各个环节都进行追踪报道，体现“阳光操作”。

世界各国媒体在关注、报道大地震时，第一时间选择引用中国国家媒体的新闻报道。新华社在抗震救灾期间播发的2300多条英文文字稿和3800多张英文图片采用率均为100%。英文稿件在西方主流媒体中的落地率达到63%。5月13日11时15分，中央电视台新闻频道播出第一个有关北川灾情的现场画面后仅仅5分钟，即被美国CNN转载使用。CNN《世界报道》还直接挑选中央电视台4篇报道直接在栏目中播出。14日22时，中央电视台直播节目中完整播出长达7分钟的三角翼航拍清晰画面，观众能清楚看到灾区情况，CNN、BBC等国际知名媒体机构迅速引用相关画面。中央电视台中文国际、纪录、西语、法语频道积极策划现场直播、系列报道和访谈节目，有关节目信号很快被110多个国家和地区的近300家电视机构转播或部分使用。《中国日报》172条稿件被路透社、美联社、法新社、《纽约时报》等西方主流媒体转引3672频次。中新社有关文字、图片稿件被澳大利亚《澳洲新报》、马来西亚《星岛日报》、泰国《亚洲日报》、加拿大《明报》等多家境外华文媒体采用。CNN的记者坦承：“我们所有的数字和事实以及细节都是来自中国的官方通讯社。”西方媒体“在此次地震报道中都大量使用了中国媒体的电视画面和文字报道，这十分少见”。快捷反应和独家信息，凸现了一个国家媒体在重大突发事件报道中应有的舆论引导力和国际影响力。

境外媒体消息来源更加复杂，对抗震救灾工作的质疑增多，为有效引导舆论增加一定难度。谣言止于公开，几乎每起谣言，都由政府机关、地震部门、警方、媒体、专家准确、快速地发出声音进行辟谣并通过各种渠道放大、强化，有效地控制了紧张局面，引导了社会舆论。媒体对于地震报道的快速反应，以及迅速、高密度地传播资讯，使流言蜚语不攻自破，小道消息和谣言失去生存空间。媒体及时发布有关抗震救灾的信息，满足了受众的信息需求，不仅没有引发所谓的“负面影响”，反而成为维护社会稳定的积极因素。

网民自律行动得到广泛响应。5月18日，有网民发布了《面对地震，我承诺：“‘5·12’四川汶川大地震”中国网民自律公约》，提出不恐慌、不信谣、不传谣、不造谣、不盲动、不悲观、不恶搞、不冷漠、不无知、不谩骂的“十不”自律公约，各大论坛竞相转载。自律公约的出炉，树立了中国网民自律标准体系的里程碑，显示了中国网民正逐步走向成熟和理智。新浪网民说：“支持这一号召，不要不帮忙还给我们的救援人员制造舆论压力，也不要被别有用心的人利用。”20日，“千家网络媒体联合抵制地震谣言倡议”活动启动，为通过自律营造良好的网络环境提供了借鉴。

开展舆论监督

政府依法加强对地震相关信息管理，及时纠正不良言行，及时分析和研判舆情动向，力争第一时间有效引导和处置。5月14日，“都江堰市化工厂爆炸导致水源污染”谣言传出后，引起市民恐慌。当日12时30分，四川省抗震救灾应急中心紧急辟谣，成都市政府秘书长通过电视等当地媒体进行辟谣，人心得到稳定。

随着舆情态势趋于复杂，舆论监督任务加重。针对不断发生的余震，国内一些地方流传着还将发生大地震的谣言，对灾区抗震救灾和恢复重建产生极为不利的影响，需及时组织有关地方和部门进行澄清。《四川日报》在5月23日及时推出题为《克服恐慌，全力抗灾》的评论，旗帜鲜明地指出：“在最近发生的多起谣言事件面前，我们唯一正确的选择就是冷静、理性地倾听政府发布的权威信息，不造谣、不信谣、不传谣”。就“三峡库区发生地震”的谣言，紧急联系工业和信息化部、地震局、中国移动等部门，协商通过发布手机短信公开辟谣。其间，政府有关部门还对利用手机、网络等工具造谣的当事人依法进行了处理。

加强舆论监督，既是新闻媒体的重要责任，也是一个国家文明进步的重要标志，对于规范公共权力的运行、推进社会主义政治文明的发展具有重要意义。媒体监督既确保了政府有关抗震救灾工作的公开透明，与党委、政府的监管、督察体系相辅相成，促进政令畅通，保证高效运转，同时又发挥了极大地公开信息、激励群众、团结全社会的正面作用，在一定程度上维护了社会的稳定，让公众对政府充满信心，众志成城，重建家园。

中国媒体牢牢把握以人为本、生命至上的理念，对汶川特大地震抗震救灾展开全方位、多角度、大规模的报道。各种媒体全面参与、深度介入抗震救灾的全过程，充分发挥了传递信息、整合社会情绪的作用，使媒体自身成为抗震救灾的一支重要力量。抗震救灾报道始终突出人文关怀，彰显人性的光辉。无论是领导人到灾区指导抗震救灾，还是各级党组织发挥战斗堡垒作用，以及解放军、武警官兵等各路救援大军奋力抢险救灾，报道着眼点始终与灾区人民的命运紧密相连，没有空洞的宣讲，只有真情的流露。中国媒体的报道，引起国际社会的强烈反响，及时、准确的信息受到世界各国媒体的广泛关注，在国际上树立了中国媒体迅速、透明、丰富、准确的形象，树立了中国政府以人为本、担当负责、公开坦诚的国际形象。

监督监管

——向人民群众交一份明白账、放心账

完善体制机制保障

抗震救灾资金物资监督监管

恢复重建监督监管

在抗震救灾和灾后恢复重建中，大批资金物资通过各种方式支援灾区。能否管好用好每一分钱、每一块砖，关系灾区群众的切身利益，关系党和政府的形象，关系抗震救灾、恢复重建的大局。中共中央、国务院高度重视加强抗震救灾资金物资监管工作。中央领导同志多次做出重要指示，要求加强监督检查，确保救灾资金物资真正用于灾区和受灾群众，向人民群众交一份明白账、放心账。国务院抗震救灾总指挥部召开会议，专题研究规范和加强抗震救灾捐赠款物的管理、分配和使用等问题。为保证资金物资管理、使用合理合法、安全有效，纪检监察、审计、财政、民政、海关、质检等相关部门通过整合监督资源，形成从中央到地方覆盖比较完整、层层有人负责的监督网络和监督合力，实现廉洁救灾、阳光重建。

完善体制机制保障

地震发生后，外交、民政、财政、税收等部门纷纷出台政策措施，规范社会捐赠行为。中央有关部门专门召开会议，成立抗震救灾资金物资监督检查领导小组，切实加强组织领导，完善体制机制保障，并决定采取多方面措施加强抗震救灾资金物资监管，确保廉洁救灾，确保救灾款物真正用于受灾地区和受灾群众，各受灾省也分别建立各级监督监管工作机构，建章立制，明确目标任务，健全工作体系，全面推进监督监管工作。

社会捐助规范管理

面对特大地震灾害，5月13日，民政部下发通知，要求各地迅速组织开展好支援地震灾区的救灾捐赠工作，同时向全社会公布民政部和受灾省份接受捐赠账号和5条救灾捐赠热线，并协调中国红十字会总会和中华慈善总会向社会公布接受捐赠账号，开始接收国内外捐赠款物。随后，民政部要求各地民政部门要精心组织救灾捐赠工作，积极动员社会各界广泛参与救灾捐赠，发动全国各地组织开展对口支援捐赠活动，确定由北京等21个省（市）分别对口支持四川省的一个重灾县（市）。根据社会捐赠势头和规模越来越大的实际，7月2日又批准16家全国性公募基金会可以接受并向灾区分配使用社会捐赠款物。

在救灾捐赠活动中，外交部、商务部、教育部、卫生部等部门、单位或机构，直接或通过主管的基金会接收了社会捐赠，并按要求将接收的赈灾资金物资转交民政部。外交部及时发出国际援助呼吁，制定接收国际援助的政策、措施，积极做好国际社会援助的接收工作。5月14日，外交部向国际社会发出第一批需求外援的物资清单，开始接收外国政府和国际组织对中国的援助。中国有关驻外使领馆紧急设立快速通道，在办理签证、物资交接、专机入境等方面提供最大方便，保障及时将国际捐赠资金物资送抵地震灾区。19日，财政部发出通知，对外国政府，国际组织，外国民间团体、企业、友好人士，香港、澳门和台湾同胞，以及华侨华人无偿向境内受灾地区捐赠的救灾物资，免征进口关税和进口环节增值税、消费税。5月19日、7月30日，财政部、税务总局相继下发通知，明确企业和个人捐赠的税收优惠政策。8月4日，财政部下发有关进口抗震救灾物资免税通关的通知，鼓励和引导国内外社会各界踊跃捐赠物资，支持和帮助地震受灾地区开展生产自救，重建家园。交通运输部、铁道部、民航局、海关总署、质检总局、食品药品监管局等相关单位分别为捐赠款物提供政策支持和便捷的服务。四川等省也对社会捐助活动以及医用物资分配进行了规范。

建立健全监督检查工作体系

为加强对抗震救灾捐赠资金物资的监督监管，5月20日，民政部、财政部、发展改革委、教育部、卫生部、中国红十字会总会、中华慈善总会负责人及川甘陕三省政府领导成立汶川地震抗震救灾捐款使用协调指导小组。针对捐赠接收主体较多的情况，民政部与有关部门沟通协商，督促尽快将捐款汇缴中央财政汇缴专户，由协调小组向社会公布。28日，中央纪委、监察部、民政部、财政部、审计署成立由各部门有关负责人为主要领导成员的中央抗震救灾资金物资监督检查领导小组。领导小组多次召开会议，确定成员单位职责、制定抗震救灾捐赠资金物资监督检查工作方案，研究制定抗震救灾捐赠资金物资使用管理制度，确定监督检查工作体系，部署专项审计检查工作，严格查处违法违纪行为。5月30日、6月2日、6月4日，甘肃、陕西、四川三省分别成立抗震救灾资金物资监督检查领导小组，受灾市、县、乡镇、村组和部分非受灾省（区、市）均成立相应的领导机构，初步形成从中央到地方的监督检查体系。各部门各司其职，或联合协作，或单独提出管理办法，保证救灾物资的安全有效使用，形成监督检查工作的整体合力。

四川省监督检查工作领导小组始终把监督重心向基层倾斜，不断强化一线力量，做到监督到县乡、覆盖到村组。从全省纪检监察、财政、审计、发改、建设等职能部门抽调近300名干部，组成6个市（州）监督检查工作组、1个省直机关监督检查工作组和44个县（市、区）监督检查工作组，一直坚持在第一线，实行驻点和巡回检查。各级选聘建筑、造价、财会和招投标等方面的专家作为第二批社会监督员，参与资金管理、项目建设的监督。通过构建专门监督与群众监督相结合、政府监督与社会监督相衔接的监管体系，大额资金、重大项目同时接受当地监管部门、上级派驻监督组、社会监督员和群众多重监督。对重点项目、敏感问题加大监督检查力度，对中央检查组反馈的问题一对一重点督办。同时，加强与18个对口支援省（市）监督检查机构的沟通协作，层层建立联席会议制度，搭建信息交流平台，明确对“交钥匙项目”“交支票项目”“合作共建项目”的监管责任和办法，积极构建监管联系机制，努力做到监管工作有机对接。

建章立制规范管理

监督监管，责任重大。5月13日，中央纪委、监察部下发通知，要求各级纪检、监察机关加强对中央关于抗震救灾各项决策部署贯彻执行情况的监督检查，坚决纠正有令不行、有禁不止的行为，加强对抗震救灾拨付资金和捐助资金物资管理、使用情况的检查。20日，中央纪委、监察部、民政部、财政部和审计署联合发出通知，对加强抗震救灾款物管理使用情况的监督检查提出明确要求。其后，针对救灾款物管理使用遇到的新情况和新问题，协调配合民政、财政等有关部门制定采购管理、资金物资管理使用信息公开办法、生活类物资分配办法、捐赠款物统计办法等制度规定，贯穿抗震救灾、群众安置等各个环节。受灾地区和对口支援省市纪检监察机关结合本地实际，也制定或会同有关部门制定一批规范抗震救灾款物筹集、分配、拨付、发放、使用和开展监督检查的规章制度，对资金物资管理使用情况进行全方位监管。规范性文件的及时制定发布，使救灾款物管理使用有章可循、监督检查工作有据可依。

为加强对救灾捐赠资金的使用管理，国务院各部委、各省（区、市）党委政府和新疆生产建设兵团建立协调机制，统一规划、突出重点、合理安排，以求最大限度发挥救灾捐赠资金物资的作用。5月31日，国务院办公厅通知要求，各地各级部门要规范救灾捐赠活动和安排使用程序，公开信息，加强监督检查；接收部门和单位要制定严格的工作程序，建立责任制度，向捐赠人出具财政部或省级财政部门统一印制的票据；民政部通过中央财政汇缴专户接收救灾捐赠资金，纳入财政专户，实行“收支两条线”管理；地方各级民政部门接收的救灾捐赠资金按省（区、市）人民政府现行规定执行，纳入专户管理；民政部门一律不得在捐赠资金中列支管理费用，公募基金会要尽可能少提取或不提取管理费用，管理费用提取使用情况要向社会公布；救灾捐赠款物接收部门和单位要建立救灾捐赠款物信息公开制度。各省级民政部门要按照属地原则汇总统计本省（区、市）救灾捐赠款物的接收和分配使用情况并报民政部。6月13日，国务院办公厅下发指导意见，要求有关部门对捐赠资金使用要尊重捐赠者意愿和政府引导相结合。捐赠资金全部用于受灾省份，优先用于民生项目，同时兼顾地区之间、项目之间投资规模和建设标准的基本均衡。

民政部根据款物使用管理的实际情况，制定下发多个通知、文件，对捐赠资金使用的原则、范围，及救灾物资可回收使用范围、部门做出规定，并明确各级各地接收单位需按照专物专用、定向使用、重点使用的要求使用。民政部、财政部、审计署、统计局等部门还下发捐赠款物统计办法，统一统计口径，规范款物统计标准，加强捐赠款物的监管。中组部成立抗震救灾“特殊党费”工作小组，并下发暂行办法，对“特殊党费”的收缴、使用和管理进行监管。四川省委办公厅、省政府办公厅制定下发一系列文件，要求对捐赠资金物资 “一定要有账、一定要及时发放、一定要全程跟踪”，并成为监督监管工作的行动指南。

抗震救灾资金物资监督监管

抗震救灾期间，中央纪委、监察部以及审计署、财政部、民政部、海关总署、质检总局采取多种措施，实施严格监督监管，并派出人员深入一线开展监督检查，对发现的问题及时进行督促处理；川甘陕等省及其他省（区、市）、新疆生产建设兵团各级相关部门积极发挥自身职能，开展监督监管，四川、甘肃等省还建立社会监督员制度，调动社会力量参与全程监管，确保救灾资金物资安全。

纪检监察监管

5月14日，中共中央政治局常委、中央纪委书记贺国强主持召开中央纪委常委会议，要求加强对抗震救灾资金物资管理使用情况监督检查，保证以最快速度用于受灾群众，对贪污、私分、截留、挪用的行为严惩不贷。中央纪委、监察部要求，切实保证救灾资金、物资用于受灾群众，一经发现有贪污、私分、截留、挪用的，要从严处理，对触犯刑律的要移送司法机关。中央纪委、监察部、审计署等五部门又联合召开会议明确提出，对贪污私分、虚报冒领、截留克扣、挤占挪用救灾款物等行为，要迅速查办，从重处理。

监督监管中，中央纪委、监察部通过出台制度、开展专项检查、设立举报渠道、督办重要的信访件等方式，完善民政、财政、审计等部门向纪检监察和司法机关移送违法违纪案件线索的制度，对抗震救灾资金物资管理使用中出现的违法违纪问题进行调查处理。

中央纪委、监察部先后多次派出由领导带队并请监察部特邀监察员参加的专项检查组，分赴中央有关部门、社会组织、群众团体以及四川、甘肃和陕西三省展开专项检查。从5月30日开始，中央纪委派出专项检查组，分赴中国红十字会总会、中华慈善总会等中央国家机关有关部门和单位、接收社会捐赠的群众团体、社会组织，以及四川、甘肃、陕西三省，检查抗震救灾资金物资管理使用情况。从5月31日至6月3日，检查组听取四川省纪委、监察厅、民政厅、财政厅、审计厅、审计署驻成都特派办及成都、德阳工作情况汇报，并先后到成都市红十字会、新都区大丰镇、都江堰市海蓉物资发放点，绵竹市汉旺镇、遵道镇及棚花村，什邡市洛水镇等物资接收和受灾群众安置点了解救灾资金物资监督管理工作。6月4—6日，检查组分两路，先后听取四川省抗震救灾指挥部物资组及财政厅等部门的情况汇报，与四川省纪委、监察厅派驻省直12个部门，及赴成都、德阳、绵阳、雅安、广元、阿坝等地的14个督导组负责人座谈，研究资金物资监管存在的问题和解决办法。随后，检查组到青川、都江堰、彭州等地及四川省红十字会、商务厅等单位检查调研，并与四川省纪委、监察厅聘请的12名社会监督员座谈，听取意见和建议。从7月开始，中央纪委、监察部组建专项检查组，重点监督检查受灾群众安置和灾后重建中的重点项目安排、大额度资金调拨使用、大宗物资采购情况，国（境）外捐赠资金物资管理使用情况，中央国家机关各有关部门、社会组织和群众团体执行国务院有关规定，向民政部或中国红十字会总会、中华慈善总会移交捐赠资金物资等情况。至10月14日，中央纪委、监察部共派出2批5个专项检查组，邀请10余名监察部特邀监察员参加专项检查。

对检查中发现的问题，督促有关地区、部门迅速进行整改；对于个别违法违纪人员，及时给予处理。专项检查组深入有关部门和一些重灾县，对抗震救灾资金物资监督检查工作机构设置和运行，国内外捐赠款物接收、管理、使用，大额资金调拨使用，大宗物资采购，因灾困难群众临时生活救助金、救济粮和“三孤”人员基本生活费发放，受灾群众安置，住房建设补助及灾后重建等情况开展监督检查，并对重要信访件进行督办。

受灾省纪检监察机关也相继派出专项检查组，对本地区抗震救灾款物管理使用情况开展监督检查。6月23日，四川省抗震救灾资金物资监督检查领导小组决定由四川省委巡视机构向成都、德阳、绵阳、广元、雅安、阿坝等重灾市（州）抽派6个工作组，开展抗震救灾资金物资监督检查；8月13日，向成都、德阳、绵阳、广元、雅安、阿坝、南充、巴中等市（州）及39个极重灾和重灾县（市、区）的392个重灾乡（镇）派出87个监督检查工作组。甘肃省纪委、监察厅以纪检干部为主，通过组织村级纪检员、驻村干部、党员代表参与监督等方式，对资金物资发放点进行驻点监督检查，全省3813个发放点都配备1名以上监督员现场工作。从5月21日开始，甘肃省纪委、监察厅联合省民政厅、物价局向陇南地震灾区派出专项督察组，对陇南市武都区、文县、成县6个乡抗震救灾资金物资接收管理、发放情况和物价进行监督检查；22—31日，甘肃省纪委分别派出4个检查组，赴重灾区、一般灾区县43个乡（镇）进行监督检查。6月初，甘肃省抗震救灾资金物资监督检查领导小组派出5个检查组，对省民政厅、财政厅、发展改革委等15个省级部门和单位救灾资金物资的管理、募捐、发放情况进行检查。检查组采取听取汇报、查阅资料、实地查看等方式，共检查各类资金20多亿元。陕西省纪委、监察厅从多个部门抽调22名干部组成4个检查组，分赴汉中、宝鸡、西安、安康、渭南和省财政厅、民政厅、红十字、慈善及省直有关部门开展专项检查，并于6月6日形成监督检查报告。重庆、云南等省（市）纪检监察工作也及时展开。

对违纪违法行为快查、严办、重处，既是对资金物资管理使用最直接的监督，也是有效预防腐败的重要举措。在监督检查工作中，中央纪委、监察部和有关省（区、市）纪检监察机关查处一批违法违纪案件，完善民政、财政、审计等部门向纪检监察和司法机关移送违法违纪案件线索的制度，加强与各单位的沟通协调。至10月14日，中央纪委、监察部和四川省、甘肃省、陕西省纪检监察机关共接到群众投诉举报16976件，核查11074件。对查实有违纪行为的204人给予党纪、政纪处分，其中县处级以上领导干部16人，受到撤职以上处分20人。

各级纪检监察机关履行职责，严格执行纪律，严肃处理违纪违法人员。中央纪委、监察部和有关地方纪检监察机关设立并向社会公布抗震救灾资金物资管理使用违法违纪问题举报投诉电话或网络举报信箱。5月20日，中央纪委、监察部为方便群众举报，设立举报电话。6月26日，中央纪委、监察部开通举报电话“12388”，全天候受理对违法违纪行为的控告举报。四川省纪委、监察厅派出多个监督工作组，参与到救灾款物的接收、管理、拨付和发放各个环节，实施全程监管，并公布举报电话受理群众投诉。陕西省纪委、监察厅在受灾县、乡和集中安置点设立现场投诉点，及时受理群众反映问题。

审计监督

5月13日，审计署决定对救灾资金物资筹集、管理、分配、使用全过程进行审计监督，同时采取“关口前移、提前介入”的方法，变事后监督为提前进入分配监督，变只对资金使用安全监管为对安全与高效使用同时监管。审计组深入到救灾资金物资运行各个环节，横向检查抗震救灾资金物资在各部门、单位的分布和管理情况，纵向跟踪抗震救灾资金物资从省、市、县、乡、村、组至个人的来源和流向，对救灾资金物资接受、登记、分配、调拨、运送、发放、管理、使用实行全过程、同步骤的“嵌入式”跟踪审计，发现苗头及时预警，发现问题及时纠正，做到“边审计、边整改、边规范、边提高”。16日，审计署机关和派出机构参审人员进行审计动员和进点审计，审计工作全面启动。

5月20日后，审计署进一步做出安排，提出审计工作要关注救灾资金物资，特别是社会捐赠资金物资的筹集、管理和使用情况，并区分重灾、轻灾、非灾区的不同情况，调整工作重点，明确主要审计内容和重点，提高审计效率和效果。此后，审计部门针对各阶段的工作实际，有重点地展开工作。从5月20日至6月12日，各灾区审计署特派办和地方审计机关组成的审计组重点对救灾资金物资接收、拨付、发放、管理进行审计，对食品、药品、帐篷及大型救灾设备等重要物资进行检查；从6月13日至7月18日，重点检查救助资金、救济粮、抚慰金、活动板房建设等国家相关救助政策落实情况；从7月19日至9月28日，重点对灾情核报、活动板房建设、耕地占用、资金拨付、管理机制及效益等问题进行审计。非灾区省（区、市）审计机关也组织审计人员，对救灾、捐赠款物进行审计，并在不同时间、不同区域内向社会进行公告。

抗震救灾资金和物资审计采取“统一方案、分别编组、同步实施、定期报告”的审计方式，川甘陕三省采取特派办和地方审计机关“统一方案、统一编组、统一实施、统一报告”的四统一联合审计模式；其他省（区、市）各级地方审计机关按照审计署统一要求就地同步开展审计；对重大事项和重大群众举报，审计署选调业务骨干直接前往灾区进行核查。审计监督主要体现出4个方面的特点：一是由以往的事后审计转变为事中审计，对救灾款物管理使用的全过程进行跟踪审计，发挥即时监督功能；二是强调审计工作要从抗震救灾工作大局出发，服务救灾工作需要，促进和帮助建立健全有关规章制度；三是发现问题及时查处，及时纠正；四是定期公告审计结果，重大问题随时公告。至11月30日，审计署共接到群众举报1962件，其中176件有较明确的问题线索，批转审计机关核查168件，转地方政府处理8件。

5月14日至11月30日，全国各级审计机关对18个中央部门和单位、31个省（区、市）和新疆生产建设兵团的1289个省级部门和单位、5384个地级部门和单位、24618个县级部门和单位进行审计，延伸审计四川省、甘肃省、陕西省、重庆市、云南省的3845个乡（镇）、9526个村，并对76709户受灾群众进行调查。审计署分别在6月12日和24日、8月4日、12月31日，对审计情况进行公告，内容包括中央和地方各级财政救灾资金物资安排情况以及四川、甘肃、陕西、重庆、云南接收财政性救灾资金物资和社会捐赠资金物资的情况、"特殊党费"汇缴情况、审计中发现的问题及整改情况。审计结果表明，救灾资金物资基本做到筹集合法有序、拨付及时到位、分配公开透明、管理严格规范、使用合规有效、存放安全完整，各类救灾资金物资账目比较清楚。审计中未发现重大违法违规问题。

财政监管

各级财政部门在做好资金的筹集、调拨和财税政策研究制定的同时，全面跟进抗震救灾资金物资监管工作。财政部第一时间启动应急预案，成立抗震救灾资金物资监督检查领导小组，制定工作规则，明确各部门的职责分工。领导小组定期召开会议分析救灾形势，研究检查调研过程中发现的问题，部署抗震救灾和监管工作的重点。

为明确监管要求，财政部紧急下发一系列通知，对财政部驻四川、甘肃、陕西财政监察专员办事处和地方财政部门做好抗震救灾资金物资监管工作进行具体部署。5月15日，财政部下发通知，要求川甘陕等灾区财政部门和财政部驻当地财政监察专员办事处全力做好抗震救灾资金监管工作，千方百计保证抗震救灾资金及时足额拨付到位。对实际执行中出现的情况和问题，在尽可能帮助解决的同时，第一时间向财政部反馈。此后又多次制定下发通知，要求各级财政部门积极筹措资金，加大财政投入，确保受灾群众尽快恢复生产、重建家园；要科学安排、合理使用救灾资金，优先安排重灾地区，优先安排因灾生活困难群众衣、食、住、医的需要；要认真履行资金分配下拨的各项审批程序，开通"绿色通道"，加快救灾资金拨付进度；要强化财政监督检查，对挤占、截留、挪用、虚报冒领和贪污浪费救灾资金物资等严重违法违规行为，要及时纠正，严肃惩处；要主动加强与当地纪检、监察、审计、民政等部门的沟通协调，确保抗震救灾资金物资按规定筹集、分配、拨付和管理使用，发挥救灾款物最大使用效益。注意发现和反映制度执行中不规范、政策不完善的问题，督促、指导有关地区和部门特别是基层单位，从实际出发制定具体管理办法。川甘陕三省财政部门也结合省情迅速制定一系列资金管理办法，健全制度规定，明确监管要求，确保救灾资金物资用于灾区和受灾群众。

抗震救灾期间，财政部先后6次派出工作组深入灾区第一线，对抗震救灾资金物资管理使用情况和政策执行情况进行检查调查。5月25—27日，财政部赴四川灾区就抗震救灾资金监管工作进行督导调研，与四川省纪委、财政、民政、审计等部门及红十字会等社团组织进行座谈，共同研究解决抗震救灾资金物资在筹集、调拨、管理、分发及监管中存在的问题。6月11—22日，组织驻四川、甘肃、陕西三省专员办、财政厅组成3个工作组对绵竹、北川、陇南、汉中等10个受灾市、县救灾资金拨付进度、受灾群众临时生活救助等进行重点调查，并研究加强资金物资监管措施。12—14日，财政部与甘肃专员办组成联合调查组，结合审计署反映的6个方面问题，对甘肃省抗震救灾资金物资筹集、管理使用等最新情况作进一步调研，并赴天水市与财政、建设、民政、卫生等部门及市红十字会、慈善总会等单位座谈，到省抗震救灾物资天水中转站等地了解物资接收、储存、调运、分发工作程序和有关管理制度，了解受灾群众生活救助和口粮补助等政策落实情况。7月24—29日，财政部派出干部分赴灾区三省对受灾群众临时生活救助和倒损农房恢复重建资金筹集、安排、落实情况进行调查。9月10—12日，财政部监督检查局会同四川专员办、四川省财政厅组成2个工作组，对彭州市、绵竹市抗震救灾资金物资管理使用情况进行调研，重点关注倒损农房恢复重建情况、受灾群众临时生活救助资金发放情况、对口援建工作开展情况、捐赠资金管理使用情况等，并实地走访有关乡镇了解资金拨付管理情况。17—26日，财政部再次派人员赴四川、甘肃、陕西三省，与驻地专员办和财政厅就倒损农房恢复重建、捐赠资金管理使用、对口援建工作开展等情况进行检查调研，实地走访8个县（区）、14个乡（镇）和沿途村组，同地方党政领导座谈，与乡镇、村干部和受灾群众交流，听取援建省市工作情况汇报，检查基层财政所账册。

川甘陕三省专员办和财政部门建立日常流程监控与一线检查调研相结合的工作制度，数月间，有近200人次在灾区一线开展检查调研，跟踪问效，及时反馈抢险救灾和恢复重建中急需研究和解决的新情况、新问题以及灾区干部群众的诉求，为加强资金管理、完善财税政策提供第一手资料。三省财政部门还派出干部深入有关部门和受灾市、县、乡镇协助开展工作，寓监督于服务和管理之中。

为形成监管合力，财政部、专员办以及省、市、县各级财政部门不断探索完善监管工作协调机制和信息沟通机制，统筹监管力量，逐步形成覆盖全面、上下一体的监管网络，上下联动开展监督检查，充分发挥基层财政贴近一线的监管优势。财政部门始终保持与纪检、监察、审计等部门的横向沟通配合。为扩大社会监督在监督监管体系中的作用，各级财政部门始终坚持将公开透明原则贯穿于抗震救灾资金管理使用的全过程，通过电视、广播、报刊、网络等媒体及时将救灾资金接收和安排拨付情况向社会各界公开发布，并就资金管理及相关政策问题进行解疑释难，接受社会和群众监督，扩大监管工作正面宣传；通过设立举报电话，查处、纠正了部分违规违纪问题。

民政监管

民政部在救灾物资监管中，从规范救灾捐赠接收渠道入手，及时通过媒体向社会公布捐赠的正规渠道，对基金会开展的募捐活动进行备案、审定；派员参加财政部组织的联合检查组，赴四川灾区对中央下拨救灾款和救灾捐赠款物管理使用情况进行检查。

灾区群众安置急需帐篷等物资储备，民政部启动应急机制，协调帐篷生产企业尽快生产帐篷。为保证生产进度和产品质量，民政部采取派员驻厂督导、开展全面自查等方式，督促检查帐篷生产。5月24日，通知要求帐篷生产企业所在地民政部门派督导员常驻生产企业，跟踪检查帐篷生产情况。从25日开始，帐篷生产企业所在省（市）民政厅（局）陆续向各生产企业派出督导员，全程检查督促企业生产。紧急采购帐篷生产任务下达到企业后，民政部委托国家军需产品质量监督检验中心全程跟踪产品质量检验。检验中心派出17个工作组到75家企业验收检验。民政部从各中央救灾物资储备库抽调业务骨干30名，配合质量检验技术人员巡回抽查检验产品质量，进行首件检验和逐批（次）验收。

民政部主动接受社会媒体监督，通过新闻发布会、集体采访会和新闻发言人答问等方式，向媒体提供救灾资金物资使用情况；协调安排10余名领导接受媒体专访；在民政部门户网站开设抗震救灾专题、专栏，及时发布救灾信息。为保证救灾资金物资按照有关规定发放，避免滞拨滞留、随意分配、优亲厚友、贪污私分、挤占挪用等问题，国务院抗震救灾总指挥部群众生活组和民政部领导赴灾区督促检查救灾物资落实情况。

四川省抗震救灾指挥部物资组对所有救灾物资的运送、接收、分配、发放努力做到3个“一定要”：一定要有账，物资来源、数量、分配方向要登记造册，做到有账可查；一定要及时发放，不能积压；一定要全程跟踪，防止物资去向不明，保证全部用于受灾群众。同时，明确指出要“多个口子进、一个口子出”。物资归口民政部门，资金归口财政部门，药品和医疗器械归口卫生部门。四川、甘肃、陕西、重庆等省（市）民政厅（局）分别制定下发一系列相关规范性文件。各级民政部门完善相应制度，逐步建立、逐级规范省、市、县、乡、村救灾和捐赠资金物资接收、调运、发放制度和发放程序。为确保各项工作的落实，各省市对抗震救灾资金物资实施了监督检查。

海关监管

震后，海关总署履行对进出境救灾物资、运输工具、救灾医疗专家及其随身携带医疗物品快速通关监管、进境捐赠物资税收减免职能，积极投入抗震救灾。

5月12日晚，海关总署要求各海关配合做好四川省抗震救灾工作，加强应急处置，为进境的救灾物资和载运救灾物资的运输工具提供通关便利，对进出境的救灾医疗队、专家及随身携带的救护医疗设备给予通关便利并快速验放。

海关总署加强与各部门之间的沟通联系，共同做好救灾物资和人员进出境工作。与外交部、民政部协调，明确进口直接用于救灾的捐赠物资等可由进口地海关先凭民政部等部门或各省（区、市）民政厅出具的有关证明函及救灾捐赠物资清单特事特办，先登记放行，后补办相关海关手续；与食品药品监管局、商务部和质检总局协调解决涉及进口药品通关单、自动进口许可证和入境货物通关单的药品、食品、机电产品等物资监管问题；与财政部、税务总局加强沟通，共同协商解决关于涉及进境救灾物资的法律问题。海关总署与香港海关建立协调配合机制，保证经香港飞往成都运送救灾物资包机或航班信息的及时传递。对入境的救灾物资和出入境人员，海关部门提供各种便利。

5月12日20时30分，香港有线电视台一行8人到达重庆机场，携带的采访设备无法出具相关许可证明。重庆海关立即请示海关总署，经与港澳办联系，港澳办保证该设备退运出境及该名香港记者补办相关手续，随后对该卫星通信设备予以放行。重庆海关还通过设立专用通道，为数十名赴灾区采访的境外记者提供便利通关服务。13日，北京海关隶属的首都机场海关快速办理首批进口救灾物资——100台海事卫星电话的通关手续。15日4时，成都海关快速验放香港特区政府组织的首批救援队伍。至8月26日，全国海关快速验放进境救灾物资1097批，快速验放来自61个国家和地区的境外救灾物资及搜救人员、医疗人员824批。

对于只能从指定的口岸进境的汽车、药品等物资，经国务院批准，对5月12日至8月12日期间进口直接用于抗震救灾的汽车、药品等物资，由非指定口岸进口的，准予在进口口岸办理清关手续。对于企业捐赠用于抗震救灾的加工贸易货物，主管海关简化手续，先登记放行，事后海关凭有关部门和组织证明函及救灾捐赠物资清单按规定补办相关海关手续。进口直接用于救灾的捐赠物资等，进口地海关先凭民政部等部门或各省（区、市）民政厅出具的有关证明函及救灾捐赠物资清单特事特办，先登记放行，后补办相关海关手续。对在5月12日至8月12日期间境内加工贸易企业捐赠的直接用于抗震救灾的加工贸易货物，以及国内有关单位直接捐赠给灾区用于抗震救灾物资中所用的进口原材料、零部件，海关已登记放行的，一律免征进口税，并免予补交相应的加工贸易内销批准证和有关进口料、件的进口许可证件。对直接用于此次抗震救灾的各类物资，包括食品、药品和医疗器械等，免予提交许可证件和通关证明文件，由海关直接作核销结案处理。对上述物资中可能涉及禁止进口货物的，经海关核实确实用于抗震救灾后，准予免于提交有关证件。同时，根据有关规定及时出台制度，对捐赠物资实行税收临时减免措施。

海关部门还采取措施防止违禁物品入境，防止不法企业假借捐赠名义进行走私等违法行为。海关部门加强对进境物资的后续管理，对暂时进境的无线电通信器材、卫星接收转播设备等重点管理品种，坚持做到全部核对；对境外媒体运进的无线电通信器材、卫星接收转播设备等，做好进境登记和出境核销等工作；境外捐赠的实行减免关税的物资，只能用于特定地区、特定企业或者特定用途，未经海关核准并补缴关税，不得移作他用。境外捐赠物资进境时采取登记放行的特殊通关方式，抗震救灾工作结束后，海关总署对登记放行的救灾物资进行专项清理，并纳入H2000系统进行管理。成都海关逐票审核捐赠物资的接收清单、减免税申请表、报关单等统计原始资料，对商品名称、数（重）量、金额等主要统计指标做出精准复核。

质检监管

地震发生后，大量救灾物资被送往灾区。5月13日，质检总局下发紧急通知，要求各有关部门加大质量监督和执法打假力度，确保灾区食品、产品和救灾物资质量安全，并紧急组织全国质检部门开展检测工作。

质检总局和各地质监部门联合行动，对食品质量、饮用水质量、帐篷质量、活动板房及原材料质量、衣被质量、建筑材料质量、农业生产物资资料质量、消毒剂质量进行检测监督。地震发生后，质检总局组织对大米、食用植物油、小麦粉等食品产品进行抽查监督，开展28大类食品无证查处工作，检查生产企业、小作坊7万余家，查处无证生产案件2419起，有效减少食品安全隐患。四川、甘肃、陕西、重庆灾区质监局加强监督和检验检测力量，共检验检测食品样品1121批次，合格1079批次。质检总局还组织全国质监部门对预包装食品进行国家监督专项抽查。各灾区质监部门集中组织执法力量，展开食品质量安全巡查，对方便面、饼干等重点食品进行集中检查和整治，保证军民食品安全。四川、甘肃、陕西、重庆等省（市）质监部门采取措施，开展灾区群众饮用水安全监测工作，设立灾区群众集中安置点饮用水检测站，保障灾区群众饮用水安全。饮用水检测按照国家水质常规指标及限值，以桶（瓶）装水、生活饮用水为检测重点，对有毒有害物质、微量元素等项目提出检测结果。

全国各地质监局所属纤维检测机构通过派员到企业调查、检查、提供专业技术服务，以及驻厂跟踪、检验检测等方式，完成救灾帐篷检验任务。根据活动板房抗震、保温、防火、隔热，每户20平方米左右，配备液化气、供水、供电设施等建设标准，全国质监部门共检测过渡安置房约80万套（间）。从5月28日至7月10日，质检总局组织全国各地纤检机构建立救灾用絮、用纤维制品免费检验统计日报制度，每天向质检总局报送相关信息，各地专业纤检机构则开展大规模检验活动，确保灾区用品质量安全。

质检总局还组织各省市，特别是四川、甘肃、陕西等灾区质监部门，对建筑材料人造板、装饰材料、钢材、水泥、建筑用砖、电线电缆等进行质量检测，为灾区群众提供自建住房及灾后重建所需优质建筑材料；组织各地质监局对农业生产资料，包括化肥、植物保护机械等进行监督抽查。四川省质监局还加强对消毒剂产品的监管，对消毒剂、漂白粉的生产和质量进行监督，做好人员抢救、灾区防疫和善后处理工作。

为保障灾区群众食品安全、产品质量，质检总局紧急抽调19个省（市）3353名质检人员赶赴四川，检查食品企业973家，抽检水样172批（次），抽样检测供水点饮用水源60个；检查建材企业119家、危险化学品企业119家、计量器具企事业单位346家。抗震救灾期间，全国质监系统配合有关部门和单位对援建灾区的活动板房80万套（间）、帐篷150万顶和篷布5.86万包，开展产品检测等技术服务工作。至10月30日，全国各地质监部门共出动执法人员45359人（次），检查食品、棉絮制品、建材、帐篷等生产经营单位17178家，查处违法案件367起。

社会监督

“阳光是最好的防腐剂。”各级部门推进廉洁救灾、阳光救灾，坚持信息公开透明、回应社会关切，拓宽群众参与渠道，为监督检查工作营造出良好社会环境。中央抗震救灾资金物资监督检查领导小组办公室先后组织召开新闻发布会、开展系列报道，向社会通报监督检查工作进展情况。中央纪委、监察部督促有关地方和部门按照有关规定，公布社会募集、财政投入、对口支援资金物资的管理使用及灾后恢复重建项目进展情况，自觉接受人民群众、社会各界和新闻舆论的监督。为方便群众对有关违纪行为的举报，中央、地方政府各职能部门开通统一举报电话、建立网上举报信箱、在群众集中安置点设立投诉点等方式，积极畅通信访举报渠道，及时掌握群众诉求；加强网上舆情监控和相关线索收集分析和排查，认真调查核实群众反映的问题；建立信息沟通、案件线索移送机制，及时组织力量深入一线明察暗访、调查核实。对查实的问题，严肃追究相关人员责任，积极回应社会和网络舆论关注的问题。

四川、甘肃两省建立起社会监督员制度，让监管力量渗透到社会的每一个层面，确保群众的知情权，调动全社会力量参与全程监管，实现公开、公平、公正。6月1日，308名公开招募的社会监督员开始正式上岗。社会监督员可直接了解抗震救灾资金物资管理使用情况，向群众了解使用情况，向抗震救灾指挥部监督组书面反映情况并提出建议，接受群众投诉举报，并向抗震救灾指挥部监督组转交举报。18—20日，一批国外援助的救灾帐篷从成都双流机场到绵阳市物资接收中心，再发放到安县桑枣镇幸福村群众手中，绵阳市社会监督员与四川省红十字会派驻的纪检干部、绵阳市审计人员、桑枣镇副镇长等参与监督，成为监督监管工作中的一支重要力量。

甘肃省从社会上公开聘请义务监督员参与监督，在财政、民政、红十字、慈善等接收捐助款物的部门单位安排专门督查人员定期检查，驻点监督。全省3800多个资金物资发放点，每一个点上都有专职监督人员在现场开展工作。

恢复重建监督监管

灾后恢复重建，不仅是一次全方位的恢复，更是一场高水平的重建，对恢复重建实施全程监管十分必要。各级纪检监察、审计、财政、民政、卫生、建设等部门进一步密切协作，创新监管手段，形成横向到边、纵向到底的全方位、多层次的监管体系，实现监督检查全覆盖，确保重建项目工程质量、项目资金和工程施工安全运行。

工程建设质量安全监管

恢复重建过程中，要完成上万亿元的灾后重建项目，质量安全是第一位的。为保证灾后重建项目工程质量安全，住房城乡建设部下发多个技术指导文件，并与川甘陕三省及时修订了有关工程抗震设防标准和技术标准等，建立健全一系列质量管理规章制度，通过督导、调研、督察、检查等形式加强监督监管。2009年5—9月，住房城乡建设部在全国范围内开展了建设工程质量监督执法检查，要求包括地震加固工程在内的恢复重建工程，无论其资金来源方式如何，均要纳入正常的质量安全监管。四川、甘肃、陕西等地灾区先对本省恢复重建工程质量进行全面自查。在此基础上，住房城乡建设部组织检查组对三省部分恢复重建工程的勘察设计质量、地基基础和主体结构实体质量以及工程参建各方责任主体和相关机构、项目经理、总监理工程师等执业人员执行国家工程建设强制性技术标准的情况进行抽查。为加强对工程质量的监督指导，进一步提高工程质量管理水平，2009年6月，住房城乡建设部还在都江堰召开地震灾区恢复重建工程质量管理经验现场交流会。

2009年11月18—19日，住房城乡建设部在四川什邡举办地震灾区工程质量检测人员专项培训，培训人员约100人，以此加强和提高检查工程质量的能力与效果。11月，住房城乡建设部印发通知，要求开展灾后恢复重建工程质量检查，并组织专家对川甘陕三省灾后恢复重建工程质量进行督察。三省高度重视，立即转发通知并组织检查工作，对所属市、县灾后重建工程质量进行拉网式检查，并组织专门抽查。上海、山东、深圳、天津等援建方也积极配合灾区县做好援建工程质量监督检查。在督察过程中，专家听取3个灾区省建设主管部门的书面汇报，实地督察部分重灾市、县的恢复重建情况，抽查四川省的北川羌族自治县和都江堰市、陕西省的宁强县和略阳县、甘肃省的陇南市和成县共6个市、县的13个重建工程，重点是学校、医院、住宅工程。

督察组现场查阅受检项目的建设、勘察、设计、监理、施工等单位的相关资料和工程项目资料，查看工程实体质量。从检查情况看，恢复重建工作进展顺利，工程质量总体情况良好。2010年3月，住房城乡建设部下发《关于开展地震灾区恢复重建工程质量检查的紧急通知》，于3—4月对四川、甘肃、陕西三省地震灾区恢复重建工程质量再次进行督察；6月3日，再次下发通知，要求各地在重建过程中，必须加强重建工程收尾阶段质量管理工作，严格执行法定程序和工程建设标准，狠抓工程质量责任落实，强化工程竣工验收监管，加强建设工程档案管理，完善工程质量保修制度。由于坚持阳光重建、精品重建，实行工程回访和质量保修制度，严格执行工程质量责任追究制，灾区三年重建没有出现重大质量、安全和腐败问题，有效杜绝了“豆腐渣”工程的出现。

川甘陕三省、对口支援省市及社会援建方均重视重建工程质量安全监管。四川灾区各级政府坚持把工程质量作为生命线贯穿于灾后重建的全过程。一是严格项目规划选址。坚决做到避让地震断裂带、避让地质灾害隐患点、避让行洪通道，落实农村与城镇住房抗震设防，确保灾后重建项目选址安全。二是严格基本建设程序。执行国家《建筑工程抗震设防分类标准》等标准和规范，对学校、医院等人员密集的公共服务设施，按照高于当地房屋建筑的抗震设防要求进行设计；严格落实工程质量责任制、项目法人责任制、合同管理制和工程监理制；建立健全灾后恢复重建工程质量统计报告制度。三是保障技术管理力量。由省建设厅向成都、德阳等6个重灾市（州）派驻技术指导组，在前期工作中切实把好设计和施工图审查关，在建设过程中切实把好建筑材料检验关和工程施工质量关，在项目竣工时切实把好工程验收关。组织专家编制实施城乡住房建设规划，出台四川灾区农房重建选址技术导则、施工技术导则等一系列技术标准，编制大量建筑设计图纸免费发往灾区，并选派技术人员进村入户指导。四是建立建材特供机制。加强建材价格和质量监控，广泛采用国际先进的新技术、新材料、新工艺，提高工程建设质量，坚决杜绝“豆腐渣”工程。五是积极开展专项检查。连续出台多个关于加强灾后重建建筑质量监管工作的文件，组织各级有关部门依法加强项目质量安全监督，强化社会监理，全面开展重建工程质量安全监督检查和专项检查，发现问题及时提出建议。随着重建工程项目相继竣工，严格执行工程回访和质量保修制度，督促项目施工单位定期对建设项目进行回访，要求所有项目必须实行质量保修，确保交付后正常使用。六是严查违法违规行为。在采取积极鼓励引导、争创优质工程的同时，对违反工程质量法规、工程建设强制性标准和基本建设程序致使存在安全隐患的，依法责令整改。

至2011年9月，四川省12050个灾后房屋建筑和市政基础设施重建项目峻工，竣工合格率为100%。其中，1571个工程项目（含省外援建项目680个）获四川省“省优质结构”、省优质工程“天府杯”奖。从总体上看，川甘陕三省灾后重建项目完全处于受控状态，地基基础和主体结构安全牢固，工程质量整体较好，特别是经受住了多次强余震和2010年夏季特大山洪泥石流灾害的考验。

项目资金安全监管

根据中央的决策部署，审计署启动重大自然灾害应急机制，以“促进汶川地震灾后恢复重建顺利进行、保障灾后恢复重建不出重大问题”为目标，按照“统筹安排、分级负责、把握总体、分头公告”的原则，统一组织中央和地方审计机关提前介入重建项目资金运作，抓住重点，全程跟踪，着眼预防，立足服务，边审计、边整改、边提高，充分发挥审计工作在灾后恢复重建中的预防、揭示和抵御作用。

在重建项目资金监管中，审计署建立并不断完善跟踪审计工作方式和协调机制。自2009年3月起，审计署开始建立起动态和月报制度。7月13日，审计署分别与四川、甘肃、陕西三省组建灾后恢复重建跟踪审计协调小组，建立起上下沟通、纵横联动的工作机制。此外，审计署还邀请部分特约审计员组成督导组，赴四川等地对审计工作进行督导。为确保重点项目资金安全，在对2万多个重建项目的跟踪审计中，确定都汶公路灾后重建等55个重点跟踪审计项目。2010年3月，审计署开展专项审计调查工作，统一组织成都、西安、兰州、重庆4个特派办与川甘陕3个灾区省及20个援建省、市（含深圳市）审计机关共同进行覆盖城乡居民住房、学校、医院、基础设施、社会捐赠资金和“特殊党费”使用情况等44项专项审计调查。审计工作起到很好的震慑和警示作用，较好地发挥了“系统免疫”功能，促进了灾后恢复重建的顺利推进，得到中央、各级党委和政府以及社会公众的肯定和认可。

财政部根据恢复重建阶段的实际情况，制定涉及恢复重建项目前期准备、预算申请下达、资金拨付等方面的一系列规章制度，对资金物资使用加以全程规范。与此同时，成立监督检查领导小组，建立灾后恢复重建资金使用管理责任制和监督机制，实行固定月报表制度并进行跟踪检查，建立信息公开制度，提高使用管理透明度，整合各方面力量，确保恢复重建资金物资安全。

四川省委、省政府高度重视灾后重建监管，坚持阳光重建、廉洁重建。建立健全监督检查领导机构，提出“公告天下、取信于民”的工作思路，成立由省纪委书记和常务副省长任组长的灾后重建政策落实监督检查工作领导小组，灾区市、县均成立相应机构。重建监管从重建项目资金下达开始，监管工作同步进入、同步检查、同步审计，实行全过程监管，做到款物专用、公开透明、规范有序。注重突出监管重点，由省监察厅会同相关部门向民政、财政、卫生、慈善、红十字等11个省级款物收发重点部门（单位）和6个重灾市（州）派出监督工作组进行监管。坚持把灾后恢复重建项目立项、审批、招标投标、资金监管等作为监督检查的重点，采取专项检查、重点整治、严格程序、规范运作等措施，严防违纪违规行为发生。加大对对口援建项目和港澳援建项目的监督检查力度。在监管思路上，把监督重心向基层倾斜，强化一线监管。抽调纪检监察、财政、审计、发改、建设等部门的专业干部组成监督检查组，深入项目建设工地实行驻点和巡回检查，及时发现和纠正存在的问题。注重全过程跟踪审计，派出专业审计人员，组成上千个审计组在重建一线跟踪审计。积极拓宽监督渠道，选聘建筑、造价、财会和招投标等方面专家作为社会监督员，参与资金管理、项目建设监督，形成专门监督与群众监督相结合、政府监督与社会监督相衔接的多重监管体系。

四川省还大力加强与对口支援省市监管机构的沟通衔接，共同做好援建项目与资金监管工作；与19个对口支援省（市）监督检查机构沟通协作，层层建立联席会议制度，搭建起信息交流平台，明确对口援建的“交钥匙项目”“交支票项目”“合作共建项目”的监管责任和办法，积极构建监管联系机制，努力做到监管工作有机对接，严明法纪“红线”，督促责任落实，坚决果断地惩治违法违纪行为，用严明的纪律保障灾后重建顺利推进。通过开通统一举报电话、建立网上举报信箱、在群众安置点设立投诉点等方式，积极畅通信访举报渠道。加强网上舆情监控和相关线索收集分析和排查，认真调查核实群众反映的问题。及时组织力量深入一线明察暗访、调查核实。对查实的重建项目资金问题，严肃追究相关人员责任，积极回应社会和网络的关注。仅2009年，四川省查处灾后恢复重建项目政策落实方面违法违纪党员干部共计67人。

灾后恢复重建中的每一项工作都关系着党和政府的形象，每一个项目都承载着灾区人民的期盼，每一分钱都凝聚着全国人民的支持。为确保每一个项目、每一个工程都经得起实践、群众和历史的检验，四川等灾区省各级行政部门成立从上到下的监督管理机制和机构，建立健全相应的监督检查工作体系，形成一个项目有多头管理和多方监督的格局。为此，从全省纪检监察、财政、审计、发改、建设等职能部门抽调近300名干部，组成6个市（州）监督检查工作组、1个省直属机关监督检查工作组和44个县（市、区）监督检查工作组，实行驻点和巡回检查。3年中，一手抓恢复重建，一手抓监督检查，以对党和人民负责的态度，管好用好每一分钱，既做到财尽其用，用当其所，发挥最大效益，又做到项目落成，干部不倒，党和人民满意。

各对口援建省市也采取多种举措保障重建项目资金安全。上海市的监管举措：一是以“体制＋机制”为监管保障，搭建“护廉网”，建立重大资金事项集体决策机制，对于项目安排、设计变更、取费标准、大额资金支付等事项，一律由指挥部会议集体讨论；发挥项目公司、代建单位、财务监理单位等专业机构优势，加强合同管理、财务核算、工程量核对、造价审核等方面监管；在全国第一个向社会公示资金安排使用和项目实施情况。上海市审计局开展3次跟踪审计，及时向社会公告，主动接受各界监督。二是以“制度＋科技”为监管手段，强化“防护网”。一方面，强化制度保证，制定了专项资金使用管理实施细则等20多项监管制度；另一方面，强化科技支撑，将援建资金全部纳入统一管理账户，所有资金拨付全部通过网上银行操作，明晰每一笔资金流向，一旦发现账户异动，立即通知银行冻结该账户资金。三是以“教育＋监督”为监管载体，构建“防火墙”。开展“清风伴援建”廉政漫画巡展等活动，增强教育感染力、渗透力，并对援建项目设计、施工、监理单位，实行项目合同书和廉政责任书“双签约”，与当地联合进行监督检查。

从2008年9月至2011年11月的3年多时间里，审计署为确保灾后恢复重建项目资金安全，统一组织4个特派办和川甘陕三省及20个援建省、市（含深圳市）的审计机关，先后派出1.16万余名审计人员，跟踪审计恢复重建项目2.79万余个，涉及重建规划投资7678亿元，累计现场审计工作量74.24万人／天，发出审计情况通报、审计信息简报和审计报告等1.9万余份，提出审计意见和建议等1.96万余项，发现并促进纠正和节约的违规资金上百亿元，还移送一批犯罪案件线索，有力地保证了灾后重建项目资金的安全，推进了汶川地震灾后的科学、规范、高效、廉洁和阳光重建。

工程施工安全监管

灾区各级部门针对恢复重建工程任务重、施工场地局限、工期紧张等困难，加强施工安全教育，提高施工安全生产互监互助的自觉性，确保安全重建。选定具有相应资质等级的勘测、设计、监理和施工单位参与恢复重建，从源头上预防安全生产事故。严格执行安全生产的法律法规和标准规范，强化施工现场管理，加强施工现场安全监管。深入开展建筑安全生产执法行动、治理行动、宣传教育行动“三项行动”和不定期的“规范建筑工地管理”专项整治行动，做到重建施工现场排查不留死角、治理不留后患。通过专项整治，有效遏止了工程建设过程中事故的发生，并严防发生次生灾害，确保重建施工安全。同时，加强重建施工队伍管理和重建安全生产教育培训，根本杜绝施工中违章指挥、违章操作、违反劳动纪律的“三违”现象发生，把工程施工事故消灭于萌芽之中。通过“规范建筑工地管理”专项行动，对危险性较大的分部工程编制安全专项施工方案，确保不发生事故。严防工程质量安全隐患，坚决杜绝重大安全生产责任事故。三年恢复重建，工程施工实现安全、有序、稳步进行。

在抗震救灾和灾后恢复重建中，各相关部门本着对历史负责、对党和人民群众负责的态度，认真履行工作职责，有针对性地采取措施，坚持不懈地做好抗震救灾资金物资和灾后重建工程质量、资金及施工安全的监管工作，向人民群众交上了一份明白账、放心账，为灾区呈上了众多精品工程和传世佳作。

伟大胜利

——胜利一定属于英雄的中国人民

救灾重建全面胜利

宝贵经验与启示

伟大抗震救灾精神

汶川特大地震，使受灾地区人民生命财产和经济社会发展蒙受了巨大损失。坚决战胜这场自然灾害，保护人民生命财产安全、保卫改革开放和社会主义现代化建设成果，是对中国人民意志、勇气、力量的严峻考验，也是对中国共产党执政能力和先进性的重大检验。在中共中央、国务院和中央军委坚强领导下，在国务院抗震救灾总指挥部的直接指挥下，全党全军全国各族人民众志成城，各省（区、市）和各部门紧急行动，解放军指战员、武警部队官兵、民兵预备役人员和公安民警勇挑重担，广大医疗卫生人员、新闻工作者、科技工作者齐心协力，灾区广大干部群众奋勇自救，各民主党派、各人民团体以及社会各界全力支援，各方志愿者自觉参与，港澳台同胞及海外华侨华人踊跃捐助，国际社会积极援助，形成了抗击地震灾害的强大力量，夺取了抗震救灾斗争的重大胜利，同时培育和弘扬了“万众一心、众志成城，不畏艰险、百折不挠，以人为本、尊重科学”的伟大抗震救灾精神。在三年恢复重建中，全国人民继续发扬抗震救灾精神，艰苦奋斗，顽强拼搏，取得了灾后恢复重建的全面胜利，地震灾区实现翻天覆地的历史巨变。抗震救灾斗争中，中国人民把抗击特大地震作为贯彻落实科学发展观的具体实践，初步探索了应对巨灾的科学模式和体系，走出了一条科学救灾、科学重建、科学发展的路子，并收获了许多宝贵的经验与启示。

救灾重建全面胜利

汶川特大地震，是新中国成立以来破坏性最强、波及范围最广、救灾难度最大的一次地震。地震造成人员大量伤亡，房屋大批倒塌损坏，基础设施大面积损毁，工农业生产遭受重大损失，生态环境遭到严重破坏，引发的崩塌、滑坡、泥石流、堰塞湖等次生灾害举世罕见。在中共中央、国务院、中央军委坚强领导下，地方各级党委和政府紧急行动，解放军、武警部队官兵和公安民警冲锋在前，各有关部门大力支持，社会各界无私援助，奋勇夺取了抗震救灾的重大胜利，恢复重建取得了辉煌成就。

抗震救灾重大胜利

汶川地震发生后，中国人民以无所畏惧的英雄气概、排山倒海的强大力量、可歌可泣的伟大壮举，万众一心、坚韧奋进，战胜灾难、崛起危难，夺取了抗震救灾和灾后恢复重建的全面胜利，书写了从悲壮走向豪迈的壮阔篇章。对此，中共中央总书记、国家主席、中央军委主席胡锦涛在2008年10月8日召开的全国抗震救灾总结表彰大会上作了全面总结：

我们组织开展了我国历史上救援速度最快、动员范围最广、投入力量最大的抗震救灾斗争，最大限度地挽救了受灾群众生命，最大限度地减低了灾害造成的损失。我们坚持把抢救人的生命摆在第一位，只要有一线希望就尽百倍努力，84017名群众被从废墟中抢救出来，149万名被困群众得到解救，430多万名伤病员得到及时救治，其中1万多名重伤员被快速转送全国20个省区市375家医院。我们千方百计安置受灾群众生活，1510万名紧急转移安置受灾群众基本生活得到妥善安排，881万名灾区困难群众得到救助，中小学校在新学期开始前全面复课开学，采取有效措施确保大灾之后无大疫，切切实实做到了让灾区人民有饭吃、有衣穿、有干净水喝、有住处、有病能及时得到医治。我们全力抢修交通、电力、通信、广电、水利、供水、供气等基础设施，及时处理和化解堰塞湖等次生灾害，切实做好余震监测、气象服务、科技支撑、煤电油运保障等各项工作，及时准确公布灾情，为抗震救灾和灾后恢复重建创造了有利条件。我们积极组织资金拨付和物资供应，并及时采取措施加强对管理使用情况的监督检查，确保抗震救灾资金物资及时有效用于灾区和受灾群众。我们加强政策扶持，全力抓好灾区生产恢复工作，灾区工业、农业、旅游业等恢复取得重大进展。我们科学开展评估和规划工作，及时制定有关条例、指导意见和规划，中央财政建立专项基金，组织实施对口支援，依法有序实施灾后恢复重建。

面对特大地震灾害，从中央到地方各级党委和政府坚强领导、科学指挥，始终与灾区人民心连心、同呼吸、共命运。党中央总揽全局、审时度势，在震后第一时间就把抗震救灾确定为全党全国最重要最紧迫的任务，成立国务院抗震救灾总指挥部，周密组织、科学调度，建立上下贯通、军地协调、全民动员、区域协作的工作机制，迅速组织各方救援力量赶赴灾区，紧急调集大批救灾物资运往灾区，精心部署受灾群众安置工作，及时推动灾后恢复重建，举全国之力抗震救灾。各地区各部门大力发扬全国一盘棋思想，一方有难、八方支援，一切为了灾区，全力支援灾区，在调集人员、支援物资、收治伤员、安置移民、建造临时和过渡住所等方面做了大量工作。承担对口支援任务的19个省市党委和政府积极落实中央部署，义不容辞地支援灾区恢复重建。这一切，充分体现了党和政府始终坚持以人为本、人民利益高于一切的理念，生动展现了危难时刻党和政府强有力的领导和指挥能力，极大地鼓舞和坚定了全国各族人民夺取抗震救灾斗争胜利的勇气和信心。

面对特大地震灾害，灾区各级党委和政府、广大干部群众紧急动员、迅速行动，充分发挥了中流砥柱作用。在山崩地裂的危急关头，灾区各级党委和政府处变不惊、指挥若定，带领群众化悲痛为力量、从废墟上勇敢站立起来，沉着冷静地开展抗震救灾工作。各级干部挺身而出、身先士卒，组织群众争分夺秒抢救被困人员，想方设法安置受灾群众，带领群众抓紧恢复生产、重建家园。广大共产党员舍生忘死、勇往直前，做到了关键时刻、危难关头豁得出来、冲得上去，展现了新时期共产党人的光辉形象。灾区人民临危不乱、守望相助，全力开展自救互救。在千钧一发的生死关头，多少人瞬间做出把生的希望留给他人、把死的威胁留给自己的抉择，多少父母用双臂为孩子撑起生命的天空，多少老师用身躯为学生挡住死神的威胁，多少干部舍小家为大家、奋不顾身地奋战在第一线。我们可爱的孩子们，有的在废墟下唱起嘹亮的歌曲，有的机智地搜救同学，表现出非凡的勇气和可贵的爱心。灾区各级党委和政府、广大干部群众凭着这样的顽强意志，在满目疮痍的土地上创造了惊天地、泣鬼神的感人业绩。

面对特大地震灾害，人民解放军指战员、武警部队官兵、民兵预备役人员和公安民警冲锋在前、勇挑重担，发挥了主力军和突击队作用。14万6千名人民子弟兵，心系灾区人民安危，肩负党和人民期望，从高级将领到普通士兵，发扬英勇顽强、不怕牺牲、连续作战的战斗作风，承担起抗震救灾最紧急、最艰难、最危险的任务。英雄的人民子弟兵勇于突进震中地带，敢于跨越生死界线，克服千难万险，进入千家万户，为灾区人民带去生命的希望和生活的勇气。7万5千名民兵预备役人员自觉行动，成为解救受灾群众、医疗救护、卫生防疫、公路运输、油料保障、电力抢修、恢复生产等方面的重要突击力量。广大消防特勤、特警、边防等公安救援队伍和公安民警恪尽职守，全力救助群众，全力维护社会稳定，全力保障灾后恢复重建，为金色盾牌增添了新的光彩。

面对特大地震灾害，全国人民心系灾区、情系灾区，形成了齐心协力抗击灾害的磅礴力量。在抗震抢险的日日夜夜里，全国各族人民忧心如焚、勠力同心、生死与共。灾难无情、人间有爱，汶川加油、中国加油，成为响彻中华大地的最强音。多少人自发从天南海北赶赴灾区做默默奉献的志愿者，多少人自发前往遍布全国的献血点争先恐后无偿献血，多少人自发为灾区慷慨解囊，多少共产党员自发向党组织交纳特殊党费。广大医疗卫生工作者发扬救死扶伤精神，夜以继日地抢救生命、严防疫情，完成了非战争状态下最大规模的生命抢救和伤员转运。广大新闻工作者冒着生命危险深入一线，及时传递党中央的声音，深入报道抗震救灾进展情况，生动展现广大军民的英雄事迹，为抗震救灾提供了强大舆论支持。地震、气象、交通、电力、通信、广电、水利、供水、供气以及其他战线的广大科技工作者、工程建设者密切协作，为抗震救灾提供了有力支持。广大文艺工作者热情讴歌伟大抗震救灾精神，为抗震救灾斗争提供了有力精神鼓舞。从城市到乡村、从部队到厂矿、从机关到基层、从街道到学校，规模空前的生命大营救，历经险阻的千里大驰援，处处涌动的爱心大奉献，共克时艰的社会主义大协作，汇聚成全民族风雨同舟的强大合力。

这场特大地震灾害，既是人世间的一场重大磨难，也是前进中的一场重大考验。我们的党、我们的军队、我们的人民用坚定信念、坚强意志、坚韧努力战胜了磨难、经受住了考验，向历史交出了一份合格答卷。抗震救灾斗争重大胜利，展现了全心全意为人民服务的中国共产党和中国社会主义国家政权的伟大力量，展现了人民军队的伟大力量，展现了13亿中国人民的伟大力量，展现了改革开放的伟大力量，展现了中国特色社会主义的伟大力量，进一步增强了全国各族人民的民族自信心和自豪感，必将激励灾区人民排除万难重建家园、创造美好生活，必将鼓舞全国各族人民满怀信心地把改革开放和社会主义现代化建设事业继续推向前进。

恢复重建成果丰硕

从2008年9月中旬到2011年9月底，在中共中央、国务院坚强领导、关怀和全国人民倾力援助支持下，四川、甘肃、陕西三省灾区经过三年攻坚克难、战天斗地，胜利完成《汶川地震灾后恢复重建总体规划》中确定的各项任务，取得了灾后恢复重建的丰硕成果。对此，中共中央政治局委员、国务院副总理回良玉在2011年10月14日召开的汶川地震灾后恢复重建总结表彰大会上进行了系统总结：

经过一千多个日日夜夜的艰苦奋战，恢复重建取得了决定性胜利。灾区基本生产生活条件和经济社会发展水平得到全面恢复并超过灾前水平，实现了“家家有房住、户户有就业、人人有保障、设施有提高、经济有发展、生态有改善”的重建目标，呈现出勃勃生机与活力。可以说，恢复重建的三年，是灾区生活条件大变样的三年，是灾区社会事业大跨越的三年，是灾区基础设施大提升的三年，是灾区产业结构大调整的三年，也是灾区自强不息精神大弘扬的三年。如今的灾区，漂亮的农村安置点错落有致，崭新的城镇安居房拔地而起，高水准的学校、医院等合理分布，公共服务设施质量和均等化程度跃居西部地区前列，一个安居乐业、生态文明、安全和谐的新家园呈现在世人眼前。如今的灾区，交通、水利、能源、通信等基础设施日趋完善，特色优势产业顺势而起，经济结构优化升级，主要经济指标超过震前水平，可持续发展能力显著提升。如今的灾区，干部群众乐观向上、奋发进取，开放意识、创业意识、文明意识大大增强，曾经饱受创伤的灾区人民正满怀信心地创造新的生活。我们不仅重建了一个物质家园，也重建了一个精神家园。傲然耸立地震废墟之上的，不仅仅是一幢幢建筑，还有无比的信心、非凡的勇气和磅礴的力量。这是一笔巨大的宝贵财富，必将极大地鼓舞和激励全国各族人民团结奋进，创造出无愧于历史和时代的伟业！

宝贵经验与启示

“一个善于从自然灾害中总结和汲取经验教训的民族，必定是日益坚强和不可战胜的。”伟大的抗震救灾斗争积累了应对突发事件、抗击特大自然灾害的宝贵经验，从中收获了许多极其宝贵的启示。2008年10月8日，胡锦涛在全国抗震救灾总结表彰大会上的讲话对此作了全面、深刻的总结：

抗震救灾斗争再一次证明，社会主义中国具有强大发展活力。这场抗震救灾斗争充分显示了我国社会主义制度能够集中力量办大事的政治优势。新中国的成立和社会主义制度的建立开启了中华民族发展的历史新纪元，改革开放使社会主义在中国进一步焕发出蓬勃的生机活力，中国特色社会主义展现出美好的发展前景。只有社会主义才能救中国，只有中国特色社会主义才能发展中国，这是中国人民发自内心的真实感受和坚定信念。只要我们始终坚持中国特色社会主义道路，不断推动我国社会主义制度自我完善和发展，使社会主义制度的优越性更加充分地发挥出来，我们就一定能够继续推动中国特色社会主义事业披荆斩棘向前发展。

抗震救灾斗争再一次证明，人民是推动中国社会发展进步的真正动力。抗震救灾斗争重大胜利，归根到底是人民的胜利。人民是历史创造者，是振兴中华最深厚的力量。在我国几千年发展的历史长河中，种种磨难都没有打断中华文明的顽强发展进程，千难万险都没有磨灭中华民族不屈不挠的奋斗意志。正是紧紧依靠人民，我们才取得了革命、建设、改革的伟大胜利。只要我们始终坚持以人为本，切实做到发展为了人民、发展依靠人民、发展成果由人民共享，充分发挥广大人民群众的积极性、主动性、创造性，我们就一定能够依靠人民团结起来的巨大力量和集中起来的无穷智慧，万众一心地实现中华民族伟大复兴。

抗震救灾斗争再一次证明，人民军队是保卫人民的钢铁长城。在同地震灾害的搏斗中，人民子弟兵用忠诚和血肉之躯又一次在人民心中筑起了巍然屹立的不朽丰碑，又一次向世人昭示我们的人民军队不愧为人民的子弟兵。人民军队诞生81年来，为中国人民解放事业，为我国社会主义建设和改革开放事业，为捍卫国家主权、安全、领土完整，建立了卓越功勋。只要我们始终坚持以马克思主义军事理论为指导，大力弘扬听党指挥、服务人民、英勇善战的优良传统，全面推进革命化、现代化、正规化建设，不断提高履行新世纪新阶段军队历史使命能力，我们就一定能够使人民军队始终成为人民共和国的忠实保卫者和建设者。

抗震救灾斗争再一次证明，中国共产党是中国特色社会主义事业的坚强领导核心。事实告诉人们，中国共产党能够应对各种风险、驾驭各种复杂局面、具有强大战斗力的马克思主义政党，不愧为13亿中国人民的主心骨。我们党成立87年来，始终站在时代前列，始终代表中国最广大人民的根本利益，团结带领各族人民为国家独立、人民解放和国家富强、人民幸福不懈奋斗，做出了最大牺牲，赢得了全国各族人民衷心拥护。办好中国的事情，关键在党。只要我们坚持科学理论和正确的路线方针政策，牢记全心全意为人民服务的根本宗旨，不断提高党的执政能力、保持和发展党的先进性，不断提高拒腐防变和抵御风险能力，我们就一定能够团结带领全国各族人民战胜前进道路上的一切困难和挑战、不断创造中华民族发展壮大的历史基业。

抗震救灾使我们更加深切地感受到：社会主义祖国大家庭最温馨，人民群众最可敬，人民子弟兵最可爱，中国共产党人最贴心。我国社会主义制度的优越性，中华民族的优秀品质，人民军队的政治本色，中国共产党的坚强领导，是我们国家和民族的显著政治优势，我们必须倍加珍惜、永远坚持。

三年恢复重建，收获的不仅是灾区的新生，也有许许多多弥足珍贵的经验和启示。2011年5月9日，中共中央政治局常委、国务院总理温家宝在汶川地震灾后恢复重建座谈会上的讲话以及10月14日回良玉在汶川地震灾后恢复重建总结表彰大会上的讲话，对灾后恢复重建的经验做出了全面、系统的总结：

中央统筹、分级负责是恢复重建的体制保障。党中央、国务院对灾后恢复重建的坚强领导，再次向世人展示了党和政府强大的应急动员能力、资源调配能力、统筹协调能力和驾驭复杂局面的能力。上万亿元重建资金的顺利筹措，几十万建设大军的迅速组织，四万多个重建项目的快速推进，再次向世人证明了社会主义制度决策高效、组织有力、集中力量办大事、办难事的巨大优越性。灾区省对恢复重建负总责，灾区各级党委和政府紧密结合当地实际，创造性地开展重建工作。恢复重建的伟大实践充分表明，中国共产党是中国特色社会主义事业的坚强领导核心，中国特色社会主义制度是当代中国发展进步的根本制度保障，只要我们坚持发挥政治和制度优势，就一定能够战胜前进道路上的一切艰难险阻！

以人为本、民生优先是恢复重建的核心理念。我们始终坚持思想上尊重群众、感情上贴近群众、行动上依靠群众。从快速建成城乡住房到优先建设学校、医院，从保障群众基本生活到提供更多就业岗位，从关怀“三孤”人员到做好再生育服务，从崭新的城镇到漂亮的乡村，事事关系群众利益，件件惠及受灾群众。恢复重建的伟大实践充分表明，群众利益高于一切，民生重于泰山，只要我们以最快速度恢复灾区生活秩序，以最大限度集中资源建设民生设施，以最大力度改善灾区生活条件，就一定能够赢得人民群众的拥护和支持、夺取对自然灾害斗争的最后胜利！

尊重自然、遵循规律是恢复重建的重要原则。面对灾区地质条件复杂、生态环境脆弱、自然灾害多发的严酷现实，我们以科学严谨的态度对生产生活设施和生态环境系统进行恢复重建。坚持科学布局，根据资源环境承载能力，充分考虑潜在灾害威胁，确定不同区域的主体功能，优化城乡体系、人口分布、产业结构。坚持科学选址，安全至上，积极避让断裂带、地质灾害隐患点、泄洪通道。坚持科学治理，在部署生态环境恢复重建任务中，强调自然修复与人工治理相结合、生物措施与工程措施相结合，最大限度减少次生灾害。恢复重建的伟大实践充分表明，人类必须懂得认识自然、尊重自然、把握规律，只要我们注重经济发展与资源环境相协调，就一定能够实现人与自然和谐相处，促进可持续发展！

科学规划、统筹兼顾是恢复重建的根本方法。恢复重建是一项复杂的系统工程，我们本着对灾区人民负责、对子孙后代负责、对历史负责的态度，坚持深入调研、广纳民意，科学制定灾后恢复重建规划。在规划理念上，努力体现科学发展观的要求，强调灾后恢复重建不是简单地“克隆”复制，而是功能的完善、结构的优化、特色的彰显，是更高起点的建设、更高水平的发展；在规划程序上，坚持开门开放、公开透明，充分发挥国家汶川地震专家委员会的作用，努力集中全国乃至国外的智慧，确保布局和设计的合理性、先进性、科学性；在规划内容上，将恢复重建与转变经济发展方式、优化经济布局、改善城乡基础设施、保护生态环境相结合，与新型工业化、新型城镇化和农业现代化、新农村建设相联动，确保了生活与生产、当前与长远、物质与精神的全面协调可持续发展；在规划体系上，坚持目标明确、层次分明、全程覆盖的原则，将总体规划与专项规划、行业规划紧密衔接，确保了上下联动、协调统一，所有灾后恢复重建项目均严格按规划实施。同时，做好中期评估，及时对部分项目进行必要调整，使规划更加符合灾区实际。恢复重建的伟大实践充分表明，对事关群众切身利益和地区长远发展的建设工程必须周全考虑、缜密组织，只要我们坚持规划先行、科学指导，就一定能够高水平、高质量地顺利推进，做到不留遗憾、不留隐患、不留包袱，经得起实践和历史的检验！

依靠群众、激发活力是恢复重建的决定力量。在恢复重建中，我们坚持依靠灾区群众，充分发挥他们的主体作用。通过宣传引导，调动灾区群众战胜困难、互帮互助、共建家园的自觉性。通过民主决策，调动灾区群众参与规划设计、重建选址、工程施工等各个环节的积极性。通过财税政策，调动灾区群众建房兴业、创业就业、增收致富的主动性。恢复重建的伟大实践充分表明，人民群众是抗击自然灾害最深厚的基础、最牢固的支撑、最强大的依靠，只要我们尊重人民群众的主体地位和首创精神，就一定能够从人民群众中获得不竭的力量源泉，永远立于不败之地！

对口支援、多方参与是恢复重建的关键举措。中央确定的“一省帮一重灾县（市）”的对口支援举措，将19个省（市）与灾区紧紧连在一起，这是我国抗灾史上的第一次，也是世界救灾史上的首创。我们注重创新对口支援形式，有效调动援建省市与灾区省的积极性；丰富对口支援内容，推动恢复重建与发展提升双赢；扩大对口支援效应，不仅使灾区群众生产生活在较短时间内得到恢复和提升，而且促进东中西部经济大合作、文化大交流、理念大融合、民族大团结。恢复重建的伟大实践充分表明，中华民族具有生死与共、守望相助的优良传统，只要我们和衷共济、携手并肩、不懈奋斗，就一定能够巍然屹立于世界民族之林!

依法推进、加强监管是恢复重建的有力保障。国务院颁布施行了《汶川地震灾后恢复重建条例》，一部法规因一场灾害而立，开我国立法史和救灾史上的先河。中央和各省出台一系列配套制度，受灾省制定了一系列地方性法规和政府规章，使灾后恢复重建纳入法制化轨道，确保灾后恢复重建的责任落实。同时，强化工程质量、资金和施工安全，监督检查工作及时有效跟进，严格落实管理制度，严格执行法定的基本建设程序，严格进行工程质量监督。纪检监察、审计部门全过程加强对资金、物资筹集使用的监管和审计，确保重建资金按照规定专款专用。充分利用信息网络平台，及时公布重建规划、项目、资金等相关信息，主动接受社会监督。恢复重建的伟大实践充分表明，规章制度是组织重大工程建设的生命线，只要我们坚持依法依规办事，做到政策公开、规划公开、规范操作、透明运行，就一定能够又好又快地建成德政工程、民心工程，取信于天下!

开拓进取、勇于创新是恢复重建的强大武器。灾后恢复重建中遇到的很多困难和问题是前所未有的。我们坚持以科学发展观为指导，结合实际积极推进体制机制和工作方式方法的创新。通过创新资金筹措方式，将政府的引导作用和市场配置资源的基础性作用有机结合，以有力的财政金融政策和市场化运作模式，激发金融机构和民间资本的投资热情；通过创新住房重建方式，开拓出原址重建、统规统建、统规自建、开发重建、异地安置，以及业主联建等成功模式，充分满足了群众的不同意愿，切实维护了群众的合法利益；通过创新产业重建方式，将产业恢复重建与优化布局、转型升级结合起来，增强了核心竞争力和发展后劲。正是这些积极的探索创新，使灾后恢复重建中的一个个难题迎刃而解、一个个困境迅速突破，推动各项工作有力有序有效进行。恢复重建的伟大实践充分表明，创新是事业成功的法宝，只要我们坚持解放思想、实事求是、与时俱进，勇于探索、大胆创新，就一定能够克服各种困难和障碍，不断把各项事业推向前进，从胜利走向新的胜利!

“一个民族在灾难中失去的，必将在民族的进步中获得补偿。”灾难同时为世人留下许多重大命题，值得深刻反思并加以切实改善或解决。对此，胡锦涛在全国抗震救灾总结表彰大会上的讲话作了高度概括：

我们要进一步加强防灾减灾工作，显著提高防灾减灾能力。要坚持兴利除害结合、防灾减灾并重、治标治本兼顾、政府社会协同，全面提高全社会对自然灾害的综合防范和抵御能力。要加快完善防灾减灾各项法规和综合性配套政策，强化各级政府防灾减灾意识和职责，加快构建覆盖各地区各行业各单位的防灾减灾预案体系，增强防灾减灾力量资源整合和协调配合。要强化城乡防灾能力建设，提升防灾减灾科技水平，增强灾害监测预警能力，加强防灾减灾基础设施建设，健全对各类灾害的风险监控、应急处置、灾害救助、恢复重建等防灾减灾措施。要强化对自然灾害预防、避险、自救、互救等知识普及，全面提高全社会风险防范意识、技能和灾害救助能力。要加强防灾减灾领域信息管理、宣传教育、专业培训、科技研发及国际人道主义援助等方面的国际交流合作，积极借鉴国外防灾减灾的成功做法和经验，建立健全同有关国际机构和各国政府在防灾减灾领域的合作机制，充分发挥我国在国际防灾减灾领域的重要作用。

我们要进一步加强应急管理能力建设，大力提高处置突发公共事件能力。要认真总结抗震救灾的成功经验，形成综合配套的应急管理法律法规和政策措施，建立健全集中领导、统一指挥、反应灵敏、运转高效的工作机制，提高各级党委和政府应对突发事件的能力。要大力建设专业化与社会化相结合的应急救援队伍，健全保障有力的应急物资储备和救援体系，长效规范的应急保障资金投入和拨付制度，快捷有序的防疫防护和医疗救治措施，及时准确的信息发布、舆论引导、舆情分析系统，管理完善的对口支援、社会捐赠、志愿服务等社会动员机制，符合国情的巨灾保险和再保险体系。通过全方位推进应急管理体制和方式建设，显著提高应急管理能力，最大限度地减少突发公共事件造成的危害，最大限度地保障人民生命财产安全。

伟大抗震救灾精神

在波澜壮阔的抗震救灾斗争中，中华民族用理想凝聚力量、用信念铸就坚强、用真情凝结关爱，大力培育和弘扬了万众一心、众志成城，不畏艰险、百折不挠，以人为本、尊重科学的伟大抗震救灾精神。

特大灾难面前，中国共产党、人民军队、广大人民群众万众一心、众志成城，充分展现了中华民族和衷共济、团结奋斗的民族品格。众人同心就有其利断金的力量，风雨同舟就有所向披靡的信心。抗震救灾斗争中，举国上下患难与共，前方后方同心协力，海内海外和衷共济，凝结成坚如磐石、牢不可破的生命共同体。这种团结奋进的强大力量，是中国人民和中华民族在生与死、血与火的严峻考验中的本色反映，是中华民族从历史深处走来的内在力量，显示了中国人民和中华文明生生不息的旺盛生命力。

特大灾难面前，中国共产党、人民军队、广大人民群众不畏艰险、百折不挠，充分展现了中华民族自强不息、敢于胜利的民族品格。坚强是战胜磨难的利器，勇气是创造奇迹的支撑。在极其惨烈的灾难突袭而来之际，广大军民泰山压顶不弯腰，生死较量不战栗，千难万险不放弃，顽强挑战体力极限、精神极限、生存极限，哪里灾情危急就向哪里冲去，哪里有生死考验就向哪里挺进，哪里有受灾群众就向哪里集结。这种压倒一切困难而不为任何困难所压倒的勇气，是中华民族历经磨难而信念愈坚、饱尝艰辛而斗志更强，勇于自立于世界民族之林的重要精神支柱。

特大灾难面前，中国共产党、人民军队、广大人民群众坚持以人为本、尊重科学，充分展现了中华民族关爱生命、崇尚理性的民族品格。人的生命高于一切、先于一切、重于一切。在抗震救灾的全过程中，和时间赛跑、同死神抗争，充分体现了中国社会主义制度珍爱生命、保护人民的本质。在全国哀悼日里，13亿人共同为不幸遇难的同胞默哀，体现出全民族对人的生命的尊重。坚持把科技的力量与顽强的抗争紧密结合起来，既充分发挥人的能动精神，又充分发挥科技的重要作用。这种对生命的高度关爱、对科学的高度尊崇，是中国人民始终与时代发展同步伐、实现人的全面发展、建设创新型国家的重要推动力量。

民族精神是一个国家综合国力的重要组成部分，其内涵总是在历史进步中不断得到丰富、在灾难考验中不断得到升华。伟大抗震救灾精神，集中体现和进一步发展了爱国主义、集体主义、社会主义精神，集中体现和进一步发展了中国共产党与人民军队的光荣传统和优良作风，集中体现和进一步发展了中华民族的伟大民族精神与当代中国人民的时代精神，是中国共产党和中国人民极为宝贵的精神财富。灾后恢复重建的巨大成就，再次彰显了中国共产党以人为本、群众利益高于一切的执政理念，再次体现了中国特色社会主义制度的优越性，伟大的抗震救灾精神和以爱国主义为核心的民族精神得到了进一步丰富和发展。

特大地震灾害突然袭来，伟大的抗震救灾精神激励中国人民在满目疮痍的土地上创造了惊天地、泣鬼神的丰功伟绩，奠定了中国人民战胜这场特大地震灾害的坚强基石。在走向未来的道路上，中国的道路并不平坦，仍将面临种种挑战。作为世界上自然灾害最为严重的国家之一，灾害种类多、分布地域广、发生频率高、造成损失重，是必须面对的基本国情。作为世界上最大的发展中国家，要全面建成惠及十几亿人口的更高水平的小康社会，进而基本实现现代化、实现全体人民共同富裕，奋斗远未结束。大力弘扬抗震救灾精神，就要使抗震救灾精神在全社会进一步传播开来，使之转化为艰苦奋斗、重建家园的坚定意志，转化为推动经济社会又好又快发展的强大力量，为夺取全面建设小康社会新胜利、开创中国特色社会主义事业新局面而不懈奋斗。大力弘扬伟大的抗震救灾精神，中国特色社会主义事业的发展必将注入强大的精神力量，浴火重生的中华民族必将以新的姿态大踏步走向未来。

胜利，一定属于英雄的中国人民！

编纂始末

《汶川特大地震抗震救灾志·总述》（以下简称《总述》）为《汶川特大地震抗震救灾志》第一卷。

《总述》的编纂本着“总括全貌、概述轨迹、提炼精华、沟通联系、彰明因果、评量得失”的原则，力求从全局高度提要钩玄，勾勒出汶川特大地震抗震救灾和灾后恢复重建的历史画卷，为读者提供阅读与认知、思索与启发、参考与借鉴、回顾与纪念的载体和门径。

为做好《总述》编纂工作，2009年8月4日，根据国务院批准的《〈汶川特大地震抗震救灾志〉编纂工作实施方案》要求，成立了以国务院副秘书长、中国地方志指导小组副组长项兆伦为主任的《总述》编纂委员会，负责统筹规划、组织协调《总述》编纂工作，研究解决编纂工作中的重大事项，根据全志编委会规划安排本卷的编纂进度、审查初稿，严把史实、政策和保密关。编委会由中宣部、国务院应急办、外交部、教育部、发展改革委、科技部、工业和信息化部、公安部、民政部、司法部、财政部、人力资源社会保障部、国土资源部、环境保护部、住房城乡建设部、交通运输部、铁道部、水利部、农业部、商务部、卫生部、人民银行、国资委、质检总局、广电总局、安全监管总局、旅游局、港澳办、地震局、气象局、银监会、证监会、保监会、电监会、台办、新闻办、信访局、国防科工局、测绘局、民航局、邮政局、食品药品监管局、国家电网公司、中国红十字会、四川省、甘肃省、陕西省、总参谋部、总后勤部、武警部队、成都军区、中国地方志指导小组共52个部门组成。编委会下设办公室。随后，成立《总述》编纂工作室，从事具体编纂工作。

回顾《总述》编纂历程，大致可以分为三个阶段：

第一阶段为资料搜集阶段，工作重点是根据初拟篇目广泛搜集资料，同时根据搜集资料适当调整篇目设计。编纂室根据总述卷自身特点，立即着手展开资料征集、搜集工作，主要为各承编单位报送资料和各主流媒体报道资料的搜（征）集，其中从2009年11月20日开始，《总述》面向各承编牵头单位和参编单位开展了大范围征集志书资料工作。随着工作的开展，各媒体报道材料、各部门报送资料以及承编牵头单位提供的资料等大批资料汇集到编纂室，成为《总述》编写的主体资料。同年12月22—23日，《总述》在北京举办编纂培训班，就编写的要求和方法进行全面培训。随着资料的不断积累和对抗震救灾工作认识的逐步加深，编纂室对总述卷的篇目适时予以调整，并于2010年8月22—23日在成都举行篇目研讨会，就前期篇目整理情况进行研讨。

第二阶段为志稿编写阶段，工作重点是摸索《总述》编纂方法，完成志稿编写，并进行修改、调整、雕琢。成都会议以后，根据全志编委会办公室要求及会议确定的编写篇目，编纂室开始转向志稿编写的实际操作阶段。依据掌握的资料以及陆续成型的部分主体卷初稿，编纂室开始提炼主体架构，梳理重大事实，于2011年1月完成初稿。此后，编纂室进一步搜集、消化材料，对初稿进行修改，于2月正式形成第一稿。

从2011年2月28日至3月1日，总述卷召开第一次志稿编写研讨会，对《总述》的内容及今后的写作提出了宝贵的意见和建议。会后，编纂室对会议成果进行了认真研究、消化吸收，同时继续深入研究编写资料，于10月上旬完成第二稿，提交专家审读，并于10月19—20日举行第二次志稿编写研讨会。会议针对《总述》的框架和内容再次提出建设性意见和建议，特别是对下一步如何进行深度修改提出建议。会后，编纂室经过认真讨论，总结出新阶段的工作目标和要求，即“理顺主线、调整提纲、突出重点、补充述评、完善典型、简化层级、精炼文字、提升高度”。按照上述目标和要求，组织人员选择部分板块重新试写，再进行内部讨论和交流。得到基本肯定后，按照要求和试写稿的标准分头编写。12月28日，第三稿完成，文字量也由第二稿约41万字缩减到22万字。同时，为更加鲜活地表达各板块主题，在志稿一级标题中相应增设了副标题，副标题文字均摘录自中央领导讲话或权威文献原文。2012年1月12日，召开第三次志稿编写研讨会进行专题研讨，编写工作得到大家的肯定。

第三阶段为审改阶段，工作重点是边审边改，完成初审、复审、终审的同时，不断查漏补缺、完善内容、核对史实、雕琢文字。2012年3月22日、7月12日，分别召开初审、复审会议，对《总述》的深度修改提出意见和建议。与此同时，从5月中旬开始，面向全志承编牵头单位和参编单位公开征求意见，各单位提出许多建设性意见。编纂室根据各方面的反馈意见，并依据陆续修改完善的各卷志稿，对《总述》框架、内容进行调整、修改，并对数据、事实进行核对。

尽管《总述》文字量相对较小，但是编写要求较高、难度较大。志稿的编写，得到齐家璐、梅森、陈泽泓、周慧、赵庚奇、谭烈飞、姜昆阳、罗保平、段育达、张东升、李云、任根珠、苏炎灶、武铁良等专家的指导和帮助，同时也得到其他卷承编牵头单位和各参编单位，以及四川、甘肃、陕西等受灾省份各级地方志工作机构的大力支持和协助。中宣部、国资委、国务院侨办、国防科工局、公安部消防局等单位和部门积极提供部门资料。《总述》在编纂中还参考了《人民日报》《光明日报》《解放军报》《四川日报》，以及国务院相关部委局网站、四川省人民政府相关厅局网站、新华网、人民网等媒体资料。借此机会，谨向所有为总述卷编写付出努力、做出贡献的单位和个人表示衷心感谢！

《汶川特大地震抗震救灾志》的编写是对中国地方志编修传统的继承、发扬和创新，而为一部事件志单独设置总述，更是一种全新的探索。尽管编纂人员投入了巨大的精力，进行了反复研讨和不断修改调整，甚至部分内容多次推倒重来，但由于理解深度、认识高度有限，对相关材料、基本线索等的把握存在不足，书中疏漏、错误之处在所难免，敬请广大读者批评指正。

《汶川特大地震抗震救灾志·总述》
编纂委员会办公室
二〇一三年二月

汶川特大地震抗震救灾志　卷一　总述

编　　者：《汶川特大地震抗震救灾志》编纂委员会
责任编辑：陈海力

出 版 人：冀祥德
出 版 者：方志出版社
地址　北京市朝阳区潘家园东里９号（国家方志馆4层）
邮编　100021
网址　http://www.fzph.org
发　　行：方志出版社发行中心
电话　（010）67110500
经　　销：各地新华书店
设　　计：北京古涧文化艺术传播有限公司
排　　版：北京开和文化传播中心
印　　刷：北京华联印刷有限公司

开　　本：889×1194　　1/16
印　　张：18.5
字　　数：476千字
版　　次：2015年8月第1版　2015年8月第1次印刷
印　　数：0001～5000册

ISBN 978-7-5144-1574-2　　**定价：**488.00元
审 图 号：川S（2015）13号